भारतीय राज्यों का विकास
कुछ प्रादेशिक अध्ययन

नोबेल पुरस्कार से सम्मानित अर्थशास्त्री

भारत-रत्न प्रो. अमर्त्य सेन की

इस पुस्तक में समग्र भारत के

सर्वांगीण विकास की दृष्टि से देश के कुछ

चुने हुए प्रदेशों का समाजशास्त्रीय अध्ययन

प्रस्तुत है–सह संपादक ज्यां द्रीज़ के साथ

प्रो. अमर्त्य सेन की अन्य महत्त्वपूर्ण पुस्तकें

- भारतीय अर्थतंत्र, इतिहास और संस्कृति
- आर्थिक विषमताएँ
- ग़रीबी और अकाल
- आर्थिक विकास और स्वातंत्र्य
- भारत : विकास की दिशाएँ
- हिंसा और अस्मिता का संकट
- न्याय का स्वरूप

यह अध्ययन संयुक्त राष्ट्र संघ विश्वविद्यालय (UNU/WIDER) की वर्ल्ड इन्स्टीट्यूट फॉर डेवलपमेन्ट इकॉनामिक्स रिसर्च की योजना के अन्तर्गत तैयार किया गया है। संयुक्त राष्ट्र संघ विश्वविद्यालय ने अपने प्रथम शोध तथा प्रशिक्षण केन्द्र के रूप में इस संस्था की स्थापना 1985 में की थी और फिनलैंड के हेलसिंकी नगर में इसका कार्यालय बनाया। विकासशील देशों की तत्कालीन आर्थिक तथा वैकासिक समस्याओं पर शोध करने तथा उन्हें लागू करने के लिए कार्यकर्ताओं को तैयार करना इस संस्था का प्रमुख उद्देश्य है। दुनिया भर के विशिष्ट संस्थानों से जुड़े व्यक्ति इसमें अपना योगदान करते हैं।

भारतीय राज्यों का विकास
कुछ प्रादेशिक अध्ययन

सम्पादक
अमर्त्य सेन
ज्यां द्रीज़

राजपाल

टी.एन. कृष्णन
की स्मृति को समर्पित

स्थापित 1912
100 वर्षों की
श्रेष्ठ प्रकाशन परम्परा
राजपाल

₹ 465
ISBN : 9788170283621
संस्करण : 2022

BHARATIYA RAJYON KA VIKAS :
Kuchh Pradeshik Adhyayan (Economics)
Indian Development: Selected Regional Perspectives
Ed. by Jean Dreze & Amartya Sen
Published by Oxford University Press, New Delhi

अनुवाद : भवानी शंकर बागला
मुद्रक : जी. एस. ऑफसेट, दिल्ली

राजपाल एण्ड सन्ज़
1590, मदरसा रोड, कश्मीरी गेट, दिल्ली-110006
फोन : 011-23869812, 23865483, 23867791
e-mail : sales@rajpalpublishing.com
www.rajpalpublishing.com
www.facebook.com/rajpalandsons

भूमिका

इस पुस्तक में संकलित अध्ययनों में भारत के क्षेत्रीय विकास अनुभवों की विविधता प्रस्तुत है। ये विश्व भर के आर्थिक विकास प्रयासों की सफलताओं और विफलताओं की अनुभूतियों को स्पष्ट करते हैं। इन सभी अध्ययनों की अभिप्रेरणा यह जानने की लालसा में ही निहित रही है कि भारत अपने आन्तरिक अनुभवों की विविधता से क्या कुछ सीख सकता है।

पिछले कुछ समय से विकासशील देशों की तीव्र प्रगति, विशेषकर पूर्व एशियाई देशों की प्रगति ने सभी विकास अर्थशास्त्रियों को अभिभूत कर रखा है—भारत की अर्थव्यवस्था के प्रति सचेत अथशास्त्रियों पर तो उन देशों के अनुभवों का बहुत ही गहरा प्रभाव पड़ा है। 1995 में प्रकाशित हमारी पुस्तक—''भारत : विकास की दिशाएँ''—में हमने उन सीखों की ओर ध्यान खींचा था जो भारत अन्य देशों से तथा अपने ही प्रान्तों के विविधतापूर्ण अनुभवों से ग्रहण कर सकता है। यह दूसरी पुस्तक उसी का सहयोगी ग्रन्थ कहा जा सकता है—इसमें भारत के आन्तरिक अनुभवों की विविधता पर अधिक ध्यानपूर्वक विचार किया गया है। इन अध्ययनों में सफलताएँ ही नहीं, विफलताओं को भी सम्मिलित किया गया है क्योंकि दोनों ही प्रकार के अनुभवों में कुछ न कुछ सीख भरी होती है।

प्रथम अध्याय 'जरूरतें ज्यादा, सुधार कम' में अमर्त्य सेन ने भारत के चिरन्तन अभावों तथा उन समस्याओं के समाधान में सार्वजनिक सक्रियता के सम्भावित योगदान का विश्लेषण किया है। यह लेख पूर्व उल्लिखित सहयोगी ग्रन्थ में संग्रहीत जानकारी पर आधारित है तथा इसमें आग्रह किया गया है कि देश में चल रही बाज़ारोन्मुखी सुधार प्रक्रिया तथा आर्थिक संवृद्धि की दर को बढ़ाने के 'संकीर्णतापूर्ण' दृष्टिकोण से कहीं आगे निकलकर एक विशद दृष्टि अपनाने की आवश्यकता है। ये सुधार भारत में व्याप्त आधारभूत अभावों को मिटाने में सहायक तो हो सकते हैं, पर (इसके लिए) उन्हें प्राथमिक शिक्षा, स्वास्थ्य सेवाओं, सामाजिक सुरक्षा आदि क्षेत्रों में अधिक सार्वजनिक सक्रियता के माध्यम से सहयोग एवं सम्पोषण दिया जाना भी अनिवार्य होगा।

अध्याय 2 से 4 तक भारत के तीन राज्यों के गहन अध्ययनों पर केन्द्रित

हैं—इनमें प्रदेशों की जनता के जीवन-स्तर आदि में सुधार के उनके अपने अपने अनुभवों की व्याख्या की गई है। अध्याय-2 में ज्याँ द्रीज़ तथा हैरिस गज़दर ने उत्तर प्रदेश की आर्थिक एवं सामाजिक पिछड़ेपन की समस्याओं एवं उनके आधारभूत स्रोतों की चर्चा की है। इनमें ग्रामीण क्षेत्रों में सार्वजनिक सेवाओं की दुर्दशापूर्ण व्यवस्था, व्यापक निरक्षरता के साम्राज्य तथा समाज में नारी की बृहत्तर भूमिका के दमन की चर्चा विशेष रूप से हुई है। इन लेखकों ने इन विफलताओं का कारण बने सामाजिक एवं राजनीतिक घटनाक्रम का भी आकलन किया है।

अध्याय-3 में सुनील सेनगुप्त तथा हैरिस गजदर ने पं. बंगाल में ग्रामीण गरीबी की समस्या का सामना करने के लिए हाल ही में किए गए प्रयासों का अध्ययन किया है। इस राज्य के नूतन इतिहास की एक विलक्षणता 1977 में वाम मोर्चा सरकार के सत्तासीन होने के बाद से राजनीतिक शक्ति सन्तुलन में पहले अभावग्रस्त रहे वर्गों के पक्ष में एक निर्णायक बदलाव को माना जा सकता है। इस राजसत्ता सन्तुलन के बदलाव ने अनेक ऐसे दूरगामी सामाजिक कार्यक्रमों की रचना एवं क्रियान्वयन को सम्भव बना दिया है जिन्हें अन्य राज्यों में 'राजनीतिक दृष्टि से अव्यावहारिक' कहकर टाल दिया जाता है। इनमें भूमि सुधार तथा ग्राम स्तर पर जनतान्त्रिक संस्थाओं के पुनर्जीवन के मुद्दे विशेष रूप से उल्लेखनीय हैं। फिर भी यह बात तो स्वीकारनी पड़ती है कि प. बंगाल में भी राज्य सरकार की नीतियों ने जन-स्वास्थ्य तथा शिक्षा आदि से जुड़ी बातों की उपेक्षा ही की है—यही कारण है कि प्रदेश में जीवन की दशाओं में (पिछले वर्षों में) सुधार क्रम बहुत ही धीमा रहा है। ये प. बंगाल के विकास की विफलताएँ भी हैं—पर फिर भी उस प्रदेश के अनुभव भारत में आमूल राजनीतिक परिवर्तन होने की दशा में आ सकने वाले बदलावों की झाँकी के रूप में तो महत्त्वपूर्ण हैं ही।

वी.के. रामचन्द्रन ने अध्याय-4 में आर्थिक विकास के प्रारम्भिक चरणों में ही मूलभूत अभावों के निराकरण में केरल प्रान्त द्वारा अर्जित अभूतपूर्व सफलता के ऐतिहासिक परिप्रेक्ष्य की व्याख्या की है। भारत के सभी राज्यों की तुलना में अनेक सामाजिक कसौटियों तथा जीवाशा के स्तर 72 वर्ष और युवा वर्गों में पूर्ण साक्षरता के आधार पर केरल अपनी मिसाल स्वयं ही दिखाई पड़ता है। इस अध्ययन में इन सफलताओं को ऐतिहासिक परिस्थितियों तथा सार्वजनिक सक्रियता से जोड़कर प्रस्तुत किया गया है। लेखक ने शिक्षा के बहुत पहले से हुए प्रसार तथा सामाजिक एवं आर्थिक विषमताओं में आई महत्त्वपूर्ण कमियों की ओर विशेष रूप से ध्यान आकर्षित किया है।

अन्तिम लेख अध्याय-5 है। इसमें ममता मूर्ति, एन-कैथरीन गुइयो तथा ज्याँ द्रीज़ ने 1981 की जनगणना के आँकड़ों के आधार पर भारत में जननशीलता, बालमृत्यु दरों तथा बाल अनुजीवन में लिंगभेद की समस्याओं के अन्तर्जनपदीय स्वरूप का विश्लेषण किया है। यहाँ नारी की बृहत्तर भूमिका के संवर्धनकारी कारकों (नारी साक्षरता तथा श्रमशक्ति में भागीदारी) के मरणशीलता एवं जननशीलता पर प्रभाव बहुत ही

प्रभावपूर्ण ढंग से स्पष्ट हुए हैं। यही नहीं, इस विश्लेषण से नारी साक्षरता तथा उसकी श्रमशक्ति में भागीदारी की उच्च दरों का बाल अनुजीवन में नारी की अभावग्रस्तता को कम करने में योगदान भी स्पष्ट हो रहा है। इसके विपरीत, सामान्य विकास एवं आधुनिकीकरण आदि से जुड़े कारकों के जनांकिकीय चरों पर प्रभाव बहुत क्षीण दिखाई पड़े हैं।

इस पुस्तक में संकलित सभी अध्ययनों में सामाजिक सुयोग संवर्धन में सार्वजनिक सक्रियता के प्रत्यक्ष योगदान पर ही ध्यान केन्द्रित रखा गया है। इन अध्ययनों में सामाजिक नीतियों और आर्थिक संवृद्धि के सम्बन्धों की समीक्षा नहीं की गई है, इनका पिछले कुछ वर्षों से चल रहे आर्थिक सुधारों से भी सरोकार नहीं है। फिर भी ये अध्ययन बाजार व्यवस्था की भूमिका एवं उसकी पहुँच आदि से जुड़े बृहत्तर प्रश्नों से अवश्य सम्बन्धित हैं। साथ ही इनका वास्ता सरकार और प्रशासन के उत्तरदायित्व के तकाज़ों से भी है। इन प्रश्नों पर हमने अपने पहले ग्रन्थ में बहुत विस्तार से चर्चा की थी। वहाँ हमने आर्थिक सुधार विषयक चर्चा को एक अधिक व्यापक वितान पर ले जाने की आवश्यकता पर आग्रह किया था। मुख्य मुद्दा तो यही है कि जनसामान्य के लिए सामाजिक अवसरों के द्वार किस प्रकार खोले जाएँ ! जहाँ तक इन अवसरों पर विपरीतार्थक नियमनों एवं नौकरशाही नियन्त्रणों के कारण दुष्प्रभाव पड़ते हैं, इन बाधाओं का निवारण बहुत ही आवश्यक हो जाता है। किन्तु व्यापक आधार पर सामाजिक सुयोगों की सर्जना के लिए केवल बाजारों का विमुक्तीकरण पर्याप्त नहीं रहता। इसके लिए आय एवं संसाधनों के सभी स्तरों पर शिक्षा एवं स्वास्थ्य सुविधाओं की पर्याप्त व्यवस्था की आवश्यकता तो विशेष रूप से अनुभव की गई है। साथ ही पोषण में सार्वजनिक सहयोग तथा सामाजिक सुरक्षा व्यवस्था भी आवश्यक पाई गई है। यही नहीं, लाखों-करोड़ों भारतीयों को सामाजिक सुयोगों से वंचित रख रही विषमताओं के निवारण के लिए एक व्यापक राजनीतिक, आर्थिक और सामाजिक कार्यक्रम भी इस दृष्टि से कम आवश्यक नहीं है [इन सभी का सृजन केवल बाजार की शक्तियों को स्वतन्त्र कर देने से नहीं हो पाएगा]। विषमताएँ परस्पर संवर्धनकारी होती हैं। जैसे कि हमने उत्तर प्रदेश के सन्दर्भ में आगे चर्चा की है, गरीब एवं पिछड़ी जातियों के बच्चों का शिक्षा से वंचित रह जाना इतना बड़ा सामाजिक राजनीतिक मुद्दा नहीं बन पाता जितना कि उच्चवर्णीय शक्तिसम्पन्न परिवारों के बच्चों का वंचित रह जाना बन सकता है ! परिणामस्वरूप समाज के दीनहीन वर्ग निरन्तर अशिक्षा, अस्वस्थता आदि के अभावों से ग्रस्त रहने को बाध्य रहते हैं जिनके चलते विषमताओं का निवारण भी और अधिक श्रमसाध्य हो जाता है। इन अभावों का इन लोगों के जीवन स्तर पर प्रत्यक्ष प्रभाव पड़ता है। इनके कारण आर्थिक प्रसार में भागीदारी की इनकी क्षमता भी पंगु होकर रह जाती है।

इस स्थिति का निवारण करने के लिए न केवल इसकी ओर सभी का ध्यान

खींचने की आवश्यकता है, वरन् आम जनता को इन अभावों के प्रति सचेत करना भी जरूरी है। जन चेतना एवं सक्रियता ही सरकारी पहलकदमी की एक 'सशक्त' गारन्टी बन सकती है—बहुदलीय राजनीतिक लोकतन्त्र में तो यह बात और भी महत्त्वपूर्ण हो सकती है। अतः राजनीतिक दल चाहे सत्ता में हों या विपक्ष में, यहाँ बहुत ही महत्व्पूर्ण योगदान कर सकते हैं। भारत के अभी तक सामाजिक सुयोगों की सर्जना करने के 'कीर्तिमान' बहुत ही शर्मनाक रहे हैं—इसी कारण सत्ता एवं विपक्ष, दोनों ही ओर के राजनीतिक दलों के दायित्व बहुत बढ़ गए हैं।

यह बात भी गौर करने की है कि केवल सामाजिक राजनीति की सफलता अपने आप आर्थिक निष्पादन के प्रसार में परिवर्तित नहीं हो जाती। आर्थिक प्रेरणाओं तथा उत्पादन, निवेश, व्यापार तथा वाणिज्य आदि के लिए उपयुक्त वातावरण का निर्माण करने की अनदेखी नहीं की जा सकती—जैसे दक्षिण कोरिया, चीन आदि की भाँति सामाजिक वातावरण तो उचित हो—पर यह अपने आप में पर्याप्त नहीं रहता। केरल प्रान्त का ही उदाहरण लें—यहाँ सामाजिक सफलताएँ तो अभूतपूर्व रही हैं किन्तु आर्थिक संवृद्धि का कोई उल्लेखनीय कीर्तिमान नहीं बन पाया ! अतः आर्थिक प्रगति को बढ़ावा देनेवाली संस्थागत विशेषताओं का संवर्धन करने की शेष भारत की भाँति ही केरल में भी नितान्त आवश्यकता है। तीव्र एवं भागीदारीपूर्ण आर्थिक संवृद्धि के सृजन में आर्थिक अभिप्रेरणाओं और सामाजिक सुयोगों के सम्बन्ध सूत्र दोनों दिशाओं में प्रभावी होते हैं (इनमें एकपक्षीयता नहीं होती)।

यह अध्ययन संयुक्त राष्ट्र संघ विश्वविद्यालय के वर्ल्ड इन्स्टीट्यूट फार डेवलपमेन्ट इकॉनामिक्स रिसर्च संस्थान (WIDER) के अन्तर्गत डॉ. लाल जयवर्धने के मार्गदर्शन में प्रारम्भ हुए थे। इसमें शान्तिनिकेतन के 'भारत प्रकल्प' के अनुभवों का बहुत उपयोग किया गया है। उस प्रकल्प के निर्देशक प्रो. सुनीलसेन गुप्त थे। हम इस शोध कार्य में सहयोग के लिए 'वाईडर' तथा हैरिस गजदर के योगदान में विशेष सहायता के लिए 'लिवर ह्यूम ट्रस्ट' के आभारी हैं।

इस अध्ययन काल में इसके लेखों के रचनाकारों ने लन्दन स्कूल ऑफ इकनॉमिक्स, दिल्ली स्कूल ऑफ इकनॉमिक्स के सेंटर फार डेवलपमेन्ट इकॉनामिक्स, इन्दिरा गांधी इन्स्टीट्यूट आफ डेवलपमेन्ट रिसर्च, इन्टरनेशनल डेवलपमेन्ट रिसर्च सेन्टर (कनाडा) तथा हार्वर्ड विश्वविद्यालय में उपलब्ध सुविधाओं का प्रयोग किया है। हम इस अवसर पर इन सभी संस्थाओं का भी धन्यवाद कर रहे हैं। हम सम्पादन कार्य में शानदार सहयोग के लिए मीरा सैम्सन तथा इस अध्ययन प्रकल्प की गतिविधियों में तारतम्य बनाए रखने में सहयोग के लिए जैकी जेन्निग्स के भी अत्यन्त आभारी हैं।

अमर्त्य कुमार सेन
ज्याँ द्रीज़

अनुक्रम

लेखक

ज्याँ द्रीज़ – सेंटर फॉर डेवलपमेन्ट इकानामिक्स, दिल्ली स्कूल ऑफ इकानॉमिक्स

हैरिस गज़दर – स्टाइसेर्ड, लंदन स्कूल ऑफ इकानामिक्स

एन-कैथरीन गुइयो – सेंटर फॉर रिसर्च इन इकानामिक्स एण्ड डेवलपमेन्ट, नमुर, बेल्जियम

ममता मूर्ति – डिपार्टमेन्ट ऑफ इकानामिक्स, यूनिवर्सिटी ऑफ ससेक्स, इंग्लैंड

वी.के. रामचन्द्रन – इंदिरा गाँधी इन्स्टीट्यूट ऑफ डेवलपमेन्ट रिसर्च, मुंबई

सुनील सेनगुप्त – सेंटर फॉर रूरल स्टडीज़ एण्ड एग्रो-इकानामिक रिसर्च सेंटर (सेवानिवृत्त), विश्वभारती, शान्तिनिकेतन, प. बंगाल

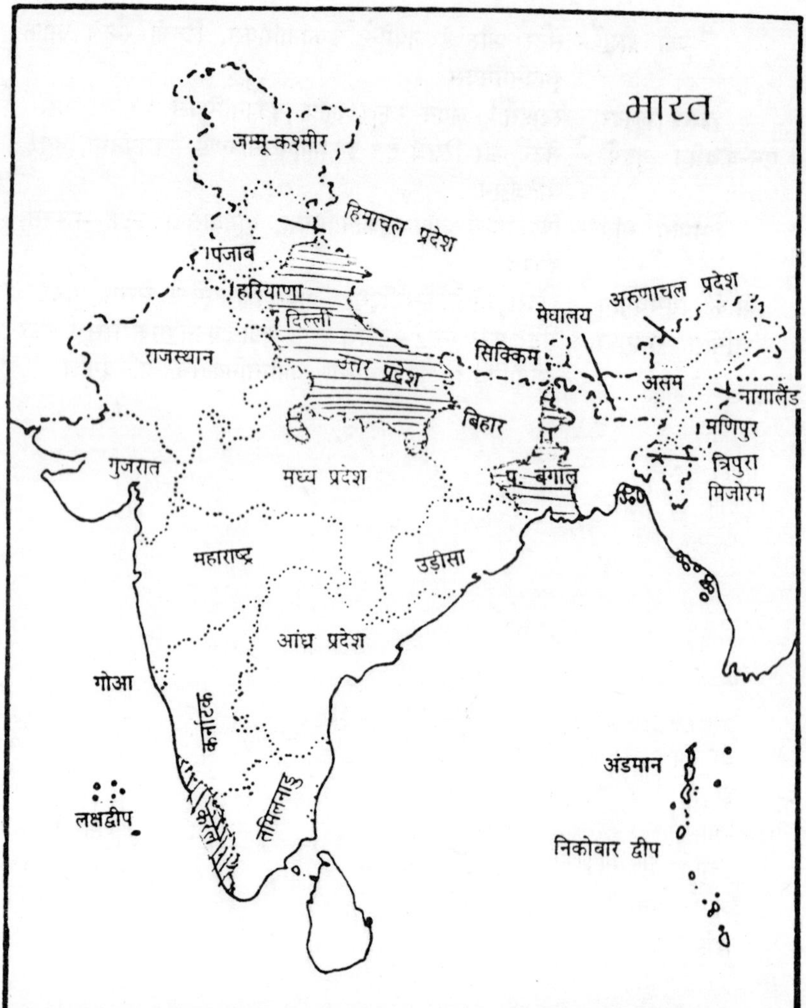
भारत
जम्मू-कश्मीर
हिमाचल प्रदेश
पंजाब
हरियाणा
दिल्ली
राजस्थान
उत्तर प्रदेश
सिक्किम
मेघालय
अरुणाचल प्रदेश
असम
नागालैंड
मणिपुर
त्रिपुरा
मिजोरम
बिहार
प. बंगाल
गुजरात
मध्य प्रदेश
महाराष्ट्र
उड़ीसा
आंध्र प्रदेश
गोआ
कर्नाटक
तमिलनाडु
लक्षद्वीप
अंडमान
निकोबार द्वीप

1.
ज़रूरतें ज़्यादा, सुधार कम

साध्य, साधन और व्यावहारिक तर्कशास्त्र

पिछले कुछ वर्षों में भारत की आर्थिक नीतियों में बहुत परिवर्तन हुए हैं। कितने ही और परिवर्तन लागू किए जा रहे हैं। 1991 से प्रारम्भ हुए इन सुधारों में बाजार व्यवस्था पर अधिक निर्भरता की ओर सारा ध्यान केन्द्रित रहा है। इसके परिणामस्वरूप नियन्त्रण हटाने, सरकारी हस्तक्षेप घटाने, निजी निवेशकों को अधिक स्वायत्तता देने, सार्वजनिक क्षेत्र पर निर्भरता कम करने, अर्थव्यवस्था को अन्तर्राष्ट्रीय व्यापार के लिए और खोलने तथा रुपये की विनिमयशीलता बढ़ाने आदि में सहायक नीतियों की रचना हुई है। अनेक आलोचकों का आग्रह रहा है कि इन सुधारों की रफ्तार और तेज़ होनी चाहिए अर्थात् इसी दिशा में और अधिक तेज़ी से बढ़ना चाहिए। फिर भी इस विषय में कोई सन्देह नहीं है कि सुधारवादी शक्तियाँ बलशील हो रही हैं और इन सुधारों का प्रसार और गहन हो रहा है। दूसरे शब्दों में, भारत की आर्थिक आयोजन से बँधी नीति-निर्धारण व्यवस्था की परम्पराओं में सचमुच बहुत बड़ी उथल-पुथल हो गई है। ऐसा कुछ भारतीय अर्थव्यवस्था में कभी नहीं हुआ था, स्वतन्त्रता से पहले भी और उसके बाद भी।

भारत से बाहर तो इन सुधारों का बहुत स्वागत हुआ है, किन्तु, आरम्भ से ही, देश के भीतर इनको लेकर कड़ा विवाद चल रहा है। यह विवाद बहुत ही तीखा और व्यापक रहा है। दोनों ही पक्षों के तर्क-वितर्क बहुत सटीक एवं शक्तिशाली प्रतीत होते हैं। इस पुस्तक में संकलित अध्ययन कम से कम प्रत्यक्षतः तो उस विवाद में शामिल होने का प्रयास नहीं कर रहे। वस्तुतः इन लेखों द्वारा सामाजिक चिन्तन को उन आर्थिक तर्कों से कहीं आगे ले जाने का प्रयास किया जा रहा है जिनके गिर्द (सीमित से मुद्दों पर टिका) सारा राजनीतिक विचार मन्थन मँडराता रहा है। यहाँ

जाने-पहचाने प्रश्नों के 'अधिकारिक' समाधान खोजने का कोई प्रयोजन नहीं है। हमारा ध्येय तो कुछ नए प्रकार के प्रश्न उठाना ही है। हमारा आग्रह है कि इन नई दिशाओं का अनुसंधान करने का उपयुक्त समय अभी है (जबकि समाज व्यापक आमूल-चूल सुधारों के लिए मानसिक रूप से अपने आपको तैयार कर रहा है)। ये नव-अनुसन्धान एवं इनसे सम्भव प्रवर्तन समस्याओं के परम्परागत समाधानों की संरचना को भी परिवर्तित कर सकने में समर्थ सिद्ध होंगे।

हमारा यह अध्ययन परम्परागत विकास विश्लेषण से दो प्रकार से भिन्न कहा जा सकता है। एक तो विकास की युक्तियों को किसी बहुत ही मूलभूत हेतु से जोड़ा जाना चाहिए—ये हेतु आर्थिक एवं सामाजिक विकास के ध्येय हो सकते हैं। हम विकास क्यों चाहते हैं ? यदि विकास हो पाए, तो उससे क्या प्राप्ति होगी ? परंपरागत सुधारों सहित, नीतियों की सफलता या विफलता का आकलन कैसे होगा ? आधारभूत ध्येयों के निर्धारण के बाद ही विकास के साधनों एवं नीतियों की चर्चा सार्थक बन पाएगी।

दूसरा अन्तर हमें साध्यों के आकलन से आगे बढ़कर साधनों के विश्लेषण की ओर ले जाता है। उन ध्येयों को सुगमतापूर्वक प्राप्त करने के लिए क्या साधन प्रयुक्त किए जाने चाहिए ? हमारी आजकल चल रही नीति सुधारगत चर्चा तो बाजार के प्रयोग अथवा अ-प्रयोग से जुड़े एक ही साधन समूह पर केन्द्रित है। घूम-फिर कर बात निजी निवेश को प्रोत्साहन, विदेशी व्यापार का सहारा लेने आदि पर ही पहुँचकर रुक जाती है। किन्तु विकास के अन्य साधन भी हैं, विशेषकर, आर्थिक क्रियाकलापों एवं सफलताओं के सामाजिक आयाम से जुड़े अनेक साधन हैं, जिनकी आजकल चल रही चर्चा में बात ही नहीं उठ रही।

इस प्रकार ध्येयों के स्पष्टीकरण की आधारभूत त्रुटि के साथ उन ध्येयों की प्राप्ति में सहायक हो सकने वाले साधनों के विश्लेषण की उपेक्षा भी आजकल की जा रही है। हमारा तो यहाँ तक दावा है कि आर्थिक सुधारों के सीमित वर्तमान उद्देश्यों की सम्पूर्ति में भी आर्थिक निष्पादन एवं परिणामों के नियामक इन सामाजिक साधनों की सुसंगठित एवं सुविस्तारित सम्वर्धना बहुत ही सहायक सिद्ध होगी।

इस पुस्तक में संकलित अध्ययन भारत में आर्थिक एवं सामाजिक परिवर्तनों के एक बहुत व्यापक स्वरूप को अपनाए जाने की आवश्यकता के पक्ष में तर्कों का विकास एवं प्रतिस्थापन कर रहे हैं। इस प्रथम अध्याय में समस्त राष्ट्र को एक इकाई मानकर तर्कों का विकास किया जा रहा है। इसके सहयोगी ग्रन्थ, 'भारत : विकास की दिशाएँ' में इस विचार क्रम को अधिक विस्तार से प्रस्तुत किया गया है। यद्यपि यहाँ हम राष्ट्र स्तरीय अध्ययन कर रहे हैं, फिर भी भारत की अर्थव्यवस्था के मूल लक्षण स्वरूप विविधताओं पर भी पूरा ध्यान दिया गया है। इन विविधताओं का एक कारण तो स्वतन्त्रतापूर्व के इतिहास क्रम की विविधताएँ रही हैं। इनका

दूसरा कारण अंग्रेजों के जाने के बाद के घटनाचक्र की विविधता है। उदाहरणस्वरूप, अब केरल प्रान्त में निहित त्रावणकोर एवं कोचीन रियासतों की दशा ब्रिटिश भारत के क्षेत्रों से अनेक दृष्टियों से कहीं बेहतर थी। दूसरी विविधता का कारण राजनीतिक दलों की विभिन्न राज्यों में सापेक्ष शक्तियों में रहे अन्तर हैं। यही नहीं, भारत के संविधान ने भी आर्थिक सामाजिक विकास से जुड़े अनेक राजकीय कार्यों को 'राज्यसूची' में शामिल कर विविधताओं के नए आयामों के द्वार खोल दिए हैं। अतः ऐतिहासिक विविधताओं को भारतीय संघ की वैधानिक व्यवस्थाओं ने और सम्पोषित और दृढ़ बना दिया है। भारतीय अर्थव्यवस्था को ठीक से समझ पाने के लिए उसकी क्षेत्रीय विविधताओं एवं अन्तरों को अच्छी तरह जान लेना आवश्यक होगा।

क्षेत्रीय विविधताएँ एवं अन्तर

भारतीय समाज एवं अर्थव्यवस्था की विविधताएँ इतनी विराट हैं कि भारत की सफलताओं एवं विफलताओं का आकलन तभी ठीक से हो पाएगा जबकि हमारे पास प्रत्येक विविधतापूर्ण अनुभव की जानकारी पर्याप्त विस्तार के साथ अलग-अलग उपलब्ध हो। केवल समष्टि-स्तरीय जानकारी पर आधारित विश्लेषण उपयुक्त नहीं होगा। इस पुस्तक में संकलित अध्ययनों के समूह में भारत के तीन प्रान्तों, केरल, उत्तर प्रदेश एवं पश्चिम बंगाल पर विशेष ध्यान देते हुए क्षेत्रीय परिदृश्यों का विशद आकलन किया गया है। केरल की सामाजिक उपलब्धियाँ विशेष रूप से उल्लेखनीय रही हैं। उस प्रान्त में 1991 में जीवन-आशा 72 वर्ष हो चली थी। यह पुरुषों के लिए 69 वर्ष तथा कोरिया के 71 वर्ष से भी श्रेष्ठतर है, जबकि इन दो देशों की आर्थिक प्रगति केरल प्रान्त की तुलना में बहुत ही अधिक रही है। दूसरी ओर, उत्तर प्रदेश भारत के अत्यन्त पिछड़े हुए राज्यों में से एक है। यदि 14 करोड़ जनसंख्या वाला यह प्रदेश एक अलग देश होता तो यह विश्व के विशालतम देशों में से एक ही नहीं रहता, वरन् विश्व के सामाजिक दृष्टि से सर्वाधिक अभावग्रस्त देशों में भी गिना जाता। अनेक प्रकार से इस प्रदेश का जनजीवन सहारातर अफ्रीकी देशों के जीवन स्तर से भी गया-गुज़रा है। यह प्रश्न उठना स्वाभाविक है कि केरल इस सीमा तक सफल क्यों हो पाया तथा उत्तर प्रदेश उन्हीं मामलों में इतनी दुर्दशा क्यों भोग रहा है ? पश्चिम बंगाल के अनुभव मिले-जुले से रहे हैं—कुछ मामलों में इसकी उपलब्धियाँ बहुत प्रशंसनीय रही हैं तो अन्यों में विफलताएँ भी बहुत स्पष्ट दिखाई पड़ रही हैं। हमें इन सफलताओं एवं विफलताओं की स्पष्ट पहचान कर उनके पश्चिम बंगाल प्रान्त की राजकीय नीतियों एव उनकी प्रकृति से सम्बन्धों की मीमांसा करनी है।

भारत की आन्तरिक विविधताएँ एक दूसरे से बहुत कुछ सीखने-समझने का अवसर प्रदान करती हैं। इन अध्ययनों का एक अन्तर्निहित हेतु यह भी है किन्तु

हमारा यह आशय कदापि नहीं है कि भारत को सभी सबक आन्तरिक रूप से ही मिल जाएँगे। अन्य देशों की सफलताएँ एवं विफलताएँ भी हमें सीखने के बहुत से अवसर प्रदान कर सकती हैं। जैसे केरल को ही लें : सामाजिक प्रगति में तो यह प्रान्त निस्सन्देह अग्रणी है किन्तु इसे भी सीधी-सादी आर्थिक संवृद्धि की प्रक्रिया को उत्प्रेरित करना सीखना बाकी है—इस विषय में तो यह बहुत ही असफल रहा है (केरल के वास्तविक प्रति व्यक्ति राज्य घरेलू उत्पादन की संवृद्धि दर भारत के अत्यन्त पिछड़े प्रान्त उत्तर प्रदेश जितनी ही है (देखें 'भारत : विकास की दिशाएँ')।

आजकल चल रहे आर्थिक सुधारों एवं विनियन्त्रणों को प्रोत्साहित करने के उद्देश्य से विदेशों से ग्रहण करने योग्य 'सीखों' की बार-बार चर्चा हो रही है। किन्तु उन देशों से कुछ भी सीखने में उनके अनुभवों के समग्र स्वरूप का मूल्यांकन कर उनमें से वास्तव में अपनाने योग्य बातों को ही सीखना उपयुक्त होगा (अन्धानुकरण नहीं)। इस अध्याय में मेरा यह आग्रह रहेगा कि ऐसी ग्राह्य सीखों में से कुछ तो निश्चित रूप से सामाजिक अवसरों के सृजन से सम्बन्धित रही हैं। दुर्भाग्यवश, उन देशों के उद्धरण देते समय लोग सामान्यतः इसी पक्ष की उपेक्षा कर जाते हैं। इस पुस्तक में संकलित अध्ययनों का लक्ष्य अन्य देशों एवं भारत के अपने विविधतापूर्ण अनुभवों से ग्राह्य सीखों का आकलन-विश्लेषण ही है।

इनसे एक निष्कर्ष तो यही निकल रहा है कि स्वतन्त्रता के समय जिन मूलभूत लक्ष्यों का निरूपण हुआ था और जो अभी तक मृगतृष्णा-से बने हुए हैं, उन्हें पाने के लिए भारतीय समाज एव अर्थतन्त्र में और आमूल परिवर्तन करना आवश्यक होगा। आजकल चल रहे आर्थिक सुधारों की समस्या यह नहीं है कि वे अनावश्यक हैं अथवा उनमें बहुत अधिक मेहनत हो रही है। वास्तविक समस्या तो यह है कि ये सुधार मौलिक रूप से असन्तुलित एवं अपर्याप्त हैं। ये भारत में रूढ़ आर्थिक आयोजन की परम्पराओं को सहज भाव से सहन कर जाते हैं—बस, इधर उधर छिटपुट बदलाव ही इन सुधारों की प्रकृति बन गई है। किन्तु इस समय तो हमें बदलाव को बहुत विराट स्वरूप देने की आवश्यकता है, उसे सीमित रखने की नहीं। इस प्रथम अध्याय में इसी बृहत्तर, विराट वितान पर बदलाव की आवश्यकता की स्थापना करना हमारा लक्ष्य है। बाद के अध्यायों में हम क्रमशः उत्तर प्रदेश, केरल एवं पश्चिम बंगाल के क्षेत्रीय अनुभवों की व्याख्या करेंगे।

मानवीय क्षमताओं का अभिहित एवं सहायक महत्त्व

अगस्त 1947 में भारत की स्वतन्त्रता की पूर्व सन्ध्या पर जवाहरलाल नेहरू ने अपने 'तकदीर से वायदे' नाम से प्रसिद्ध अभिभाषण में देश की जनता को स्मरण कराया था कि उसे गरीबी एवं अज्ञान तथा रोग-व्याधियों और अवसरों की विषमताएँ दूर करने का काम करना है। इस दिशा में निश्चित रूप से कुछ काम हुआ है, कुछ

सफलता भी मिली है। व्यापक अकालों की विभीषिका से देश प्रायः मुक्त ही रहा है, देश में बहुदलीय लोकतन्त्र भी काफी सफलतापूर्वक चल रहा है और देश में एक विशाल एवं सफल वैज्ञानिक समुदाय का विकास भी हो सका है। ये उपलब्धियाँ विश्व के अनेक भागों की सफलताओं से किसी भी तरह हीन नहीं कही जा सकतीं। फिर भी, सहज ही यह बात भी स्पष्ट हो जाती है कि नेहरू जी द्वारा बताए गए कार्य अभी भी अधूरे ही हैं। विश्व में उन कार्यों की दृष्टि से बहुत सफल रहे देशों से तो हम काफी पिछड़ गए हैं। हमें यह प्रश्न अपने आप से करने ही चाहिए : आखिर हमारे मार्ग में क्या बाधाएँ आ रही हैं ? उन पर किस प्रकार से पार पाया जा सकता है ? और क्या हम उन अन्तर्निहित त्रुटियों को दूर करने की दिशा में अग्रसर हो रहे हैं ?

नेहरू जी ने राष्ट्र के सम्मुख जिन कार्यों की बात रखी थी उन्हें याद रखना जरूरी है। तभी हम यह जान सकेंगे कि आज हम कहाँ खड़े हैं और, कहाँ नहीं पहुँच पाए हैं ? जैसे नेहरू जी ने कहा था, अज्ञान और निरक्षरता, परिहार्य दरिद्रता और व्याधियों तथा अवसरों में अनावश्यक विषमताओं का निराकरण करना अपने आप में बहुत मूल्यवान लक्ष्य है। इनसे हमारे मनवांछित जीवनयापन के स्वातन्त्र्य का विस्तार होता है, ये मूलभूत योग्यताएँ एवं क्षमताएँ अपने आप में भी महत्त्वपूर्ण हैं। ये निश्चित रूप से आर्थिक संवृद्धि एवं उससे जुड़े अन्य आर्थिक निष्पादन मापकों में भी योगदान देती हैं पर इनका महत्त्व इस 'सहायक स्वरूप' के कारण ही नहीं होता। यह सत्य है कि आर्थिक संवृद्धि महत्त्वपूर्ण है, परन्तु इसके महत्त्व का आधार यही है कि यह अभावों का अन्त करने एवं जनसामान्य की योग्यता-क्षमता का संवर्धन कर उनके जीवनयापन के स्तर को सुधारने में सहायक रहती है।

अनेक बार सकल राष्ट्रीय उत्पाद की संवृद्धि दर को ही सफलता की अन्तिम कसौटी मान लिया जाता है। पर, हमें इस प्रकार की भूल नहीं करनी : हम निरक्षरता, अस्वस्थता एवं सामाजिक वंचनाओं की समाप्ति को सकल उत्पाद वृद्धि में सहायक तत्व के रूप में अपने आप में महत्त्वपूर्ण मानते हैं--हमारा विचार है कि यही वे कार्य हैं जिन्हें अभी सम्पूर्णता की मंजिल तक पहुँचाना बाकी है। आर्थिक सफलता की परम्परागत कसौटियाँ–जैसे उच्च संवृद्धि दर, व्यवस्थित भुगतान शेष आदि तो किन्हीं गहन लक्ष्यों की पूर्ति में सहायक साधनों के रूप में ही महत्त्वपूर्ण होती हैं। अतः शिक्षा, स्वास्थ्य आदि बुनियादी सुविधाओं के प्रसार को केवल मानव संसाधनों का प्रसार अथवा मानवीय पूँजी का संग्रहण मान लेना एक भूल होगा। मानव उत्पादन का एक साधन मात्र नहीं है–वह तो वस्तुतः उत्पादन का परम ध्येय अथवा साध्य है। अर्थात् मानव उत्पादन करने के लिए ही अस्तित्व में नहीं आया है–वास्तव में तो सारे उत्पादक कार्य मानव के निमित्त किए जाते हैं। मानव जीवन में सुधार की कसौटी के रूप में यह बताना आवश्यक नहीं है कि बेहतर जीन्स वाले व्यक्ति वही

हैं जो बेहतर उत्पादन भी करते हैं।

अन्तर्निहित महत्त्व का यह मुद्दा विश्लेषण का एक उपयुक्त प्रारम्भ बन सकता है। हमें अपनी बातों के क्रम के विषय में सतर्क रहना चाहिए—सबसे अधिक प्राथमिकतापूर्ण बात सबसे पहले कहना अनिवार्य होता है। फिर भी हम सारे विश्लेषण को केवल मौलिक मुद्दों की चर्चा पर ही रोक नहीं सकते। जो चीज अन्तर्निहित रूप से महत्त्वपूर्ण होती है उसका सहायक स्वरूप बहुत ही विराट भी हो सकता है—इसमें उस चीज़ के अन्तर्निहित महत्त्व पर ज़रा भी आँच नहीं आती। मौलिक योग्यताओं के घटक के रूप में प्राथमिक शिक्षा, स्वास्थ्य एवं अन्य मानवीय उपलब्धियाँ प्रत्यक्ष रूप से तो मूल्यवान हैं ही, ये योग्यताएँ अधिक 'मानक' रूप से प्रख्यात आर्थिक सफलताओं के सृजन में भी सहायक हो सकती हैं। इस प्रकार, इस माध्यम से ये मानव जीवन की गुणवत्ता का और भी संवर्धन कर पाने में सफल रहती हैं। अच्छे जीवन स्तर के अनेक घटक जैसे, शिक्षा, स्वास्थ्य, मौलिक स्वातन्त्र्य आदि हमें और उत्पादक बनाने और अधिक उत्पादन एवं आय का सृजन करने में सहायक रहते हैं। पिछले कुछ दशकों से विश्व में आर्थिक एवं सामाजिक प्रगति के उदाहरणों ने शिक्षा, स्वास्थ्य एवं अन्य मानव जीवन की गुणवत्ता के घटकों की ओर तीव्र एवं भागीदारीपूर्ण आर्थिक संवृद्धि में सहायक होने के नाते सभी का ध्यान आकर्षित किया है। पर इस 'आकर्षण' की चकाचौंध में इन्हीं कारकों के अपने अन्तर्निहित महत्त्व की ओर वांछित स्तर तक ध्यान नहीं जा पा रहा। यह आवश्यक नहीं है कि मानवीय क्षमताओं का संवर्धन सदैव ही आर्थिक निष्पादन बढ़ाने में सहायक रहे, सम्भावनाओं के सृजन एवं क्षमताओं के वास्तविक प्रयोग की राजनीति एवं अर्थशास्त्र में व्यापक अन्तर हो सकते हैं। किन्तु जब तक सम्भावनाओं का सृजन नहीं होगा, उनकी प्रयुक्ति का प्रश्न ही नहीं उठ पाएगा। यह एक ऐसा पाठ है जिसे अनेक देशों ने पूरी तरह आत्मसात् कर लिया है।

यदि नेहरू जी द्वारा बताए गए हमारे 'तकदीर से वायदे' की ओर एक बार फिर दृष्टिपात करें तो दो बातें बहुत स्पष्ट हो जाएँगीं : (1) आर्थिक एवं सामाजिक नीतियों की सफलता के आकलन में मूलभूत योग्यता-क्षमता तथा जीवन की गुणवत्ता का स्थान निर्विवाद रूप से सर्वोपरि होगा; तथा (2) इन योग्यताओं को सहायक स्वरूप में अनेक तरह के व्यावहारिक योगदान आर्थिक संवृद्धि को बढ़ावा देते हैं, और इसके माध्यम से जनजीवन-यापन स्तर में और आगे सुधार आता है। मानव जीवन स्तर में सुधार अपने आप में ही मूल्यवान है। इसके कारण से और भी अतिरिक्त लाभ सम्भव हो पाते हैं। वे लाभ ऐसे अनेक अवसरों का सृजन करते हैं जिनसे जीवन स्तर में और सुधार आता है तथा हमारी मनवांछित जीवनयापन की प्रभावी स्वतन्त्रता का और सम्पोषण हो पाता है। 1940 के दशक में अपने आविर्भाव काल से ही विकास का अर्थशास्त्र अनेक प्रकार के 'दुष्चक्रों' आदि की छायाओं से आक्रान्त रहा

है–इनके कारण यह विषय सदैव ही निराशा से घिरा रहा है। उस सन्दर्भ में तो इस 'सु-चक्र' का आर्थिक एवं सामाजिक प्रगति की प्राप्ति में महत्त्व बहुत ही शानदार एवं प्रभावपूर्ण सिद्ध हो सकता है।

अन्य देशों और अपने अनुभवों से भारत क्या सीखे ?

भारत उन देशों से बहुत कुछ सीख सकता है जो किसी न किसी स्वरूप में हमसे अधिक सफलता अर्जित कर पाए हैं। उस बारे में तो हम बात करेंगे ही, भारत अपने आपसे भी बहुत कुछ सीख पाने की स्थिति में है। हम एक अत्यन्त विविधतापूर्ण राष्ट्र के वासी हैं–अनेक क्षेत्रों में हमारी उपलब्धियाँ भी विशद विविधताओं से ओतप्रोत हैं। भारत औसत साक्षरता, जीवन-आशा एंव शिशुमृत्यु दर आदि में चीन की अपेक्षा बहुत ही पिछड़ा हुआ लगता है, पर हमारा केरल प्रान्त इन सभी कसौटियों के आधार पर चीन को मात दे रहा है। उदाहरण के लिए, भारत की वयस्क साक्षरता दर मात्र 39 प्रतिशत है जबकि चीन में यही दर 68 प्रतिशत हो चुकी है। किन्तु केरल की साक्षरता दर 86 प्रतिशत है, जो चीन से सवाई से भी अधिक बनती है। हम अभी यह भी दर्शाने वाले हैं कि ग्रामीण नारी साक्षरता दर में तो केरल चीन के प्रत्येक प्रान्त से कहीं आगे निकल चुका है। इसी प्रकार केरल प्रान्त की जन्म के समय जीवन-आशा का स्तर भी चीन से बेहतर है। यहाँ पुरुषों एवं महिलाओं की जीवन-आशा 69 एवं 74 वर्ष है जबकि चीन में ये स्तर 68 और 71 वर्ष ही हैं। इसी प्रकार केरल की जनन दर 1.8 है जबकि चीन में यह अभी भी 2.0 ही है। शिशु-मृत्यु दर को कम कर पाने में तो केरल की सफलता अत्यन्त स्तुत्य है–1991 में यहाँ बालकों एवं बालिकाओं में ये दर क्रमशः 17 एवं 16 प्रति हजार जीवित प्रसव ही रह गई थीं। इसकी तुलना में चीन अभी भी 28 एवं 33 पर अटका हुआ था।

अपने ही देश के विविध अनुभवों के आधार पर हम बहुत कुछ सीख सकते हैं। यहाँ सार्वजनिक एवं जन सक्रियता के योगदान का महत्त्व तो बहुत ही बढ़ा-चढ़ा है। अपने अतिन्यून आय स्तर के बावजूद केरल ने दक्षिण कोरिया आदि अति प्रशंसित उच्च आर्थिक संवृद्धि वाली अर्थ व्यवस्थाओं की तुलना में बहुत शानदार उपलब्धियाँ अर्जित की हैं। इसका सम्मान करना एवं शेष भारत में नीति निर्धारण में इसका समावेश करना वांछनीय होगा। पर केरल प्रदेश को यह तो अन्य देशों के अनुभवों से सीखना बाकी है कि आर्थिक संवृद्धि की दर को किस प्रकार ऊँचा उठाया जाए। इस दृष्टि से केरल का निष्पादन भारत के ही अनेक प्रान्तों से भी गया गुजरा रहा है। मानवीय क्षमताओं के विकास में निहित आर्थिक प्रसार की सम्भावनाओं को मूर्त्त रूप प्रदान करने में आर्थिक अभिप्रेरणाओं की राजनीति एवं अर्थनीति का महत्त्व बहुत अधिक होता है। केरल यदि अन्य राज्यों को कुछ सिखाने में समर्थ है तो इसे उनसे बहुत कुछ सीखना भी है।

देश के विभिन्न भागों में आर्थिक प्रेरणाओं एवं अवसरों को एक जैसा बढ़ावा नहीं मिल पाया है। यही नहीं, पिछले कई दशकों से सारे ही देश में एक विपरीत प्रभावोत्पादक नियन्त्रणकारी वातावरण की रचना हुई है जिसके कारण भारत में आर्थिक संवृद्धि अवरुद्ध-सी हो गई है। अन्य देशों ने आर्थिक संवृद्धि को बढ़ाने के लिए जो नीतियाँ अपनाईं, कार्य किए, और जिनके माध्यम से उस संवृद्धि को जन जन के जीवन स्तर को सुधारने के निमित्त प्रयोग किया है, इन सब बातों से हम बहुत कुछ सीख सकते हैं। आजकल चल रही सुधार प्रक्रिया में आर्थिक निष्पादन में अधिक सफल रहे देशों में सीखने की बात बार-बार उठ रही है। इसी अध्याय में मैं अन्य देशों के अनुभवों से सीखे जा सकने वाले सबकों पर विस्तार से चर्चा करूँगा। इसी सन्दर्भ में मुझे यह भी कहना पड़ेगा कि इन सफल देशों के अनुभवों की कुछ बहुत ही महत्त्वपूर्ण विशेषताओं की तो सारी चर्चाओं में गम्भीर उपेक्षा ही होती रही है। किन्तु उससे भी पूर्व विपरीत प्रभावकारी नियन्त्रणों एवं नियमनों को हटाने के महत्त्व पर चर्चा कर लेना आवश्यक प्रतीत होता है।

विपरीत प्रभावोत्पादक नियमन एवं आवश्यक सुधार

भारत की आर्थिक नीतियों में परिवर्तन के लिए प्रेरित करने के उद्देश्य से अक्सर उसकी तुलना अन्य देशों से की जाती है। इसके पीछे यही ध्येय रहता है कि भारत को भी विदेशी व्यापार के उदारीकरण, सरकारी प्रतिबन्धों एवं नियन्त्रणों के निरस्तीकरण एवं निजी निवेशकों को प्रोत्साहन देने वाले आर्थिक सुधार कार्यक्रम अपनाने के लिए राजी किया जा सके। इस सन्दर्भ में दक्षिण कोरिया, हांगकांग, सिंगापुर, थाईलैण्ड तथा चीन आदि की शानदार उपलब्धियों का गुणगान किया जाता है। इन सभी देशों ने बाज़ार-आश्रित आर्थिक अवसरों का बहुत ही प्रशंसनीय प्रयोग कर लाभ उठाया है। इस प्रकार की तुलनाएँ सचमुच ज्ञानवर्धक रहती हैं। इन देशों से बहुत कुछ सीख पाने की गुंजाइश भी है।

भारत सरकार के अनेक प्रतिबन्ध, नियम एवं नियन्त्रण विपरीत प्रभावी हो चुके हैं—यह बात तो बहुत समय से स्पष्ट ही रही है। इन्होंने, विशेषकर आधुनिक उद्योगों के आर्थिक कार्यों में अनावश्यक हस्तक्षेप कर उनकी कुशलता को दुष्प्रभावित तो किया ही है, इनके कारण सामाजिक उत्पादन के आवंटन या विभाजन में भी किसी प्रकार की वास्तविक समता शायद ही आ पाई है—अर्थात् इनके तथाकथित घोषित उद्देश्य पूरे नहीं हो पाए और आर्थिक दक्षता-कुशलता की हानि भी समाज को सहन करनी पड़ी है। हाँ, इतना अवश्य हुआ है कि इन प्रतिबन्धों, नियमों आदि को लागू करने वाले अधिकारियों एवं राजनीतिज्ञों को कुछ विशेष अधिकार अवश्य मिल गए। उन्होंने इनका प्रयोग कर अपने एवं अपने सहयोगियों के वर्गीय हितों का ही पोषण एवं संवर्धन किया है। यद्यपि भारत के आर्थिक सुधारों के कार्यक्रम

की तात्कालिक उत्प्रेरणा तो अल्प अवधि का संकट ही रहा है, फिर भी हम यह कह सकते हैं कि उपर्युक्त कारणों ने पहले ही ऐसी किसी सुधार कार्यक्रम की आवश्यकता की स्थापना कर दी थी।

विश्व बाजार से जुड़ पाने की सम्भावनाएँ एवं उससे सम्भव लाभ बहुत ही विशाल हैं। अन्य देशों की भाँति ही भारत भी बड़े पैमाने पर उत्पादन एवं अन्तर्राष्ट्रीय श्रम विभाजन का लाभ बहुत सफलतापूर्वक प्राप्त कर सकता है। कई बार विदेशी व्यापार पर अधिक निर्भरता को देश की आर्थिक स्वतन्त्रता पर प्रहार मान लिया जाता है, किन्तु इस विचार को स्वीकार कर पाना कठिन ही है। भारत के व्यापार सहयोगी अनेक होंगे, और भारत के बाजारों में प्रवेश कर कार्य करने के प्रति उनके अपने हित बँधे हुए होंगे। अतः यह कहना कि खुले व्यापार से विश्व में भारत आर्थिक बन्दी बन कर रह जाएगा, निराधार प्रतीत होता है। इसका अर्थ यह नहीं है कि हमें व्यापार की उचित शर्तें प्राप्त करने का प्रयास नहीं करना चाहिए या विश्व व्यापार संगठन एवं अन्य अन्तर्राष्ट्रीय संस्थानों में उचित प्रकार के नियम-विनियमों की रचना की ओर ध्यान नहीं देना चाहिए। ये भी व्यापार से लाभों का बँटवारा एवं स्वरूप निर्धारित करने में बहुत योगदान देते हैं किन्तु अन्तर्राष्ट्रीय व्यापार एवं विनिमय की सुविधाओं के और अधिक प्रयोग से सम्भावित लाभों का भयभीत होकर परित्याग कर बैठने के सामान्यतः कोई कारण नहीं दिखाई पड़ते।

मैं यहाँ पर भारत में आजकल चल रहे सुधार कार्यक्रम के सही स्वरूप की उपुयक्तता अथवा पर्याप्तता पर कोई टिप्पणी नहीं कर रहा। मैं तो उन सुधारों की और अधिक आवश्यकता एवं वांछनीयता की ओर संकेत कर रहा हूँ जिनमें विपरीत प्रभावी नियमों एवं प्रतिबन्धों की निरस्ति होकर अन्तर्राष्ट्रीय विनिमय के अवसरों का अधिक लाभ उठा पाने का मार्ग प्रशस्त हो सके। इस प्रकार के परिवर्तन अवश्य होने चाहिए। अन्तर्राष्ट्रीय व्यापार सम्बन्धों के 'शोषणकारी' स्वरूप की आशंका से घबराकर रह जाने का कोई वास्तविक कारण नहीं है। इस दिशा में आगे बढ़ने में ही समझदारी है। यह समझदारी हमें उन अनेक नीतिगत परिवर्तनों से भी रोक नहीं रही जिन्हें तत्काल प्रभावी बनाकर हम विश्व बाजार व्यवस्था से जुड़ने के लाभ और अधिक कुशलतापूर्वक उठा पाएँगे।

चीन और भारत : तुलनाएँ एवं अन्तर

भारत का घटनाक्रम किस प्रकार चल रहा है—यह जानने के लिए इसके अनुभवों की चीन से तुलना बहुत उपयोगी होगी। जब भी विश्व बाजार से बहुत अधिक लाभान्वित हो चुके सिंगापुर एवं हांगकांग जैसे देशों का उदाहरण दिया जाता है तो उनकी उपयोगिता एवं प्रासंगिकता को लेकर सन्देह स्वाभाविक प्रतीत होते हैं। ये दोनों तो एकनगरीय राष्ट्र हैं—ये बहुत से ऐसे कार्य कर सकते हैं जो भारत जैसे

तालिका 1.1
वयस्क साक्षरता दरें, 1991

	पुरुष	स्त्री
भारत	64	39
चीन	87	68
केरल	94	86
उत्तर प्रदेश	56	25

स्रोत : जनगणना आँकड़े

विशाल देश के लिए सम्भव नहीं हो पाते। दूसरी ओर चीन भी भारत की भाँति ही एक विशाल (वास्तव में भारत से कहीं बड़ा) देश है, अतः उससे तुलनाएँ बहुत ही सार्थक एवं उपयोगी हो सकती हैं। केवल आकार के कारण ही इन तुलनाओं में सार्थकता नहीं आ जाएगी—वस्तुतः चीन ने भी अपनी विकास यात्रा भारत की भाँति ही 1940 के दशक के अन्त में प्रारम्भ की थी—उस समय वह भी भारत की भाँति अतिनिर्धनता एवं अभावों से ग्रस्त था। चीन की सभ्यता भी भारत की तरह ही वाणिज्य एवं व्यापार की समृद्ध परम्परा से सम्पन्न रही है, यहाँ भी गैर-बाजार और सामाजिक परम्पराएँ उतनी ही सशक्त रही हैं। यही नहीं, दोनों देशों के मूल नागरिकों के विशाल समूह विश्व के कोने कोने में फैले हुए हैं, उनके माध्यम से भी ये दोनों ही विश्व वाणिज्य एवं व्यापार के साथ बहुत सहज भाव से जुड़ पाने में समर्थ हैं। अतः चीन से तुलनाएँ कर यह आकलन कर पाना बहुत आसान हो सकता है कि आज भारत किस मुकाम पर है, यह क्या कुछ कर सकता है और इसे क्या करना चाहिए।

तालिका-1.1 में भारत एवं चीन की वयस्क साक्षरता सम्बन्धी जानकारी संकलित है। इस क्षेत्र में भारत चीन से बहुत पीछे है। नारी साक्षरता में तो यह अन्तर बहुत ही भारी प्रतीत होता है। अखिल भारतीय औसत के साथ-साथ उस औसत से बहुत अच्छा एवं बहुत बुरा प्रदर्शन कर रहे दो भारतीय प्रान्तों की जानकारी भी इस तालिका में है। ये प्रान्त, क्रमशः केरल एवं उत्तर प्रदेश हैं। उत्तर प्रदेश की पुरुष एवं स्त्री साक्षरता दरें क्रमशः 56 एवं 25 प्रतिशत हैं, जो चीन की 87 एवं 68 प्रतिशत से बहुत ही कम बैठती हैं। किन्तु केरल प्रान्त में यही दरें 94 एवं 86 प्रतिशत हैं। यह सफलता चीन के अनुभवों की प्रभा को कुछ फीकी अवश्य कर देती है।

चीन भी बहुत ही विविधता से परिपूर्ण है—इसके भी अनेक प्रान्त हैं। चित्र-1 में चीन एवं भारत में ग्रामीण क्षेत्रों की स्त्री एवं पुरुष साक्षरता दरों के युग्म प्रदेश के अनुसार एक साथ दिखाए गए हैं। इससे अनेक तुलनात्मक विशेषताएँ प्रथम दृष्टि

चित्र 1 भारतीय राज्यों (1991) तथा चीन के प्रदेशों (1991) में ग्रामीण साक्षरता

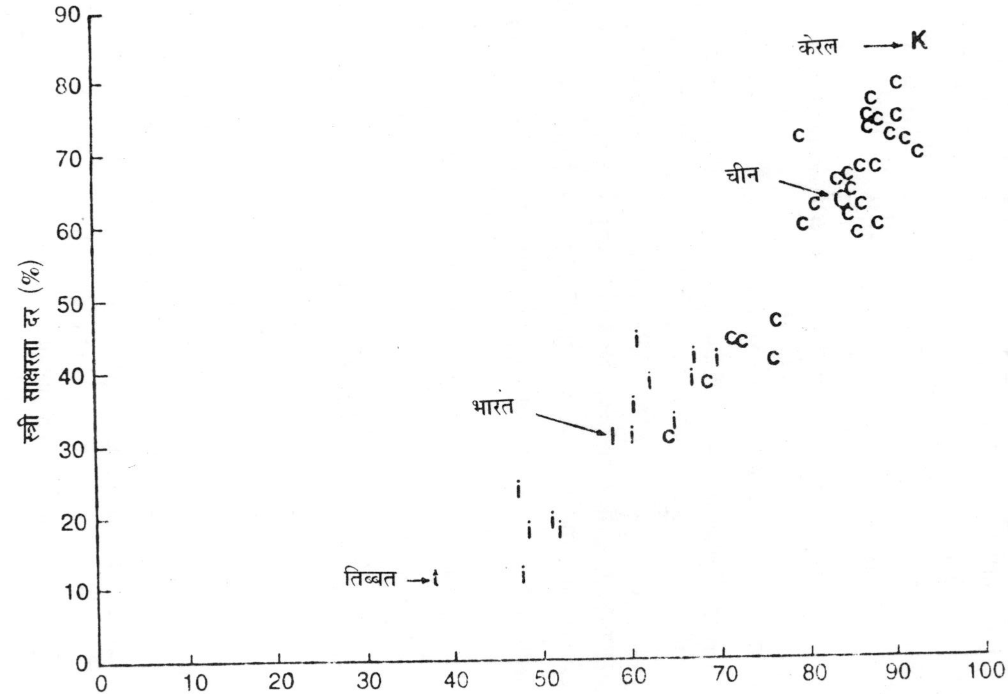

तालिका-1.2

जीवन एवं मरण-1991

	जीवन आशा		शिशु	स्त्री-पुरुष	सकल
	पुरुष	स्त्री	मृत्यु दर	अनुपात	जनन दर
भारत	59	59	80	0.93	3.6
चीन	68	71	31	0.94	2.0
केरल	69	74	17	1.04	1.8
उत्तर प्रदेश	57	55	98	0.88	5.1

स्रोत : द्रीज़ एवं सेन (1995) 'भारत : विकास की दिशाएं', परिशिष्ट

में ही स्पष्ट हो जाती हैं। सबसे पहली बात तो यह है कि चीन के प्रदेश भारतीय प्रान्तों से कहीं आगे हैं। दूसरे, भारत एवं चीन दोनों ही देशों के सभी प्रान्तों से अग्रणी केरल प्रान्त है। दोनों देशों में सबसे गई गुज़री दशा वाला प्रान्त तिब्बत है। इस प्रकार पराकाष्ठा पर स्थित प्रान्त औसत एवं बहुलकों द्वारा चित्रित परिदृश्य के विपरीत दिशाओं में अवस्थित है। तीसरे, यद्यपि केरल सभी प्रान्तों से आगे है, पर इसके पीछे दूसरे क्रम के भारतीय प्रान्त के आगमन से पूर्व चीन के अधिकांश प्रान्त पंक्ति में सम्मिलित हो जाते हैं। इसी प्रकार, तिब्बत सबसे पीछे है, किन्तु इससे तुरन्त आगे रहे प्रान्तों में भारत के प्रदेशों की ही भरमार है। बहुत आगे पहुँचकर चीन के सबसे कम सफल प्रान्तों का स्थान आता है। अन्तिम महत्त्वपूर्ण बात : तिब्बत को छोड़ चीन के सभी प्रान्त अधिक अच्छी तरह से परस्पर गुँथे हुए प्रतीत होते हैं—पर भारत में ऐसी प्रवृत्ति कम सशक्त रही है। चीन के इस प्रकार गुम्फित राज्य ही उसके आँकड़ों के बहुलक के मान के निकट हैं और ये सभी भारतीय औसत से बहुत अधिक ऊपर हैं।

तालिका-1.2 में हम जीवन एवं मरण की बातों की जानकारी समाहित कर रहे हैं। इसमें भारत व चीन की जन्म के समय जीवन-आशा, शिशुमृत्यु दर, सकल जनन दर, और जनसंख्या में स्त्री-पुरुष अनुपात की तुलनात्मक जानकारी दी गई है। यहाँ भी चीन भारत के औसत से बहुत आगे है, किन्तु, प्रत्येक दर के आधार पर वह केरल से पिछड़ रहा है।

स्त्री-पुरुष को लेकर तो केरल की स्थिति बहुत ही प्रशंसनीय है। जनसंख्या में स्त्री-पुरुष अनुपात इकाई से अधिक है। इसका कारण यही है कि प्रत्येक आयु वर्ग में, यदि महिलाओं को भी पुरुषों के समतुल्य चिकित्सा-श्रुषा मिल पाए तो उनकी मृत्य दर सामान्यतः पुरुषों से कम रहती है। यूरोप एवं उत्तरी अमेरिका में भी स्त्री-पुरुष अनुपात 1.05 के आसपास है। वैसे माना जाता है कि यह अनुपात कुछ कम होना

चाहिए था, पर, अभी भी विश्वयुद्धों में पुरुषों की भारी हानि के प्रभाव समाप्त नहीं हो पाए हैं। इसके विपरीत एशिया एवं अफ्रीका के अनेक देशों में यह अनुपात इकाई से काफी कम है। भारत की स्थिति भी ऐसी ही है। यद्यपि चीन का स्त्री-पुरुष अनुपात 0.94 भारत के 0.93 से कुछ अधिक अवश्य है—पर इसे भी बहुत अच्छा नहीं माना जा सकता। दूसरी ओर, यदि पुरुषों के प्रान्त से बाहर जाकर रोजगार करने के प्रभाव का परिमार्जन कर दिया जाए तो भी केरल का स्त्री-पुरुष अनुपात इकाई से अधिक ही रहता है। इस स्तर का उत्तरी अमेरिका एवं यूरोप के प्रचलित स्तर से बहुत सादृश्य दिखाई पड़ता है। इससे यह भी स्पष्ट होता है कि केरल मौलिक स्त्री-पुरुष समता के मामले में चीन एवं समस्त भारत से कितना अधिक आगे निकल चुका है।

स्त्री-पुरुष को छोड़ शेष सभी आयामों में चीन ने भारत की तुलना में बहुत ही स्पृहणीय प्रगति की है। यद्यपि केरल ने जीवन-आशा, जनन दर और शिशुमृत्यु दरों के मामले में चीन को पछाड़ दिया है, पर इसका चीन पर बढ़त का आकार चीन एवं भारत के अन्तरों की तुलना में बहुत ही कम रहा है।

भारत का शैक्षणिक पिछड़ापन एवं केरल से सीख

भारत में उच्च शिक्षा का प्रसार बहुत ही शानदार रहा है—यहाँ विश्वविद्यालय-स्तरीय संस्थानों में जनसंख्या के अनुपात में, चीन की अपेक्षा 6 गुना विद्यार्थी अध्ययन कर रहे हैं। इसी सन्दर्भ में यह जानकर बहुत क्षोभ होता है कि प्राथमिक शिक्षा में हम बेहद पिछड़े कैसे रह गए ? मैंने 1970 में लाल बहादुर शास्त्री स्मारक व्याख्यान दिया था। उस व्याख्यान का विषय था "भारतीय शिक्षा में संकट"। उस समय भी मुझे उच्च शिक्षा पर बहुत ध्यान एवं प्राथमिक शिक्षा की उपेक्षा के बीच की खाई बहुत बड़ी लगी थी। पिछले 25 वर्षों में यह खाई पाटी नहीं गई, वरन् यह कहीं और विस्तार धारण कर गई है। उस समय मेरा विचार था कि भारतीय समाज में वर्गीय रुझान इतने गहरे पैठे हुए हैं कि उन्हीं के दबाव में भारत की शैक्षणिक वरीयताएँ निर्धारित हुई हैं और समाज के विभिन्न वर्गों में व्याप्त आर्थिक विषमताएँ ही शैक्षणिक विषमताओं में झलक रही हैं। शैक्षणिक विषमताएँ एक ओर सामाजिक विषमताओं की प्रतिच्छाया हैं तो दूसरे स्वरूप में ये सामाजिक विषमताओं का सम्पोषण भी करती हैं। इस अन्तर्सम्बन्ध को तोड़ने के लिए कहीं बहुत ही सशक्त राजनीतिक प्रयास की आवश्यकता होगी। उतना सशक्त प्रयास न उन दलों ने किया है जो सत्तासीन रहे हैं, और न ही ऐसा साहस विपक्षी दल ही दिखा पाए हैं। इस मामले में तो वामपन्थी दलों ने भी बहुत ही कमजोरी का प्रमाण दिया है, जबकि चाहे सोवियत संघ हो या चीन या फिर क्यूबा अथवा वियतनाम—सभी देशों में साम्यवादी दलों की सरकारों ने शैक्षणिक प्रसार की दिशा में बहुत ही प्रशंसनीय कार्य किया है।

भारत की रूढ़ सांस्कृतिक एवं धार्मिक परम्पराओं ने भी यहाँ की राजनीतिक

समस्याओं को कुछ और जटिल बनाने में योगदान दिया है। हिन्दू एवं इस्लाम, दोनों ही धर्म किसी न किसी रूप में धार्मिक कुलीनता के पक्ष में ही अपने रुझान बनाए हुए हैं। यदि हिन्दू धर्म में ब्राह्मण पुजारी अपना प्रभुत्व जमाए रहे हैं तो इस्लाम भी मुल्लाओं के दबदबे से कभी उबर नहीं पाया है। समय-समय पर इन प्रवृत्तियों के विरुद्ध आन्दोलन भी चले हैं–(मध्ययुगीन सन्त कबीर तो दोनों ही मतों में व्याप्त इन प्रवृत्तियों के विरुद्ध एक साथ संघर्ष करते रहे), फिर भी इस कुलीन तन्त्र का वर्चस्व अभी तक बना हुआ है। यह वर्चस्ववाद बुद्धमत के अधिक समतापूर्ण एवं लोकवादी स्वरूप से बहुत ही पृथक लगता है। यह भी ध्यान देने की बात है कि बुद्धमतानुयायी देशों में साक्षरता का स्तर हिन्दू अथवा इस्लाम के अनुयायी देशों से बहुत ऊँचा रहा है। यह बात थाईलैण्ड, श्रीलंका और म्यांमार, तीनों के उदाहरणों से स्पष्ट हो जाती है।

इस बात के प्रमाण भी मिल रहे हैं कि जिन अफ्रीकी एशियाई देशों पर पश्चिमी साम्राज्यवादी शक्तियों ने आधिपत्य जमा लिया था, वहाँ उन्होंने स्थानीय संस्कृतियों में व्याप्त रूढ़ियों और प्रवृत्तियों को और बढ़ाने का ही प्रयास किया था, सुधारने का नहीं। उदाहरण के रूप में, भारत में अंग्रेजी सरकार ने प्राथमिक शिक्षा के प्रसार में तो कोई रुचि नहीं ली किन्तु वे उच्च शिक्षा की संस्थाओं के निर्माण विकास के लिए सदैव उत्सुक रहे–यह पुरानी ब्राह्मणवादी मानसिकता का ही प्रमाण है। दूसरी ओर, म्याँमार में उन्हीं अंग्रेजों ने प्राथमिक शिक्षा पर बहुत बल दिया और उच्च शिक्षा के प्रसार के लिए शायद ही कुछ प्रयास किया हो।

यह सब बताने का मन्तव्य भारत को अपने पिछले इतिहास से बँधे रहने की प्रेरणा देना नहीं है। हमारा आशय तो भारतीय शिक्षा नीतियों में से नए एवं पुराने, सभी प्रकार के पूर्वाग्रहों एवं दुराग्रहों की समाप्ति की आवश्यकता पर बल देना है। ये सभी आग्रह वर्ग विभाजनों एवं परम्परागत संस्कृति की देन रहे हैं। भारत की सामान्य सामाजिक परिस्थितियाँ कुछ ऐसी हैं कि यहाँ तो वामपन्थी दलों को भी शिक्षा की विषमताओं से जूझने के लिए तैयार कर पाना कठिन हो जाता है। इनके नेतृत्व की प्रकृति भी अन्य दलों से विशेष अलग नहीं है। ये भी अनेक बड़ी विषमताओं को समाज की वस्तुस्थिति का भाग मानते हैं और इनका मत है कि इन वास्तविकताओं से टकराना उचित नहीं। सम्भवतः इन्हें अन्य चुनौतियाँ अधिक प्रासंगिक प्रतीत होती हैं।

किन्तु भारत के अति विविधतापूर्ण प्राथमिक शिक्षा वितान से कुछ उत्साहवर्धक जानकारियाँ भी मिल रही हैं। प्राथमिक शिक्षा के विकास की बात सामान्यतः उन लोगों ने ही उठाई है जो परम्परागत राजनीति के विरोधी रहे हैं–इन्होंने समाज में रूढ़ जातिवादी व्यवस्थाओं का भी विरोध किया है। या फिर दूसरा वह वर्ग रहा है जो पारम्परिक संस्कृति का विरोध कर अपनी नई संस्कृति समाज के किसी हिस्से

में प्रचलित करने को उत्सुक रहा हो—भारत में ईसाई मिशनरी इसी वर्ग में सम्मिलित हैं। यद्यपि यह दूसरा वर्ग गोआ या मिज़ोरम में प्राथमिक शिक्षा की शानदार प्रगति का श्रेय पाने का अधिकारी हो सकता है, पर केरल में तो दोनों प्रकार के वर्ग शिक्षा प्रसार से जुड़े रहे हैं। वहाँ निम्न जातियों ने भी संगठित रूप से शिक्षा प्रसार के लिए महती प्रयास किया है—केवल मिशनरी ही केरल के शैक्षणिक विकास के श्रेय के अधिकारी नहीं रहे। सबसे बड़ा सौभाग्य तो यही रहा है कि त्रावणकोर एवं कोचीन में ऐसे राजपरिवार रहे हैं जिन्होंने लीक से हटकर प्राथमिक शिक्षा के व्यापक प्रसार पर बहुत ध्यान दिया।

केरल की जन सक्रियता के अनुभवों से नीतिगत सबक सीखते हुए दो विशेष रूप से उपयोगी विशिष्टताओं पर ध्यान देना आवश्यक होगा। एक तो निम्न जातियों एवं वर्गों के लिए शिक्षा के प्रसार में राजनीतिक सक्रियता का बहुत ही महत्त्वपूर्ण योगदान रहा है। भारत में राजनीतिक नेतृत्व ने सामान्यतः प्राथमिक शिक्षा के प्रति उपेक्षा भाव ही प्रदर्शित किया है किन्तु केरल इस दृष्टि से बहुत बड़ा अपवाद रहा है। वहाँ के सुखद परिणामों ने इस अपवादी स्वरूप को और महिमामंडित किया है। अतः हम कह सकते हैं कि जन-जन की मौलिक क्षमताओं के संवर्धन के लक्ष्य की सिद्धि में राजनीतिक नेतृत्व, पहलकदमी और जनसामान्य की भागीदारी के बहुत प्रभावी होने का महत्त्व प्रमाणित होने के अनेक साक्ष्य हमें केरल प्रान्त के अनुभवों से मिल सकते हैं। ये सबक केवल राजकर्ताओं एवं नीति निर्धारकों के लिए ही उपयोगी नहीं हैं, विपक्षी दल एवं राजनीतिक दृष्टि से सचेत जनसामान्य भी इनसे लाभान्वित हो सकते हैं।

दूसरे, केरल के भीतर भी ऐतिहासिक विविधता बहुत शिक्षाप्रद रही है। स्वतन्त्रता के बाद केरल राज्य का गठन करते समय इसका आधार मलयाली भाषा को बनाया गया। इसमें त्रावणकोर एवं कोचीन की देशी रियासतें ही मुख्य भूभाग रहीं। थोड़ा सा भूखण्ड जिसे मालाबार क्षेत्र कहा जाता है, तथाकथित ब्रिटिश भारत के मद्रास प्रदेश से हस्तान्तरित होकर केरल में सम्मिलित हुआ था किन्तु यह क्षेत्र सामाजिक विकास के सभी आयामों (साक्षरता, जीवन-आशा एवं मृत्यु दर आदि) में त्रावणकोर एवं कोचीन से बहुत ही पिछड़ा हुआ था। किन्तु अस्सी के दशक तक यह क्षेत्र भी शेष प्रान्त के समकक्ष पहुँच चुका था और अब इसे केरल की सामान्य परिस्थितियों से भिन्न नहीं माना जा सकता। केरल में विभिन्न शासक दलों ने (साम्यवादी एवं कांग्रेस) ने जो नीतियाँ अपनाईं उन्हीं के परिणामस्वरूप मालाबार के सामाजिक परिदृश्य को परिवर्तित कर उसे शेष प्रान्त के समतुल्य बना पाने में सफलता मिल सकी है। केरल की अपनी ऐतिहासिक विशेषताएँ रही हैं पर यहीं से ये प्रमाण भी बहुत स्पष्टतः मिल रहे हैं कि किसी क्षेत्र के लिए ऐतिहासिक रूढ़ियों का बन्दी बने रहना अनिवार्य नहीं होता, बहुत कुछ इस बात पर भी निर्भर होता है कि वर्तमान समय में क्या

तालिका-1.3
साक्षरता एवं स्कूली जीवन : भारत (1987-88)

		भारत	केरल	उत्तर प्रदेश
1. ग्रामीण साक्षरता दर (बच्चे 10-14)				
बालक		73	98	68
बालिकाएँ		52	98	39
2. स्कूल जा रहे ग्रामीण बच्चों का अनुपात				
आयु 5-9	बालक	52	87	45
	बालिकाएँ	40	83	28
आयु 10-14	बालक	66	93	64
	बालिकाएँ	42	91	31
3. 12-14 वर्ष के उन बच्चों का अनुपात जो कभी स्कूल में दाखिल हुए हों				
ग्रामीण	बालक	74	100	73
	बालिकाएँ	49	98	32
शहरी	बालक	89	100	81
	बालिकाएँ	81	99	61

स्रोत : ड्रीज़ एवं सेन (1995) वही

और कैसे किया जा रहा है। केरल ही हमें यह भी बता रहा है कि यदि त्रावणकोर एवं कोचीन की भाँति मालाबार की सुखद ऐतिहासिक परिस्थितियाँ नहीं रही हों, तो भी कटिबद्ध सार्वजनिक कर्मठता के आधार पर क्या कुछ प्राप्त करना सम्भव हो सकता है।

तालिका 1.3 में हम भारत की आन्तरिक विविधताओं की जानकारी दे रहे हैं। इसमें ग्रामीण भारत की साक्षरता दरों के साथ साथ केरल एवं उत्तर प्रदेश में भी विभिन्न आयु वर्गों के स्त्री एवं पुरुषों की साक्षरता दरों के आँकड़े संग्रहीत किए गए हैं। जहाँ केरल में 10-14 वर्ष के आयु वर्ग के प्रायः सभी बच्चे साक्षर हैं, वहीं उत्तर प्रदेश में तो एक तिहाई बालक एवं 60 प्रतिशत बालिकाएँ पूरी तरह से निरक्षर ही रह गई हैं। सारे भारत का परिदृश्य भी उत्तर प्रदेश की ही भाँति बहुत कालिमामय प्रतीत होता है।

यह भी बहुत ही विचित्र लगता है कि भारत भर में 12-14 वर्ष आयु वर्ग के एक चौथाई से अधिक बालकों का नाम कभी किसी स्कूल में लिखाया ही नहीं गया—आधी से अधिक बालिकाएँ भी इसी वर्ग में सम्मिलित हैं। जैसा कि स्वाभाविक लगता है, केरल में तो इस वर्ग के प्रायः सभी बच्चों को कुछ न कुछ स्कूली शिक्षा

तालिका 1.4

विकासशील देश : 1990 : वयस्क साक्षरता दरें

	सकल	स्त्री
भारत (आयु 7+, 1991)	52	39
चीन	78	68
निम्न आय देशों का औसत (चीन एवं भारत को छोड़कर)	55	44
जिम्बावे	67	60
बोट्सवाना	74	65
केन्या	69	58
नाइजीरिया	51	39
घाना	60	51

स्रोत : द्रीज़ एवं सेन (1995) वही

का लाभ प्राप्त हो चुका है परंतु उत्तर प्रदेश की दशा भारतव्यापी परिदृश्य से भी बहुत काली लग रही है। वास्तव में उत्तर प्रदेश में दो तिहाई से अधिक 12-14 वर्ष की बालिकाएँ ऐसी हैं जिन्हें कभी किसी स्कूल से शिक्षा लाभ नहीं मिल पाया। प्राथमिक शिक्षा की उपेक्षा का यह परिदृश्य हताशाजनक कहा जा सकता है। इससे स्पष्ट होता है कि भले ही नेहरू जी ने 1947 में जो कार्य निर्धारित किए थे उनमें सर्वप्रथम स्थान प्राथमिक शिक्षा को दिया गया हो परन्तु सारे भारत में ही इस क्षेत्र में बहुत पिछड़ापन व्याप्त है, विशेषकर, भारत के विशालतम राज्य उत्तरप्रदेश की दशा तो निकृष्टतम कही जा सकती है। यदि 14 करोड़ की आबादी वाला राज्य उत्तर प्रदेश एक अलग देश होता तो इसे विश्व के सबसे अधिक निरक्षर (स्कूली शिक्षा-शून्य) देश होने की लज्जा झेलनी पड़ती।

प्राथमिक शिक्षा के क्षेत्र में भारत केवल चीन, श्रीलंका या दक्षिण कोरिया से ही पीछे नहीं रह गया है, यह तो भारत एवं चीन सहित सभी निम्नआय देशों की औसत से भी पीछे है। विश्व बैंक की गणनाओं पर आधारित ये तुलनात्मक आँकड़े तालिका 1.4 में दिए गए हैं। विश्व का सबसे बड़ा समस्या क्षेत्र सहारातर अफ्रीकी देशों का समूह है। यहाँ अभी भी एक के बाद एक अकाल की छाया पड़ती जा रही है। इनकी तुलना में भी भारत की प्राथमिक शिक्षा सफलताएँ निराशाजनक ही रही हैं। भारत की साक्षरता दरें नाईजीरिया के समान लगती हैं किन्तु बोट्सवाना, जिम्बाबवे, की केन्या एवं घाना सहित अनेक अफ्रीकी देशों से यह बहुत पीछे रह गया है। आर्थिक एवं सामाजिक विकास की अनेक कसौटियों के अनुसार आज भारत

विश्व की औसत के पास भले ही पहुँच रहा हो किन्तु साक्षरता एवं प्राथमिक शिक्षा के आधार पर तो यह विश्व समुदाय में निम्नतर स्तर पर ही अटक कर रह गया है।

शैक्षणिक पिछड़ापन : एक आर्थिक बाधा

शिक्षा और मानवीय क्षमता के विकास को किन्हीं अन्य लक्ष्यों की पूर्ति में सहायक मात्र मान लेना उचित नहीं होगा, फिर भी इस सहायक स्वरूप का बहुत बड़ा महत्त्व होता है। आर्थिक संवृद्धि प्रेरित सामाजिक विकास के विश्लेषण में जहाँ सार्वजनिक शिक्षा ने आर्थिक प्रसार की सम्भावनाओं का विस्तार कर आर्थिक संवृद्धि में योगदान किया है, वहीं पर आर्थिक संवृद्धि ने शिक्षा प्रसार के निमित्त अधिक साधन जुटा पाने में सहायता प्रदान कर शैक्षणिक विकास को बढ़ावा भी दिया है।

स्कूल शिक्षा, काम करते हुए सीखना, तकनीकी प्रगति तथा बड़े पैमाने पर उत्पादन की मितव्ययिताओं आदि की आर्थिक भूमिकाओं का, आर्थिक प्रसार के सृजन से जुड़ी बृहत्तर मानवीय भूमिकाओं के संवर्धन में बहुत योगदान रहता है। आर्थिक संवृद्धि के अनुभवों के विश्लेषण से यह बात अभी साबित हुई है कि श्रम, शिक्षा, अनुभव और तथाकथित ''मानवीय पूँजी'' का इसमें क्या योगदान रहा है। आर्थिक संवृद्धि के मूल नवक्लासिकी प्रतिमान के कारण अवशिष्ट अंश को इस प्रकार से भर देने का लाभ मिल गया है। आर्थिक संवृद्धि सिद्धान्तों की नई संवर्धनाओं ने भौतिक पूँजी के प्रत्यक्ष संकलन के योगदान से आगे बढ़कर बृहत्तर मानवीय भूमिका के महती योगदान के स्पष्ट स्वरूप का निरूपण किया है। ''पूर्वी एशियाई करिश्मे' एवं अन्य संवृद्धिप्रेरित सामाजिक विकास के अनुभवों से सीख ग्रहण करने के हमारे प्रयास हाल ही में सैद्धान्तिक एवं वस्तुपरक विश्लेषणों द्वारा प्रस्तुत ज्ञान-रश्मियों की उपेक्षा नहीं कर पाएँगे।

शिक्षा एवं योग्यताओं की भूमिका इतनी सशक्त सिद्ध होती है कि सार्वजनिक नीति निर्धारण में प्राथमिक शिक्षा प्रसार एवं योग्यता सृजन की ओर अधिक ध्यान देना आवश्यक हो गया है। बाजार पर आधारित अवसरों का भरपूर प्रयोग कर तीव्र गति से विकसित हुए देशों में तो व्यापक प्राथमिक शिक्षा का योगदान बहुत विशाल सिद्ध हुआ है। उदाहरणस्वरूप, हम 'पूर्वी एशिया के शेर' कहलानेवाले चारों देशों, दक्षिण कोरिया, हांगकांग, सिंगापुर और ताईवान की चर्चा कर सकते हैं—अब तो चीन एवं थाईलैण्ड भी इसी समूह में सम्मिलित हो गए हैं। जिन आधुनिक उद्योगों में ये देश बहुत 'सिद्धहस्त' माने जाते हैं, उनमें अनेक ऐसी योग्यताओं की आवश्यकता पड़ती है जिनमें कर्मचारियों का प्राथमिक शिक्षा सम्पन्न होना अनिवार्य रहता है—यदि वे माध्यमिक शिक्षा भी पा चुके हों तो उनकी कुशलता बहुगुणित हो जाती है। यद्यपि कुछ अध्ययनों में विधिवत् या औपचारिक शिक्षा की अपेक्षा 'कार्य करते हुए प्रशिक्षण'

तालिका 1.5
वयस्क साक्षरता दरें 1960-90

	1960	1980	1992	
भारत	28	36	52	(आयु 7+ 1991)
दक्षिण कोरिया	71	93	97	
हांगकांग	70	90	=100	
चीन	प्राप्त नहीं	69	80	
थाईलैण्ड	68	86	94	

स्रोत : द्रीज़ एवं सेन (1995) वही

की उपयोगिता पर अधिक बल दिया गया है, किन्तु काम पर लगने से पूर्व स्कूल में प्राप्त हुई शिक्षा इन योग्यताओं को ग्रहण एवं आत्मसात् करने में व्यक्ति को निश्चित रूप से अधिक कुशलता प्रदान कर सकती है।

पूर्वी एशिया के तीव्र संवृद्धिमान देशों से सीख ग्रहण करने के सन्दर्भ में यह बात ध्यान रखनी होगी कि ये सभी देश, द. कोरिया, हांगकांग, सिंगापुर, ताईवान और थाईलैण्ड तथा सुधारोपरान्त चीन, जिस समय विश्व अर्थ व्यवस्था से बेहतर युति और तीव्र आर्थिक संवृद्धि के पथ पर अग्रसर हुए, उस समय उनके प्राथमिक शिक्षा के प्रसार स्तर बहुत उच्च हो चुके थे। उनके आज के स्तर ही भारत के वर्तमान स्तर से ऊँचे नहीं हैं, सत्तर के दशक में जब उन्होंने अपनी तीव्र संवृद्धि यात्रा आरम्भ की, उस समय के उनके शैक्षणिक स्तर भी भारत के आज के स्तर से काफी ऊँचे थे।

हमारी तालिका 1.5 इन्हीं बातों के समर्थन में उपयुक्त प्रमाण प्रस्तुत कर रही है। भारत का आज का साक्षरता स्तर 52 प्रतिशत चीन, थाईलैण्ड, दक्षिण कोरिया या हांगकांग के वर्तमान स्तर से ही बहुत कम नहीं है, यह तो उन देशों के 1960 के स्तर की भी बराबरी नहीं कर पाता—उस वर्ष में भी उन देशों की वयस्क साक्षरता दर 70 प्रतिशत के आसपास थी। ज्ञातव्य है कि उन देशों की त्वरित विकास यात्रा 1960 के आसपास ही शुरू हुई मानी जाती है; चीन के सन्दर्भ में उपयुक्त प्रारम्भिक वर्ष 1980 माना जाता है।

भारत में प्राथमिक एवं माध्यमिक शिक्षा के प्रसार के लिए उपयुक्त स्तर पर सार्वजनिक प्रयास नहीं हो पाना अपने आप में एक विस्मयकारी विफलता रही है। जहाँ देश की अनेक नीतियों में सरकार के अत्यधिक हस्तक्षेप का आरोप प्रायः सही रहा है, वहीं हमारी सरकार प्राथमिक शिक्षा के साथ-साथ प्राथमिक स्वास्थ्य सेवाओं, भूमि सुधार और सामाजिक सुरक्षा व्यवस्था आदि के सन्दर्भ में अतिन्यून सार्वजनिक

सक्रियता एवं योगदान की दोषी पाई गई है। यही हेमारी मूलभूत समस्या है। हम यह दावा नहीं कर रहे कि इतनी विशद निरक्षरता के कारण भारत में सकल राष्ट्रीय या घरेलू उत्पाद की तीव्र संवृद्धि दर की प्राप्ति सम्भव नहीं हो पाएगी, यहाँ तो उस आर्थिक प्रसार के स्वरूप एवं शक्तियों का प्रश्न है। प्रश्न यह है कि क्या इस प्रकार की संवृद्धि में समाज की व्यापक भागीदारी होगी ?

जब समाज का बहुत बड़ा हिस्सा पढ़ने, लिखने या गणना कर पाने में समर्थ नहीं हो, मुद्रित/लिखित निर्देशों को समझने में असमर्थ हो और नई तकनीकों को आत्मसात् करने योग्य नहीं हो, तो फिर आधुनिक विश्व व्यवस्था के साथ एकीकृत होने से सुलभ बाजार आधारित आर्थिक सुयोगों का लाभ उठा पाने की हमारी क्षमता बहुत सीमित होकर रह जाएगी। विश्व बाजार से जुड़ने का उद्देश्य महत्त्वपूर्ण है, किन्तु मूलभूत शिक्षा के अत्यल्प विकास के कारण भारत की इस उद्देश्य की सम्प्राप्ति पर बहुत ही बुरा प्रभाव पड़ रहा है। इस प्रकार भारत में शिक्षा नीतियों एवं सफलताओं की विषमता नए आर्थिक अवसरों का लाभ उठा पाने में विषमता का रूप धारण कर लेती है। रोजगार सृजक आधुनिक उत्पादन के बहुगुणित हो पाने पर शैक्षणिक पिछड़ेपन के दुष्प्रभाव आवंटनगत विफलताओं के कारण और भी गहन हो जाते हैं।

भारत की चिरंतन निरक्षरता एवं शैक्षणिक पिछड़ेपन के अनेक दुष्प्रभाव हैं। इसके कारण भारतीय जन समुदाय के स्वातन्त्र्य एवं क्षेम-मंगल स्तर पर बुरा प्रभाव पड़ता है, इसी के कारण यहाँ महिलाएँ अति अभाव-वंचना से ग्रसित रहने को बाध्य रही हैं। इसी के कारण मरणशीलता एवं जनन दरें उच्च बनी हुई हैं। सामाजिक परिवर्तन के लिए दबाव का सशक्त नहीं हो पाना भी इसी पिछड़ेपन का एक 'योगदान' है। इसी कारण से स्वास्थ्य आदि पर उचित एवं प्रभावपूर्ण ध्यान दिए जाने की राजनीतिक माँग अधिक शक्तिशाली नहीं बन पाती। यही नहीं, प्राथमिक शिक्षा के अभाव में आर्थिक प्रसार के लक्ष्यों की सिद्धि भी अधिक कठिन हो जाती है। यहाँ हमारा सामना आर्थिक संवृद्धि की प्राप्ति एवं उपयोग को सीमित करने वाली दो परस्पर जुड़ी किन्तु पृथक्-पृथक् समस्याओं से हो रहा है। एक तो विश्व बाजार से युति के लिए प्राथमिक शिक्षा बहुत ही आवश्यक है। सत्तर के दशक में द. कोरिया तथा 1980 के बाद से चीन जिस प्रकार की वस्तुएँ विश्व बाजार में ला रहे हैं उनसे यह स्पष्ट हो जाता है कि इस बाजार से युति में सफलता के लिए प्राथमिक शिक्षा अनिवार्य ही है क्योंकि इसके अभाव में पूर्व निर्धारित मानकों के अनुरूप उपयुक्त गुणवत्ता की कसौटियों पर खरा उतरने वाला उत्पादन सम्भव नहीं हो पाता। दूसरे, समाज का जितना बड़ा वर्ग विश्व बाजार से युति में भागीदार होगा उतनी ही अधिक भागीदारी पूर्ण आर्थिक संवृद्धि की भी हो जाएगी, अर्थात् जनसंख्या के उतने ही बड़े हिस्से की आय उपार्जन क्षमता में सुधार सम्भव हो पाएगा। आज भारत ने प्रशिक्षित मध्यमवर्गीय श्रम शक्ति के आधार पर कई अत्यन्त तकनीकी जटिलताओं से पूर्ण

उद्योगों में बड़ी महारत हासिल कर ली है। यदि उन उद्योगों के अति त्वरित विकास के आधार पर भारत की संवृद्धि दर में उछाल आ जाए तो भी अधिकांश भारतीयों को उस उछाल का कोई लाभ नहीं मिल पाएगा।

यहाँ एक तुलना बहुत उपयोगी होगी। 1960 एवं 1970 के दशकों में ब्राजील की अर्थव्यवस्था की संवृद्धि दर बहुत ऊँची रही थी, किन्तु वहाँ आर्थिक एवं सामाजिक गरीबी के स्तर में कोई सुधार नहीं हो पाया। इस परिणाम का मुख्य कारण वहाँ की संवृद्धि प्रक्रिया का वह स्वरूप था जिसमें व्यापक भागीदारी का नितान्त अभाव था। ब्राजील के उदाहरण की पूर्वी एशिया के व्यापक भागीदारीपूर्ण विकास अनुभवों से तुलना उनके बड़े अन्तरों को बहुत स्पष्ट कर देती है। यही नहीं, इस तुलना से पूर्वी एशिया में व्यापक प्राथमिक शिक्षा के महती योगदान का भी पता चलता है। भारत के द. कोरिया की बजाय ब्राजील के मार्ग पर चले जाने की बहुत आशंका है। यहाँ हमें सोच-विचार कर चयन करना है।

सुधारोपरान्त सफलता में सुधारपूर्व चीन का योगदान

चीन से कुछ सीखते समय हमें सुधारों के बाद उसकी सफलताओं पर तो विशेष ध्यान देना ही है, साथ ही हमें सुधार प्रारम्भ होने से पूर्व वहाँ जो कुछ हासिल हो चुका था उसे नकार देने की गलती से बचना होगा। (अक्सर सुधारों की वकालत करने वाले उनसे पूर्व की सभी उपलब्धियों को बेकार घोषित कर बैठते हैं।) सुधारोपरान्त चीन की आर्थिक प्रगति के स्वरूप की व्याख्या करने में उस देश में प्राथमिक शिक्षा के प्रसार का बहुत महत्त्व रहा है। विश्व बाजार से एकीकरण के प्रयासों में जनव्यापी शिक्षा द्वारा तीव्र एवं भागीदारी पूर्ण संवृद्धि को सफल बनाने में बहुत ही निर्णायक योगदान दिया है। जन-जन को शिक्षित करने की दिशा में व्यापक पहल सुधारों से बहुत पहले ही की जा चुकी थी। 15-19 वर्ष के पुरुषों में चीन में साक्षरता दर 1982 में ही 96 प्रतिशत तक पहुँच गई थी। समवयस्क महिलाओं में भी इसका स्तर 85 पाया गया है। इस सामाजिक परिसम्पदा के आधार पर भागीदारीपूर्ण आर्थिक प्रगति का जो क्रम वहाँ चल सका, भारत में सम्भव नहीं था; यही नहीं, आज भी भारत में उसके सफलतापूर्वक चल सकने की सम्भावनाएँ काफी कम हैं।

ऐसी ही बात राष्ट्रव्यापी चिकित्सा एवं पोषण व्यवस्थाओं के विषय में भी सत्य है। इन व्यवस्थाओं का निर्माण और विकास भी सुधारपूर्व अवधि में हुआ था और इनसे भी सुधार-पश्चात् चीन को बहुत भारी लाभ मिला है। आजकल आर्थिक संवृद्धि से सम्बन्धित कार्यों में आर्थिक विकास में मौलिक स्वास्थ्य एवं पोषण के महत्त्व पर बहुत ध्यान दिया जा रहा है। चीन की सुधारोपरान्त आर्थिक सफलताओं का सटीक मूल्यांकन करते समय सुधारपूर्व की अवधि में समाज के 'ठोस आधार' की रचना पर भी उपयुक्त स्तर तक ध्यान दिया जाना आवश्यक है।

पूर्वी एशिया में आर्थिक विकास में भूसुधारों का बहुत बड़ा योगदान रहा है। इस बारे में भी चीन की सुधारपूर्व सफलताओं ने सुधारोपरान्त आर्थिक प्रसार का मार्ग सहज बनाने का बड़ा कार्य किया है। वैसे, चीन की व्यवस्था केवल भूसुधारों तक सीमित नहीं रही, वहाँ तो इनसे कहीं आगे बढ़ने का प्रयास किया गया था, किन्तु कृषि के सामुदायीकरण के पराकाष्ठा काल में जो ज्यादतियाँ हुईं, उनके परिणामस्वरूप सुधारपूर्व अवधि के कृषि प्रसार में बहुत बाधाएँ आई थीं। फिर भी, उस सामुदायीकरण ने चीन में भूस्वामित्व व्यवस्था में एक निर्णायक बदलाव ला ही दिया–वहाँ से जमींदारी जैसी सामन्तयुगीन प्रथा का उन्मूलन हो गया। इसके बाद जब चीन सरकार ने कृषि में 'उत्तरदायित्व व्यवस्था' प्रारम्भ करने का निर्णय लिया तो वहाँ एक ऐसी भू-धारण प्रणाली विद्यमान थी जिसे बिचौलियों रहित व्यक्तिगत किसानी व्यवस्था में परिवर्तित करना बहुत सरल था। इस प्रकार चीन की कृषि व्यवस्था की संरचना भारत के अनेक भागों में प्रचलित व्यवस्था के विपरीत प्रभावकारी बन्धनों से मुक्त रही।

यह भी ध्यान देने की बात है कि सारे पूर्वी एशियाई देशों में जिन संस्थागत परिवर्तनों ने व्यापक भागीदारीपूर्ण आर्थिक प्रसार का मार्ग प्रशस्त किया है, उनकी शुरुआत अलग-अलग ढंग से हुई थी। (इन सुधारों में प्रमुख रहे हैं : प्राथमिक शिक्षा और स्वास्थ्य व्यवस्था का प्रसार तथा जमींदारी जैसी प्रथाओं का अन्त।) कुछ मामलों में तो विदेशियों के कब्ज़े ने ही भूसुधार का क्रम आरम्भ किया था–उदाहरणस्वरूप, ताईवान एवं द. कोरिया में यह कार्य जापानी उपनिवेशवाद की देन रहा। कहीं सुधारों के ये कार्य देश ने अपनी स्वःप्रेरणा से भी आरम्भ किए किन्तु प्रत्येक अवस्था में बाजार पर आधारित आर्थिक प्रसार के कार्यक्रमों में समाज में आए इन मौलिक परिवर्तनों का बहुत भारी योगदान रहा है।

हाल ही के वर्षों में चीन की शानदार सफलताओं के मूल्यांकन एवं अन्य देशों के लिए उनसे सम्भव 'सबक' का निर्धारण करने में इन अन्तर्सम्बन्धों का ध्यान रखना बहुत आवश्यक है। यदि भारत चीन की भाँति बाजार का लाभ उठाना चाहता है, तो उसके लिए केवल आर्थिक उदारीकरण पर्याप्त नहीं रहेगा (जैसे चीन ने पिछले कुछ वर्षों में किया है) क्योंकि उन सामाजिक अवसरों की रचना करना भी आवश्यक है जो सुधारोपरान्त चीन में उपलब्ध थे। ये अवसर शिक्षा, स्वास्थ्य व्यवस्था और भू-सुधारों पर आधारित रहे हैं और इनका सृजन मुख्यतः वहाँ सुधारपूर्व अवधि के सामाजिक प्रयोगों की प्रक्रिया में ही हो गया था। चीन की बाजार व्यवस्था का संबल सुधारपूर्व सामाजिक परिवर्तनों के ठोस धरातल पर रहा है। भारत उन सुविधाकारी परिवर्तनों–शिक्षा, स्वास्थ्य व्यवस्था और भूसुधारों पर ध्यान दिए बिना ही बाजार व्यवस्था के रथ पर सवारी नहीं कर पाएगा। यदि ऐसा किया गया तो उसके चीन की भाँति सफल रह पाने में सन्देह बना रहेगा।

सामाजिक अवसरों के माध्यम से आर्थिक विकास

आर्थिक विकास का केन्द्रीय मुद्दा जनसामान्य को सुलभ आर्थिक अवसरों का प्रसार संवर्धन है। यदि इन अवसरों पर प्रत्यक्ष या परोक्ष रूप से विपरीत प्रभावकारी नियमनों और नियन्त्रणों के कारण आँच आती है तो उन बन्धनों का निर्मूलन आवश्यक हो जाता है—ये बन्धन सामान्यतः आर्थिक प्रेरणाओं तथा स्पर्धा को कुंठित करते हैं और इनके कारण दक्षता का सृजन करने वाले लाभों से समाज वंचित रह जाता है। बाजार का प्रसार इस व्यापक बदलाव में बहुत निर्णायक सिद्ध होता है।

किन्तु, सामाजिक सुयोगों का एक बहुत बड़े वितान पर सृजन एवं उपयोग कर पाने के लिए केवल बाजारों को स्वतन्त्र कर देना पर्याप्त नहीं रहता, इसके लिए तो बहुत मुखर रूप से उन सक्रिय सार्वजनिक नीतियों की माँग भी जरूरी होती है जिनके आधार पर जन सामान्य आन्तरिक एवं अन्तर्राष्ट्रीय व्यापार के और विस्तृत प्रयोग द्वारा सुलभ सुयोगों का उपयोग कर पाने में सफल हो सकते हैं। इस सन्दर्भ में सबसे अधिक महत्त्वपूर्ण तो सम्भवतः प्राथमिक शिक्षा ही है। इसी के त्वरित प्रसार से हम भारत में व्याप्त भारी निरक्षरता एवं शैक्षणिक पिछड़ेपन की समस्याओं पर काबू पा सकेंगे। इसके लिए अधिकांश महिलाओं एवं अच्छी बड़ी संख्या में पुरुषों को निरक्षर छोड़ देने वाली नीतियों का परित्याग कर हमें सभी के लिए साक्षरता एवं प्राथमिक शिक्षा को एक 'मूलभूत अवसर' मान कर उपयुक्त व्यवस्थाएँ एवं प्रावधान रचने होंगे। यही नहीं, माध्यमिक स्तरीय शिक्षा को भी बहुत सीमित वर्गों की पहुँच या गिरफ्त से निकाल व्यापक रूप से समाज के सभी वर्गों को सुलभ कराना होगा। यद्यपि स्वतन्त्रता के बाद से ही साक्षरता एवं स्कूली शिक्षा की अनिवार्यता के बड़े बड़े भाषण हमारे नेताओं ने झाड़े हैं, इन्हें योजनाओं का अंग भी घोषित किया गया है, किन्तु लक्ष्यों की सम्पूर्ति की दिशा में किए गए प्रयासों का लेखा-जोखा बहुत ही शर्मनाक चित्र प्रस्तुत करता है।

किन्तु अभी भी ऊँचे दावे करने का क्रम जारी है—शायद यह कुछ और जोर शोर से किए जा रहे हैं, फिर भी इस सन्दर्भ में वास्तविक बदलाव बहुत धीमे और सीमित रहे हैं। यही नहीं, जितनी गम्भीरता बाजारों की विमुक्ति के लिए दिखाई जा रही है उसके अनुरूप कोई उच्च प्राथमिकता शिक्षा आदि के हिस्से में आने का अभी तक कोई व्यावहारिक प्रमाण नहीं मिल पाया है। तालिका 1.6 में पिछले दशकों में प्राथमिक स्कूलों पर हुए व्यय और उनमें सुलभ शैक्षिक आदानों का ब्यौरा दिया गया है। चालू व्यय की प्रतिशत संवृद्धि दर में तो निरन्तर वृद्धि होती रही है किन्तु यह वृद्धि शिक्षकों के वेतन सहित सभी सापेक्ष लागत वृद्धियों की भरपाई कर पाने में नितान्त अपर्याप्त रही है। वास्तविक दृष्टि से तो आलोच्य अवधि में शिक्षकों की संख्या तथा शिक्षक जनसंख्या अनुपात में निरंतर गिरावट ही दृष्टिगोचर हो रही है।

तालिका 1.6

प्राथमिक स्कूलों में व्यय एवं शिक्षण की वृद्धि दरें (प्रतिशत प्रति वर्ष)

	1970-71 की कीमतों पर चालू व्यय	शिक्षक संख्या	शिक्षक-जनसंख्या अनुपात
1950-51 से 1960-61	8.5	5.6	3.6
1960-61 से 1970-71	5.8	4.5	2.3
1970-71 से 1980-81	2.8	2.7	0.5
1980-81 से 1984-85	11.1	2.1	0.0
1984-85 से 1989-90	10.8	1.6	-0.5

स्रोत : द्रीज़ एवं सेन (1995) वही

अभी हाल ही के वर्षों में भी इस प्रवृत्ति में कोई सुधार होने के आसार नहीं बने—वस्तुतः कुछ ह्रास ही हुआ है। 1980-81 की अवधि में प्राथमिक स्कूलों में (प्रति इकाई जनसंख्या) शिक्षकों की संख्या में गिरावट ही आई है। सुधारों के आरम्भ होने के बाद और भी गिरावट हुई है—यहाँ तक कि 1991-92 से 1992-93 की अवधि में भी प्राथमिक शिक्षक संख्या कम होने के प्रमाण ही मिल रहे हैं।

नई दिल्ली ने भारत के शैक्षणिक पिछड़ेपन की गम्भीरता को ठीक से समझ लेने का कोई संकेत अभी नहीं दिया है। यह बड़ा विचित्र लगता है—हमने पहले भी चर्चा की है कि प्राथमिक शिक्षा लोगों के कुशल क्षेम और सामाजिक परिवर्तन के प्रति उनकी स्वतन्त्रता की दृष्टि से ही महत्त्वशाली नहीं होती, यह तो भारत के आर्थिक सुधारों की सफलता के लिए भी अपरिहार्य है। प्राथमिक शिक्षा के क्षेत्र में इस सर्वव्यापी पिछड़ेपन के कारण भारत की विश्व बाजार से एकीकरण से सम्भावित सुअवसरों का लाभ उठा पाने की क्षमताओं पर भी कुठाराघात हो रहा है।

सामाजिक अवसरों के प्रसार के अन्य आयाम भी आज अपनी ओर ध्यान दिए जाने का आग्रह हर रहे हैं। इनमें सम्मिलित हैं अधिक व्यापक एवं बेहतर स्वास्थ्य-चिकित्सा सुविधाएँ, सामाजिक सुरक्षा के प्रावधानों की बेहतर सुलभता, अधिक प्रभावी एवं व्यापक भूमि सुधार तथा जनसामान्य को इस योग्य बनाना कि वे बिना अनावश्यक प्रतिबन्धों और हस्तक्षेपों के बाजार द्वारा सुलभ बनाए जा रहे अवसरों एवं सुविधाओं का सदुपयोग कर सकें।

एक बड़ी पहल की आवश्यकता

भारत में नीति-चर्चा को बाजार और उदारीकरण पर ही अतिसंकेन्द्रित करने से आगे—कहीं बहुत आगे ले जाने की बड़ी ही आवश्यकता है। बाजार के पक्ष या

विपक्ष में होने वाले पुराने विवादों के प्रश्न आज भी हमारे देश में सभी पक्षों पर कुछ इस तरह छाए हुए हैं कि हम केवल कुछ ही मुद्दों पर ध्यान दे पाते हैं, अन्य अनेक महत्त्वपूर्ण मुद्दे इस दृष्टि विभ्रम के कारण उपेक्षित ही रह जाते हैं। आर्थिक सुधारवादियों का यह निदान बहुत ही सटीक है कि भारत में कुछ मामलों में सरकार का हस्तक्षेप बहुत ही अधिक है किन्तु वे इस बात की बिल्कुल अनदेखी कर जाते हैं कि प्राथमिक शिक्षा, चिकित्सा आदि क्षेत्रों में सरकार की सक्रियता बहुत ही सीमित रही है, और इसी के कारण न केवल हमारे जनसामान्य बहुत दुर्दशापूर्ण जीवनयापन को बाध्य हो रहे हैं वरन् आर्थिक प्रसार की सम्भावनाएँ भी सीमित हो रही हैं। हमें अधिक बाजारों की आवश्यकता अवश्य होगी, किन्तु हमें इन बाजारों से बहुत आगे भी जाना है। हमें केवल बहुत कम या बहुत अधिक बाजार की समस्या का समाधान नहीं करना, हमें तो 'कुछ क्षेत्रों में बहुत कम बाजार' तथा 'अन्य क्षेत्रों में बाजार से बहुत दूर नहीं देख पाने' के दृष्टिदोष का भी उपचार करना है।

जब तक चीन या दक्षिण कोरिया के अतिविशाल एवं उत्पादक सार्वजनिक शिक्षा एवं चिकित्सा व्यवस्थाओं से जुड़े अनुभवों पर ध्यान नहीं दिया जाएगा, उनकी भाँति बाजारों का प्रयोग कर पाने का विचार इच्छा ही बनकर रह जाएगा। उनके पथ का अनुसरण कर पाने के लिए आर्थिक प्रसार को बढ़ावा देने में इन सरकारी कार्यों के योगदान को अच्छी तरह से समझ लेना बहुत आवश्यक है अन्यथा यह अन्यों की नकल करने का प्रयास तो होगा, उनसे कुछ सीखने का नहीं। हमें किसी मंजिल पर पहुँचने के लिए मात्र उदारीकरण से कहीं आगे के लक्ष्यों की सही पहचान करनी होगी।

जो बात विदेशों से सीखे जा सकने वाले सबकों पर लागू होती है, वही अपने देश के विविधतापूर्ण अनुभवों पर भी लागू होगी। अगले अध्यायों में हम उत्तर प्रदेश, केरल और पश्चिम बंगाल के अनुभवों की विस्तृत चर्चा कर रहे हैं। जीवन स्तर के सुधार में तो इन राज्यों की सफलताओं में बहुत अन्तर हैं ही, इन तीनों को ही त्वरित एवं भागीदारीपूर्ण आर्थिक संवृद्धि की उपयुक्त परिस्थितियों की रचना की ओर बहुत ध्यान देने की आवश्यकता है। पर इस आवश्यकता की पूर्ति के लिए केवल सरकारी नियन्त्रणों एवं नियमनों को घटाना पर्याप्त नहीं रहेगा, उन मानवीय क्षमताओं के संवर्धन के लिए सकारात्मक सरकारी पहल की भी जरूरत पड़ेगी जो न केवल जीवन को जीनेयोग्य बनाती है, बल्कि उपयुक्त आर्थिक वातावरण मिलने पर त्वरित एवं भागीदारीपूर्ण आर्थिक संवृद्धि का आधार भी बन सकती है।

जिस प्रकार के आमूल परिवर्तनों की हमें आवश्यकता है, वे कहीं किसी एक प्रतिबन्ध को हटाने या किसी नियम-विनियम में कुछ छूट अथवा रियायत कर देने के सुधारों से पूरे नहीं हो पाएँगे। इसके लिए तो अपने आप में महत्त्वपूर्ण एवं आर्थिक प्रगति में सहायक सामाजिक अवसरों का सृजन कर सकने में समर्थ एक उत्तरदायित्व

की भावना से भरी सरकार के सकारात्मक ढंग से कर्त्तव्यनिर्वहन की भी आवश्यकता होगी। विदेशों की सफलता से कुछ सीखने का प्रयास करते हुए हमें उनके अनुभवों की समग्रता पर ध्यान देना होगा। अन्यों के अनुभवों की अपने देश में पुनरावृत्ति का प्रयास करते समय सरकार की भूमिकाओं का सम्पूर्ण दृष्टि से अवलोकन करना होगा। भारत के विभिन्न प्रान्तों के अनुभवों के अन्तर और सामाजिक प्रगति की उपलब्धियों में व्यापक विविधताएँ केवल जनसामान्य के कुशलक्षेम में प्रत्यक्ष योगदान और मानवीय अभावों के निराकरण के कारण ही महत्त्वपूर्ण नहीं हैं, इन्हीं के आधार पर, अप्रत्यक्ष रूप से, आर्थिक संवृद्धि के स्वरूप एवं गुणों का संवर्धन भी हो सकता है।

भारत में जिन मौलिक परिवर्तनों की आवश्यकता है, उनकी सम्प्राप्ति केवल सरकार के नकारात्मक कार्यों में कमी करने पर ध्यान केन्द्रित रखने से सम्भव नहीं बन पाएगी। यह भी आवश्यक है कि हम सामाजिक सुयोगों को सर्वसुलभ बनाने में सहायक सकारात्मक सरकारी कार्यों की उपेक्षा न करें। अगले अध्यायों में भारत के तीन राज्यों के जो अध्ययन प्रस्तुत किए गए हैं उनके अनुभवों की तुलना से हमें आवश्यक आमूल परिवर्तन के तकाज़ों की सही परख करने और उन्हें समझ पाने में बहुत सहायता मिलेगी। यह विदेशों से ग्राह्य सीखों का और पृष्ठपोषण भी करेंगे (अभी तक भी सारी अर्थनीतिगत चर्चाओं में सबसे अधिक प्रेरणास्पद बात बाहर से कुछ सीखने की रही है)। बाह्य अनुभवों से अपने नववर्धित ज्ञान के परिवेश में ही हमें आन्तरिक अनुभवों की विविधता से मिली सीखों को भलीभाँति समाहित कर अपने नीति निर्धारण के विश्लेषणात्मक आधार की रचना करनी होगी।

2.

उत्तर प्रदेश : अकर्मण्यता का बोझ

उत्तर प्रदेश का चयन क्यों ?

विकास अनुभवों के अनेक अध्ययनों से यह बात स्पष्ट हुई है कि विकास के प्रारम्भिक सोपानों में भी सार्वजनिक सक्रियता जीवन की गुणवत्ता के अनेक अत्यावश्यक घटकों के संवर्धन में बहुत सहायक हो सकती है। इस विषय में अनेक देशों/क्षेत्रों के अनुभवों के अध्ययन बहुत ही ज्ञानवर्धक सिद्ध हो सकते हैं। ऐसा ही अनुभव भारत के केरल प्रान्त का रहा है—जिसका एक विश्लेषण इसी पुस्तक के चौथे अध्याय के रूप में आपके समक्ष प्रस्तुत किया जा रहा है। इस अध्याय में हम उसी विश्लेषण के एकदम विपरीत आयाम का विश्लेषण कर रहे हैं : इसे हम 'अकर्मण्यता का दण्ड' भी कह सकते हैं।

उत्तर प्रदेश का अनुभव भारत के उस क्षेत्र के विकास की गाथा है जो देश के प्रायः सभी अन्य भागों से सामाजिक प्रगति एवं जन-कुशलक्षेम के अनेक आयामों के विषय में बहुत ही पिछड़ा हुआ है। मरणशीलता, जनन, अकाल मृत्यु, कुपोषण, निरक्षरता, सामाजिक विषमता सभी की दरें बहुत ही अधिक और गरीबी निवारण दर अत्यल्प होना ही उत्तर भारत की सबसे प्रमुख विशेषताएँ हैं। इस क्षेत्र में चार बड़े राज्य सम्मिलित हैं : उत्तर प्रदेश, बिहार, मध्य प्रदेश और राजस्थान। ये चारों परस्पर साथ लगते हुए भी हैं। इन राज्यों को एक इकाई की भाँति मान लेना उचित नहीं होगा—क्योंकि इनमें बहुत सी विविधताएँ भी हैं। किन्तु इनके पिछड़पन के कारण ये प्रायः एक जैसी ही हैं। इनके तुलनात्मक अध्ययनों से पता चलता है कि इन प्रदेशों की सामाजिक, सांस्कृतिक और यहाँ तक कि राजनीतिक मनःस्थितियाँ भी समान-प्राय ही रही हैं। अतः एक ही प्रदेश के विस्तृत अध्ययन से सारे क्षेत्र के अवरुद्ध

विकास की पृष्ठभूमि को समझने में बहुत सहायता मिल सकती है।

उत्तर प्रदेश उस प्रतिनिधि अध्ययन के लिए उपयुक्त तो है ही, इसी प्रदेश का अध्ययन अपने आप में भी उपयोगी सिद्ध होगा। इसी प्रदेश में भारत ही नहीं, समूचे विश्व की जनसंख्या का एक विशाल भाग निवास करता है। 1991 की जनगणना के अनुसार इस प्रदेश में 13.9 करोड़ की जनसंख्या थी—यह जनसंख्या चीन, भारत, इण्डोनेशिया, ब्राजील, रूस एवं संयुक्त राज्य अमेरिका को छोड़ विश्व के सभी देशों (प्रदेशों या प्रान्तों नहीं, राष्ट्रों) की जनसंख्या से भी बड़ी है। अतः यह समझ लेना कि उत्तर प्रदेश में क्या हो रहा है, वहाँ क्या किया जा सकता है, किन्हीं अर्थों में बंगलादेश या इथोपिया के अध्ययन से कम महत्त्वपूर्ण नहीं है। इस अध्ययन की रूपरेखा कुछ इस प्रकार है : इस भाग में कुछ कार्यविधि विषयक बातों के स्पष्टीकरण के पश्चात् हम अगले भाग में उत्तर प्रदेश में जीवन यापन की दशाओं से सम्बन्धित उपलब्ध साक्ष्यों पर ध्यान देंगे। हम इस क्षेत्र में अभावों के बने रहने में न्यून आर्थिक संवृद्धि दर एवं प्रभावहीन सार्वजनिक प्रयासों के योगदान पर भी चर्चा करेंगे। ग्रामीण क्षेत्रों में शिक्षा की व्यवस्था का विवरण इन सार्वजनिक प्रयासों की प्रभावहीनता का बड़ा ही सटीक उदाहरण है। इसकी व्याख्या आगे की गई है। इसके बाद उत्तर प्रदेश के शैक्षणिक पिछड़ेपन के कारणों की समीक्षा की गई है। फिर इस क्षेत्र में सार्वजनिक निष्क्रियता या अकर्मण्यता की सामान्य प्रवृत्ति का अध्ययन करते हुए इसके सामाजिक एवं राजनीतिक आधारों को समझने का प्रयास किया गया है। अंत में इस अध्ययन के निष्कर्ष संग्रहीत हैं।

अध्ययन की कार्यविधि : कुछ स्पष्टीकरण

विश्लेषण प्रारम्भ करने से पूर्व तीन बातों का स्पष्टीकरण अनिवार्य लगता है। सर्वप्रथम तो इस अध्ययन के आरम्भिक भाग में प्रस्तुत विश्लेषण का स्वरूप तुलनात्मक ही है—अर्थात् हमने यह दिखाने का प्रयास किया है कि किस प्रकार उत्तर प्रदेश अनेक मामलों में भारत के अन्य राज्यों की अपेक्षा भिन्न प्रकार से निष्पादन-व्यवहार करता रहा है। इस प्रकार की तुलनात्मक जानकारी तभी अधिक सार्थक हो पाएगी जबकि हम निरन्तर किन्हीं विशेष क्षेत्रों से ही उत्तरप्रदेश की तुलना करते रहें। समग्र भारत से तुलना करना उपयुक्त नहीं रहेगा, क्योंकि चार बड़े उत्तर भारतीय राज्य (बिहार, मध्यप्रदेश, राजस्थान और उत्तर प्रदेश) मिलकर अखिल भारतीय औसत में एक बहुत बड़े 'भारमान' के अधिकारी बन जाते हैं—जनसंख्या में इनका अनुपात 40 प्रतिशत है। हम उत्तरप्रदेश का अध्ययन विशेष रूप से करना चाहते हैं अतः उस व्यापक इकाई से तुलना करना उपयुक्त नहीं होगा जिसमें उपर्युक्त चारों राज्य भी सम्मिलित हों। इन राज्यों के बहुत अधिक भारमान के कारण इन राज्यों एवं अन्य राज्यों के अन्तर इस प्रकार की तुलना से बहुत स्पष्ट नहीं हो पाएँगे। अतः हमने तुलना की

दृष्टि उपयुक्त इकाई के रूप में आन्ध्र प्रदेश, कर्नाटक, केरल एवं तमिलनाडु को मिलाकर 'दक्षिण भारतीय क्षेत्र' का निरूपण किया है।

इस अध्ययन में प्रयुक्त अनेक सूचकों के आधार पर इस क्षेत्रीय इकाई को भारत का अपेक्षाकृत 'विकसित भाग' माना जा सकता है। दक्षिण भारत के इन राज्यों में से सबसे बड़े राज्य, आन्ध्र प्रदेश की अनेक मामलों (साक्षरता आदि) में स्थिति तमिलनाडु या केरल की अपेक्षा बड़े उत्तर भारतीय राज्यों के अधिक निकट है। अनेक क्षेत्रों में केरल की उपलब्धियाँ बहुत ही शानदार रही हैं–पर दक्षिण भारत की केवल 15 प्रतिशत जनसंख्या ही इस राज्य में निवास करती है। जीवन-आशा, साक्षरता, घरेलू उत्पाद आदि के आकलन से ज्ञात होता है कि चारों उत्तर भारतीय राज्यों को छोड़कर यदि शेष भारत का आकलन करें तो वह इस दक्षिण क्षेत्रीय आकलन से बहुत भिन्न नहीं रहता। वैसे भी, हमारा विश्लेषण इस मान्यता पर आधारित नहीं है कि दक्षिणी क्षेत्र शेष भारत (उत्तर प्रदेश, बिहार, मध्य प्रदेश और राजस्थान को छोड़कर) का सही प्रतिनिधि है, हम तो इसे तुलना के लिए मानक के रूप में ही प्रयोग कर रहे हैं। कई बार हम उत्तर प्रदेश की अकेले केरल से भी तुलना करेंगे–यह तुलना इस पुस्तक के मुख्य चिन्तन की दृष्टि से अधिक उपयोगी भी है।

इस अध्ययन में प्रस्तुत दक्षिण भारत के आँकड़े उन राज्यों के आँकड़ों को उनके उपयुक्त भारमानों से गुणा कर प्राप्त हुई औसतें ही हैं। प्रत्येक सूचक के लिए अलग-अलग भारमानों का प्रयोग किया गया है। प्राय सभी के लिए हम उपयुक्त प्रकार के भारमान प्रयोग कर पाने में सफल रहे हैं–जैसे 7 वर्ष से अधिक आयु वर्ग में साक्षरता के लिए 7 वर्ष से अधिक आयु वालों का जनसंख्या में अनुपात, स्त्री-पुरुष अनुपात के लिए जनसंख्या में पुरुषों की संख्या, शिशुमृत्यु दर के लिए जीवित प्रसवों की संख्या, आदि। पर, कहीं-कहीं अनुमानों का भी प्रयोग करना पड़ा है–इसका कारण उपयुक्त भारमानों की अनुपलब्धि ही रही है। किन्तु इन अनुमानों के कारण उत्पन्न त्रुटि बहुत ही निम्न रही है, उसे सहज ही देखा जा सकता है।

दूसरा स्पष्टीकरण अध्ययन में प्रयुक्त विभिन्न सूचकों के समय-सोपान से जुड़ा है। कई बार विभिन्न राज्यों के आँकड़े एवं उनके सांख्यिकीय विश्लेषण पर समय अवधि के चयन का गहरा प्रभाव पड़ सकता है। इस समस्या से बचने के लिए हमने उस निकटतम वर्ष की जानकारी का प्रयोग किया है जो सुलभ हो। सामान्यतः इसी विचार का अनुसरण कर नवीनतम सम्भव जानकारी को तुलना का आधार बनाया है–हाँ, यदि किसी अन्य वर्ष पर विशेष ध्यान देने के कोई खास कारण रहे हों तो फिर उस वर्ष के आँकड़ों का भी प्रयोग किया गया है। कई स्थानों पर हमें 1981 की जनगणना के आँकड़े प्रयोग करने पड़े हैं, क्योंकि 1991 की जनगणना की जानकारी इस प्रबन्ध को लिखे जाने तक सुलभ नहीं हो पाई थी।

अन्त में, इस अध्ययन में हमने अध्ययन-क्षेत्र से प्रत्यक्षतः संग्रहीत जानकारी

का भी बहुत प्रयोग किया है। यह जानकारी विभिन्न गाँवों में हुए अध्ययनों तथा हमारे अपने व्यावहारिक कार्यों से संकलित हो पाई है। इसके प्रयोग से हम अधिक समष्टिकारी द्वितीयक आँकड़ों के प्रयोग में छिप जाने वाले अनेक प्रभावों का स्पष्टीकरण कर पाने में सफल रहे हैं। यह जानकारी स्त्री-पुरुष सम्बन्धों, सार्वजनिक संस्थाओं की कार्यविधि तथा ग्रामीण राजनीति आदि को ठीक से समझ पाने में विशेष उपयोगी रहेगी। ये क्षेत्रीय अध्ययन से जुड़ी जानकारियाँ सांख्यिकीय दृष्टि से समस्त राज्य की प्रतिनिधि तो नहीं मानी जा सकतीं—हमें अपने विश्लेषण में हर कदम पर इस बात के प्रति अवश्य सचेत रहना होगा। फिर भी उत्तर प्रदेश के समाज एवं वहाँ की अर्थ व्यवस्था के अनेक आयामों के विषय में इन अध्ययनों की जानकारी की उपादेयता से इन्कार नहीं किया जा सकता।

जीवन की स्मृतियाँ

उत्तर प्रदेश एक कृषिप्रधान राज्य है, यहाँ 80 प्रतिशत से अधिक जनसंख्या ग्रामों में निवास करती है तथा उनकी आजीविका का मुख्य साधन कृषि एवं तद्विषयक कार्य ही हैं। यद्यपि शहरीकरण एवं गैरकृषि रोजगार में निरन्तर वृद्धि के प्रमाण भी मिलते रहे हैं, पर कृषि-उत्पादन की परिस्थितियाँ एवं कृषि संसाधनों (सम्पत्तियों—अर्थात् कृषि भूमि) के आवंटन आदि ही जनता की भौतिक दशाओं के प्रधान निर्धारक तत्त्व बने हुए हैं।

पिछले दशकों से इस क्षेत्र के कृषि इतिहास ने दो बार करवट बदली है। पहला बड़ा बदलाव भू-राजस्व एवं सम्पत्ति अधिकारों के प्रारूप में भारत की स्वतन्त्रता के तुरन्त पश्चात् आया था—उसे हम 'जमींदारी उन्मूलन' के नाम से लागू किए गए भू-सुधार के रूप में जानते हैं। इन सुधारों ने भू-राजस्व के मामले में बिचौलियों की भूमिका को समाप्त कर भूमि के प्रति निजी सम्पत्ति के अधिकारों को स्पष्ट स्वरूप प्रदान किया था। उस समय से भूस्वामित्व के ढाँचे में न्यूनाधिक स्थायित्व ही रहा है। वे सुधार स्वतन्त्रता के बाद सामाजिक एवं आर्थिक विकास को सार्वजनिक नीतियों के अधिकारिक रूप से लक्ष्य के रूप में स्वीकार किए जाने से भी जुड़े हैं। दूसरा बड़ा बदलाव 1960 एवं 1970 के दशकों में पश्चिमी उत्तर प्रदेश के क्षेत्रों में आधुनिक कृषि विधियों के अपनाए तथा धीरे-धीरे उनके प्रदेश के अन्य भागों तक फैल जाने से जुड़ा हुआ है।

यद्यपि भारत के अन्य अनेक क्षेत्रों की भाँति उत्तर प्रदेश में इन दोनों ही बदलावों के प्रभाव विशेष नाटकीयतापूर्ण तो नहीं रहे, फिर भी इनके आधार पर अधिकांश जनता की आर्थिक परिस्थितियों में आए परिवर्तनों की मोटी रूपरेखा का निर्धारण अवश्य हो जाता है। भू-सुधारों ने बड़े सामन्ती भूस्वामियों की शक्ति सीमित कर दी एवं अभी तक भूमिहीन रहे किसानों को अपने खेतों का स्वामी बना दिया। फिर

तालिका 2.1
भारत, उत्तर प्रदेश एवं दक्षिण भारत : चुने हुए सूचक

	भारत	उत्तर प्रदेश	दक्षिण भारत
जनसंख्या, 1991 (दस लाखों में)	846	139	196
जन्म के समय जीवन आशा, 1990-92 (वर्षों में)	(74)	(80)	(70)
स्त्री	59.4	54.6	64.0
पुरुष	59.0	56.8	60.9
0-4 वर्ष वर्ग में मृत्यु दर, 1991 (प्रति 1,000)			
स्त्री	27.5	38.4	17.8
पुरुष	25.6	33.2	18.9
7+ वर्ष वर्ग में साक्षरता दर 1991 (%)			
स्त्री	39	25	49
पुरुष	64	56	68
औसत प्रतिव्यक्ति उपभोग व्यय 1987-88 (रु./मास 1970-1 कीमतों पर)			
ग्रामीण	41.2	37.7	43.2
शहरी	61.2	55.1	57.1
व्यक्ति गणना अनुपात, 1987-88 (गरीबी रेखा से नीचे जनसंख्या का %)			
ग्रामीण	45	48	41
शहरी	37	42	42

नोट : कोष्ठकों में ग्रामीण क्षेत्रों में निवास कर रही जनसंख्या का अनुपात है।
स्रोत : द्रीज़ एवं सेन (1995)

भी, इन सुधारों के कारण प्रदेश से न तो भूमिहीनता समाप्त हो पाई और ना ही भू-सम्पत्ति के वितरण में व्याप्त भारी विषमताएँ। जमींदारी उन्मूलन के बाद के चालीस वर्षों में उत्तर प्रदेश की भूस्वामित्व व्यवस्था में कोई और परिवर्तन नहीं हो पाए हैं। समय के साथ-साथ तकनीकी परिवर्तनों ने निजी कृषि आय को बहुत बढ़ाया है। इसी के कारण आर्थिक गतिविधियों के स्वरूप में विस्तार का आधार तैयार हुआ है। यहाँ किसी भी प्रकार के आय पुनःवितरण की नीतियों का अभाव रहा है। इसी कारण निजी कृषि आय की वृद्धि होने के बाद भी गरीबी के परम्परागत मापकों में बहुत धीमी गति से ही सुधार हो पाया है। यही नहीं, सार्वजनिक सेवाएँ और

साक्षरता आदि भी इस अवधि में घोर उपेक्षा से ग्रस्त रही हैं। इन सभी का सम्मिलित प्रभाव यह रहा है कि समाज में घर कर गए अभावों के निराकरण के रूप में सामाजिक उपलब्धियाँ बहुत सीमित रह गई हैं। इसी विषय से जुड़ी कुछ जानकारी तालिका 2.1 में संकलित है। इस जानकारी का विस्तृत विश्लेषण हम आगे कर रहे हैं।

मूलभूत जनांकिकीय सूचक

उत्तर प्रदेश में अनुजीवन सम्भावना से जुड़े जनांकिकीय साक्ष्य इस अध्ययन का एक उपयुक्त आरम्भ बिन्दु हो सकते हैं। हम जानते ही हैं कि मानवीय योग्यताओं और क्षमताओं के संवर्धन को ही विकास का केन्द्रीय लक्ष्य माना जा सकता है।

तालिका 2.2

जनांकिकीय एवं स्वास्थ्य सूचक

	उत्तर प्रदेश	दक्षिण भारत	उत्तर प्रदेश से भी बुरी दशा वाले प्रदेश
जन्म के समय जीवन आशा, 1990-92 वर्षों में			
स्त्री	54.6 (14)	64.0	मध्य प्रदेश, 53.5
पुरुष	56.8 (13)	60.9	मध्य प्रदेश 54.1 उड़ीसा 55.9
अन्य मरणशीलता सम्बन्धी सूचक			
अपरिष्कृत मृत्यु दर (1992) (प्रति हजार)	12.8 (14)	8.4	मध्य प्रदेश 12.9
5 वर्ष से पूर्व आयु वर्ग में मृत्यु दर—1992-93[b]	141 (15)	82	—
अनुमानित प्रसूता मृत्यु दर—1982-86 प्रति 100,00 जीवित जन्म	931 (14)	365	राजस्थान, 938
जननशीलता सूचक			
सकल जनन दर	5.1 (15)	2.6	—
अपरिष्कृत जन्म दर	358 (15)	23.5	—
स्त्री-पुरुष अनुपात, 1991			
प्रति 1000 पुरुष महिलाओं की संख्या	879 (14)	979	हरियाणा, 865

नोट : a कोष्ठक में 15 राज्यों में, जिनके आँकड़े उपलब्ध हैं, में उत्तर प्रदेश का परिमाणानुसार क्रम
b 5 वर्ष की आयु से पूर्व मृत्यु की प्रायिकता

स्रोत : भारत के महापंजीयक की तालिकाओं, विश्व अन्तर्राष्ट्रीय जनसंख्या विज्ञान संस्थान संदर्श पंजीयन बुलेटिन आदि के अध्ययनों से संकलित

फिर, जीवन धारित किए रह पाना तो सबसे पहली क्षमता ही माना जाएगा। उत्तर प्रदेश से जुड़े मरणशीलता एवं दीर्घायुता की जानकारी दक्षिण भारत की जानकारी के साथ तालिका 2.2 में प्रस्तुत की गई है।

इस तालिका से स्पष्ट है कि उत्तर प्रदेश में जीवन संक्षिप्त एवं आपदामय ही रहता है। नारी जीवन-आशा अभी भी 55 वर्ष से कम है, पाँच वर्ष से पूर्व मृत्यु दर 141 प्रति हजार बनी हुई है। ये आँकड़े सहारातर अफ्रीका के अधिक निकट हैं। वहाँ भी नारी जीवन-आशा 53 वर्ष तथा 5 वर्ष पूर्व मृत्यु दर 160 प्रति हजार है। भारत के सभी बड़े राज्यों में उत्तर प्रदेश की 5 वर्ष पूर्व मृत्यु दर उच्चतम है। यहाँ अपरिशोधित मृत्यु दर का क्रम दूसरा है तो जीवन-आशा का स्तर नीचे से तीसरे क्रम पर आता है। अस्सी के दशक के मध्य तक उत्तर प्रदेश प्रति एक लाख जीवित प्रसव में 931 माताएँ प्रसव के दौरान मृत्यु की शिकार हो जाती थीं। उस समय विश्व के केवल पाँच देश ऐसे थे जहाँ प्रसव मृत्यु दर-उत्तर प्रदेश से अधिक रही—ये देश हैं : सोमालिया, भूटान, घाना, गाम्बिया और कोंगो।

उत्तर प्रदेश के अनुजीवन सूचक अन्तर्राष्ट्रीय स्तर पर ही निराशाजनक नहीं हैं—भारत के ही अपेक्षाकृत विकसित राज्यों की तुलना में भी ये दुर्दशा के ही सूचक बन जाते हैं। उदाहरण के लिए, यदि एक लड़की उत्तर प्रदेश के स्थान पर केरल में पैदा हो तो उसकी जीवन-आशा में 20 वर्ष की वृद्धि हो जाती है। उसके एक वर्ष से पहले ही मर जाने की सम्भावना उत्तर प्रदेश में केरल की अपेक्षा छः गुना अधिक पाई गई है। उत्तर प्रदेश एवं समस्त दक्षिण भारत के बीच के जनांकिकीय अन्तर भी बहुत विशाल प्रतीत होते हैं।

बाल अनुजीवन से जुड़े जनांकिकीय साक्ष्य बालपोषण की स्वतन्त्रता से संग्रहीत जानकारी की पुष्टि करते हैं। हाल ही में हुए राष्ट्रीय परिवार स्वास्थ्य सर्वेक्षण के अनुसार 5 वर्ष से कम आयु के बच्चों के कुपोषण के आधार पर भारत के बड़े राज्यों में उत्तर प्रदेश का क्रम दूसरा रहा है (पहले क्रम पर बिहार है)।

निम्न जीवन धारण सम्भावनाओं के साथ ही उत्तर प्रदेश की एक अन्य जनांकिकीय विशेषता उच्च जनन दर है। उत्तर प्रदेश की जन्म दर सारे राज्यों की तुलना में अधिक है और यहाँ गर्भ धारण दर भी सबसे अधिक पाई गई है। अभी तक उत्तर प्रदेश उच्च से निम्न जन्म एवं मृत्यु दरों की ओर बहुत ही कम प्रगति कर पाया है।

शैक्षणिक स्तर

भारत के जनांकिकीय परिणामों के आँकड़ों के अध्ययन में मृत्यु एवं जनन दर को घटाने में साक्षरता की भूमिका का सदैव ही प्रतिपालन होता रहा है। चार बड़े राज्य, बिहार, मध्यप्रदेश, राजस्थान एवं उत्तर प्रदेश, निरन्तर जनांकिकीय परावर्तन

की दृष्टि से सारे देश से पिछड़ रहे हैं। यही वे राज्य भी हैं जहाँ साक्षरता का स्तर भी न्यूनतम पाया गया है। 1991 की जनगणना के अनुसार इस क्षेत्र में 7 वर्ष से अधिक आयु वर्ग में साक्षरता अनुपात बिहार के 38 प्रतिशत से मध्यप्रदेश के 44 प्रतिशत के बीच रहा है। दूसरी ओर, दक्षिण भारत में यह अनुपात 59 प्रतिशत आँका गया है। उत्तर-दक्षिण का यह अन्तर युवा वर्गों में तो और भी अधिक पाया गया है।

नारी साक्षरता के सन्दर्भ में तो इन चार उत्तरी राज्यों की शिक्षा से जुड़ी 'उपलब्धियाँ' बहुत ही शर्मनाक रही हैं। 1991 में उत्तर प्रदेश में 7 वर्ष से अधिक आयु की केवल एक चौथाई महिलाएँ कुछ पढ़ और लिख पाने की स्थिति में थीं (देखें तालिका 2.3)। वैसे भी ये प्रदेश-स्तरीय आँकड़े विभिन्न हिस्सों की तथा जनसमूहों की शैक्षणिक विषमताओं को छुपा जाते हैं। दूसरे शब्दों में, समाज के 'हीनतम' वर्गों की सफलताएँ तो और भी गई गुज़री रही हैं। यद्यपि 1991 में उत्तर प्रदेश में 7 वर्ष से अधिक आयु की 25 प्रतिशत महिलाएँ साक्षर थीं, किन्तु ग्रामीण क्षेत्रों में तो यह अनुपात 19 प्रतिशत ही रहा। अनुसूचित जातियों में महिला साक्षरता अनुपात मात्र 11 प्रतिशत था, जबकि ग्रामीण अनुसूचित जातियों में उससे भी कम, 8 प्रतिशत साक्षरता पाई गई। प्रदेश के शैक्षिक दृष्टि से सबसे पिछड़े ज़िलों में भी ग्रामीण साक्षरता दर 8 प्रतिशत ही आँकी गई है। 1991 की जनगणना के आँकड़ों का और आगे उपविभाजन सम्भव नहीं हैं—पर 1981 की जनगणना से यह संकेत मिले थे कि उत्तर प्रदेश की अधिकांश जनसंख्या में नारी साक्षरता दर शून्यप्राय ही थी। उत्तर प्रदेश 56 में से 18 जनपदों में 1981 में ग्रामीण अनुसूचित जातियों की महिला साक्षरता दर 1.5 प्रतिशत ही आँकी गई थी। अधिकांश जनपदों में इसके 2.5 प्रतिशत से कम होने का ही अनुमान था।

यद्यपि इसका वैयक्तिक एवं सामाजिक महत्त्व बहुत विशाल है—पर शिक्षा एवं ज्ञान अर्जन की दृष्टि से मात्र साक्षर होना कोई बहुत बड़ी बात नहीं है। यदि हम प्राथमिक या माध्यमिक शिक्षा क्रम की पूर्ति जैसी किसी अधिक 'सशक्त' कसौटी का प्रयोग करें तो उपलब्धि दरों में भी तदनुरूप कमी आ जाती है। उदाहरण के लिए, 1992-93 में उत्तर प्रदेश के साक्षर पुरुषों में से आधे और साक्षर महिलाओं में से मात्र 40 प्रतिशत ऐसी रहीं जिन्होंने 8 वर्षों का माध्यमिक शिक्षा चक्र पूरा कर लिया था। उत्तर प्रदेश के अनेक बच्चे यदि साक्षर हों तो उनका यह अक्षर ज्ञान स्कूल व्यवस्था से अति संक्षिप्त परिचय की देन ही माना जा सकता है।

जहाँ तक साक्षरता के मुद्दे का प्रश्न है, उत्तर प्रदेश की शिक्षा व्यवस्था की सबसे दुःखद विशेषता युवा वर्गों में भी निरक्षरता का उच्च स्तर पर बने रहना ही है। यहाँ वयस्कों की भारी निरक्षरता के कारण प्रदेशव्यापी साक्षरता दर कम नहीं हो रही—यहाँ तो युवा वर्ग में भी निरक्षरता अपना साम्राज्य जमाए बैठी है। ग्रामीण

तालिका 2.3
उत्तरप्रदेश : शैक्षणिक उपलब्धियाँ एवं भागीदारी

	पुरुष	स्त्री
7+ वर्ष वर्ग में साक्षरता, 1991 (%)		
ग्रामीण	52 (63)	19 (41)
शहरी	70 (83)	50 (68)
ग्रामीण तथा शहरी (सम्मिलित)	56 (68)	25 (49)
7+ वर्ष : साक्षरता 1991 (%) :		
अनुसूचित जाति : ग्रामीण क्षेत्र (%)	39 (49)	8 (28)
10-14 वर्ष : साक्षरता दर, 1987-88 %		
ग्रामीण	68 (84)	39 (72)
शहरी	76 (90)	69 (85)
12-14 वर्ष के बच्चे जिनका नाम कभी किसी स्कूल में नहीं लिखा गया (1987-88) (%)		
ग्रामीण	27 (14)	68 (28)
शहरी	19 0(7)	39 (22)
स्कूल जा रहे ग्रामीण बच्चों का अनुपात, 1987-88 %		
आयु 5-9	45 (75)	28 (68)
आयु 10-14	64 (74)	31 (58)

नोट : कोष्ठकों में दक्षिण भारत के उपयुक्त अनुपात हैं।
स्रोत : जनगणना तथा राष्ट्रीय संदर्श सर्वेक्षण के आँकड़ों के अध्ययनों के आधार पर संकलित

क्षेत्रों में तो यह समस्या और भी विकट है। अस्सी के दशक के अन्त तक 10-14 वर्ष वय के 32 प्रतिशत ग्रामीण युवक एवं 61 प्रतिशत युवतियाँ निरक्षर थे। यही नहीं, 12-14 वर्ष की दो तिहाई ग्रामीण लड़कियों को कभी किसी स्कूल में प्रवेश ले पाना सम्भव नहीं हुआ (देखें तालिका 2.3)। संविधान के अनुसार तो 1960 तक 14 वर्ष के सभी बच्चों की निःशुल्क एवं अनिवार्य शिक्षा की व्यवस्था पूरी हो जानी चाहिए थी, किन्तु उत्तर प्रदेश उस लक्ष्य से अभी कोसों दूर है।

स्त्री-पुरुष विषमता एवं स्त्रियों की अभावग्रस्तता

निरन्तर निरक्षरता ही उत्तर प्रदेश की सबसे बड़ी विफलता नहीं है। अन्य बड़े उत्तरी राज्य, बिहार, मध्य प्रदेश और राजस्थान भी उत्तर प्रदेश जैसी ही स्थिति में

तालिका 2.4

नारी की अभावग्रस्तता/वंचना

	उत्तर प्रदेश	द. भारत
स्त्रियाँ प्रति 1,000 पुरुष (1961)		
सभी आयु वर्ग	879	979
0-6 वर्ष	928	962
जीवनधारिता में भेदभाव		
स्त्री एवं पुरुष मृत्यु दरों का अनुपात (1991)		
आयु 0-4	1.16	0.94
आयु 5-14	1.17	0.97
आयु 15-34	1.26	0.84
प्रसूता प्रति 100,000		
मृत्यु दर (1982-6)		
जीवित जन्म	931	365
लिंगानुसार जीवन आशा में अन्तराल		
स्त्री-पुरुष वर्षों में	-2.2	+3.1

स्रोत : जनगणना एवं राष्ट्रीय संदर्श आँकड़ों पर आधारित

फँसे हैं, किन्तु एक अन्य क्षेत्र है, जिसमें उत्तर प्रदेश प्रायः सभी भारतीय राज्यों से भी पिछड़ गया है। यह क्षेत्र है स्त्री-पुरुष समता का।

उत्तर प्रदेश की महिलाओं की अति अभावग्रस्तता का एक प्रमाण राज्य की जनसंख्या में स्त्री-पुरुष अनुपात से मिलता है (देखें ता. 2.4)। 1991 में उत्तर प्रदेश में प्रति एक हजार पुरुष केवल 879 महिलाएँ थी। केवल इस प्रदेश का पश्चिमी पड़ोसी हरियाणा ऐसा राज्य है जहाँ यह अनुपात उत्तर प्रदेश से भी कम 0.865 रहा है। किन्तु आँकड़ों के सूक्ष्म अध्ययन से ज्ञात होता है कि इस अति न्यून स्त्री-पुरुष अनुपात के भूकम्प का केन्द्र हरियाणा नहीं बल्कि पश्चिम उत्तर प्रदेश रहा है। प्रदेश के इस भाग में सारे राज्य की एक तिहाई जनसंख्या रहती है—यह एक तिहाई भी हरियाणा की जनसंख्या से तीन गुणा है। यहाँ स्त्री-पुरुष अनुपात केवल 0.84 पाया गया है।

आइए, कुछ अन्तर्राष्ट्रीय तुलनाओं के माध्यम से इन आँकड़ों के उचित परिप्रेक्ष्य का निर्धारण करें। मानव विकास रिपोर्ट, 1994, में दर्ज सभी देशों में 0.84 से न्यून स्त्री-पुरुष अनुपात वाले देश इस प्रकार थे : कुवैत (0.73), कतार (0.60) तथा संयुक्त

अरब अमीरात (0.48)। इन देशों में अतिन्यून अनुपात का कारण पुरुष आव्रजन की उच्च दर में निहित रहा है। यदि इन देशों को एक ओर रख छोड़ें तो विश्व का न्यूनतम स्त्री-पुरुष अनुपात वाला देश पाकिस्तान (0.92) बनता है। किन्तु यह अनुपात भी उत्तर प्रदेश की तुलना में बहुत ऊँचा लगता है—जबकि उत्तर प्रदेश की जनसंख्या पाकिस्तान से कहीं अधिक है। अतः उत्तर प्रदेश स्त्री न्यूनता का विश्व 'कीर्तिमान' ही नहीं बना रहा—इसकी तो अपनी ही विशिष्ट श्रेणी इसकी है।

उत्तर प्रदेश के निम्न स्त्री-पुरुष अनुपात का मुख्य कारण जन्म से लेकर 30-40 की आयु तक नारी को सहने पड़ रहे निरन्तर अभाव ही हैं। चार वर्ष तक के वय वर्ग में उत्तर प्रदेश की बालिकामृत्यु दर बालकों की अपेक्षा 16 प्रतिशत अधिक है जबकि सामान्यतः इस वय वर्ग में बालिकाएँ अच्छी खासी लाभमय स्थिति में होती हैं—यह बात दक्षिण भारत पर भी लागू रही है। बाल्यकाल की नारी अभावग्रस्तता अपने आप में बहुत महत्त्वपूर्ण है, क्योंकि अधिकांशतः नारीमृत्यु दर युवा वर्गों में ही अधिक उच्च स्तर पर रहती है। भारत के इस क्षेत्र में माता पिता द्वारा बेटियों की उपेक्षा तथा बाल्यकाल में उच्च मृत्यु दरों के बीच के सम्बन्ध पर अनेक रचनाएँ उपलब्ध रही हैं। उत्तर प्रदेश का न्यून स्त्री-पुरुष अनुपात वहाँ व्याप्त स्त्री के विरुद्ध भेदभाव का ही परिणाम है।

बाल अनुजीवन में स्त्रियों की हीन दशा के प्रभाव की परिणति अन्ततः 15 से 35 वर्ष की आयु के वर्ग में मृत्यु दरों में स्त्री-पुरुषों के बीच बहुत बड़े अन्तर में होती है। दक्षिण भारत में तो इस आयु वर्ग में स्त्रियाँ लाभसूचक स्थिति में पाई गई हैं। उत्तर प्रदेश में इस वय वर्ग में अति उच्च स्त्री मृत्यु दर के कारण मुख्यतः अति उच्च जनन दर और प्रसवमृत्यु दर में ही खोजे जा सकते हैं। उत्तर प्रदेश में औसतन प्रत्येक महिला दक्षिण भारतीय महिलाओं से दुगुने बच्चों को जन्म देती है। यहाँ प्रसव में मृत्यु हो जाने की सम्भावनाएँ दक्षिण भारत से तीन गुना अधिक ऊँची रहती हैं (देखें ता. 2.2 एवं 2.4)। शैशव एवं बाल्यकाल में ही स्त्री के विरुद्ध भेदभाव, उच्च जनन दर एवं प्रसूतामृत्यु दर आदि मिलकर ऐसी परिस्थितियों की रचना कर देती हैं कि उत्तर प्रदेश में नारी की जन्म के समय जीवन-आशा पुरुषों से 2.2 वर्ष कम रह जाती है। इसके विपरीत, दक्षिण भारत में तो नारियों को जीवन आशा में 3 वर्ष की बढ़त हासिल रहती है।

इस मुद्दे पर चर्चा का समापन करने से पूर्व यह बताना भी आवश्यक है कि उत्तर प्रदेश में स्त्री-पुरुष अनुपात न केवल अति न्यून है वरन्, इसमें बीसवीं शताब्दी के आरम्भ से ही निरन्तर ह्रास हो रहा है। 1901 में यह अनुपात 0.94 था जो घटकर 1991 में 0.88 रह गया। यदि स्त्री-पुरुष सम्बन्धों की निरन्तर भीषण विषमता का सहारा नहीं लिया जाए तो उत्तर प्रदेश की इस विचित्र स्थिति की व्याख्या कर पाना (अर्थात यह कह पाना कि स्त्री-पुरुष अनुपात कम क्यों हो रहा है) बड़ा कठिन

हो जाएगा। अभी तक तो आधुनिकीकरण एवं विकास की सामान्य प्रक्रिया ने उत्तर प्रदेश में स्त्री-पुरुष विषमता को कम करने में कोई योगदान नहीं किया है।

क्या यह गरीबी का ही परिणाम है ?

गरीबी एवं क्षेम-मंगल

इस बात की बहुत इच्छा होती है कि उत्तर प्रदेश की अनुजीवन, बाल पोषण, जननदर ह्रास, प्राथमिक शिक्षा, स्त्री-पुरुष समता तथा क्षेम-मंगल से जुड़े अन्य कारकों की अति न्यून सफलता के लिए यहाँ व्याप्त गरीबी को ही सबसे बड़ा कारण मान लिया जाए। पर ऐसे विचार के समर्थन में कोई साक्ष्य नहीं मिल पाते। हमारा यह आशय नहीं है कि उत्तर प्रदेश में गरीबी नहीं है, 1987-88 में प्रदेश की लगभग आधी जनसंख्या गरीबी की रेखा से नीचे निर्वाह कर रही थी, पर सारे ही देश में गरीबी का स्तर तो ऊँचा ही रहा है, जैसा कि चित्र 2.1 दर्शा रहा है। उत्तर प्रदेश के निर्धनता के सूचक भारतव्यापी सूचकों से ही मेल खाते रहे हैं। उत्तर प्रदेश एवं भारत के गरीबी सूचकों के अन्तर यह व्याख्या कर पाने में समर्थ नहीं हैं कि क्षेम मंगल के इतने अधिक सूचकों के आधार पर उत्तर प्रदेश इतना अधिक पिछड़ा हुआ क्यों है ? फिर

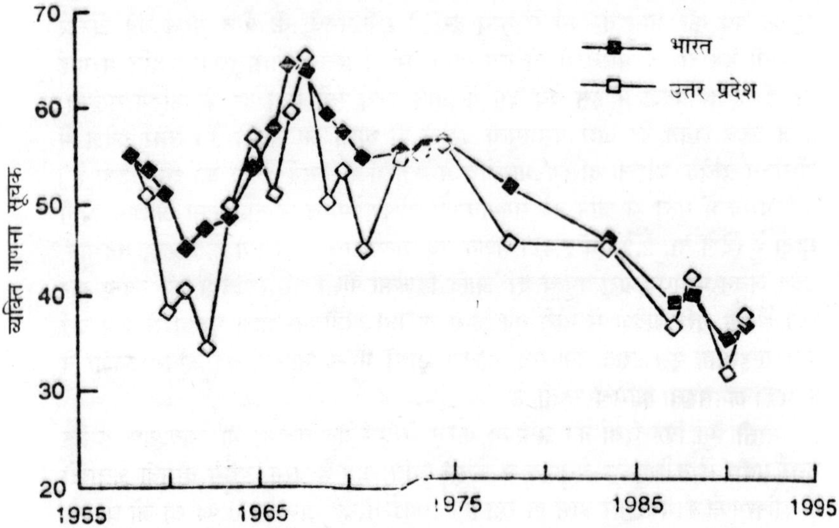

चित्र 2.1 ग्रामीण गरीबी व्यक्तिगणना विधि के अनुसार 1958-91

स्रोत : राष्ट्रीय संदर्श सर्वेक्षण के आधार पर गौरव दत्त का आकलन

भी, इस बात को लेकर कोई गलतफहमी नहीं होनी चाहिए कि उत्तर प्रदेश में निर्धनता बहुत अधिक है एवं इसके कारण इस प्रदेश के भौतिक अभावों का स्तर भी ऊँचा बना रहा है। यह निर्धनता और अनेक अभावों की भी जननी है। उत्तर प्रदेश में आय के न्यून स्तर अनेक प्रकार से वैयक्तिक एवं सामाजिक सुअवसरों को सीमित कर रहे हैं। किन्तु हमारा कहना तो यह है कि ऐसी स्थिति केवल उत्तर प्रदेश तक सीमित नहीं है, सारे ही भारत में इसी प्रकार की गरीबी छाई रही है। अतः मूलभूत सामाजिक सफलताओं (बाल अनुजीवन, प्राथमिक शिक्षा) में उत्तर प्रदेश के अति न्यून स्तरों की व्याख्या की खोज के लिए हमें गरीबी से परे हट कर कुछ विचार करना होगा।

जब हम उत्तर प्रदेश की केरल से तुलना करते हैं, उस समय भी यही बात और अधिक प्रभावपूर्ण ढंग से लागू हो जाती है। 1987-88 में व्यक्ति गणना विधि के अनुसार इन दोनों राज्यों में गरीबी के स्तर एक जैसे ही थे (इसके बाद के वर्षों के विषय से व्यक्ति गणना विधि पर आधारित राज्यवार गरीबी अनुपात सुलभ नहीं है)। फिर भी, साक्षरता एवं मृत्यु दर आदि के स्तरों के आधार पर ये राज्य दो अलग अलग ध्रुवों के समान प्रतीत होते हैं। उत्तर प्रदेश में 7 वर्ष से अधिक वय वर्ग में स्त्री निरक्षरता का अनुमान केरल से 5 गुना से अधिक है। जहाँ उत्तर प्रदेश में 75 प्रतिशत महिलाएँ निरक्षर हैं वहाँ केरल में केवल 14 प्रतिशत। इसी प्रकार की बात शिशुमृत्यु दर पर भी लागू है। उत्तर प्रदेश में यह दर 98 प्रति हजार है जबकि केरल में मात्र 17 प्रति हजार। उत्तर प्रदेश की सारे दक्षिण भारत से तुलना करने पर भी यही परिदृश्य बना रहता है। गरीबी का स्तर समान रहते हुए भी बाल अनुजीवन और साक्षरता के मामले में दक्षिण भारत उत्तर प्रदेश से बहुत आगे निकल गया है। हम आगे चलकर यह तर्क विकसित करेंगे कि इन आश्चर्यजनक विषमताओं के सबसे बड़े कारण इन राज्यों में सार्वजनिक सक्रियता के स्वरूपों में ही खोजे जाने चाहिए।

पूर्व और पश्चिम

हमारी यह पूर्वावधारणा, कि उत्तर प्रदेश की सामाजिक विफलताओं का कारण भौतिक गरीबी नहीं है, इसी प्रदेश में व्याप्त क्षेत्रीय विषमताओं से भी पुष्ट होती है। इसका मुख्य सूत्र पूर्वी एवं पश्चिमी उत्तर प्रदेश की तुलना में निहित है। ये दोनों क्षेत्र जनसंख्या की दृष्टि से समान ही हैं—इन्हीं में प्रदेश की तीन चौथाई जनता निवास करती है। किन्तु पिछले तीन दशकों से पश्चिमी क्षेत्र में बहुत आर्थिक प्रगति हुई है और अब यह पूर्व की अपेक्षा बहुत समृद्ध हो गया है। 1987-88 में पश्चिमी उत्तर प्रदेश में गरीबी का व्यक्तिगत गणना अनुमान 26 प्रतिशत था जबकि पूर्वी क्षेत्र में यह 43 प्रतिशत आँका गया था (देखें ता. 2.5)। इसी प्रकार पश्चिमी उत्तर प्रदेश में वास्तविक मजदूरी दर पूर्व की तुलना में दुगुनी बनती है।

किन्तु आर्थिक समृद्धि के बाद भी क्षेममंगल एवं सामाजिक प्रगति के उपलब्ध

तालिका 2.5
उत्तर प्रदेश : क्षेत्रीय अन्तर

क्षेत्र	उत्तर प्रदेश की जनसंख्या में अनुपात 1991 %	बाल मृत्यु दर 1981[a]		स्त्री-पुरुष अनुपात 1991	अनुमानित ग्रामीण जन्म दर 1988-90 प्रति हजार	7+ वर्ष वर्ग में साक्षरता दर %, 1991		ग्रामीण गरीबी का प्रभाव 1987-88[b]	ग्रामीण पुरुष कृषि श्रमिकों की वास्तविक मजदूरी दर का सूचक 1989-92[c]
		स्त्री	पुरुष			स्त्री	पुरुष		
हिमालयन	4.3	106	110	995	32.4	43	76	8	-
वेस्टर्न	35.6	170	145	841	39.7	27	55	26	7.3
सेन्ट्रल	17.4	164	158	855	37.8	28	55	36	-
ईस्टर्न	37.9	154	144	923	37.4	21	55	43	3.5
साउथर्न	4.8	166	147	846	37.1	24	58	50	-
सभी धर्म	100.0	160	146	879	38.0	25	56	35	4.2
दक्षिण भारत	-	91	104	979	25.3	49	68	30	4.5

नोट : a नवजात शिशु के 2 वर्ष पूर्व ही मर जाने की प्राथमिकता (गुना 1000)

b व्यक्तिगत गणना विधि के अनुसार

c रुपये प्रतिदिन 1970-71 की कीमतों पर

स्रोत जन्म दर : संदर्श पंजीकरण बुलेटिन, जुलाई 1994, कृषि मजदूरी दरें—भारत, 1981 एवं 1991 की भारतीय जनगणना, राष्ट्रीय संदर्श सर्वेक्षण, 43वाँ आदि पर आधारित

सूचक पश्चिमी उत्तर प्रदेश में पूर्व की तुलना में किसी विशेष सफलता की ओर संकेत नहीं कर पा रहे। यह बात मृत्यु दर तथा जनन दर पर विशेष रूप से लागू है। 1981 ही ऐसा नवीनतम वर्ष है जिसमें क्षेत्रवार मृत्यु दर आँकड़े उपलब्ध रहे हैं। इनके अनुसार पश्चिमी उत्तरप्रदेश में बालमृत्यु दर अधिक ऊँची थी, यही नहीं, बालकों एवं बालिकाओं की मृत्यु दरों में अन्तर भी इसी क्षेत्र में अधिक था। पश्चिमी उत्तर प्रदेश की जनन दर भी बहुत अधिक ऊँची है। इसी तरह प. उत्तर प्रदेश अपनी अच्छी खासी समृद्धि का प्रयोग कर साक्षरता एवं शिक्षा के प्रसार की दिशा में कोई पहल कर पाने में विफल रहा है। यह तो हम पहले ही देख चुके हैं कि उत्तर प्रदेश के पश्चिमी भाग में स्त्री-पुरुष विषमता अपने विकटतम स्वरूप में व्याप्त है।

हमारी उपर्युक्त चर्चा का यह आशय नहीं है कि पश्चिमी क्षेत्र में जीवन की सामान्य परिस्थितियाँ पूर्व उत्तर प्रदेश से अलग नहीं हैं। यह बात अपने आप में बहुत महत्त्वपूर्ण है कि इस क्षेत्र में परम्परागत आकलन के अनुसार भी गरीबी का अनुपात काफी कम हुआ है, किन्तु आय में काफी बढ़त के बावजूद पश्चिम उत्तर प्रदेश में अनेक महत्त्वपूर्ण मामलों में किसी शानदार सफलता का अभाव एक बार पुनः सामाजिक प्रगति के आधारों की उपेक्षा की ओर ही संकेत करता है। ये प्रगति के आधार हैं प्राथमिक शिक्षा, स्वास्थ्य तथा सामाजिक राजनीतिक कार्यों में नारी की प्रभावी भागीदारी के प्रति जनसामान्य की जागरूकता।

सार्वजनिक सेवाओं की भूमिका

पिछले भाग में हमें यह तो स्पष्ट संकेत मिले हैं कि उत्तर प्रदेश में सामाजिक विकास की विफलताओं का सम्बन्ध निजी आय के निम्न स्तर से नहीं है—यह समस्या तो सारे ही देश की साझी समस्या है। इस प्रदेश की समस्या निजी आय को क्षेम मंगल संवृद्धि की ओर प्रवृत्त नहीं कर पाने से जुड़ी है। सामाजिक सफलताओं का एक बड़ा निर्धारक सार्वजनिक सेवाओं का प्रसार एवं उनकी क्रियाशीलता से जुड़ा है। इस सन्दर्भ में उत्तर प्रदेश का रिकार्ड बेहद खराब रहा है।

तालिकाओं 2.6 तथा 2.7 में हम इन विफलताओं के प्रारम्भिक संकेतों की जानकारी दे रहे हैं। इन्हीं तालिकाओं में दक्षिण भारत के समतुल्य आँकड़े भी संकलित किए गए हैं। ये आँकड़े अपनी कहानी स्वयं कह रहे हैं। हम चाहे चिकित्सा सुविधाओं को देखें या शिक्षा व्यवस्था को अथवा सार्वजनिक वितरण प्रणाली या किसी भी अन्य सार्वजनिक सेवा को, जिस भी सेवा से जुड़े तुलनीय आँकड़े सुलभ है, उन्हीं में यदि सरकार के किए कुछ हो सकता हो तो, उत्तर प्रदेश बहुत ही जबरदस्त सरकारी अकर्मण्यता का एक 'ज्वलन्त' उदाहरण प्रस्तुत कर रहा है। यहाँ केरल से तुलना तो आँखें खोलने वाली सिद्ध होती है तथा सारे दक्षिण भारत से तुलना भी कम चौंकाने वाली नहीं है।

तालिका 2.6
सार्वजनिक सेवाओं से जुड़े कुछ सूचक

	उत्तर प्रदेश	दक्षिण भारत	केरल
स्वास्थ्य			
% नव जन्म, जिनसे पूर्व टेटनस का टीका लगाया, वर्ष (1991-95)	44	85	94
प्रसव पूर्व जाँच %	30	73	97
किसी चिकित्सा संस्थान में हुए स्त्रियों का अनुपात (1991)	4	50	92
12-23 मास के वे बच्चे जिनका कोई टीकाकरण हुआ हो 1992-93 (%)	57	87	89
चिकित्सा सुविधा वाले गाँवों का अनुपात 1981 (%)	10	20	96
प्रति दस लाख आबादी अस्पताल बिस्तर संख्या 1991	340	964	2,418
300 से अधिक आबादी के शिक्षा स्कूल वाले गाँव 1986 (%)	47.7	87.6	75.2
खुले मैदान में चल रहे प्राथमिक स्कूलों का अनुपात, 1986	17.2	3.4	0.0
केवल दो शिक्षकों वाले स्कूलों का अनुपात 1986	41	66	1.3
12-14 वर्ष के सभी स्कूल में भरती बच्चों का अनुपात—1986-9			
लड़कियाँ	32	72	98.2
लड़के	73	86	99.6
अन्य सेवाएं			
सस्ता राशन पा रही ग्राम्य जनता का अनुपात 1986-87	2	63	88
राशन में प्रतिव्यक्ति अनाज आपूर्ति 1986-87 (किलोग्राम 1 वर्ष)	3	28	60
बिजली लगे ग्रामीण घरों का अनुपात 1991	11	41	42

मूल स्रोत : भारत की जनगणना—1981, 1991 तथा राष्ट्रीय संदर्श सर्वेक्षण आदि पर आधारित देखें, द्रीज़ एवं सेन, 1995 वही।

तालिका 2.7

चुनी हुई सार्वजनिक सुविधा सम्पन्न ग्रामों के अनुपात 1992-93

	उ. प्रदेश	द. भारत	केरल
स्वास्थ्य सुविधाएँ			
कोई भी सुविधा	23	43	98
प्राथमिक स्वास्थ्य केन्द्र/उपकेन्द्र	20	38	96
प्रशिक्षित दाई	33	61	46
चल चिकित्सा इकाई	0.4	15	27
अन्य संस्थाएँ			
आँगनवाड़ी	19	55	99.5
राशन की दुकान	38	65	97
सहकारी समिति	14	32	87
महिला मंडल	5	28	89
युवा संगठन	14	33	96

स्रोत : International Institute for Population Sciences, (1994a, 1994b) की तालिकाओं 11.3 एवं 11.4 से संकलित

इन अन्तरों की हम सरकारी व्यय में अन्तर के आधार पर भी व्याख्या नहीं कर पाते। शिक्षा एवं स्वास्थ्य आदि के निमित्त उत्तर प्रदेश सरकार भी अपनी आय का उतना ही हिस्सा खर्च कर रही है जितना दक्षिण भारत के राज्यों में खर्च होता है। हाँ, शिक्षा दर प्रति व्यक्ति राजकीय व्यय की दृष्टि से उत्तर प्रदेश के आँकड़े दक्षिण भारत से 23 प्रतिशत कम अवश्य है। इसी प्रकार का अन्तर स्वास्थ्य-चिकित्सा पर हुए प्रति व्यक्ति व्यय में भी है। उत्तर प्रदेश में दक्षिण भारत की तुलना में सार्वजनिक सेवाओं के प्रसार और कौशल के सीमित रह जाने का नाता सरकारी व्यय के अन्तर से नहीं लगता। यह नाता तो सामाजिक व्यय के विकृत स्वरूप तथा सेवाओं की कार्यपद्धति की विकृतियों के साथ लगता है। हम इस विषय में उत्तर प्रदेश की स्कूली शिक्षा व्यवस्था की निम्न प्रभावोत्पादकता के आधार पर पुनः चर्चा करेंगे। राज्य में स्वास्थ्य सेवाओं की दशा भी कम चिन्ताजनक नहीं है—अनेक अध्ययनों ने यही बात स्पष्ट की है कि ग्रामीण क्षेत्रों में तो यह व्यवस्था बहुत ही दुर्दशा की शिकार प्रतीत होती है।

उत्तर प्रदेश की स्वास्थ्य व्यवस्था की कार्यप्रणाली के एक शर्मनाक पक्ष की ओर ध्यान खींचना बहुत आवश्यक है—इस बात का सीधा सम्बन्ध हमारे इस शोध प्रबन्ध के एक मुख्य ध्येय से भी है—हम यहाँ उत्तर प्रदेश की सामाजिक विफलताओं के लिए मुख्यतः नारी के दमन एवं स्त्री-पुरुष सम्बन्धों में विषमता को उत्तरदायी

मानते हैं। यह शर्मनाक पक्ष है ग्रामीण उत्तर प्रदेश में सारी स्वास्थ्य व्यवस्था के परिवार नियोजन कार्यक्रम का अपहरण। यह तथाकथित परिवार कल्याण कार्यक्रम अक्सर जोर-जबरदस्ती के माध्यम से चल रहा है और इसका सारा ध्यान केवल स्त्रियों के वन्ध्याकरण तक ही सीमित है। इस विषय में राज्य में चिकित्सा सेवाओं से जुड़े अनेक अध्ययनों के ये साक्ष्य बहुत ही चौंकाने वाले हैं :

"परिवार नियोजन कार्यक्रमों के आक्रमण बहुत ही विनाशकारी है–परिवार नियोजन के लक्ष्यों की प्राप्ति पर सारा ध्यान लगा होने के कारण शेष सभी स्वास्थ्य सेवाएँ बर्बादी के कगार पर पहुँच चुकी हैं"...

"सारी स्वास्थ्य सेवाओं का एकमात्र उद्देश्य बन्ध्याकरण के लक्ष्यों की पूर्ति रह गया है"...

"स्वास्थ्य एवं पोषण कार्यक्रम के अन्तर्गत सहायक नर्सें-दाइयाँ और परिवार स्वास्थ्य कार्यकर्ता निर्धारित लक्ष्यों की पूर्ति के लिए लोगों को वन्ध्याकरण नसबन्दी के लिए प्रेरित कर रहे हैं"...

ऊपर से लेकर नीचे तक, सभी स्तरों पर केवल वन्ध्याकरण लक्ष्यों की बात चल रही है...स्वास्थ्यकर्मी लोगों को प्रेरित करने के नाम पर अन्य सभी कार्यों की उपेक्षा कर रहे हैं..."

"ग्रामीण एवं जनजातीय खंडों में सहायक चिकित्साकर्मी जरा कम ही आ पाते हैं...क्योंकि वे बहुधा परिवार नियोजन या ऐसे अन्य कामों में व्यस्त रहते हैं..."

"दिसम्बर से मार्च के परिवार नियोजन आन्दोलन के अति सक्रिय महीनों में तो मातृ एवं शिशु चिकित्सा विभाग के सभी संसाधन परिवार नियोजन लक्ष्यों की सम्प्राप्ति में झोंक दिए जाते हैं..."

"ग्रामीण गरीबों को प्रत्येक कल्याणकारी योजना का लाभ देने से पूर्व उसे नसबन्दी कराने या अन्य किसी को नसबन्दी के लिए लाने को बाध्य किया जाता है..."

यह भी बहुत ही ध्यान देने योग्य बात है कि उत्तर प्रदेश में केवल तालिका 2.6 तथा 2.7 में उद्धृत सेवाओं की ही उपेक्षा नहीं होती। यहाँ तो इसी प्रकार का उपेक्षा भाव सार्वजनिक प्रावधानों से जुड़ी प्रत्येक गतिविधि पर व्याप्त है–चाहे यह कार्य प्राथमिक शिक्षा हो, भू-सुधार हो, बाल टीकाकरण हो, सार्वजनिक वितरण, मातृ स्वास्थ्य, सामाजिक सुरक्षा, सार्वजनिक निर्माण, पर्यावरण सुरक्षा या फिर गरीबी निवारण कार्यक्रम–सभी को निर्द्वन्द्व भाव से राजनीतिज्ञों एवं नौकरशाही की उपेक्षा भुगतनी पड़ती है। इस उपेक्षा चक्र से बहुत कम गतिविधियाँ बच पाई हैं। मानवीय क्षेम मंगल से जुड़े किसी व्यापक नए सार्वजनिक कार्यक्रम की सफलता का उदाहरण दे पाना सम्भव ही नहीं है। हमने आगे चलकर इन विफलताओं के सामाजिक-राजनीतिक कारणों की समीक्षा की है।

नारी की बृहत्तर भूमिका

हमने पिछले एक भाग में स्त्री-पुरुष विषमता की बात उठाई थी—वहाँ हमारा ध्येय इस विषमता के नारी जीवन पर दुष्प्रभावों की चर्चा तक सीमित था। इस विषमता का एक अन्य महत्त्वपूर्ण पक्ष भी है : उत्तर प्रदेश के समाज में नारी की बृहत्तर भूमिका का दमन। इसके दुष्प्रभाव केवल नारी जीवन पर ही नहीं पड़ते, वरन् इसके कारण सारे समाज की आर्थिक प्रगति एवं सामाजिक विकास कुंठित होकर रह जाता है। नारी की बृहत्तर भूमिका की विस्तृत व्याख्या हम इस पुस्तक के अन्तिम अध्याय में अलग से करने जा रहे हैं। यहाँ हम जनांकिकीय परिणामों पर इसके प्रभावों का आकलन करेंगे—यह भूमिका राजनीतिक एवं सामाजिक परिवर्तन में भी बहुत सहायक होती है।

उत्तर प्रदेश में नारी के कहीं आने-जाने आदि पर बहुत सख्त सामाजिक प्रतिबन्ध उसकी बृहत्तर भूमिका को घर चहारदीवारी तक सीमित कर देते हैं। वस्तुतः उन सीमाओं के भीतर भी वे प्रभावी रूप से कार्य कर पाने को स्वतन्त्र नहीं होतीं। शिक्षा में नारी की अति न्यून भागीदारी भी नारी के शेष विश्व से अति सीमित सम्बन्धों के सामान्य परिवेश की ही एक झलक है। इसी प्रकार, उत्तर प्रदेश की विवाहिताओं में से आधी भी नियमित रूप से किसी संचार माध्यम से सम्पर्क नहीं रख पा रहीं जबकि तमिलनाडु और केरल में 80 प्रतिशत विवाहित महिलाएँ किसी न किसी जन सम्पर्क माध्यम से लाभान्वित हो रही हैं। महिलाओं के लिए शिक्षा एवं जानकारी (चाहे यह स्कूल के माध्यम से हो या पारस्परिक सम्पर्क से या फिर जनसम्पर्क माध्यमों से) पा सकने के सीमित अवसरों के कारण ही वे परिवार एवं समाज में सम्भव योगदान नहीं कर पातीं।

उत्तर प्रदेश में नारी की संकुचित बृहत्तर भूमिका का एक आयाम श्रमशक्ति में सीमित भागीदारी भी है। श्रमशक्ति में भागीदारी का दो अन्य विधियों से भी स्त्री-पुरुष सम्बन्धों पर गहरा प्रभाव पड़ता है। यह देखा गया है कि जहाँ नारी को आय अर्जन के अच्छे अवसर सुलभ होते हैं वहाँ उसे परिवार के भीतर भी अनुजीवन के अभावों से कम जूझना पड़ता है। दूसरे, रोजगार कार्यों में भागीदारी अपने आप में घरेलू कार्यों की सीमित परिधि से बाहर निकल व्यापक सामाजिक पटल पर नारी के पदावतरण का प्रतीक तो है ही।

1991 की जनगणना के अनुसार उत्तर प्रदेश की केवल 8 प्रतिशत नारियाँ 'मुख्य श्रमिक' (कम से कम आधे वर्ष उत्पादक कार्यों में भाग लेने वाले श्रमिकों का वर्ग) मानी गई हैं। सारे देश में 16 प्रतिशत और दक्षिण भारत में 24 प्रतिशत महिलाएँ इस वर्ग में सम्मिलित हैं। उत्तर प्रदेश से कम नारी भागीदारी केवल पंजाब और हरियाणा में ही पाई जाती है। वहाँ यह प्रतिशत क्रमशः 4 तथा 6 रहा है। स्त्री-पुरुष अनुपात की भाँति ही श्रमिक शक्ति में नारी की भागीदारी भी पश्चिमी उत्तर प्रदेश में ही पंजाब हरियाणा से भी कम पाई गई है—केवल 2.5 प्रतिशत। दूसरे

शब्दों में, उत्तर प्रदेश की अधिकांश महिलाओं की सारी योग्यताओं को केवल घर के कामों से बाँध देने के कारण उनकी प्रतिभा और योग्यताओं का बहुत भीषण दमन हो रहा है—वे अन्य क्षेत्रों में अपना सम्भावित योगदान देकर पाने के अवसरों से वंचित रह रही है।

भारतीय राज्यों की तुलनाओं के आधार पर नारी की बृहत्तर भूमिका एवं सामाजिक प्रगति के बीच कुछ सम्पर्क सूत्रों की व्याख्या हमने अपने सहयोगी ग्रन्थ—'भारत : विकास की दिशाएँ' में की है। यह ध्यान देने की बात है कि उत्तर प्रदेश में भी क्षेत्रीय परिदृश्य के अनेक अन्तरों का सम्बन्ध अन्ततः स्त्री-पुरुष भेदभाव और नारी की बृहत्तर भूमिका से ही जुड़ा प्रतीत होता है। यहाँ पर्वतीय एवं मैदानी क्षेत्रों के अन्तर बहुत सटीक हैं। उत्तर प्रदेश के आठ जनपदों वाले हिमालय पर्वतीय क्षेत्र में श्रमशक्ति में नारी की भागीदारी का स्तर बहुत ऊँचा है। यह स्तर पूरे भारत-व्यापी स्तर से ही नहीं, दक्षिण भारत के स्तर से भी उच्चतर है। उत्तर प्रदेश के इसी क्षेत्र में स्त्री-पुरुष अनुपात भी इकाई से अधिक बनता है। यहीं बालिकाएँ बालकों की अपेक्षा अनुजीवन लाभ से भी सम्पन्न पाई गई हैं (तालिका 2.8)। अनेक अन्य दृष्टियों से भी उत्तर प्रदेश का हिमालय क्षेत्र अपेक्षाकृत 'प्रगतिशील' कहा जा सकता है। यहाँ मृत्यु दर एवं जनन दर कम है तो साक्षरता दर भी अधिक है। यह काफ़ी हद तक सम्भव है कि ये उपलब्धियाँ किसी सीमा तक नारी की सामाजिक जीवन में अधिक सक्रिय एवं बराबरीपूर्ण भागीदारी के कारण सम्भव हुई हों।

इस विषय पर चर्चा का समापन हम इसी बात को दोहराते हुए कर रहे हैं कि इस शताब्दी के आरम्भ से लेकर अब तक उत्तर प्रदेश में स्त्री-पुरुष अनुपात, नारी की श्रमशक्ति में भागीदारी आदि में निरन्तर ह्रास होता रहा है। इन दोनों के बीच कारण एवं प्रभाव जैसे सम्बन्ध की भी सम्भावना है। 1901 की जनगणना के अनुसार श्रमशक्ति में स्त्रियों एवं पुरुषों की भागीदारी का अनुपात 0.43 था—पर 1991 में यह घटकर मात्र 0.13 रह गया। किसी सीमा तक यह ह्रास सर्वेक्षण विधियों तथा परिभाषाओं के बदलाव के कारण भी हो सकता है, किन्तु ये बदलाव समग्र ह्रास की व्याख्या कर पाने में असमर्थ रहते हैं। वैसे भी पिछले कुछ समय से नारी की भागीदारी की परिभाषा को और विस्तृत रूप दिए जाने के प्रयास चलते रहे हैं, अतः हम कह सकते हैं कि उत्तर प्रदेश में ऐसा कोई साक्ष्य नहीं मिलता जिसके आधार पर आर्थिक विकास से स्त्री-पुरुष भेदभाव में कमी का कोई दावा किया जा सके।

विवेचन

जहाँ तक जनजीवन की दशाओं का प्रश्न है, उत्तर प्रदेश निश्चित रूप से भारत के सबसे पिछड़े प्रदेशों में से एक है। इस पिछड़ेपन के सम्भावित कारणों में गरीबी का उच्च स्तर (जिसका मापन व्यक्ति गणना जैसे परम्परागत सूचकों के आधार पर

तालिका 2.8
उत्तर प्रदेश के विभिन्न क्षेत्रों में स्त्री-पुरुष भेद के सूचक–1981

क्षेत्र	स्त्री पुरुष अनुपात		स्त्री $_q(2)$ एवं पुरुष $_q(2)$ का अनुपात[a]	नारी का श्रमशक्ति भागीदारी अनुपात[b] (%)	अपरिष्कृत नारी साक्षरता दर (%)	5-14 वर्ष की स्कूली शिक्षा (%)	सकल जनन दर
	सभी आयु वर्ग	0-9 वर्ष आयु वर्ग					
हिमालयन	959	960	0.96	24.2	24.1	40.7	5.2
वेस्टर्न	835	879	1.17	1.4	15.4	22.3	6.4
सेन्ट्रल	868	937	1.03	3.7	15.9	22.6	5.8
ईस्टर्न	944	931	1.07	7.1	10.7	17.1	5.7
साउथर्न	858	895	1.13	7.4	14.0	21.1	5.9
सभी धर्म	885	913	1.10	5.3	14.0	21.1	5.9
दक्षिणी भारत	981	984	0.88	21.6	33.5	52.4	3.8

नोट : a $_q(2)$ किसी नवजात शिशु की दो वर्ष की आयु से पूर्व मृत्यु की प्रायिकता है

b : मुख्य श्रमिकों का अनुपात स्त्रियों की जनसंख्या में अनुपात

स्रोत : भारत की जनगणना, 1981 की अनुसूचियों से संकलित

हुआ है) भी है। किन्तु इस आधार पर उत्तर प्रदेश को भारत के अन्य राज्यों से बहुत अलग नहीं माना जा सकता। अतः उत्तर प्रदेश में मृत्यु दर एवं जनन दर के अति उच्च स्तरों की व्याख्या करने के लिए हमें उन सामाजिक विफलताओं की ओर भी ध्यान देना पड़ेगा जिनके कारण न्यून आय स्तर से जुड़े अभाव और अधिक गहन एवं व्यापक हो जाते हैं। उत्तर प्रदेश एवं दक्षिण भारत की तुलना से तीन अति महत्त्वपूर्ण सामाजिक विफलताओं का ज्ञान होता है : शिक्षा का न्यून स्तर, समाज में नारी की अतिसीमित भूमिका तथा सार्वजनिक सेवाओं के निष्पादन स्तर में भारी हीनता।

ये तीनों विफलताएँ किसी न किसी रूप में परस्पर जुड़ी भी हैं। यह कहना ठीक नहीं होगा कि इनके अतिरिक्त किसी और बात से उत्तर प्रदेश में घर कर गई अभावग्रस्तता प्रभावित नहीं होती, फिर इन तीनों के प्रभाव बहुत ही गहन पाए गए हैं। उच्च शिशु मृत्यु दर का ही उदाहरण लें। इनका प्रमुख कारण टिटेनस और दस्तों की बीमारी ही रहा है। दोनों ही बीमारियों का प्रभावी नियन्त्रण करने के लिए बहुत ही सस्ते इलाज उपलब्ध हैं–टिटेनस का टीका तथा दस्तों के लिए जीवन-रक्षक घोल। फिर यदि उत्तर प्रदेश में इतनी बड़ी संख्या में बच्चे टिटेनस और दस्त लगने से मर रहे हैं तो इसका कारण उनके माता पिता की गरीबी कदापि नहीं होगी। इसकी तुलना में कहीं अधिक सशक्त होंगे : (1) प्राथमिक चिकित्सा सुविधा (बाल टीकाकरण सहित) की अपर्याप्त सुविधा, यह अपर्याप्तता ग्रामीण क्षेत्रों में तो बहुत ही अधिक है या वह है ही नहीं; (2) शिक्षा का न्यून स्तर–इसके कारण लोग बीमारियों के कारणों को समझ नहीं पाते एवं उनसे बचने का प्रयास नहीं कर पाते–यही नहीं, वे उपलब्ध सुविधाओं का प्रभावी रूप से प्रयोग कर पाने में भी सफल नहीं हो पाते और (3) पारिवारिक एवं सामाजिक जीवन में महिलाओं की सचेत बृहत्तर भूमिका का दमन–इसके कारण बच्चों का अनुजीवन तो और भी कठिन हो जाता है।[1]

सार्वजनिक सेवाओं, प्राथमिक शिक्षा तथा नारी की बृहत्तर भूमिका से जुड़ी

---

1. यहाँ इस बात पर गौर करना आवश्यक है कि साक्षरता एवं सामाजिक भागीदारी आदि क्षमताएँ एक ओर तो व्यक्ति के कुशलक्षेम के घटक होते हैं, वहीं दूसरी ओर कुशलक्षेम के अन्य घटकों को संवर्धित करने में भी इनका बहुत महत्त्व रहता है।

उत्तर प्रदेश के आँकड़ों के अध्ययन से ज्ञात हुआ है कि आधेकांश नवजात शिशुओं की मृत्यु का कारण टिटेनस रहा है। दूसरे, बच्चों में कुपोषण का कारण खुराक की कमी नहीं बल्कि जन्म के समय ही कम भार तथा दस्तों की बीमारी ही है। उत्तर प्रदेश में टिटेनस के कारण नवजात शिशु मृत्युदर भारत की राष्ट्रव्यापी दर से पाँच गुना अधिक है। इसका एक मुख्य कारण यह भी है कि अभी तक प्रदेश के बहुत बड़े ग्रामीण हिस्सों में नाभिनाल को काटने के लिए बिना किसी तरह से कीटाणुमुक्त की गई दराँती का ही प्रयोग किया जाता है। फिर बच्चों को किसी प्रकार के टीके नहीं लगाए जाते, पका हुआ खाना बहुत देर तक बिना ढके ऐसे ही पड़ा रहता है तथा टिटेनस एवं दस्तों आदि के इलाज को लेकर तरह-तरह की विचित्र धारणाएँ यहाँ के समाज में रूढ़ पाई गई हैं।

विफलताओं का मुख्य कारण यही है कि इन क्षेत्रों के विकास के लिए आवश्यक सामाजिक परिवर्तन की प्रक्रिया को सफल बनाने में यह प्रदेश नितान्त असफल रहा है। उस अकर्मण्यता, जिसके कारण उत्तर प्रदेश में सामाजिक प्रगति बहुत धीमी रही है, का एक स्वरूप तो सरकार का उपेक्षा भाव रहा है, दूसरा मुख्य कारण आम नागरिकों और समाज की जाति, वर्ग और स्त्री-पुरुष सम्बन्धों की गैर बराबरी पर आधारित दमनपूर्ण व्यवस्था को चुनौती देने में विफलता रही है। यह दूसरा कारण भी पहले से कम महत्त्वपूर्ण नहीं है। उत्तर प्रदेश का समाज इस प्रकार की परम्परागत विषमताओं में फँसा हुआ है कि उसके कारण साक्षरता का प्रसार नहीं हो पा रहा, सार्वजनिक सेवाओं का भली प्रकार संचालन नहीं हो पाता और महिलाओं की बृहत्तर भूमिका को (सामाजिक एवं राजनीतिक पटल पर) प्रभावपूर्ण नहीं बनाया जा सकता। उदाहरण के लिए, पुरातनपन्थी स्त्री-पुरुष सम्बन्धों के कारण ग्रामीण क्षेत्रों में महिलाएँ शिक्षक एवं चिकित्सक के रूप में काम नहीं कर पातीं, भले ही उनके पास उपयुक्त योग्यताएँ भी हों। वैसे अनेक अध्ययनों से यह बात स्पष्ट हुई है कि महिला शिक्षकों के कारण स्कूल एवं चिकित्सकों के कारण ग्रामीण स्वास्थ्य व्यवस्था में बहुत सुधार देखे गए हैं। एक तो यही बात महत्त्वपूर्ण है कि ग्रामीण महिलाएँ यथासम्भव महिला डाक्टर से ही इलाज कराना बेहतर मानती हैं। कितने ही माँ बाप अपनी बेटियों को इसी कारण स्कूल में नहीं भेजते कि वहाँ महिला शिक्षकों का नितान्त अभाव है। उत्तर प्रदेश के ग्रामीण अंचलों में अधिकांश शिक्षक एवं चिकित्सक पुरुष ही हैं। इसके विपरीत केरल में दो तिहाई प्राथमिक शिक्षक महिलाएँ ही रही हैं। इसी तरह से, हम आगे चलकर देखेंगे कि किस प्रकार से जाति और जन्म (स्त्री या पुरुष) के आधार पर रूढ़ विषमताएँ प्राथमिक शिक्षा के प्रसार में बहुत बड़ी बाधा बन रही हैं। उसके ऊपर से उत्तर प्रदेश का ग्रामीण समाज बहुत बुरी तरह से विभाजित है। इसी कारण सार्वजनिक सहयोग के आधार पर गाँवों में स्थानीय सार्वजनिक सुविधाओं की रचना कर पाना भी सम्भव नहीं हो रहा। इस तरह से सामाजिक परिवर्तन, उसका अभाव, इस प्रदेश के समाज की पूर्व विफलताओं तथा भावी उपलब्धियों की सम्भावनाओं का निर्धारक बन जाता है।

इस विषय पर हम और चर्चा करें उससे पूर्व, अगले दो भागों में हम प्राथमिक शिक्षा से जुड़े कुछ महत्त्वपूर्ण मुद्दों पर आँकड़ों के साक्ष्यों के आधार पर विचार कर रहे हैं।

उत्तर प्रदेश में स्कूली व्यवस्था : एक क्षेत्रीय अध्ययन

पृष्ठभूमि

इस भाग में हम ग्रामीण उत्तर प्रदेश में प्राथमिक स्कूलों की कार्य पद्धति पर एक अनौपचारिक क्षेत्रीय अन्वेषण के निष्कर्ष प्रस्तुत कर रहे हैं। हम फरवरी-मार्च

1994 की अवधि में अनेक ग्रामीण स्कूलों में बिना किसी पूर्व सूचना के गये तथा स्थानीय लोगों, शिक्षकों एवं अधिकारियों तथा कार्यकर्ताओं से स्कूलों की दशा के बारे में हमने खुलकर बातचीत की। हमने मुरादाबाद, रायबरेली, प्रतापगढ़ तथा बाँदा जिले के 16 गाँवों की यात्रा की। प्रत्येक गाँव में किसी न किसी स्थानीय व्यक्ति से हमारा पहले से ही सम्पर्क था या वह व्यक्ति ही अपने आसपास के क्षेत्र में हमें घुमाने ले गया था।

इस विधि से चुने गए गाँव और स्कूल हमारा पूर्णतः प्रतिनिधि सन्दर्श तो नहीं बन पाता, अतः अपने निम्नांकित निष्कर्षों की व्याख्या में हमें इस गैर प्रतिनिधि सन्दर्श स्वरूप के विषय में सजग रहना होगा। यदि इसके बाद भी हम इन निष्कर्षों को दर्ज करना चाहते हैं तो इसका कारण यही है कि इन सभी दूर-दूर अवस्थित गाँवों में प्राथमिक स्कूलों के क्रियाकलापों में जिस प्रकार का सादृश्य दिखाई पड़ा है, वह संयोग मात्र नहीं हो सकता। इसी कारण उस 'सामान्य' व्यवहार या प्रवृत्ति को दर्ज करना आवश्यक जान पड़ता है।

हमने चुने हुए गाँवों के सरकारी स्कूलों में बिना पूर्व सूचना के ही दौरा किया था। ये अधिकांशतः प्राथमिक स्कूल ही थे—कहीं-कहीं माध्यमिक स्कूल भी मिले। एक-आध जगह पर उच्च माध्यमिक (दसवीं कक्षा तक) स्तर के स्कूल भी पाए गए। अतः सन्दर्श से हमारा तात्पर्य सन्दर्शित गाँवों के सरकारी प्राथमिक स्कूलों से ही है। इन सभी 16 गाँवों में से 14 में कम से कम एक सरकारी प्राथमिक स्कूल अवश्य था। कुछ एक गाँवों में एक निजी प्राथमिक स्कूल भी विद्यमान था। इन प्राथमिक स्कूलों के विषय में हमने अप्रत्यक्ष रूप से तो जानकारी अवश्य संग्रहीत की किन्तु हम इनमें से बहुत कम का दौरा करने गए।

हमारे सन्दर्श ग्राम उत्तर प्रदेश के पाँच में से चार क्षेत्रों में अवस्थित हैं : मुरादाबाद पश्चिमी, रायबरेली मध्य, प्रतापगढ़ पूर्वी, और बाँदा दक्षिणी उत्तर प्रदेश में। किन्तु राय बरेली और प्रतापगढ़ जनपद एक दूसरे सटे हुए हैं, अतः कृषि, जलवायु एवं सामाजिक दशाओं की दृष्टि से हमारा सर्वेक्षण तीन स्पष्टतः पहचाने जाने योग्य क्षेत्रों में सीमित रह गया। पश्चिम उत्तर प्रदेश के मुरादाबाद जनपद को हरित क्रान्ति का अनुभव प्राप्त सम्पन्न एवं गतिशील जनपद कहा जा सकता है। रायबरेली प्रतापगढ़ क्षेत्र कभी ठाकुर जमींदारों का क्षेत्र था—आज भी उनका काफ़ी दबदबा है। इस क्षेत्र में कृषि समृद्धि का संचार अभी-अभी हुआ है गैर कृषि गतिविधियाँ ही कम विकसित हो पाई हैं। दक्षिणी उत्तर प्रदेश के बाँदा जनपद की परिस्थितियाँ इन दोनों क्षेत्रों से बहुत ही अलग हैं। यहाँ अधिकांश जनता अनुसूचित एवं आदिवासी वर्गों की हैं और ये अभी भी 'दादू' कहलाने वाले शक्तिशाली ब्राह्मण भूस्वामियों की छत्रछाया में दमित जीवन व्यतीत करने को बाध्य हैं।

मुरादाबाद जनपद में हमारी अन्वेषणा पालनपुर गाँव के आसपास के क्षेत्र तक

सीमित रही, क्योंकि हममें से एक उस गाँव से परिचित था। 1957-94 की अवधि में हुए अनेक ग्रामीण परिवार सर्वेक्षणों ने पहले ही पालनपुर के विषय में काफी जानकारी संग्रहीत कर छोड़ी है। हम वर्तमान एवं अगले भाग में उस जानकारी का भी प्रयोग करेंगे।

प्राथमिक स्कूलों की सुलभता

जैसे हमने पहले भी बताया था, दो को छोड़ सभी गाँवों में कम से कम एक सरकारी प्राथमिक स्कूल अवश्य था। शेष दोनों गाँव क्रमशः प्रतापगढ़ एवं बाँदा ज़िलों में हैं, इनका अपना आकार बहुत ही छोटा है। वस्तुतः सरकार का राजस्व विभाग इन्हें अपेक्षया बड़ी रिहायशी इकाइयों का हिस्सा मानता है—बस, प्रशासकीय दृष्टि से ही इन्हें गाँव कहा जाता है। इन दोनों 'गाँवों' में स्कूल नहीं होने के बहुत स्थूल राजनीतिक कारणों की ओर स्थानीय जनता ने स्पष्ट इशारा किया। प्रतापगढ़ के गाँव में हमें बताया गया कि स्थानीय ठाकुर भूपति बहुत प्रभावशाली है और वह नहीं चाहता कि वहाँ कोई प्राथमिक स्कूल स्थापित हो। बाँदा जिले के अनुसूचित जातीय गाँव में तो स्थिति बहुत ही अलग निकली। उस बस्ती के लिए प्रशासन द्वारा स्थापित स्कूल का ही अपहरण हो गया और उसे भी उच्च जातियों की साथ लगती हुई बस्ती में स्थापित कर दिया गया। यद्यपि इन दोनों घटनाओं का सम्बन्ध बहुत छोटे-छोटे जनसमूहों से रहा है किन्तु इनका राजनीतिक महत्त्व बहुत विशाल है—क्योंकि ये घटनाएँ उत्तर प्रदेश में प्राथमिक शिक्षा को सभी के लिए सुलभ बनाने के प्रति सामाजिक सर्वानुमति की व्यापकता में त्रुटियों की ओर संकेत कर रही हैं। यही नहीं, अभावग्रस्त जनसमुदायों की प्रभावपूर्ण राजनीतिक संघटना का अभाव भी इन्हीं से बहुत स्पष्ट हो जाता है (इस विषय पर हम आगे और चर्चा करेंगे)।

वैसे यह बताना प्रासंगिक ही होगा कि इन दोनों गाँवों के भी बहुत ही निकट—पैदल जाने योग्य फासले पर ही—कोई न कोई सरकारी प्राथमिक स्कूल अवश्य स्थित था (चाहे दूसरी बस्ती या गाँव में ही रहा हो)। इस दृष्टि से हमारे सन्दर्श गाँव उत्तर प्रदेश की सामान्य अवस्था से भिन्न दशा में नहीं थे। इस प्रदेश के 2 प्रतिशत से भी कम गाँव ऐसे हैं जिनके दो किलोमीटर तक के फासले पर कोई सरकारी प्राथमिक स्कूल नहीं है। अतः हम कह सकते हैं कि इन क्षेत्रों में सरकारी स्कूलों का नहीं होना या सुलभ नहीं होना तो शैक्षणिक पिछड़ेपन का मुख्य आधार नहीं होगा। यह सत्य है कि इन स्कूलों में उपलब्ध सुविधाओं में बहुत कुछ सुधार करने की आवश्यकता है, पर उसके विषय में हम थोड़ा ठहर कर बात करेंगे। किन्तु जैसे ही हम पाठशाला से पठनपाठन की ओर बढ़ते हैं, हमें उत्तर प्रदेश के शैक्षणिक परिदृश्य के बहुत ही निकृष्ट स्वरूप के दर्शन होने लगते हैं।

स्कूलों की भौतिक अवस्था

हम जिस भी स्कूल में गए वहीं सबसे पहले उसके भवन की जीर्णशीर्ण दशा ने हमारा ध्यान आकर्षित किया। साथ ही यह भी छिपा नहीं रह सका कि सुलभ सुविधाओं का भी पूरा प्रयोग नहीं हो रहा है। एक भी स्कूल ऐसा नहीं निकला जिनके भवन के सभी हिस्सों का पूरा प्रयोग हो रहा हो। भवन इसी कारण प्रयोग नहीं हो रहा था कि बहुल लम्बे समय से निरन्तर टूट-फूट के कारण यह भाग काम के काबिल नहीं रहा या मरम्मत चल रही थी या फिर उसका निर्माण ही पूरा नहीं हो पाया था या फिर देखरेख के अभाव में भवन का कुछ भाग काम नहीं आ पा रहा था। एक गाँव में तो स्कूल के भवन को स्थानीय भूस्वामी ने अपना तबेला बना छोड़ा था। एक अन्य स्थान पर स्कूल का मुख्य अध्यापक स्थानीय निवासी नहीं था अतः उसने भवन के एक भाग में अपनी गृहस्थी जमा रखी थी।

कई जगहों पर पुराने भवन की देखरेख नहीं होने के कारण वह जराजीर्ण हो गया तो नए भवन में चले जाना बेहतर समझा गया—पुराने को ऐसे ही छोड़ दिया गया—जबकि उसकी मरम्मत के बाद उसे काम में लाया जा सकता था। वैसे इनमें से कुछ मामलों में नई इमारतों का प्रयोग कर पाना भी सम्भव नहीं था—कहीं इनका निर्माण पूरा नहीं हुआ था, कहीं फर्श नहीं बने थे कहीं दीवारों पर पलस्तर नहीं था तो कहीं दरवाजे-खिड़कियाँ नहीं लगी थीं। इस तरह निर्माण की त्रुटियों, प्राकृतिक बदलावों से बचाव के अभाव एवं रखरखाव से पूरी तरह 'मुक्ति' के कारण भी स्कूलों की इमारतें कामलायक नहीं बची थीं। अधिकांश स्कूलों में बरामदा ही सबसे उपयोगी दिखाई पड़ा—वहीं पर सभी कक्षाओं के छात्र जमा हुए मिलते थे। इस संरचना में यद्यपि बारिश, धूप आदि से कुछ न कुछ बचाव हो जाता है किन्तु यह भी तीन ओर से खुला रहता है अतः यहाँ भी पठनपाठन का उपयुक्त वातावरण नहीं बन पाता। कई जगह तो शिक्षक एवं छात्र स्कूल की इमारत के निकट किसी वृक्ष के नीचे ही बैठे हुए दिखाई दिए।

सभी सन्दर्श स्कूलों में उपलब्ध सुविधाएँ न्यूनतम सम्भव स्तर की ही थीं। इन इमारतों में किसी प्रकार का फर्नीचर नहीं था, बस, कहीं-कहीं एक मेज और कुर्सी दिखाई दी, जिसे मुख्य अध्यापक प्रयोग करते थे। कई जगह यह भी सुनने में आया कि स्कूल के लिए मँगाया गया सारा फर्नीचर गाँव के मुखिया, अध्यापकों तथा अन्य प्रभावशाली व्यक्तियों के घरों की शोभा बढ़ा रहा था। सबसे अधिक प्रयोग में आ रही शिक्षण सामग्री में कुछ कापियाँ, स्लेटें तथा कुछ पाठ्य पुस्तकें ही पाई गईं। स्कूलों की इस प्रकार की दुर्दशा तो भारत सरकार द्वारा हाल ही में 'श्यामपट्' कार्यक्रम के सन्दर्भ में किए गए दावों से बहुत ही अलग नज़र आती है। सरकार ने तो स्कूली सुविधाओं के बहुत व्यापक प्रसार के दावे किए हैं। यह योजना 1987-88

में प्रारम्भ हुई थी। इसके घोषित उद्देश्य इस प्रकार थे : (1) सभी स्कूलों में कम से कम दो हर मौसम में काम आ सकने वाले बड़े कमरे एवं उनके साथ बरामदे हों, साथ ही लड़कों और लड़कियों के लिए अलग-अलग जन सुविधाएँ भी हों; (2) सभी प्राथमिक स्कूलों में कम से कम दो शिक्षक अवश्य हों—यथासम्भव एक महिला शिक्षक भी हो तथा (3) आवश्यक शिक्षण सामग्री जैसे श्यामपट्, मानचित्र, चार्ट, खिलौने तथा व्यावहारिक अनुभवों, प्रयोगों के लिए आवश्यक उपकरण अवश्य हों। शिक्षा विभाग की एक रिपोर्ट में यह दावा किया गया है कि 1992-93 के अन्त तक देश के 91 प्रतिशत प्राथमिक स्कूलों में यह श्यामपट् कार्यक्रम लागू किया जा चुका है और 1993-94 के अन्त तक 99.9 प्रतिशत में यह लागू हो जाएगा। किन्तु इन उत्साहजनक उद्घोषणाओं के बाद भी हमारे सन्दर्श में सम्मिलित स्कूलों की दशा में तो कोई सुधार नहीं दिखाई पड़ रहा (वैसे अधिकांश स्कूलों ने खिलौने प्राप्त होने की बात स्वीकार की और उन्हें सँभाल कर ट्रंकों में बन्द रखा गया है।)[1]

शिक्षकों की उपस्थिति एवं शिक्षण विधियाँ

सभी सन्दर्शित स्कूलों में शिक्षकों का गायब रहना एक आम बात थी। सभी सन्दर्श ग्रामों में स्कूली व्यवस्था की यह सबसे बड़ी समस्या मानी गई है।

इस समस्या के आकार-प्रकार का एक प्रमाण तो यही है कि हमारे सूचना रहित दौरे के समय दो तिहाई अध्यापक किसी न किसी कारण से स्कूल से अनुपस्थित ही पाए गए। अतः हम कह सकते हैं कि स्कूलों में एक तिहाई शिक्षक ही काम पर आते हैं। वैसे हम यह बात स्पष्ट कर दें कि हम सभी स्कूलों में उसी समय गए थे जबकि अधिकारिक रूप से वह उनका कार्य समय था। जनपदीय प्राथमिक शिक्षा सर्वेक्षण ने भी उत्तर प्रदेश में अध्यापकों की भारी अनुपस्थिति दर को स्वीकार किया है। उनका तो कहना है कि दौरे की पहले सूचना दिए जाने के बाद भी आधे शिक्षक अनुपस्थित ही रहे। पन्द्रह में से केवल दो स्कूल ऐसे निकले जहाँ हमारे दौरे के समय सभी शिक्षक उपस्थित पाए गए। जहाँ केवल एक ही शिक्षक हो, वहाँ तो उसकी अनुपस्थिति का अर्थ स्कूल का बन्द होना ही होगा। कई बार स्कूल बिना किसी पूर्व सूचना के ही दिन के अधिकांश समय के लिए बन्द रहे, क्योंकि अध्यापक किसी अन्य कार्य में व्यस्त हो गए थे।

अध्यापकों की गैरहाज़िरी का एक और भी पहलू है : वे अधिकांशतः देर से स्कूल आते हैं और स्कूल बन्द होने के पहले ही अपने घर वापस चले जाते हैं। हमें शायद ही कोई स्कूल सुबह समय से खुला हुआ मिला—साथ ही दोपहर 12.30

1. या फिर वे मुख्य अध्यापक के घर की अलमारी में रखे हैं; मुश्किल से 10 प्रतिशत शिक्षक पाठ्य पुस्तक के अतिरिक्त किसी अन्य सामग्री का प्रयोग करते हैं।

के बाद भी कहीं किसी स्कूल में कामकाज चलने के कोई चिह्न नहीं दिखाई पड़े। इस वक्त स्कूल में दोपहर के खाने का अवकाश होता है—पर इस अवकाश के बाद पुनः कक्षाएँ लगने की नौबत नहीं आती। अतः यदि स्कूल खुला हो, तो वह हद से हद तीन घण्टे काम करता है। शहरी क्षेत्रों में स्थिति कुछ बेहतर है, पर वहाँ भी गैरहाज़िरी एवं काम से जी चुराने की समस्याएँ काफ़ी विकट हैं। लखनऊ शहर के सरकारी स्कूलों के एक सर्वेक्षण से 1994 में पता चला था कि औसतन आठवीं कक्षा के बच्चों को प्रतिदिन 3.2 घण्टे ही पढ़ाया जाता था।

यह अध्यापकों की गैरहाजिरी की समस्या के परिणाम बहुत गम्भीर रहते हैं—वैसे भी सरकारी आँकड़ों के अनुसार स्कूल वर्ष में 220 दिन ही काम करते हैं। यदि अध्यापकों की अनुपस्थिति दर का प्रयोग किया जाए तो ज्ञात होता है कि प्रति स्कूल प्रति शिक्षक द्वारा पूरे दिन तक केवल 75 दिन काम किया गया (यह पूरा दिन भी 3 घण्टों तक ही सीमित है)।

यही नहीं, हमने पाया कि जब कभी शिक्षक उपस्थित भी हुए तो भी वे वास्तव में पढ़ाने का काम कम ही करते नजर आए। यहाँ तक कि हम जिन पन्द्रह स्कूलों में गए वहाँ किसी भी तरह का पठन-पाठन होता नहीं दिखाई पड़ा। हद से हद शिक्षकों ने छात्रों को कुछ काम करने के लिए देकर छोड़ रखा था। जहाँ कहीं भी शिक्षक स्कूल में दिखाई पड़ गए वे इनमें से कोई न कोई दूसरा काम करने में व्यस्त मिले : आने जाने वालों से बातें करना (हमारे अतिरिक्त), आपस में बतियाना, ताश खेलना, चित्र कथाएँ पढ़ना, स्थानीय ऋण सहकारिता के आगामी चुनाव के लिए मतदाता सूची बनाना आदि। अतः प्रभावी रूप से हम जिन भी स्कूलों में गए वे बच्चों के किसी जगह इकट्ठा कर छोड़ने के केन्द्र ही प्रतीत हुए और इस रूप में भी उनके काम में नियमितता नहीं थी। जहाँ कहीं एक से अधिक अध्यापक उपस्थित मिले वहाँ भी सारे विद्यार्थियों को एक ही जगह इकट्ठा कर उन्हें चुपचाप बैठे रहने का आदेश दिया हुआ मिला—इस बात का कोई अर्थ नहीं था कि कौन किस आयु या कक्षा में होना चाहिए। कुछ ऐसे हालात से शिक्षक द्वारा बताया काम कर रहे थे, कुछ अपने आप पढ़ रहे थे या दूसरों को समझा रहे थे—पर अधिकांश सिर्फ खेल रहे थे या समय बिता रहे थे। शिक्षक बच्चों की निगरानी के रूप में या तो किसी कुर्सी या मेज पर बैठे उनकी ओर देख रहे थे या किसी बड़े बच्चे को खड़े होकर ध्यान रखने को कह गए थे या फिर बच्चों को स्वयं ही अपना ध्यान रखने को कह कर छोड़ गए थे। अधिकांश स्कूलों का वातावरण अराजकता के अतिरिक्त कुछ भी नहीं था।

हमारे अनौपचारिक निष्कर्षों की अभिभावकों एवं स्थानीय निवासियों से बातचीत से भी पुष्टि हुई। सभी सन्दर्श ग्रामों में अध्यापकों की अनुपस्थिति एवं काम से जी चुराने की प्रकृति की बात उठी—उनका कहना था कि सरकारी स्कूलों

की सबसे बड़ी समस्या यही है। इसके अतिरिक्त जिस प्रकार की शिक्षा वहाँ दी जा रही है उसकी गुणवत्ता (या उपादेयता) को लेकर भी लोग चिन्तित ही दिखाई पड़ रहे थे।

वैसे हमने कुछ बड़े स्कूलों का भी दौरा किया था—वहाँ प्राथमिक के साथ माध्यमिक कक्षाएँ भी थीं। ये अपेक्षया बड़े गाँवों में थे, वहाँ शिक्षकों की संख्या भी अधिक थी। इनमें प्राथमिक स्कूलों की अपेक्षा 'हरामखोरी' की सम्भानाएँ भी कम थीं—क्योंकि वहाँ तो अक्सर एक ही शिक्षक उपस्थित होता था जो स्वयं अपने काम का निरीक्षक भी होता था। 1986 में भारत के 29 प्रतिशत स्कूलों में एक से अधिक अध्यापक नहीं थे—32 प्रतिशत अन्य स्कूलों में केवल दो ही शिक्षक नियुक्त थे। किन्तु उत्तर प्रदेश में तो ये स्कूल भी एक शिक्षक वाले हो जाते हैं, क्योंकि वे दोनों बारी-बारी से ही स्कूल आते हैं।

महिला शिक्षक

हमारे सन्दर्श के स्कूलों में एक भी महिला शिक्षिका नहीं थी। जिन स्कूलों में लड़कियों की अलग कक्षाएँ बनाई गईं थी, वहाँ भी किसी महिला शिक्षिका के दर्शन नहीं हो पाए। हमें यही बताया गया कि महिला शिक्षिकाएँ या तो बड़ी बस्तियों के स्कूलों में होती हैं या फिर मुख्य सड़कों के किनारे बसे गाँवों के स्कूलों में।

यह व्याख्या हमारे सर्वेक्षण की जानकारी का सरकारी आँकड़ों के मिलान करने में सहायक है—क्योंकि सरकार के अनुसार उत्तर प्रदेश के कुल प्राथमिक शिक्षकों में से 18 प्रतिशत महिलाएँ ही हैं। किन्तु इन महिला शिक्षिकाओं का सारे प्रदेश में एक जैसा फैलाव नहीं है—अधिकांश क्षेत्रों में, विशेषकर दूरदराज़ के इलाकों में तो पुरुष शिक्षक ही मिलते हैं। वैसे भी उत्तर प्रदेश की 40 प्रतिशत प्राथमिक शिक्षिकाएँ शहरी क्षेत्रों में ही नियुक्त हैं।

उत्तर प्रदेश में महिला शिक्षिकाओं की न्यून एवं ह्रासमान संख्या तथा ग्रामीण क्षेत्रों में उनकी बहुत ही कम उपस्थिति का प्रदेश के स्त्री-पुरुष सम्बन्धों की विषमतापूर्ण एवं बन्धनकारी स्वरूप से सीधा नाता है। हमने पहले भी बताया है कि उत्तर प्रदेश में श्रमशक्ति में नारी की भागीदारी बहुत कम है और महिलाओं को सार्वजनिक कार्यक्षेत्रों से प्रायः बाहर ही रखा गया है। शिक्षण कार्य में भी महिलाओं की अति न्यून उपस्थिति उनकी व्यापक भूमिका के दमन की ही परिचायक है। यही नहीं, पुरुषप्रधान व्यवस्था के चलते महिला शिक्षिकाएँ स्वतन्त्र रूप से किसी गाँव में अकेले रहने या वहाँ नियमित आने-जाने का साहस नहीं कर पातीं। इसी प्रकार विवाहित शिक्षिकाएँ भी यह अपेक्षा नहीं कर सकतीं कि जहाँ भी उनका स्थानान्तरण होगा वहीं उनके पीछे-पीछे उनके पति भी चले आएँगे (यदि पत्नी का कार्यस्थल पति के कार्य स्थान से दूर पड़ता हो)।

अधिकांश ग्रामीण स्कूलों में महिला शिक्षिकाओं के नहीं होने के कारण प्राथमिक शिक्षा के प्रसार पर बहुत गहरा दुष्प्रभाव पड़ रहा है—लड़कियों की शिक्षा की सम्भावनाएँ और भी क्षीण हो गयी हैं। यह भी देखने में आया है कि जिन स्कूलों में महिलाएँ पढ़ाती हैं, वहाँ अपनी बेटियों को भेजने में अभिभावकों को विशेष झिझक नहीं होती—वस्तुतः 7-8 वर्ष की होते ही बेटी को पुरुष शिक्षकों से दूर रखने की बात उठने लगती है। नेपाल में हुए एक सर्वेक्षण से भी महिला शिक्षकों की नियुक्ति से लड़कियों की स्कूल में उपस्थिति बढ़ने के संकेत मिले हैं। महिला शिक्षिकाओं का स्कूल में होना एक और दृष्टि से भी महत्त्वपूर्ण है : स्कूली शिक्षा में औपचारिक पठन-पाठन के साथ-साथ सामाजिक अनुभवों का भी बराबर का महत्त्व रहता है। उत्तर प्रदेश में शिक्षक पदों में महिलाओं के नहीं होने के कारण लड़के एवं लड़कियाँ दोनों ही उस सामाजिक अनुभव से वंचित रह जाते हैं (जहाँ लड़कियों को यह अनुभूति नहीं हो पाती कि उन्हीं में से कोई इस पद तक पहुँच सकती है—वहीं लड़कों को यह एहसास नहीं हो पाता कि स्त्रियाँ घर में झाड़ू लगाने और खाना बनाने के अतिरिक्त भी कुछ कर पाने में समर्थ हो सकती हैं। इस प्रकार युवा पीढ़ी के दोनों अवयव एक विशिष्ट सामाजिक अनुभव से वंचित रह जाते हैं)।

स्कूल में प्रवेश और उपस्थिति

हमारे दौरे के समय अधिकांश स्कूलों में प्रविष्ट छात्रों में से आधे से भी कम ही वहाँ उपस्थित पाए गए। शिक्षकों ने बताया कि छात्रों की उपस्थिति सारा साल एक जैसी नहीं रहती। कुछ बच्चे बहुत दिनों तक नहीं आते और अन्ततः उनका आना बिलकुल बन्द हो जाता है। पर अधिकांश का स्कूल आना अनियमित ही रहता है; वे अपनी परिस्थितियों के अनुरूप ही स्कूल में उपस्थित रह पाते हैं।

एक तो कृषि व्यस्तता के साथ बच्चों की स्कूल से अनुपस्थिति का बहुत गहरा सम्बन्ध दिखाई पड़ता है। फसल की कटाई के दिनों में विशेषकर बच्चे स्कूल से गैरहाजिर होते देखे गए हैं। यहाँ यह बताना भी उचित लगता है कि उत्तर प्रदेश के स्कूलों की वार्षिक परीक्षाएँ प्रायः अप्रैल में होती है और उसी समय गेहूँ की फसल की कटाई भी होती है। स्कूल एवं कृषि कार्यों के पंचाङ्ग का यह टकराव सरकारी मशीनरी के ग्रामीण जीवन की अनिवार्यताओं के प्रति संवेदनहीन होने का परिचायक है।

शिक्षकों को लगता है कि बच्चों को स्कूल में नियमित आने को प्रेरित करना उनके दायित्व का अंग नहीं है। किन्तु स्वयंसेवी संस्थाओं द्वारा संचालित स्कूलों में स्थिति एकदम उलट है। ये स्कूल तो अक्सर बच्चों को आकृष्ट करने एवं नियमित बनाने के लिए भी विशेष नियुक्तियाँ करते देखे गए हैं। इनसे सहज ही पहले गाँवों में चले सरकारी स्कूलों से अन्तर बहुत साफ हो जाता है। स्थानीय नागरिकों का

मत है कि ये शिक्षक बच्चों के नियमित स्कूल आने का ध्यान रखना भी अपने दायित्व का अंग मानते हैं।

स्कूल आ रहे बच्चों में लड़कियाँ प्रायः एक तिहाई होती हैं–बच्चों के प्रविष्टि रजिस्टरों में भी उनका अनुपात एक तिहाई ही है। सारे उत्तर प्रदेश में प्राथमिक स्कूलों में प्रविष्ट बच्चों में 39 प्रतिशत लड़कियाँ हैं। कुछ माध्यमिक स्कूलों में लड़कियों का अनुपात बेहतर रहा है। इसका एक कारण यह भी है कि इस स्तर पर आकर अनेक लड़कों को बेहतर समझे जाने वाले निजी स्कूलों में भेज दिया जाता है (प्राथमिक स्तर पर ऐसा भेद आवश्यक नहीं माना जाता)।

सरकारी स्कूलों में शुल्क नाम मात्र ही था–पहली कक्षा में 10 पैसे प्रतिमाह से लेकर 5वीं में 1.50 रुपये तक ही लिए जाते हैं। फिर भी, अक्सर समय पर शुल्क नहीं दिया जाता। कितने ही स्कूलों में फीस नहीं आने पर भी बच्चों के नाम नहीं काटे जाते। कई बार तो अध्यापक अपनी जेब से भी फीस भरते रहते हैं। इसके कोई बहुत उदात्त कारण नहीं हैं। वस्तुतः जिला अधिकारी शिक्षक की कारगुजारी का निरीक्षण उसकी कक्षा के उपस्थिति से ही करना पर्याप्त मानते हैं। अतः यदि कोई शिक्षक स्थानान्तरण से बचना चाहता है तो उसे यह प्रमाणित करना होता है कि उसकी कक्षा में छात्र संख्या प्रशासनिक रूप से निर्धारित संख्या से कम नहीं है। इस तरह से स्कूल छोड़ गए बच्चों की फीस भरकर अथवा उनके भी नाम लिखकर जो स्कूल की ओर आए ही नहीं, वे अपने रजिस्टरों को मोटा बनाए जाते हैं और अपने स्थानान्तरण से बचे रहते हैं। वैसे निरीक्षकों की रजिस्टर-दर्शन से काम चलाने की प्रवृत्ति केवल उत्तर प्रदेश की विशेषता नहीं है, आन्ध्र प्रदेश के निरीक्षक भी ग्रामीण स्कूलों की ओर मुँह करने से ऐसे ही कतराते हुए पाए गए हैं।

निजी स्कूल और निहित निजीकरण

उत्तर प्रदेश में निजी स्कूलों के विषय में निश्चित जानकारी का बड़ा अभाव है। सरकार का कहना है कि केवल ग्रामीण क्षेत्रों में निजी संस्थाओं द्वारा संचालित स्कूल प्रदेश के समस्त प्राथमिक स्कूलों का केवल 3 प्रतिशत हैं। किन्तु ये केवल मान्यता प्राप्त स्कूलों के आँकड़े हैं–इनमें से कुछ को सरकारी सहायता भी मिल रही है। पर विभिन्न क्षेत्रों में हुए अन्वेषणों से ज्ञात हुआ है कि यदि गैर मान्यता प्राप्त निजी स्कूलों को भी शामिल कर लिया जाए तो इनकी संख्या का अनुपात बहुत बड़ा हो सकता है।

हम जिन भी क्षेत्रों में गए वहीं हमने पाया कि सरकारी प्राथमिक स्कूलों के साथ-साथ औपचारिक एवं अनौपचारिक निजी स्कूल भी बहुत हैं–इनका संचालन निजी व्यक्ति या संस्थाएँ कर रही हैं। इनमें से अधिकांश को सरकारी मान्यता नहीं मिली है–इसी कारण सरकारी सहायता भी नहीं मिलती। ये निजी स्कूल दो प्रकार

के हैं : (1) व्यावसायिक आधार पर संचालित लाभ कमाने वाले स्कूल तथा (2) बिना लाभ के उद्देश्य से संचालित शिक्षा संस्थाएँ—इनका संचालन धार्मिक संगठनों, विकास संस्थानों, सार्वजनिक सामुदायिक संस्थाओं और धर्मार्थ न्यास आदि कर रहे हैं। यह वर्गीकरण सम्पूर्ण नहीं कहा जा सकता—यदि सुशिक्षित बेरोज़गार युवक एक अनौपचारिक स्कूल चला कर अपनी आजीविका भी कमाना चाहे तो उस कारण से समाज की प्रगति के लिए उसके योगदान को हेय नहीं कहा जाना चाहिए।

अधिकांश सन्दर्श ग्रामों में व्यावसायिक स्कूलों की संख्या ही अधिक थी पर बाँदा ज़िले में स्वयंसेवी संस्थाओं द्वारा संचालित स्कूलों का अच्छा जाल बिछा हुआ मिला (हम अपने इस शोध पत्र में केवल व्यावसायिक स्कूलों का आकलन करेंगे) वैसे स्वयंसेवी संस्थाओं के स्कूल कम तो हैं पर उनका प्रबन्ध-संचालन बहुत अच्छी तरह से होता है और उनमें बच्चों में नियमितता भी बहुत दिखाई पड़ती है। इन स्कूलों में उपस्थिति दर अधिक है, बहुत कम बच्चे पढ़ाई बीच में बन्द करते हैं—यहाँ शिक्षकों एवं प्रबन्धकों में समाज के अभावग्रस्त वर्गों में शिक्षा के प्रसार के लिए एक सच्ची प्रतिबद्धता दिखाई देती है। इससे यह स्पष्ट हो जाता है कि सरकारी प्राथमिक स्कूलों में बच्चों की कम उपस्थिति एवं पढ़ाई बीच में ही छोड़ देने का कुछ न कुछ नाता वहाँ पढ़ाई के अति न्यून स्तर और व्यापक कुप्रबन्ध का ही परिणाम है—अभिभावकों एवं बच्चों में शिक्षा के प्रति लगाव के अभाव के कारण नहीं। एक ही गाँव में जहाँ भली प्रकार संचालित धर्मार्थ स्कूल उत्साही लड़के लड़कियों से भरे हुए मिलते हैं, वहीं सरकारी स्कूलों के वातावरण में उजाड़, उपेक्षा एवं विघटन की झलक ही मिलती है (वैसे यह बात केवल उत्तर प्रदेश में सीमित नहीं है, दिल्ली के निम्न आयवर्गीय क्षेत्रों में भी ऐसे ही दृश्य दिखाई पड़ते हैं)।

आइए, अब हम अपना ध्यान व्यावसायिक दृष्टि से संचालित स्कूलों की ओर लगाएँ। इनकी एक साझी बात तो यही है कि इनमें लगने वाली फीस बहुत मोटी होती है। वैसे फीस का स्तर एक स्कूल से दूसरे स्कूल तथा एक क्षेत्र से दूसरे क्षेत्र में अलग अलग हो सकता है। हमारे चुने हुए गाँवों के प्राथमिक निजी स्कूलों में औसत फीस 15 रुपये प्रतिमाह थी। यह राशि तीन किलोग्राम गेहूँ के मूल्य के बराबर थी अर्थात् केन्द्रीय एवं पूर्वी उत्तर प्रदेश के सामान्य कृषि मजदूर की एक दिहाड़ी के बराबर (वैसे, मुरादाबाद क्षेत्र में कृषि मजदूरी दर अधिक है—पर वहाँ स्कूलों की फीस भी ज्यादा है)।

इन निजी स्कूलों के शिक्षक प्रायः उपयुक्त योग्यता तथा प्रशिक्षण से विहीन होते हैं। सभी यह बात स्वीकार करते हैं कि सरकारी स्कूलों के शिक्षक अधिक योग्य होते हैं—किन्तु उनके विपरीत निजी स्कूलों के शिक्षक समय पर नियमित रूप से स्कूल में आते हैं तथा पढ़ाते भी हैं। उनका अपना निजी हित भी इसके साथ बँधा है—यदि उनकी कक्षा में ठीक से नहीं पढ़ाने के कारण उपस्थिति कम होती है तो

उनकी नौकरी पर भी आँच आ सकती है। दूसरे शब्दों में, निजी स्कूलों के शिक्षक एक दृष्टि से अभिभावकों के प्रति भी उत्तरदायी रहते हैं पर सरकारी शिक्षक ऐसे प्रत्येक बन्धन से मुक्त होते हैं। यही नहीं, इन उत्तरदायी निजी शिक्षकों को सरकारी शिक्षकों की तुलना में कहीं कम वेतन आदि मिलते हैं। ये आमतौर पर अंशकालिक एवं अस्थायी आधार पर 500 रुपया प्रतिमाह या उससे भी कम राशि के लिए काम करते हैं। इनके विपरीत, सरकारी स्कूलों के अध्यापकों को कम से कम 2200 रुपये प्रतिमाह तो अवश्य वेतन के रूप में दिया जा रहा है। वैसे, उनका काम भी वास्तविकता की दृष्टि से अंशकालिक ही रहता है।

निजी स्कूलों में भी अधिकांशतः लड़के ही पढ़ रहे हैं। एक तो अभिभावक लड़कियों की पढ़ाई के लिए अधिक फीस चुकाने से कतराते हुए मिले, दूसरे, निजी स्कूल में पढ़ने के लिए अक्सर पास-पड़ोस के किसी गाँव आना-जाना भी जरूरी-सा हो जाता है। यह कार्य करने की अनुमति लड़कियों को सहज ही नहीं मिल पाती। इस प्रकार निजी स्कूलों के लड़कों की ओर झुकाव के कारण भी लड़कियाँ ही सरकारी स्कूलों के दुष्प्रबन्ध की प्रथम शिकार बन जाती हैं—इस बारे में हम आगे और चर्चा करेंगे।

ग्रामीण क्षेत्रों के निजी स्कूलों की सबसे बड़ी समस्या यही है कि उन्हें सरकार से मान्यता नहीं मिल पाती। मान्यता के बिना ये स्कूल अपने प्रमाण पत्र जारी नहीं कर पाते। इस समस्या से निपटने का तरीका भी लोगों ने निकाल लिया है। पाँचवी कक्षा तक बच्चे निजी स्कूल में पढ़ते रहते हैं, फिर उन्हें सरकारी स्कूल में दाखिल करा दिया जाता है ताकि प्रमाण पत्र भी मिल जाए। इस तरीके की सफलता के लिए ये निजी स्कूल आसपास के सरकारी स्कूलों से अपने अनौपचारिक सम्बन्ध बनाए रखते हैं। यह व्यवस्था दोनों प्रकार के स्कूलों को लाभप्रद रहती है। निजी स्कूलों का तो अस्तित्व ही इस पर निर्भर है, सरकारी स्कूलों को भी अपने रजिस्टरों में बच्चों की अच्छी संख्या दिखाने में सहूलियत हो जाती है क्योंकि अधिकारिक रूप से तो वे बच्चे सरकारी स्कूल के ही छात्र होते हैं। रजिस्टरों में दर्ज नामों के आधार पर शिक्षक भी स्थानान्तरण आदि के संकट से बचे रहते हैं।

पाँचवी कक्षा में स्थानान्तर की उपर्युक्त व्यवस्था ने उत्तर प्रदेश में प्राथमिक शिक्षा का, एक प्रकार से तो निजीकरण कर ही दिया है। एक अन्य प्रकार का निजीकरण भी दिखाई दिया है : सरकारी शिक्षक अपनी ओर से बच्चों का ध्यान रखने के लिए निजी शिक्षकों को अंशकालिक वेतन पर रख लेते हैं, स्वयं अपनी पूरी तनख्वाह पाते हैं और कोई न कोई अन्य धन्धा भी चलाते हैं। सरकारी शिक्षक सामान्य कार्य अवधि के दौरान भी अच्छी रकम ऐंठ कर ट्यूशन पढ़ाने का काम भी करते देखे जा सकते हैं। कई बार तो यह 'मार्गदर्शन' उन्हीं छात्रों को दिया जाता है जिन्हें स्कूल में पढ़ाने की वे सरकार से भी तनख्वाह पा रहे होते हैं।

सार्वजनिक स्कूल व्यवस्था की विफलता

हमारे इस क्षेत्र अन्वेषण से उत्तर प्रदेश में प्राथमिक शिक्षा जो परिदृश्य स्पष्ट हो रहा है वह अत्यन्त अन्धकारमय प्रतीत होता है—वैसे इसे अन्धकारमय कहना भी इस 'व्यवस्था' के प्रति बहुत ही उदारतापूर्ण व्यवहार ही होगा। सरकारी स्कूलों में शिक्षण एवं प्रबन्धन की दशा बहुत ही दयनीय है। मुख्यतः इसी कारण उनमें बच्चे आते नहीं। जो बच्चे आ भी जाते हैं उन्हें शिक्षा के नाम पर कोई प्राप्ति नहीं होती—क्योंकि या तो शिक्षक आते ही नहीं या क़ाम से इस तरह जी चुराते हैं कि उनके पढ़ाए किसी का भी कुछ सीख पाना सम्भव ही नहीं होतां।

स्कूलों में पढ़ाई के नितान्त अभाव के हमारे निष्कर्षों की स्थानीय जनता ने भी खुले दिल से पुष्टि की है। ये लोग स्कूल व्यवस्था की कार्यप्रणाली के बहुत बड़े आलोचक सिद्ध हुए हैं। अधिकांश जनता का मत है कि पिछले दो से तीन दशकों में तो सरकारी स्कूलों में शिक्षा का स्तर बहुत ही गिर गया है। विशेष रूप से उनका आग्रह है कि इसी अवधि में शिक्षकों की अनुपस्थिति और कामचोरी में भी भयंकर वृद्धि हुई है। सबसे दुखदायी बात तो यही है कि सरकारी स्कूलों में न केवल शिक्षा बहुत कम दी जा रही है, बल्कि इसमें सुधार की भी कोई सम्भावना नहीं दिखाई दे रही। सारी ही व्यवस्था, हर प्रकार से, चौपट होती जा रही है। पिछले कुछ वर्षों में तो उत्तरप्रदेश में छात्र-शिक्षक अनुपात में भी जबरदस्त वृद्धि हुई है—1981-82 से 1992-93 के ग्यारह वर्षों में यह अनुपात 50 प्रतिशत बढ़ गया है। अतः इन जानकारियों से यही संकेत मिलता है कि ग्रामीण क्षेत्रों में तो उत्तर प्रदेश की सरकारी स्कूल व्यवस्था में निरन्तर और प्रभावी परिमाणात्मक एवं गुणात्मक ह्रास ही हो रहा है। वैसे इन कटु निष्कर्षों को शेष भारत की तरह ही उत्तर प्रदेश में भी साक्षरता दर के सुधार की जानकारी के साथ सहज ही समन्वित नहीं किया जा सकता। बहुत सीमा तक इस बात का जवाब यही होगा कि निजी स्कूल, जो बरसात में कुकरमुत्तों की तरह फैल रहे हैं—सम्भवतः उन्हीं के योगदान के फलस्वरूप उत्तर प्रदेश में साक्षरता दर में सुधार हो रहा है (सरकारी स्कूलों के भरोसे तो वहाँ निरक्षरता का साम्राज्य और सुदृढ़ ही होता है)। यद्यपि निजी स्कूलों का अनियन्त्रित विकास सार्वजनिक स्कूल व्यवस्था के ह्रास के प्रतिक्रियास्वरूप हो रहा है—पर इसने प्रदेश की साक्षरता उपलब्धियों में निरन्तर प्रसार में सराहनीय योगदान किया है। इसका एक कारण यह भी हो सकता है कि हाल ही के वर्षों में आय में वृद्धि, अभिभावकों की अपेक्षाकृत उच्च साक्षरता आदि के कारण प्राथमिक शिक्षा की माँग में भारी वृद्धि हुई है। इसके कारण अभिभावक अपने बच्चों को सरकारी स्कूलों के गिरते स्तर के बाद भी, स्कूल में भेजना अवश्य चाहते हैं। अतः यह निश्चित रूप से कहा जा सकता है कि यदि उत्तर प्रदेश में सरकारी स्कूल व्यवस्था में परिमाणात्मक एवं गुणात्मक सुधार हुए होते

तो इस प्रदेश की शिक्षा सम्बन्धी सफलताएँ वर्तमान स्तर से बहुत ही उच्चतर रही होतीं। साक्षरता एवं शिक्षा के सूचकों में पिछले वर्षों में जो निरन्तर किन्तु धीमा सुधार दिखाई देने लगा है, वह सरकार के किसी सकारात्मक प्रयास का परिणाम नहीं है—वह सफलता तो सरकारी स्कूल व्यवस्था की शर्मनाक अवस्था के बावजूद सम्भव हुई है।

सार्वजनिक नीतियाँ एवं स्कूल शिक्षा सम्बन्धी निर्णय

पिछले भाग में चर्चित क्षेत्र अन्वेषण के निष्कर्षों से यह तो स्पष्ट ही है कि उत्तर प्रदेश में सरकारी शिक्षा तन्त्र की विफलताएँ बहुत व्यापक हैं और उनकी जड़ें बहुत गहरी हैं। ऐसी शिक्षा व्यवस्था में बदलाव केवल सरकारी स्कूल बढ़ा देने से नहीं आ जाएगा। ऐसी ही व्यवस्था को और फैला देने—अर्थात् इसी प्रकार संचालित होने वाले स्कूलों की संख्या बढ़ा देने से भी काम नहीं बन पाएगा। इस मूलभूत शिक्षा व्यवस्था की सहायक तदर्थ योजनाएँ बनाने या 'पूर्ण साक्षरता अभियान' जैसी अल्पकालिक गतिविधियों से भी यहाँ कोई बदलाव नहीं आने वाला। यह ठीक है कि देश के कई प्रान्तों में ऐसे प्रयासों से काफी सफलता मिली है—पर उत्तर प्रदेश इस मामले में भी फिसड्डी ही रहा है—पर सबसे आवश्यक बात तो यह सुनिश्चित करना है कि प्रदेश के सभी ग्रामों में पूर्ण साजसज्जा सहित, पूरे शिक्षकों वाले सुचारु रूप से संचालित प्राथमिक स्कूल हों जिनमें बच्चे भी अच्छी तरह से आकर शिक्षा लाभ अर्जित कर सकें। इस भाग में हम इसी अत्यावश्यक लक्ष्य से संबंधित प्रमुख बातों एवं मुद्दों पर चर्चा कर रहे हैं।

वैसे मोटे तौर पर स्कूल सुविधाओं के 'प्रावधान' तथा उनकी 'प्रयुक्ति' के बीच भेद को समझ लेना भी उपयोगी रहेगा। अलग-अलग विद्वानों ने अपने अपने ढंग से प्रावधानों एवं प्रयुक्ति के महत्त्व पर बल दिया है—पर हमारा मत है कि उन प्रावधानों का वास्तव में व्यवहार्य होना तथा उनका प्रयोग हो पाना, दोनों का ही शिक्षा के प्रसार को प्रभावी बनाने में बराबर का योगदान होगा। इस भाग में हम इन दोनों बातों पर ध्यान दे रहे हैं।

प्रावधान एवं उत्तरदायिता

हमारे क्षेत्र अन्वेषण ने यह तो बहुत स्पष्ट किया है कि लगभग सारी ग्रामीण आबादी किसी न किसी स्कूल के बहुत निकट ही बसी हुई है। अतः स्कूल व्यवस्था की अल्प-उपलब्धिता को हम शिक्षा के प्रसार में मुख्य रूप से बाधक नहीं कह पाएँगे। इस बात की पुष्टि अन्य प्रकाशित/द्वितीयक आँकड़ों से भी होती है। पाँचवे अखिल भारतीय शैक्षणिक सर्वेक्षण, 1986, के अनुसार उत्तर प्रदेश की 89 प्रतिशत ग्रामीण जनता के एक किलोमीटर की परिधि में कोई न कोई प्राथमिक स्कूल अवश्य विद्यमान

था। इस दायरे को 2 किमी. तक फैलाने पर तो 98 प्रतिशत जनसंख्या उसके भीतर आ जाती है।

ग्रामीण उत्तर प्रदेश में स्कूली सुविधाओं के प्रसार एवं सुधार की बहुत गुंजाइशें हैं। एक तो लड़कियों के लिए ये सुविधाएँ तभी प्रभावी रूप से उपलब्ध हो पाएँगीं जबकि स्कूल उनके गाँवों में स्थित हो—क्योंकि सामाजिक परिवेश उन्हें दूसरे गाँवों में अकेले आने-जाने की इज़ाजत नहीं देता। मुरादाबाद जनपद के पालनपुर गाँव में ही जब गाँव का स्कूल किसी कारणवश बन्द हो गया तो केवल तीन लड़कियाँ ही ऐसी थीं जिनके अभिभावकों ने उन्हें पास के किसी गाँव में स्कूल में प्रविष्ट कराया था—शेष सभी की पढ़ाई बन्द हो गई। लड़कियों की शिक्षा में उनकी स्वतन्त्र रूप से आने-जाने की मनाही के कारण बहुत विघ्न आ जाता है क्योंकि माध्यमिक एवं उच्च स्कूल तो बहुत ही दूर-दूर फैले हैं—कई-कई गाँवों के समूह को मिलाकर एक माध्यमिक या उच्च स्कूल होता है। 1986 में उत्तर प्रदेश की आधी ही 300 या अधिक आबादी की ऐसी ग्रामीण बस्तियाँ थी जहाँ प्राथमिक स्कूल थे। पूरे देश में ऐसी स्कूल वाली बस्तियों का अनुपात 77 प्रतिशत था। दक्षिण भारत में तो यह अनुपात 88 प्रतिशत पाया गया था। उत्तर प्रदेश की ऐसी बस्तियाँ जिनमें मुख्यतः अनुसूचित जातियाँ ही बसी थीं, वहाँ तो स्कूल व्यवस्था और भी जर्जर थी, केवल एक तिहाई ऐसे गाँवों में स्कूल थे। दक्षिण भारत में इस प्रकार के गाँवों की दशा बहुत बेहतर थी। वहाँ 83 प्रतिशत अनुसूचित जाति बस्तियों में प्राथमिक स्कूल विद्यमान थे। इसी प्रकार यदि स्कूल में महिला अध्यापिकाएँ भी हों तो लड़कियों की शिक्षा के प्रति अभिभावकों का नज़रिया और उदार हो जाता है। किन्तु जैसा हमने पहले भी देखा है, इस दृष्टि से भी उत्तर प्रदेश भारत के सभी प्रान्तों में सबसे पीछे ही है।

अतः हम कह सकते हैं कि यद्यपि स्वतन्त्रता के बाद से स्कूली सुविधाओं का प्रसार तो बहुत हुआ है, फिर भी यह व्यवस्था अभी तक सर्वसुलभ नहीं हो पाई है। हमने यह भी देखा है कि हमारे सन्दर्श स्कूलों में सुविधाओं की वास्तविक दुर्दशा कैसी है। इन सबके बाद भी हम निश्चित रूप से कह सकते हैं कि उत्तर प्रदेश में सुविधाओं की उपलब्धि से कहीं गम्भीर समस्या उनके दुष्प्रयोग एवं अनुपयोग की ही है। अध्यापकों की अनुपस्थिति, कामचोरी की समस्याएँ तो जैसे स्कूल व्यवस्था का अभिन्न अंग बन गई हैं। हमारे सर्वेक्षण में बार-बार यही बात उभर कर आई है कि स्कूल व्यवस्था की असफलताओं में सबसे बड़ी दोषाधिकारी यही दो समस्याएँ रही हैं। आज उत्तर प्रदेश की शिक्षा नीति के सम्मुख यही सबसे बड़ी चुनौती है कि अध्यापकों की अनुपस्थिति एवं कामचोरी पर अंकुश कैसे लगे। यहाँ यह बात भी ध्यान देने योग्य है कि यद्यपि राष्ट्रीय शिक्षानीति, 1986, की समीक्षा के लिए नियुक्त राममूर्ति समिति, 1991, ने भी अध्यापकों की गैरहाज़िरी को सबसे प्रमुख

समस्या माना है–फिर भी 1992 की राष्ट्रीय शिक्षा नीति ने इस विषय में बस चुप्पी ही साधे रखी है।

हमारे सन्दर्श गाँवों में मुख्य समस्या अध्यापकों की सीमित संख्या ही नहीं है (किसी सीमा तक संख्या सीमित है तो सही, फिर भी) वरन् उससे भी कहीं गम्भीर बात यह है कि नियुक्त अध्यापक बहुत ही कम समय स्कूल में आते हैं और पढ़ाते और भी कम है। अधिकांश शिक्षक तो शिक्षण को एक अंशकालिक कार्य मानकर अन्य जरियों से पैसा कमाने में ही जुटे रहते हैं। यदि वे स्कूल में हों भी, उन्हें अन्य आर्थिक साधन न भी मिल पाएँ, तो भी पढ़ाने के काम में उनका मन बिलकुल नहीं लगता।

इस बारे में सरकारी एवं निजी स्कूलों के हालात एकदम उलट दिखाई पड़ते हैं। निजी स्कूलों में अध्यापकों की अनुपस्थिति या कामचोरी की कोई समस्या नहीं है। सरकारी स्कूलों में तो वेतन का काम से कोई सम्बन्ध नहीं है–पर निजी स्कूलों में शिक्षकों को कसकर काम करना पड़ता है–वहाँ काम में विफल रहने का सीधा अर्थ नौकरी से हाथ धोना हो सकता है। निजी स्कूलों के प्रबन्धक एवं मुख्य अध्यापक अभिभावकों के प्रति उत्तरदायी होते हैं–वे अच्छी ख़ासी फीस चुकाते हैं तो बदले में अच्छी शिक्षा एवं शिक्षण की आशा भी करते हैं। ऐसी दशा में कामचोर शिक्षाकर्मियों को उनके वरिष्ठ सहयोगियों का संरक्षण नहीं मिल पाता। इस प्रकार शिक्षा प्रदाताओं एवं उनके प्राप्तकर्ताओं के बीच उत्तरदायित्व की शृंखला निर्मित हो जाती है। सरकारी स्कूलों में यह उत्तरदायित्व शृंखला बहुत ही कमजोर रहती है। कहने को तो सरकार ने एक निरीक्षण व्यवस्था बनाई है। सरकारी स्कूल निरीक्षकों को स्कूल सेवा प्रयोगकर्ताओं का 'प्रतिनिधि' माना जा सकता है पर ये कड़ियाँ बहुत ही नाजुक रहती हैं। स्कूल सेवाओं के वास्तविक उपयोगकर्ताओं और उनके अभिभावकों का स्कूली शिक्षकों एवं निरीक्षकों पर कोई नियन्त्रण नहीं होता। हाँ, वे अपने चुने हुए राजनीतिक प्रतिनिधियों के माध्यम से जनपदीय शिक्षा अधिकारियों तक अपनी बात पहुँचाने का प्रयास कर सकते हैं किन्तु वास्तव में यह सूत्र भी कारगर नहीं रहता। एक तो राजनीतिज्ञों को प्राथमिक शिक्षा की कोई विशेष परवाह ही नहीं है, दूसरे वे सारी स्कूल व्यवस्था को अपने निजी स्वार्थों की पूर्ति के लिए सार्वजनिक संसाधनों के विदोहन एवं अपवहन का माध्यम बनाने के अधिक इच्छुक होते हैं, उनका साक्षरता को सर्वव्यापी बनाने से कोई मतलब नहीं होता।

इस प्रकार वास्तविक प्रयोगकर्ताओं के प्रभावी नियन्त्रण से मुक्त शिक्षकों पर सरकारी निरीक्षण व्यवस्था की औपचारिकताएँ पूरी करने का दायित्व ही बचा रहता है। यह निरीक्षण व्यवस्था भी बहुत ही लचर रहती है। आइए देखें कि यह किन बिन्दुओं पर बिखर जाती है : एक बात तो हम पहले ही बता चुके हैं–सरकारी शिक्षक स्थायी कर्मचारी हैं, किसी भी ऐसे 'कामचोर' को निकाल पाना सम्भव ही

नहीं होता। फिर तो सरकारी निरीक्षण व्यवस्था के पास अनुशासन लागू करने का एकमात्र तरीका स्थानान्तरण ही बचता है। किन्तु व्यवहार में यह स्थानान्तरण भी उसी समय होता है जब रजिस्टर में दर्ज बच्चों के नामों की संख्या सरकार द्वारा निर्धारित न्यूनतम संख्या से कम रह जाए। अतः सारी निरीक्षण व्यवस्था कभी-कभी स्कूल के रजिस्टरों में विद्यार्थियों की गणना तक सीमित रह गई है—इस गिनती के साथ ही स्कूल निरीक्षक 'महोदय' का काम भी सम्पूर्ण हो जाता है।

इस बात के पर्याप्त प्रमाण हैं कि अध्यापक स्थानान्तरण की आशंका को पूरी गम्भीरता से लेते हैं और उसी के कारण वे स्कूली रजिस्टरों में बच्चों की संख्या उपयुक्त स्तर तक बनाए रखने के प्रति बहुत 'सजग' रहते हैं। इस सजगता के कारण उनकी कामचोरी कम नहीं होती, उन्होंने बहुत ही हेराफेरी-भरा तरीका निकाल लिया है : स्कूल छोड़ गए बच्चों के नाम भी चलाए रखना या फिर उनके नाम भी भर लेना जो कभी स्कूल आए ही नहीं हों—वे तो बहुत बार अपनी जेब से फीस भर कर भी रजिस्टर की संख्या बनाए रखने को तैयार रहते हैं। दूसरा तरीका यह भी है कि निजी स्कूलों के रजिस्टरों के छात्रों के नाम 'उधार' ले लिए जाते हैं। हमारे सन्दर्श ग्रामों के स्कूलों से अध्यापकों की निरन्तर अनुपस्थिति एवं उनकी कामचोरी से सरकारी निरीक्षण व्यवस्था के नितान्त अपर्याप्त होने का पूरा प्रमाण मिल रहा है।

आइए, अब इस विषय में कुछ पूरक टिप्पणियों के साथ विश्लेषण के इस पक्ष का समापन करें। एक तो यह बात प्रकाश में आई है कि गैरहाजिरी एवं कामचोरी उन ग्रामीण स्कूलों में अधिक होती है जहाँ शिक्षकों की संख्या पहले ही बहुत कम है—बड़े गाँवों और कस्बों में ऐसा बहुत कम हो पाता है। अधिक शिक्षक संख्या वाले स्कूलों में शिक्षकों के बीच भी स्तरवार क्रमबद्धता पाई जाती है—वहाँ आन्तरिक रूप से निरीक्षण व्यवस्था कारगर हो जाती है—साथ ही अपने सहयोगियों के समक्ष पोल खुलने की आशंका भी उन्हें अधिक सजग बनने को बाध्य कर देती है। यही नहीं, बड़े स्कूलों पर वैसे भी जनता की निगाह रहती है। एक और सम्भावना यह भी है कि बड़ी बस्तियों में एक से अधिक स्कूल होते हैं और उनमें अधिक से अधिक छात्रों को अपनी ओर आकर्षित करने की स्पर्धा भी हो जाती है। अतः स्कूल बिना पढ़ाए-लिखाए अपना काम चला पाने की हालत में नहीं रहते। दूरदराज के गाँवों में जहाँ एक-आध अध्यापक ही नियुक्त होता है [और उसी से अपना निरीक्षण स्वयं करने की आशा की जाती है] वहीं पर कामचोरी आदि अधिक होती है—वहीं पर कार्य करने की प्रेरणाएँ न्यूनतम स्तर पर रहती हैं। इसी कारण लगता है कि छोटे स्कूलों में और अधिक शिक्षकों की नियुक्ति से सम्भवतः वहाँ भी काम के स्तर में सुधार हो सकता है।

शिक्षकों की गैरहाज़िरी में अच्छा ख़ासा सहयोग स्थानीय महत्त्वपूर्ण व्यक्तियों एवं सरकारी शिक्षा संस्थाओं की मिलीभगत का भी रहता है। अनेक शिक्षकों के

स्थानीय नेताओं से बहुत गहरे ताल्लुक होते हैं। इसका कारण यह नहीं है कि आम आदमी से कहीं अधिक आमदनी वाले शिक्षक समाज के 'समृद्ध' वर्ग के अधिक निकट होते हैं। इसका कारण तो यही है कि उनकी नियुक्ति में भी इन नेताओं के साथ राजनीतिक साँठ-गाँठ का ही हाथ रहा होता है। यहाँ नियुक्तियों के मामले में 'अनुपयुक्त कथन' की समस्या पेश आती है। अच्छे वेतन के लालच में अनेक प्रकार के ख़ास राजनीतिक-सामाजिक सम्बन्धों वाले व्यक्ति भी उम्मीदवार हो जाते हैं। यही नहीं, हर प्रकार के स्कूल से जुड़े कामों से सब बड़े आदमी मिलजुल कर कमाते-खाते दिखाई पड़ते हैं। अक्सर गाँव का मुखिया ही सरकारी स्कूल की मरम्मत का ठेकेदार भी होता है—काम पूरा नहीं करके, घटिया माल लगाकर इन कामों से बहुत कुछ कमाया जा सकता है (फिर उन्हें काम हो जाने का प्रमाण पत्र तो अपने ही नियुक्त किए गए शिक्षकों से ही लेना होता है)। यही नहीं, जनगणना, मतदाता सूचियों के निर्माण एवं संशोधन, चुनाव संचालन आदि में शिक्षकों की भूमिका के महत्त्व को देखते हुए भी स्थानीय अभिजात्य वर्ग उन्हें अपना 'सहयोगी' बनाए रखना चाहता है। इन कारणों से शिक्षकों को राजनीतिक सरपरस्ती (संरक्षण) प्राप्त हो जाती है और वे बेखटके होकर अपने काम—अध्यापन से दूर भागते रहते हैं।

शिक्षकों के प्रति न्याय की दृष्टि से यह बताना भी आवश्यक है कि जिन परिस्थितियों में उन्हें काम करना पड़ता है, वे अपने आप में बहुत प्रेरणास्पद नहीं हैं। यद्यपि स्थानीय परिवेश में उनके वेतनमान बहुत अच्छे प्रतीत होते हैं और उनमें से अनेक लोगों ने जहाँ-तहाँ ऊँचे स्तर तक 'पहुँच' भी बना रखी है—फिर भी उनकी सामाजिक प्रतिष्ठा बहुत न्यून है, सरकारी विभागों में तो उन्हें अति न्यून स्तर पर कार्यरत अधीनस्थ कर्मचारी ही माना जाता है। इससे भी कहीं बढ़कर ग्रामीण स्कूलों का सामान्य वातावरण है—जब कक्षा एक से पाँच तक के सभी छात्रों को एक साथ बिठाकर पढ़ाने का काम किया जाना हो तो कहाँ किसके साथ कितने न्यायपूर्वक अध्यापन हो पाएगा यह बात भी विचारणीय हो जाती है। अतः इसमें कोई आश्चर्य नहीं होगा यदि बहुत उत्साहसम्पन्न शिक्षक भी धीरे-धीरे शिक्षण स्तर को उच्च बनाए रखने में असमर्थ होकर रह जाए।

अन्त में, जब तक स्थानीय समाज एवं संबद्ध अभिभावकों का पूर्ण सहयोग एवं भागीदारी नहीं होगी, स्कूली व्यवस्था में उत्तरदायित्व की भावना का संचार सहज नहीं होगा। इस दृष्टि से 'स्कूल प्रबन्धन के विकेन्द्रीकरण' का जो नया विचार शिक्षा नीति से जुड़ी चिन्तन-प्रक्रिया में उभर रहा है, उसका स्वागत होना चाहिए—इस विचार के अनुसार पंचायती राजसंस्थाओं के माध्यम से स्कूली व्यवस्था को स्थानीय जनता के प्रति उत्तरदायी बनाने की बात चल रही है। किन्तु अभी तक यह विचार एक वायदा मात्र है, इसे व्यावहारिक बनाने के लिए कोई ठोस कदम नहीं उठाए गए हैं। अभी तक की स्थिति तो यही है कि ग्राम स्तर की तो बात ही क्या है, खंडस्तरीय

प्रतिनिधि संस्थाओं का भी स्कूल प्रबन्धन प्रक्रिया में किसी प्रकार का दख़ल नहीं पाया जाता। वैसे भी, जिस प्रकार की मिलीभगत ग्रामीण क्षेत्रों के बड़े लोगों एवं स्कूली व्यवस्था के बीच चल रही है, उसके रहते तो इस विकेन्द्रीकरण से भी कुछ हाथ लगने वाला नहीं है–वस्तुतः जब तक अभावग्रसित समूहों का संगठन कर उन्हें राजनीतिक दृष्टि से सक्रिय नहीं बनाया जाएगा तब तक किसी भी विकेन्द्रीकरण नीति से अपेक्षित अनुकूल परिणामों की अपेक्षा भी व्यर्थ ही रहेगी। सारी व्यवस्था का सही कायाकल्प तो तभी हो पाएगा जबकि स्कूली शिक्षा को सभी लोकप्रिय संस्थाएँ एवं सामाजिक आन्दोलन एक प्रमुख राजनैतिक मुद्दा मानकर उसकी दशा सुधारने के लिए एकजुट होकर सुनिश्चित प्रयास प्रारम्भ करें।

गरीबी एवं शिक्षा की माँग

अक्सर मान लिया जाता है कि निर्धनता के मारे अभिभावक अपने बच्चों को स्कूल नहीं भेज पाते। इसी धारणा का एक स्वरूप जो सरकारी अफसरों में बहुत लोकप्रिय है, कुछ इस प्रकार है : बच्चे भी घर की आमदनी बढ़ाने में बहुत अच्छा योगदान देते हैं–इसी कारण अभिभावकों को उन्हें स्कूल भेजना बड़ा 'महँगा' पड़ता है।

किन्तु सुनिश्चित परिणात्मक साक्ष्यों के अभाव में स्कूली शिक्षा के प्रसार में बाधाओं की गरीबी के सही महत्त्व का आकलन कर पाना काफ़ी कठिन होगा। इन साक्ष्यों का अभाव अपने आप में भारत के विकास से जुड़े साहित्य में शिक्षा के प्रति उदासीनता का ही परिचायक है। राष्ट्रीय संदर्श सर्वेक्षण सहित प्रायः सभी पारिवारिक सर्वेक्षणों में साक्षरता एवं स्कूल में उपस्थिति आदि के विषय में जानकारी रहती है। इस जानकारी का प्रयोग कर बच्चे कितना स्कूल जा पाते हैं या क्यों शिक्षा अधूरी छोड़ने को बाध्य हो जाते हैं, आदि के निर्धारक कारकों का निराकरण सम्भव है–किन्तु बहुत कम विशेषज्ञों ने इस बारे में कोई अध्ययन किये हैं। हम जैसे-जैसे समाज के गरीब से गरीबतर वर्ग की ओर बढ़ते हैं, स्कूल में हाज़िरी तथा साक्षरता के अनुपात में गिरावट अवश्य नजर आती है। किन्तु यह बात स्पष्ट नहीं है कि यह प्रवृत्ति कहाँ तक 'आय प्रभाव' के कारण है और किस सीमा तक आय के साथ ही जुड़े अन्य अनेक कारकों के प्रभाव का परिणाम है। इस विषय में अन्य सम्बद्ध कारकों में हम अभिभावकों की शिक्षा/साक्षरता, उपलब्ध स्कूली सुविधाओं का स्तर तथा समाज के विभिन्न वर्गों को शिक्षा की प्रगति के प्रयास में मिल पा रहे सामाजिक सहयोग के स्तर/स्वरूप आदि को रख सकते हैं। अक्सर जो शुरू में केवल गरीबी की झलक लगती है, वही बात बारीकी से देखने पर अनेक अन्य कारकों का परिणाम बन जाती है।

इसी बात को हम एक उद्धरण द्वारा और स्पष्ट कर सकते हैं। आइए, ग्रामीण

एवं शहरी क्षेत्रों में पृथक्-पृथक् प्रति-व्यक्ति व्यय वर्गों की साक्षरता दरों पर ध्यान दें। राष्ट्रीय संदर्श सर्वेक्षण के 1986-87 के आँकड़ों के अनुसार ग्रामीण क्षेत्रों में प्रति व्यक्ति व्यय की दूसरी सर्वोच्च पंच प्रतिशति में साक्षरता दर 48 प्रतिशत पाई गई। दूसरी ओर, शहरी क्षेत्रों में प्रति व्यक्ति व्यय की न्यूनतम पंच प्रतिशति में भी साक्षरता दर 50 प्रतिशत से कुछ अधिक ही थी (द्वितीय उच्चतम पंच प्रतिशति की साक्षरता दर इससे ड्योढ़ी थी)। दूसरे शब्दों में, ग्रामीण उच्च-व्यय वर्ग के सभी लोग गरीबी की रेखा से ऊपर हैं जबकि शहरी न्यूनतम व्यय वर्ग में से कोई भी नहीं, फिर भी दोनों की साक्षरता दरों में बहुत समानता दिखाई देती है। इसका एक सम्भावित कारण यही होगा कि शहरी क्षेत्रों में स्कूली सुवधाएँ अधिक सुगमता से उपलब्ध होंगी।

हाल के अध्ययनों ने यह बात बहुत स्पष्ट कर दी है कि निरक्षरता बने रहने के लिए गरीबी पर अनावश्यक रूप से अधिक दोषारोपण होता रहा है। जनपदों के स्तर पर बाल मजदूरी की समस्या का अध्ययन करने से पता चला है कि वयस्क साक्षरता दर, स्कूली सुविधाएँ, जाति एवं लिंग के प्रभावों को परिसीमित करने के बाद गरीबी के आधार पर न्यून साक्षरता की व्याख्या नहीं हो पाती। [अर्थात् यदि इन उपर्युक्त चार कारकों के प्रभाव सांख्यिकीय प्रविधियों के माध्यम से निकाल दिए जाएँ तो प्रायः सारी निरक्षरता की व्याख्या हो जाती है या फिर गरीबी अकेले किसी प्रकार से निरक्षरता के उच्च स्तर की पर्याप्त व्याख्या कर पाने में विफल रहती है।] महारत्ना[1] ने पश्चिम बंगाल के बीरभूम जनपद के बच्चों की गतिविधियों के अध्ययन के बाद पाया है कि अतिदरिद्र ग्रामीण परिवारों में भी बच्चों के स्कूल जाने की अवसर लागत (वह आमदनी जो उनके बाल श्रमिक के रूप में कार्य करने से सम्भव हो सकती थी) बहुत कम ही रहती है। इसी प्रकार आन्ध्र प्रदेश के ग्रामीण बाल श्रमिकों के बीच वर्षों तक रहकर एक अध्येता का निष्कर्ष यही बना है कि अभिभावक अपने बच्चों को अवश्य शिक्षित कराना चाहते हैं—इस विषय में गरीबी पर अनावश्यक रूप से अधिक दोष मढ़ा जा रहा है। वस्तुतः, इन अध्येता का मत है कि जिन लोगों पर बाल मजदूरी प्रथा की समाप्ति का दायित्व है, वे अपनी अकर्मण्यता को छिपाने के लिए बहुत सुविधाजनक ढंग से बहाना गढ़ लेते हैं कि माँ-बाप स्वयं ही गरीबी के मारे अपने बच्चों को मजदूरी में धकेल रहे हैं। एक प्रकार से ये लोग इन परिवारों की आर्थिक दशा को सुधारने का दायित्व भी श्रम एवं शिक्षा विभागों पर थोपने का प्रयास कर रहे हैं—जबकि इस विषय में वास्तविक जिम्मेवारी तो सरकार के अन्य विभागों की होनी चाहिए।

---

1. Maharatna, Arup, (1995) : *Children's Work, Activities, Surplus Labour and Fertility,* A case study of peasant households in Birbhum, West Bengal; Delhi School of Economics.

हमारी अपनी क्षेत्र अन्वेषणा भी इसी विचार की पुष्टि करती है। सरकारी स्कूलों की फीस बहुत ही कम है, प्राथमिक स्तर पर तो यह नाममात्र ही है। इस बात का भी कोई प्रमाण नहीं मिलता कि कहीं अभिभावक स्कूल अधिकारियों से फीस माफ़ करने की प्रार्थना कर रहे हों। किसी हद्द तक साफ कपड़े, किताबें और स्लेट आदि पर खर्च अनिवार्य हो जाता है—पर ग्रामीण स्कूलों में वातावरण बड़ा अनौपचारिक रहता है—वहाँ वर्दी पहन कर आने का कोई आग्रह नहीं होता—अतः कपड़ों पर अतिरिक्त व्यय का प्रश्न ही नहीं उठता। कुछ परिवारों में बच्चों के स्कूल जाने की समय-लागत की बात उठ सकती है—पर उत्तर प्रदेश के ग्रामीण स्कूलों में तो बहुत कम देर तक पढ़ाई होती है—शेष समय में बच्चे बड़ी आसानी से घर की अर्थव्यवस्था में अपना योगदान दे सकते हैं।

मुख्य बात तो यह है कि यदि स्कूलों में ढंग से पढ़ाई हो रही हो तो अभिभावक इस समय-लागत को सहन कर अपने बच्चों को स्कूल जाने के लिए तैयार करने के लिए भी तत्पर हो जाते हैं। वस्तुतः स्कूलों में पढ़ाई के स्तर का केवल अभिभावकों नहीं, बच्चों की प्रेरणाओं पर भी प्रभाव पड़ता है। कई बार माँ-बाप यही कर देते हैं कि शिक्षा जारी रह पाना तो इस बात पर निर्भर है कि बच्चे की उसमें रुचि बनी रहती है या नहीं। अतः स्कूल नहीं जाने के पीछे भौतिक अभाव का महत्त्व आकलित करते समय कई इलाकों में स्कूल व्यवस्था की कार्य पद्धति पर ध्यान देना भी जरूरी हो जाता है। आपको ध्यान होगा कि हमने आरंभ में यह भी बताया था कि स्वयंसेवी संस्थाओं द्वारा संचालित एवं सुचारु रूप से कार्य कर रहे स्कूल तो निर्धन वर्गों में भी बहुत लोकप्रिय हैं। इन सभी बातों को देखते हुए यह शुभ सम्भावना अवश्य दिखाई पड़ती है कि गरीबी के उच्च स्तर के बावजूद नई पीढ़ी में साक्षरता को व्यापक बनाया जा सकता है। हम यह नहीं कहना चाहते कि गरीबी के कारण बच्चों को स्कूल भेज पाने में कठिनाइयाँ नहीं आतीं—या सार्वजनिक नीतियों में इन कठिनाइयों पर ध्यान दिया जाना आवश्यक नहीं है अथवा सरकार को स्कूलों के प्रबन्ध अथवा शिक्षकों के व्यवहार एवं शिक्षण की ओर कुछ भी करने की आवश्यकता नहीं है, पर हमारा आग्रह है कि यदि सरकार स्कूल व्यवस्था एवं शिक्षण स्तर में प्रभावी सुधार ला पाए तो निश्चित रूप से गरीब माँ-बाप भी अपने बच्चों की शिक्षा के हित में कुछ न कुछ असुविधा (और समय-लागत) उठाने को तैयार हो जाएँगे।

शैक्षणिक उपलब्धियाँ एवं सामाजिक विषमताएँ

हमने देखा है कि उत्तर प्रदेश में विभिन्न क्षेत्रों में सामाजिक वर्गों की साक्षरता सम्बन्धी सफलताओं में बहुत भारी विषमताएँ ही इस प्रदेश की शिक्षा व्यवस्था का एक अति महत्त्वपूर्ण लक्षण हैं। एक तो औसत साक्षरता दर बहुत कम है, दूसरे उसमें भी बहुत गहरी विषमताएँ विद्यमान हैं। अतः स्वाभाविक ही होगा कि समाज

के सर्वाधिक अभावग्रस्त वर्गों में साक्षरता स्तर बहुत ही कम रह जाए। उत्तर प्रदेश में अनुसूचित जातियों की महिलाएँ प्रायः पूरी तरह से शिक्षा से वंचित रह जाती हैं।

यही नहीं, ग्राम स्तर पर भी इसी प्रकार की विषमताएँ दिखाई पड़ती हैं। अपने इसी कथन को और स्पष्ट करने के लिए हम मुरादाबाद जनपद के पालनपुर ग्राम में साक्षरता एवं स्कूल में उपस्थिति आदि के आँकड़े ता. 2.9 में प्रस्तुत कर रहे हैं। इस तालिका से सहज ही स्पष्ट हो जाता है कि एक ही गाँव में भी जाति एवं विभिन्न जातियों एवं स्त्री-पुरुषों की साक्षरता दरों में भारी विषमता हो सकती है। उदाहरण के लिए, जहाँ पालनपुर की जाटव जाति (चमार जाति का एक वर्ग) की महिलाएँ प्रायः पूरी तरह निरक्षर रह गई हैं, वहीं कायस्थों की महिलाओं में शत-प्रतिशत साक्षरता पाई जाती है। यह बात भी ध्यान देने योग्य है कि कायस्थ समाज अनेक पीढ़ियों से सरकारी दफ्तरों में काम करता आया है और इसमें शिक्षा को बच्चों की परवरिश का एक अनिवार्य अंग माना जाता है। यहाँ यह बताना भी अनुचित नहीं होगा कि पालनपुर में कायस्थों के बहुत ही कम घर हैं—पर 1957-58 से लेकर अभी तक हुए सभी परिवार सर्वेक्षणों में साक्षरता में भारी विषमताओं का यही परिदृश्य अंकित होता रहा है।

इससे यह भी सिद्ध होता है कि उत्तर प्रदेश के शैक्षणिक पिछड़ेपन के कारण

तालिका 2.9

पालनपुर, 1993, साक्षरता एवं स्कूल-उपस्थिति

जाति	व्यक्तियों की संख्या	7 वर्ष से अधिक आयु वर्ग के साक्षर अनुपात		6-10 के बच्चों में स्कूल जाने का अनुपात	
		पुरुष	स्त्री	पुरुष	स्त्री
ठाकुर	283	56	19	50	46
कायस्थ	8	100	100	-	-
मुराओ	294	39	2	63	25
मुस्लिम	140	20	2	31	29
जाटव	133	12	0	33	0
अन्य	275	38	8	61	31
सकल	1,133	37	9	51	29

नोट : a सभी सरकारी-गैर सरकारी स्कूलों में हाजिरी के आँकड़े इकट्ठे किए गए हैं

b कायस्थों के इस वर्ग में बच्चे ही नहीं थे

स्रोत : लेखकों द्वारा पालनपुर में किया गया पारिवारिक सर्वेक्षण

सरकार की समुचित सुविधा सुलभ करा पाने में रही असफलता के अतिरिक्त कुछ और भी हो सकते हैं। पालनपुर में समाज के सभी वर्गों को एक जैसी सुविधा समान रूप से सुलभ है, फिर भी उनकी शैक्षणिक सफलताओं में भारी अन्तर पाए गए हैं। किसी सीमा तक ये अन्तर आय की विषमताओं के परिणाम हो सकते हैं—पर उनका महत्त्व भी अति न्यून ही आँका गया गया है। सभी आय वर्गों में साक्षरता की दृष्टि से पुरुषों एवं महिलाओं के बीच बहुत विशाल एवं गहरी खाई दिखाई पड़ती है। यदि केवल गरीब वर्ग को ही देखें तो भी यह सवाल उठता है कि केवल लड़कियों को ही शिक्षा से वंचित क्यों रखा जा रहा है ? आय के प्रभाव के नियमन के बाद भी शिक्षा से जुड़ी सफलताओं में जाति के अनुसार अन्तर महत्त्वपूर्ण बने रहते हैं। यह पाया गया है कि पालनपुर में आय का स्तर तथा अभिभावकों की शिक्षा का स्तर समान रहने पर भी मुस्लिम एवं जाटव परिवारों के बच्चों की स्कूल जा पाने की सम्भावनाएँ अन्य जातियों की तुलना में कम रहती हैं।

प्राथमिक शिक्षा में नारी के अभावग्रस्त होने का उत्तर प्रदेश के अनेक स्त्री-पुरुष भेदभाव से जुड़े बहुत गहरे कारकों से सम्बन्ध है। यहाँ कामों का स्त्रियों एवं पुरुषों के बीच कुछ इस प्रकार विभाजन हुआ है कि अक्सर सुशिक्षित वयस्क महिला का कार्य क्षेत्र भी चूल्हे-चौके तक ही सिमट कर रह जाता है। इसी कारण शिक्षा के सम्भावित प्रतिलाभ भी सीमित रह जाते हैं। यही नहीं, सामान्यतः लड़कियाँ विवाह के बाद ससुराल किसी दूसरे गाँव में चली जाती हैं—अतः वे सीमित प्रतिलाभ भी लड़कियों के माँ-बाप नहीं वरन् सास-ससुर के परिवार के हिस्से में चले जाते हैं। यही नहीं, पढ़ी-लिखी बेटी का विवाह उससे अधिक शिक्षित वर के साथ करना पड़ता है—इस कारण से भी लड़कियों की पढ़ाई के 'विरुद्ध' वातावरण बनने लगता है क्योंकि अधिक शिक्षित वर पाने के लिए अधिक दहेज देना जरूरी हो जाता है। यह भी विचित्र-सी बात ही है कि लड़की के शिक्षित होने के कारण दहेज की राशि में कभी आने के स्थान पर कुछ न कुछ वृद्धि ही हो जाती है [अक्सर ग्रामीण क्षेत्रों में माँ-बाप को अपनी सुशिक्षिता पुत्री के विवाह में अनेक कठिनाइयाँ पेश आती हैं। वैसे यह भी कहा जाता है कि जैसे ही किसी समुदाय विशेष में पुरुष शिक्षा किसी स्तर विशेष से ऊपर उठती है तो वह समुदाय नारी शिक्षा को भी एक परिसम्पत्ति की भाँति स्वीकार करने लगता है। उस समय शिक्षिताओं के विवाह में कठिनाइयाँ कम रह जाती हैं—क्योंकि पढ़े-लिखे लड़के अपनी जीवन संगिनी के शिक्षित होने का आग्रह करने लगते हैं]। उत्तर प्रदेश में नारी शिक्षा का अत्यन्त पिछड़ापन परस्पर स्त्री-पुरुष विषमताओं एवं पितृवादी व्यवस्था के बहुत गहरे बुने हुए जाल में फँस कर रह गया है।

वैसे यह बात बहुत स्पष्ट नहीं हो पा रही कि अभिभावकों की शिक्षा एवं आय के स्तर से स्वतन्त्र रूप में भी जाति किसी व्यक्ति की शिक्षा सम्बन्धी सफलताओं

का इतना महत्त्वपूर्ण निर्धारक तत्त्व कैसे बन गई है ? यह निश्चय कर पाना बहुत कठिन है कि स्कूल व्यवस्था अभावग्रस्त जातियों के बच्चों के विरुद्ध किस प्रकार का भेदभावपूर्ण व्यवहार करती है ? हमारे क्षेत्रीय अन्वेषण ने भी यह बहुत स्पष्ट रूप से पाया है कि अब जाति के अनुसार भयंकर भेदभाव–जिसके अन्तर्गत किन्हीं जातियों के बच्चों को स्कूल में घुसने ही नहीं दिया जाता था या उन्हें अलग बैठने को कहा जाता था–तो समाप्त हो चुका है। अन्य किसी अध्ययन में भी ऐसी किसी परम्परा या व्यवस्था के कोई संकेत नहीं मिल पाए, फिर भी अन्य प्रकार के दबे-छुपे भेदभाव बहुत व्यापक रूप से प्रचलित पाए गए हैं। इनके कुछ उदाहरण इस प्रकार हैं : (1) अनुसूचितजातीय बस्तियों में स्कूल की स्थापना करने से कतराना, (2) शिक्षकों द्वारा अनुसूचितजातीय बच्चों का स्पर्श करने से इनकार करना, (3) अध्यापकों द्वारा किन्हीं विशेष जातियों के बच्चों को गालियाँ बकना एवं उनकी खासतौर पर पिटाई करना, तथा (4) निम्नजातीय बच्चों की उच्चजातीय सहपाठियों द्वारा पिटाई, आदि। मध्य प्रदेश के कुछ ग्रामों में तो यह भी पाया गया है कि अधिकांश बच्चे राजपूत हैं और अनुसूचितजातीय बच्चों की अध्यापकों ने इतनी बेइज्जती और पिटाई की है कि उन्होंने स्कूल जाना ही बन्द कर दिया है, यदि स्कूल गए तो भी वे कक्षा के पीछे कहीं दुबके रहते हैं–अध्यापक उनकी ओर कोई ध्यान नहीं देते, आदि।

स्कूली व्यवस्था से भेदभाव समाप्त होने के बाद भी किसी न किसी अन्य विधि से जाति शिक्षा सम्बन्धित सफलताओं का "एक महत्त्वपूर्ण निर्धारक तत्त्व" बनी ही रहती है। शिक्षा के वैयक्तिक एवं सामाजिक महत्त्व का सही आकलन कर पाना अभिभावकों के पास सुलभ जानकारी पर निर्भर रहता है। यदि सारा सम्बद्ध समुदाय ही शिक्षा के अनुभव से वंचित रहा हो तो फिर उन्हें सुलभ जानकारी भी बहुत ही सीमित रह जाएगी। यदि शिक्षा के कारण पुरुषों के अच्छे रोजगार पा सकने की सम्भावनाएँ सभी को स्पष्ट दिखाई पड़ रही हों तो भी प्रायः यही मान लिया जाता है कि ये सम्भावनाएँ किन्हीं विशेष वर्गों के लिए ही मान्य होंगी, सभी के लिए उनका व्यावहारिक हो पाना सम्भव नहीं होगा। यह सभी जानते हैं कि पालनपुर में कायस्थों के सभी बच्चे स्कूल जाते हैं। उनकी शिक्षा के कारण कायस्थ परिवारों को मिले लाभ भी किसी से छुपे हुए नहीं हैं। फिर भी, वहाँ के जाटव उस अनुभव को अपने लिए उपयुक्त नहीं मान पाते। उनकी दृष्टि में तो जाटवों एवं कायस्थों की सामाजिक भूमिकाएँ अलग-अलग हैं और शिक्षा के महत्त्व का आकलन भी उसी भूमिका के आधार पर किया जाता है।

अतः यह निष्कर्ष निकालने की इच्छा होती है कि उत्तर प्रदेश में शिक्षा का प्रसार सामाजिक नजरियों एवं व्यवहार के परिवर्तन पर आश्रित है, उसमें स्कूली सुविधाओं के प्रावधान या सामान्य सार्वजनिक नीतियों का बहुत सीमित महत्त्व होगा। किन्तु इस निष्कर्ष पर कम से कम दो प्रकार बन्धन अवश्य लागू होंगे :

पहली बात तो यह है कि उत्तर प्रदेश में शिक्षा व्यवस्था की वर्तमान दुर्दशा दो प्रकार के कारकों का मिला-जुला परिणाम ही है : (1) सरकार पर्याप्त स्कूली व्यवस्था का प्रावधान करने में नाकाम रही है, तथा (2) सामाजिक व्यवहार एवं नियम उन सुविधाओं का भरपूर प्रयोग कर पाने में बाधक रहा है। पालनपुर में घर कर गई महिला निरक्षरता की समस्या को ही लें। नारी शिक्षा के प्रति पितृनुगामी सामाजिक व्यवस्था का सहज नकारात्मक रुख भी इस समस्या के लिए कम दोषी नहीं रहा है। किन्तु यह प्रभाव बहुत लम्बी अवधियों तक स्कूल व्यवस्था की अकर्मण्यता या निष्क्रियता के कारण और अधिक प्रबल हो गया है। अनेक अभिभावकों ने स्थानीय स्कूल की असफलता से खिन्न होकर अपने बेटों को आसपास के किसी अन्य गाँवों के स्कूलों में भेजना शुरू कर दिया पर लड़कियों को दूसरे गाँव भेजने से वे भी किनारा कर गए। वास्तव में 1983-84 में केवल तीन लड़कियाँ ही दूसरे गाँव जाकर पढ़ रही थीं। वे तीनों भी कायस्थ परिवारों से थीं, अन्य परिवार तो किसी भी हालत में अपनी लड़कियों को अकेले गाँव से बाहर नहीं जाने देते। अतः नारी निरक्षरता में सरकार की पालनपुर में ही पर्याप्त सुविधाएँ जुटा पाने में नितान्त असफलता का बहुत भारी हाथ रहा है। इसी प्रकार के कारक पिछड़ी जातियों में शिक्षा के प्रोत्साहन में रही विफलता पर लागू होते हैं।

दूसरी मुख्य बात यह है कि शिक्षा व्यवस्था का प्रावधान कर देना ही राजकीय नीति के सभी दायित्वों की सम्पूर्ति नहीं कर देता। अधिकारिक दृष्टि से तो आजादी के बाद से ही 14 वर्ष की आयु तक के सभी बच्चों की अनिवार्य निःशुल्क शिक्षा की व्यवस्था करना सरकार का लक्ष्य रहा है। यदि यह लक्ष्य केवल स्कूल बनवा देने से प्राप्त नहीं हो रहा तो फिर सरकार को अन्य अवरोधों की भी चिन्ता करनी चाहिए। इन अवरोधों में नारी शिक्षा के विरुद्ध दकियानूसी दुराग्रह भी सम्मिलित हैं। यह सत्य है कि अन्ततः बच्चों को स्कूल भेजने सम्बन्धी फैसले लोगों के अपने फैसले होते हैं और इन्हें घर के भीतर ही तय किया जाता है, फिर भी, ये फैसले समाज के नियमों एवं बाहरी उत्प्रेरणाओं से अछूते नहीं रहते। सरकार की नीतियाँ और सार्वजनिक प्रयास इन उत्प्रेरणाओं पर बहुत ही निर्णायक प्रभाव डालने में समर्थ होते हैं। केरल में पाया गया है कि बच्चों की स्कूल में उपस्थिति सुनिश्चित करने में वहाँ अनुपस्थित बच्चों के परिवारों से तत्काल शिक्षकों द्वारा सम्पर्क साधने, स्कूल में ही दोपहर का खाना देने तथा सक्रिय शिक्षक-अभिभावक संघों ने बहुत बड़ा योगदान दिया है किन्तु उत्तर प्रदेश में ऐसा कोई प्रयास करना आवश्यक नहीं समझा गया।

शिक्षा और राजनीति

उत्तर प्रदेश में शिक्षा व्यवस्था में सुधार कर पाना एक बहुत ही विषम चुनौती बन गया है। जनता के प्रति किसी भी प्रकार की उत्तरदायित्व भावना से शून्य

यह व्यवस्था पूरी तरह भ्रष्ट हो चुकी है। स्कूल व्यवस्था की विफलताओं, जाति, वर्ग तथा लिंग आदि की घोर विषमताओं ने समाज के अधिकांश को प्राथमिक शिक्षा जैसी अति सामान्य उपलब्धि से भी वंचित कर रखा है।

उत्तर प्रदेश के शैक्षिक परिदृश्य की सबसे बड़ी विशेषता एवं विडम्बना यही है कि जनसामान्य ने इस दुर्व्यवस्था को ही निष्काम भाव से अपनी नियति मान कर स्वीकार कर लिया है। हमने देखा है कि गाँव के स्तर पर लगभग सभी अभिभावक स्कूल व्यवस्था के संचालन के कटु आलोचक थे, पर उन्हें इस बात पर जरा भी विश्वास नहीं था कि उनकी यह निष्क्रियता विलक्षण थी। पालनपुर का स्कूल ही 1983-93 के दस वर्षों तक बन्द प्राय रहा क्योंकि स्थानीय उच्चवर्णीय भूस्वामी एवं ग्रामप्रमुख का बेटा ही उसमें अध्यापक के पद पर नियुक्त था और उसे पढ़ाने जैसे काम के लिए फुरसत ही नहीं थी। किन्तु इसके विरुद्ध भी कोई संगठित विरोध-प्रदर्शन नहीं हुआ--पंचायत में भी इस बारे में कोई गम्भीरतापूर्ण चर्चा नहीं हुई। वर्षों पूर्व ऐसी बात राजस्थान में भी देखी गई थी—बेशक सारा गाँव किसी शिक्षक से असन्तुष्ट रहे, जब तक उसका सरपंच या प्रधान से सम्बन्ध ठीक है, उसका स्थानान्तरण तक नहीं हो पाता था।

सारे राज्यव्यापी स्तर पर भी इसी प्रकार की अकर्मण्यता छायी हुई है। वर्तमान स्थिति की भयावहता के बाद भी उत्तर प्रदेश सरकार प्राथमिक शिक्षा के क्षेत्र में किसी प्रकार की बड़ी पहलकदमी के कोई लक्षण नहीं दिखा पा रही। वस्तुतः शिक्षा के प्रति उसकी उपेक्षा भावना के अनेक प्रमाण मिल जाते हैं। इसका सबसे ज्वलन्त प्रमाण तो 1991-94 के बीच प्रति व्यक्ति वास्तविक शिक्षा व्यय में आई भारी गिरावट ही है—इन चार वर्षों में शिक्षा व्यय 20 प्रतिशत कम हुआ है। पिछले कुछ वर्षों में प्रतिव्यक्ति प्राथमिक शिक्षकों की संख्या भी निरन्तर कम हुई है (देखें चित्र 2.2)। इसके कारण 1980 के दशक से चल रही शिक्षक-छात्र अनुपात में गिरावट की प्रवृत्ति बहुत ही सशक्त हो गई है [1981-91 की अवधि में प्रति 1,000 छात्र शिक्षकों की संख्या 26 से घटकर 17 रह गई थी]।

अनेक राज्यों में सम्पूर्ण साक्षरता अभियानों की व्यापक सफलता के बाद भी उत्तर प्रदेश सरकार ने ऐसा कोई प्रयास करने का मन नहीं बनाया है। राज्य सरकार द्वारा प्राथमिक शिक्षा को वरीयता क्रम में अति न्यून स्थान देने का एक अन्य ठोस प्रमाण भी है : केन्द्र सरकार तथा अन्तर्राष्ट्रीय संस्थानों द्वारा इस निमित्त दिए गए अनुदानों में से भारी राशि अप्रयुक्त रह जाती है (और इसी कारण वापस लौटानी पड़ती है)। किन्तु इस प्रकार की अधिकारी-स्तरीय निष्चेष्टता को भी विपक्षी दल, विशेष हित समूह, संचार माध्यम या आम जनता, कोई भी चुनौती नहीं दे रहा !

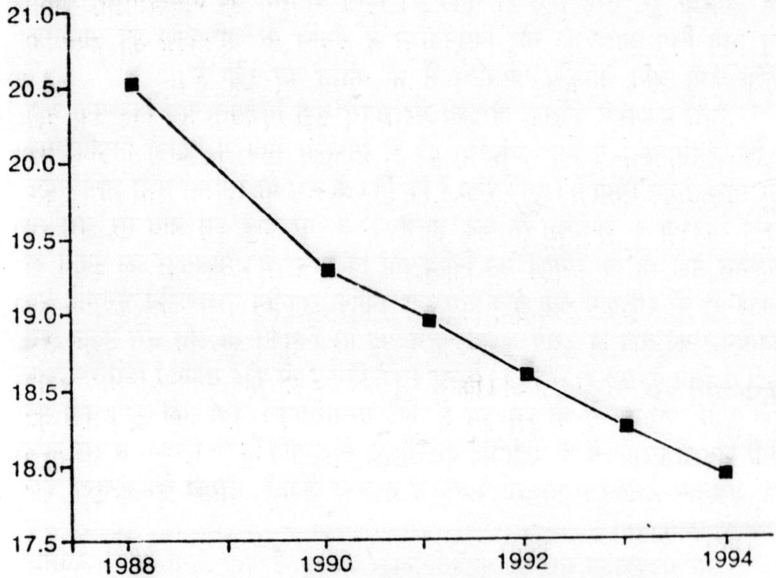

चित्र 2.2 उत्तर प्रदेश : शिक्षक प्रति 10000 जनसंख्या

स्रोत : शिक्षा विभाग, मानक संसाधन मंत्रालय, नई दिल्ली, की वार्षिक रिपोर्टों से संकलित

उत्तर प्रदेश में प्राथमिक शिक्षा की मूलभूत आवश्यकताओं की इस निरन्तर उपेक्षा में स्कूलों की व्यवस्था को 'कृपा' व्यवस्था का अंग मानने, ग्रामीण राजनीति के गैर लोकतान्त्रिक स्वरूप तथा अधिकांश नेताओं की विशेषाधिकारसम्पन्न पृष्ठभूमि—सभी का यथेष्ट योगदान रहा है। यह उपेक्षा उत्तर प्रदेश में सामान्य जन आवश्यकताओं के प्रति सहज संवेदनहीनता के व्यापक परिदृश्य का ही एक अंग है। इस व्यापक परिदृश्य पर हम थोड़ा ठहर कर चर्चा करेंगे। प्राथमिक शिक्षा के सन्दर्भ में यहाँ इतना कहना ही काफ़ी होगा कि यद्यपि उत्तर प्रदेश में शिक्षा व्यवस्था में सुधार की कोई सशक्त राजनीतिक माँग नहीं उठ पाई है, उसकी प्रायः उपेक्षा ही होती रही है, फिर भी लोकतान्त्रिक राजनीति में प्रभावी रूप से भागीदारी कर पाने में साक्षरता एक बहुत बड़ा सहायक अस्त्र सिद्ध हो सकती है। व्यापक निरक्षरता के कारण ही समाज के अभावग्रस्त वर्ग सार्वजनिक बहस में या राजनीतिक स्पर्धा में कहीं भी अपनी आवश्यकताओं को मुद्दा नहीं बना पाते। वास्तव में उनकी आवश्यकताओं के प्रति नेताओं की उपेक्षा ही निरक्षरता के उन्मूलन में बाधक हो रही है (नेताओं को यह भय है कि यदि ये लोग पढ़-लिख गए तो इनकी उपेक्षा कर पाना, इनकी समस्याओं की अनदेखी कर पाना आसान नहीं रहेगा)।

इस प्रकार उत्तर प्रदेश की राजनीति एक आत्मपोषी दुश्चक्र में फँसी हुई है। इस 'विशेषता' का अखिल भारतीय स्तर पर भी बहुत महत्त्व हो सकता है। इन्हीं निष्कर्षों से एक सकारात्मक संकेत भी मिलता है : प्राथमिक शिक्षा के प्रसार एवं वे राजनीतिक-सामाजिक आन्दोलन जो इस प्रसार में सहायक हों, देश की राजनीति का कायाकल्प करने में सफल हो सकते हैं। हमारा विशेष आग्रह है कि प्राथमिक शिक्षा राजनीतिक बल संवर्धन का एक अत्यन्त उपयोगी साधन है—राजनीतिक एवं सामाजिक नेताओं द्वारा यह पहले की अपेक्षा कहीं बहुत अधिक ध्यान दिए जाने की अधिकारी भी है। यहाँ यह बात बहुत ही प्रासंगिक है कि सम्पूर्ण साक्षरता अभियान का उद्भव केरल एवं तमिलनाडु में सामाजिक-राजनीतिक दलों के आन्दोलनों से ही हुआ है।

अकर्मण्यता का बोझ

सार्वजनिक अकर्मण्यता के आयाम

ग्रामीण स्कूलों की दुर्दशा उत्तर प्रदेश की सार्वजनिक सेवाओं के आँचल पर लगा एकमात्र धब्बा नहीं है। हमने पहले संकेत किया था कि इस प्रदेश के जनांकिकीय संक्रमण, स्वास्थ्यसूचकों, शैक्षणिक सफलताओं और नारी-पुरुष विषमता आदि अनेक समस्याओं का सरकारी हस्तक्षेप एवं जनसामान्य की क्रियाशीलता का अनेक पटलों पर विफल या निष्प्रभावी रहने से ही सीधा नाता है।

यद्यपि हमारे क्षेत्र अन्वेषण का मुख्य लक्ष्य स्कूल व्यवस्था का अध्ययन ही था, हमने प्राथमिक स्वास्थ्य व्यवस्था, पोषक आहार उपलब्धिता, गरीबी हटाओ कार्यक्रम तथा सम्बद्ध गाँवों में सार्वजनिक निर्माण कार्य आदि के विषय में भी जानकारी संग्रह कर कुछ निष्कर्ष निकाले हैं। हमारे प्रत्यक्ष अनुभव एवं ग्रामीण जनता से विचार-विमर्श से सबसे बड़ा निष्कर्ष तो यही निकला है कि इन सभी सेवाओं की हालत भी स्कूल व्यवस्था से कोई विशेष अलग नहीं है। अधिकांश संदर्श ग्रामों में उपर्युक्त किसी भी सेवा के संचलनशील होने का कोई संकेत या लक्षण नहीं दिखाई पड़ा—वहाँ भी, जहाँ अधिकारिक रूप से प्राथमिक स्वास्थ्य केन्द्र की 'स्थापना' हो चुकी थी। अधिकारिक रूप से एकीकृत बाल विकास योजना' कही जाने वाले 'आँगनवाड़ी' कार्यक्रम के संचालन का भी कोई विशेष चिह्न कहीं दिखाई नहीं पड़ा। इस कार्यक्रम का ग्रामीण क्षेत्र में बहुत व्यापक प्रसार एवं प्रारूप (सरकारी कागज़ों में) है किन्तु जिन गाँवों में यह कार्यक्रम 'चलाया' जा रहा है, वहाँ के भी अधिकांश निवासियों ने इसके विषय में सुना तक नहीं है—(वास्तविक आँगनवाड़ी केन्द्र.के 'दर्शन' तो बहुत दूर की बात है)।

उत्तर प्रदेश में जन हस्तक्षेप की विफलताएँ केवल सरकारी सुविधाओं एवं सेवाओं

तक सीमित नहीं रही हैं। अधिकांश बड़े विकास एवं पुनःवितरण कार्यक्रम भी वहाँ की सामाजिक व्यवस्था को स्पर्श किए बिना ही फैशन से बाहर हो गए। चाहे ये कार्यक्रम राज्य सरकार द्वारा प्रारम्भ कृषि सुधार रहे हों या पंचायती-राज (इन कार्यक्रमों को लागू करने का सारा ही दायित्व राज्य सरकार पर था) या फिर केन्द्रीय सरकार द्वारा प्रायोजित 'एकीकृत ग्रामीण विकास कार्यक्रम' या 'जवाहर रोजगार योजना' (इन्हें लागू करने का मुख्य माध्यम भी राज्य सरकार ही थी) किन्तु बार-बार एक ही नज़ारा उभर कर आया है : अपर्याप्त प्रतिबद्धता, प्रभावशून्य क्रियान्वयन और नगण्य सफलताएँ।

स्वतन्त्रता के तुरन्त पश्चात् सारे भारत में लागू जमींदारी उन्मूलन को छोड़ उत्तर प्रदेश में अन्य किसी कृषि सुधार का कोई गम्भीर प्रयास ही नहीं हुआ। जमींदारी उन्मूलन के बाद भी भौतिक भूधारण सीमाओं विषयक विधेयक पारित होने में दस वर्ष से अधिक समय लग गया था। जब उन सीमाओं का निर्धारण हुआ तो अन्य प्रदेशों की अपेक्षा कहीं थी, उनके कानूनों एवं व्यवहार में अनेक छिद्र थे। इन सबके परिणामस्वरूप अधिकतर भूस्वामी अपनी सारी पूर्ववर्ती भूमि पर अधिकार बनाए रखने में सफल हो गए। भू-पुनःवितरण के स्वयंसेवी प्रयास, 'भूदान' तथा 'ग्रामदान' आदि का प्रभाव भी बहुत सीमित रहा। अनेक स्थानों पर तो निहित स्वार्थों ने राजनीतिक प्रश्रय के माध्यम से ग्राम सभाओं की साझी जमीनों पर भी अपना अधिकार जमा लिया है।

हालात तो ये हैं कि 'सार्वजनिक वितरण व्यवस्था', 'एकीकृत ग्रामीण विकास कार्यक्रम' तथा 'एकीकृत विकास योजना' आदि कार्यों—जिनमें राज्य सरकार का कार्य केवल अनेक प्रकार के हस्तान्तरण लक्षित वर्गों/समूहों तक पहुँचाना मात्र था (इसे किसी से कुछ छीनकर किसी दूसरे को नहीं देना था), वहाँ भी बातें तो बहुत बड़ी-बड़ी बनाई गईं पर वास्तव में कुछ किया-धरा नहीं गया। सभी बड़े राज्यों की तुलना में उत्तर प्रदेश में सार्वजनिक वितरण व्यवस्था न्यूनतम प्रति व्यक्ति अनाज की मात्रा की आपूर्ति कर रही है। प्रमुख राष्ट्रीय गरीबी उन्मूलन कार्यक्रम, एकीकृत ग्रामीण विकास कार्यक्रम की क्षेत्र आधारित अन्वेषणाओं ने भी संगठित रूप से संसाधनों की लूट एवं भ्रष्टाचार के प्रमाण दिए हैं। 'अभ्युदय' कार्यक्रम के अन्तर्गत रखे गए गाँवों की भी न्यूनाधिक यही स्थिति रही है। उत्तर प्रदेश के एकीकृत बाल विकास कार्यक्रम को तो उस कार्यक्रम के निर्देशक ने ही पूर्णतः विफल एवं 'बकवास' कार्यक्रम की संज्ञाओं से विभूषित किया है। इन सभी कार्यक्रमों में भ्रष्टाचार के स्वरूप कुछ इस प्रकार रहे हैं : बड़े पैमाने पर उन लोगों को लाभ पहुँचाना जो इसके पात्र नहीं थे, गाँव के लोगों से सलाह करके कार्यक्रम की रूपरेखा बनाने के निर्देश की उपेक्षा, बैंक प्रबन्धकों, ग्राम सेवकों एवं अन्य ग्राम अधिकारियों द्वारा घूस की वसूली, आदि। इन नए गरीबी निवारण कार्यक्रमों में भी उसी प्रकार की त्रुटियाँ पाई गई हैं जिनके

दर्शन पहले कृषि विस्तार कार्यक्रम आदि में हो चुके हैं।

सार्वजनिक सेवाओं एवं विकासोन्मुखी हस्तक्षेपों की इस सर्वांगीण विफलता के दो प्रमुख कारण हैं—ये कारण एक-दूसरे का परिशोषण भी करते हैं : (1) राज्य की व्यापक विकास एवं सामाजिक समता के प्रति प्रतिबद्धता बहुत ही क्षीण है, (2) यहाँ का जनसामान्य भी सरकार की उपेक्षा भावना को चुनौती देने तथा अभावग्रस्तों के हितों सहित बृहत्तर सामाजिक आवश्यकताओं के संवर्धन के निमित्त संगठित प्रयास करने में विफल रहा है। ग्रामीण क्षेत्रों में शिक्षा व्यवस्था का संकट इस बात का सबसे स्पष्ट उदाहरण है। स्कूल व्यवस्था में सुविधाओं का नितान्त अभाव, शिक्षकों की कम संख्या, शिक्षिकाओं का नहीं के बराबर होना, सरकार की प्राथमिक शिक्षा को सर्वव्यापक बनाने के प्रति 'प्रतिबद्धता' की पोल खोल देते हैं। सारे समय तक स्कूल का नहीं चलना—अर्थात् आधी छुट्टी के बाद ही स्कूल बन्द हो जाना, वैसे तो सरकार के ही कार्यक्षेत्र में आता है पर इस मामले में ग्रामीण जनता भी अध्यापकों को अनुशासित कर पाने में विफलता की दोषी रही है। दमनपूर्ण जाति प्रथा एवं स्त्री-पुरुष विषमता आदि अनेक सामाजिक विषमताएँ समाज में रूढ़ हैं। इनके कारण भी स्कूल व्यवस्था के सुधार के लिए संगठित प्रयास नहीं हो पाता—यहाँ तक कि उपलब्ध सुविधाओं का भी भरपूर प्रयोग नहीं हो पाता।

सरकारी उपेक्षा भाव एवं सार्वजनिक जवाबदेही

कहा जा सकता है कि सामाजिक नीति के प्रति उपेक्षा भाव तो सारे ही देश में छाया हुआ है—इसमें उत्तर प्रदेश की कोई विशेष बात ही नहीं है—किन्तु यह तर्क पूरी तरह से ठीक नहीं है। अनेक राज्यों ने न केवल केन्द्र द्वारा प्रायोजित सामाजिक कार्यक्रमों को अच्छी तरह से लागू किया है बल्कि उन्होंने अपने स्तर पर भी बहुत शानदार पहल की है। इस सन्दर्भ में केरल की स्वास्थ्य व्यवस्था, तमिलनाडु की सार्वजनिक सुरक्षा व्यवस्था, महाराष्ट्र की रोजगार गारन्टी योजना, कर्नाटक में पंचायती राज, गुजरात में अकाल सहायता, हिमाचल प्रदेश में प्राथमिक शिक्षा और पश्चिम बंगाल में भूमि सुधार आदि अनेक ऐसे अनुकरणीय एवं प्रशंसनीय कार्यक्रमों के उदाहरण दिए जा सकते हैं। ये सभी कार्यक्रम पूरी तरह चाहे सफल नहीं भी रहे हों, पर सामाजिक आवश्यकताओं एवं विकास के तकाजों के प्रति सरकारी नीतियों की संवेदनशीलता का प्रमाण अवश्य देते हैं। किन्तु उत्तर प्रदेश में ऐसे किसी भी प्रयास को कभी कोई संकेत नहीं मिला—यहाँ तो बस राज्य सरकार की नीति में सामाजिक आवश्यकताओं आदि के प्रति चिरस्थायी उपेक्षा एवं अकर्मण्यता के ही दर्शन हुए हैं।

सामाजिक आवश्यकताओं के प्रति सरकारी नीतियों की यही उपेक्षा स्थानीय स्तर पर प्रभावहीन क्रियान्वयन के कारण और भी बहुगुणित हो जाती है। स्कूल तो

हैं, पर अध्यापक गायब रहते हैं; स्वास्थ्य सेवाएँ हैं, पर उनका एकमात्र प्रयोग स्त्रियों के बन्ध्याकरण में होता है, गरीबी उन्मूलन कार्यक्रम बनते हैं, पर उनका प्रयोग भी ग्रामीण महत्त्वपूर्ण व्यक्तियों के अपने खास आदमियों को लाभान्वित करने तक ही सीमित रहता है। राज्य स्तर पर कार्यक्रमों एवं उनके निमित्त व्यय की राशि का स्वीकृत हो जाना पूरी तरह से निरर्थक रहता है—क्योंकि उनके क्रियान्वयन का घोषित नीतियों के साथ किसी प्रकार का नाता नहीं होता।

जैसा कि हमने स्कूली शिक्षा के सन्दर्भ में पिछले भाग में कहा था, सार्वजनिक क्षेत्र में जवाबदेही का अभाव ही क्रियान्वयन की विफलता का सबसे बड़ा दोषी है। औपचारिक निगरानी व्यवस्था की विफलता, जैसे कि स्कूल निरीक्षण प्रणाली का विफल रहना—तो समस्या का एक पक्ष मात्र है। जब किसी प्रकार की कार्रवाई की आशंका (चाहे यह एक स्थान से कहीं और स्थानान्तरण ही क्यों न हो—नौकरी से निकालना तो दूर की बात है) नहीं हो तो फिर चाहे शिक्षक हों या अन्य सरकारी कर्मचारी, कोई भी अपना काम करने को राज़ी नहीं होता। सार्वजनिक हितों के प्रति सचेत व्यक्तियों के प्रयास भी लाभदायक हो सकते हैं, पर यहाँ तो सारी ही व्यवस्था भ्रष्टाचार के गर्त में फँसी दिखाई पड़ती है।

वैसे एक बात और भी विचारणीय है : सारे ही देश में औपचारिक निगरानी व्यवस्था एक जैसी ही है, फिर वही व्यवस्था उत्तर प्रदेश और इसके पास पड़ोस में आकर ही पूरी तरह विफल क्यों हो जाती है ? ऐसा लगता है कि निगरानी व्यवस्था की औपचारिकताओं के साथ-साथ जनसामान्य की सतर्कता एवं अपनी आवश्यकताओं को लेकर सचेत मुखरता भी सार्वजनिक सेवाओं के उपयुक्त प्रकार से कार्य निष्पादन के लिए आवश्यक होती है। किसी अध्यापक की कामचोरी का पता निरीक्षक की अपेक्षा सामान्य ग्रामवासियों को अधिक आसानी से चल जाता है। यदि ये ग्रामवासी संगठित होकर अपने स्तर पर या सरकारी संस्थाओं के माध्यम से उस अध्यापक पर दबाव डालें तो यह एक प्रभावशाली अनुशासन-अस्त्र बन सकता है। इसी प्रकार यदि अन्य स्थानीय सार्वजनिक सेवाओं के प्रयोगकर्ता अपनी अधिकारिताओं के प्रति सजग हों और उनकी रक्षा करने को तैयार हों तो प्राथमिक स्वास्थ्य केन्द्र का डॉक्टर केन्द्र के फर्नीचर से अपना घर नहीं सजा पाएगा, राशनवाला राशन के माल की कालाबाजारी नहीं कर सकेगा, प्रधान गाँव के वृक्षों को बेच अपनी जेब नहीं भर पाएगा और न ही कोई बिजली के तार चुरा पाएगा। दूसरे शब्दों में, हम स्थानीय लोकतन्त्र एवं ग्राम्य राजनीति के मुद्दों की और अधिक अनदेखी नहीं कर सकते—इन पर विचार करना ही होगा :

ग्राम्य संस्थाएँ एवं स्थानीय शासन

स्वतन्त्रता से पूर्व उत्तर प्रदेश में स्थानीय स्वशासन व्यवस्था का सारा संस्थागत

ढाँचा जमींदारी एवं 'जजमानी' व्यवस्थाओं पर आधारित था। सभी सामाजिक एवं आर्थिक सम्बन्ध भी इन्हीं दो व्यवस्थाओं के ताने-बाने में बुने हुए थे। शक्तिसम्पन्न जमींदार ही उच्चस्तरीय सत्ता के सम्पर्क में रहते थे, कभी-कभी ग्राम स्तर के साझे हितों से जुड़े मामलों में भी वे कुछ न कुछ योगदान कर देते थे। जजमानी व्यवस्था संरक्षक-आश्रित (प्रजा) के सम्बन्ध का स्वरूप निर्धारित करती थी। ये सम्बन्ध केवल व्यक्तिगत लेन-देन तक सीमित नहीं थे वरन् सारे ही सार्वजनिक पदार्थ एवं सेवाएँ भी इन्हीं की परिधि में सम्मिलित रहती थीं। बढ़ई-लोहार-सुनार व नाई आदि की सेवाएँ तो वैयक्तिक आधार पर प्रयुक्त होती थीं किन्तु कुछ जातियों की सेवाओं का एक व्यापक अथवा सामाजिक स्वरूप भी था। इनमें सफाई करना, स्वच्छता व्यवस्था, गन्दे पानी की निकासी और गलियों-सड़कों का रखरखाव शामिल था। अनेक ग्रामों में तो स्कूल व्यवस्था भी परम्परागत जातीय आबन्धनों पर ही आधारित थी—यहाँ ब्राह्मण जाति के लोग शिक्षण करते थे। यह परम्परागत आबन्धनों पर आधारित व्यवस्था बहुत ही विषमतापूर्ण थी—इसमें अन्याय के तत्त्व भी बहुत अधिक पाए जाते थे।

स्वतन्त्रता के बाद जमींदारी उन्मूलन से जमींदारों की राजनैतिक सत्ता के आधार और उनकी आर्थिक शक्तियों को गहरा धक्का लगा। इन सुधारों एवं बाजार पर आधारित लेनदेन व्यवस्था के विकास के कारण भी जजमानी व्यवस्था के संरक्षक-आश्रित स्वरूप के ह्रास में बहुत तेजी आई। अनेक परम्परागत कार्य एवं सेवाएँ तो बहुत शीघ्र ही बाजार पर आधारित बन गईं, किन्तु सामाजिक उपभोग के स्वरूप वाली सेवाएँ इस प्रकार से परावर्तित नहीं हो पाईं। हाँ, पुरानी संरक्षक-आश्रित सम्बन्धों पर आधारित एवं परम्परागत आबन्धनों से परिपालित सेवाएँ क्षीण जरूर हो चलीं।

इस ह्रास का एक उदाहरण तो जमींदारी उन्मूलन के बाद परम्परागत सामुदायिक सिंचाई व्यवस्था की अधोगति में देखा जा सकता है। अनेक अध्ययनों ने यह बात बहुत स्पष्ट शब्दों में दर्ज की है कि किस तरह से गाँवों के तालाबों और उनसे जुड़ी सिंचाई सुविधाओं का निर्माण एवं रखरखाव भी परम्परागत व्यवस्था के छिन्नभिन्न हो जाने के कारण समाप्त हो गया [वैसे किसी सीमा तक सिंचाई के उपकरण आदि में निजी निवेश के कारण इस व्यवस्था के पतन के सिंचाई पर पड़े दुष्प्रभावों की तो क्षतिपूर्ति हो गई थी]। इसी प्रकार गाँवों में स्वच्छता, सफाई, दूषित जल निकासी आदि की परम्परागत आबन्ध-आश्रित व्यवस्था के भी स्वतन्त्रता के तुरन्त बाद बिखर जाने के प्रमाण मिल रहे हैं।

जमींदारी उन्मूलन तथा परम्परागत आबन्ध व्यवस्था के विध्वंस के कारण स्वतन्त्रतापूर्व की सामाजिक व्यवस्था भी ध्वस्त हो गई। इनका स्थान अपेक्षाकृत व्यक्ति-निरपेक्ष श्रम सम्बन्धों ने ले लिया। ये सभी कार्य श्रमिक वर्गों की विमुक्ति की दिशा में महत्त्वपूर्ण कदम सिद्ध हुए हैं। किन्तु इन सकारात्मक कदमों के साथ-साथ

नई सामाजिक वस्तु एवं सेवाओं की व्यवस्था की सामूहिक रचना का कोई प्रयास नहीं हुआ। उत्तर प्रदेश में सरकारी हस्तक्षेप भी ऐसी किसी रचना का उचित आधार नहीं बन पाया। अतः परिणाम यह है कि आज भी भागीदारीपूर्ण स्थानीय स्वशासन व्यवस्था के नवनिर्माण की चुनौती उसी प्रकार समाज के समक्ष खड़ी है जैसी अर्द्धशती पूर्व थी।

उत्तरदायित्व, लोकतन्त्र एवं गुटबन्दी

शेष भारत की तरह ही उत्तरप्रदेश में भी स्थानीय स्वशासी संस्थाएँ—पंचायत आदि की रचना चुनावों के आधार पर होती है। किसी सीमा तक सरकारी कर्मचारी राजनीतिक प्रतिनिधियों के प्रति जवाबदेह होते हैं, यह कहा जा सकता है कि अब जनता को स्थानीय सार्वजनिक सेवाओं आदि के स्तर पर नियन्त्रण का कुछ अधिकार मिल गया है। ऐसे कुछ अच्छे उदाहरण भी हमारे सामने आए हैं जहाँ प्रशासकीय विकेन्द्रीकरण और राजनीतिक संगठन के आधार पर स्थानीय स्वशासी व्यवस्था के कार्य निष्पादन में सुधार हुए हैं और उसके कारण विकास कार्यक्रमों के स्तर में भी उत्थान हुआ है। उदाहरण के लिए, कर्नाटक राज्य में अस्सी के दशक में लोकतान्त्रिक विकेन्द्रीकरण के कारण ग्रामीण शिक्षकों एवं चिकित्सकों आदि के काम के तौर-तरीकों में बहुत सुधार आने के समाचार मिले हैं। इसी तरह से पं. बंगाल में भू-सुधार एवं गरीबी निवारण कार्यक्रमों का आधार भी स्थानीय स्तर पर व्यवस्थित राजनीतिक सक्रियता ही है। स्थानीय लोकतान्त्रिक संस्थाओं की सकारात्मक उपलब्धियों का एक प्रमाण नागालैंड के ग्राम विकास मंडलों के अनुभवों में भी मिल रहा है।

किन्तु उत्तर प्रदेश में पंचायती राज संस्थाओं के माध्यम से सत्ता का विकेन्द्रीकरण भी स्थानीय लोकतन्त्र या जवाबदेही की किसी प्रभावी व्यवस्था की रचना कर पाने में असमर्थ रहा है। चुनाव नियमित रूप से नहीं होते, वे जब भी होते हैं तो उनमें सामाजिक मुद्दों के स्थान पर गुटबन्दी हावी रहती है। अभी भी उच्चवर्णीय अभिजात वर्गों का स्थानीय संस्थाओं पर पूरा शिकंजा कसा हुआ है। ये सामान्यतः इन संस्थाओं का प्रयोग सामान्य हितों क़ी कीमत पर अपने लाभों के संवर्धन के लिए ही करते हैं। 1993 में उत्तर प्रदेश के डोभी खंड की पंचायतों के अध्ययन से पता चला कि 82 प्रतिशत मुखिया तो उस क्षेत्र की पुरानी भूस्वामी ठाकुर जाति के ही थे—ये लोग निम्न जातियों को पूरी तरह से दबाकर रखने के लिए बहुत ही बदनाम रहे हैं। उत्तर प्रदेश के अधिकांश ग्रामों के अध्ययनों से यही पता चलता है कि गाँव के मुखिया या तो ठाकुर हैं या फिर ब्राह्मण। जमींदारी उन्मूलन के तुरन्त बाद जब विकेन्द्रीकरण आरम्भ हुआ था उसी समय से यही स्वरूप या परिदृश्य बना हुआ है।

प्रारम्भ से ही सत्ता के विकेन्द्रीकरण का मार्ग अनेक बाधाओं से भरा रहने की आशंकाएँ व्यक्त होती रही हैं। ग्रामीण विषमताओं से परिचित लोगों का कहना

रहा है कि राजनीतिक शक्ति का विकेन्द्रीकरण अन्ततः दबंग अभिजात वर्गों के दमन तन्त्र को और अधिक सशक्त बना देगा। बहुत शीघ्र ही यह बात स्पष्ट हो गई थी कि ग्राम स्तर पर तो राजनीतिक शक्ति सम्पत्तिसम्पन्न जातियों की बांदी बनकर ही रह गई है। ग्रामीण सद्भावपूर्ण सहअस्तित्त्व के आदर्श की अपेक्षाओं को लेकर रची गई चुनाव-आधारित स्थानीय संस्थाओं के कारण प्रारम्भिक वर्षों से ही स्थानीय स्तर पर तनावों में भारी वृद्धि होती रही है। किसी सीमा तक यह तनाव नए-नए चुनाव अधिकारसम्पन्न बने गरीबों द्वारा जमींदारों एवं उनके पिछलग्गुओं के विरुद्ध अपनी शक्ति के प्रदर्शन के कारण भी पैदा हो रहे थे। किन्तु अधिकांश अध्ययनों का निष्कर्ष रहा है कि जमींदारी उन्मूलन के प्रारम्भिक वर्षों का यह उबाल शीघ्र ही शान्त हो गया तथा सारी व्यवस्था पुनः पुराने भूस्वामियों के हितों के इर्दगिर्द ही आकर ठहर गई। यद्यपि आर्थिक एवं राजनीतिक परिवर्तनों के कारण पुराने अभिजात वर्गों का कुछ सापेक्ष ह्रास तो हुआ है किन्तु अभी भी ये उच्चजातीय भूस्वामी ग्रामीण राजनीति के भाग्यविधाता बने हुए हैं--येन केन प्रकारेण यही व्यक्ति पंचायती राज संस्थाओं पर अपना वर्चस्व बनाए रखते हैं। ये संस्थाएँ सहज ही कुलीन तन्त्र की शक्ति का अस्त्र बन गई हैं—लोकनियन्त्रण की सभी आशाओं पर तुषारापात हो चुका है। पूर्वी उत्तर प्रदेश के जौनपुर और बस्ती जिलों के दो अध्ययनों से पता चलता है कि जमींदारी उन्मूलन के प्रारम्भिक रुझान में निम्नजातीय मुजारों ने भी भूस्वामियों से अपनी मुक्ति का नाद किया था किन्तु दस वर्षों के भीतर ही उन्होंने मुज़ारों के बीच फूट डालकर और आर्थिक बहिष्कार की धमकी देकर अपनी पुरानी सत्ता पुनः हथिया ली थी।

जमींदारी उन्मूलन के समय के घटनाचक्र ने उत्तर प्रदेश के दरिद्रतम वर्गों को बहुत काफी स्वतन्त्रता तो प्रदान की है किन्तु अभी भी राजनीतिक संगठन का वही पुराना ढर्रा और आधार बना हुआ है। संरक्षक-आश्रित सम्बन्धों की जजमानी व्यवस्था विभिन्न गुटों के बीच सामंजस्य की एक उत्कृष्ट व्यवस्था थी। आज जमींदारी उन्मूलन एवं जजमानी की समाप्ति के बाद भी समाज की राजनैतिक चेतना और संगठन का आधार गुटबाज़ी पर ही टिका हुआ है। भारत के अनेक भागों में गुटीय तनाव एवं संघर्ष राजनैतिक जीवन का बड़ा महत्त्वपूर्ण अंग बन गए हैं—पर उत्तर प्रदेश में ये अपने 'उत्कर्ष' पर हैं। यहाँ तो राजनीतिक दलों के गठन भी गुटों के आधार पर हुए हैं, यहाँ तक कि बड़े दलों में आन्तरिक टकराव और गुटबाज़ी ही सबसे बड़ा कार्य रह गया है।

ग्राम स्तर पर ये गुट बहुजातीय बहुवर्गीय गठबन्धन प्रतीत होते हैं। इनका संगठन गाँव की भीतरी आर्थिक एवं सामाजिक प्रतिद्वन्द्विता के कारण बने समीकरणों के गिर्द होता है और इनके नेता कोई न कोई प्रमुख भूस्वामी ही रहते हैं। स्थानीय गुटों को संगठित करने में जाति, यहाँ तक कि उपजातीय कुटुम्ब भाव भी स्वाभाविक इकाई का काम देता रहा है। इन गुटों का द्वन्द्व अक्सर आर्थिक एवं सामाजिक प्रतिष्ठा

की स्पर्धा से अधिक कुछ नहीं होता (अतः इसमें प्रायः एक समान स्तर के परिवार ही मुख्य भूमिका निभाते हैं)। यदि सरकारी तन्त्र पर 'अपना' अधिकार हो जाए तो इन दोनों की बहुत अधिक संवृद्धि होने की आशा रहती है। इस प्रकार सार्वजनिक संसाधनों को हस्तगत कर उनके किसी अंश का कृपा-प्रसाद के रूप में आवंटन कर पाने के माध्यम से ही गुटबाज़ी की राजनीति फल फूल रही है। विकास एवं कल्याण कार्यक्रमों को ये गुट नेता अपने अनुयायियों की संख्या बढ़ाने तथा उन्हें पुरस्कृत करने का माध्यम मानते हैं। इस बात की बहुत सम्भावना है कि गाँव का मुखिया कामचोर मुख्य अध्यापक का पक्ष लेकर उसे अपना सहयोगी बनाना बेहतर समझेगा, क्योंकि उस मुख्य अध्यापक की कामचोरी के भुक्तभोगियों में तो उसके मित्र एवं विरोधी दोनों ही पक्षों के सामान्य अभिभावक सम्मिलित हो सकते हैं।

गुटबाजी के महत्त्व से शून्य राजनीतिक व्यवस्था की कल्पना कर पाना बहुत कठिन होता है। किन्तु उत्तर प्रदेश की सबसे बड़ी विडम्बना यही है कि स्वतन्त्रता के कई दशकों बाद भी सामाजिक संगठन एवं एकजुटता का एकमात्र माध्यम ये गुट ही हैं। प्रदेश की राजनीतिक मुख्यधारा में विचारों और नीतियों का नामलेवा भी कोई नहीं है। मानवीय वंचनाएँ एवं सामाजिक असमानता कभी भी महत्त्वपूर्ण राजनीतिक मुद्दा नहीं बन पाई हैं। इस दृष्टि से उत्तर प्रदेश की राजनीतिक विकास यात्रा पश्चिम बंगाल से बहुत अलग रही है; पश्चिम बंगाल में राजनीति का आधार वर्ग-संगठन बना है। इसी तरह महाराष्ट्र एवं दक्षिण भारतीय प्रान्तों की राजनीति का स्वरूप भी उत्तर प्रदेश से बहुत ही अलग रहा है—इन राज्यों में तो निम्न जातियों के संगठनों ने राजनीतिक जीवन की रचना में बहुत महत्त्वपूर्ण योगदान दिया है। साठ के दशक में जब उत्तर प्रदेश में जातिगत सामाजिक विषमताओं को संगठित चुनौती मिली तो वह भी अपेक्षाकृत समृद्ध मध्यम जातियों के संगठन पर आधारित रही। अभी भी प्रदेश की राजनीति में गुटबाज़ी ही सबसे सर्वोपरि स्थान पर अधिष्ठित है।

इस गुटवादी राजनीति का सबसे हानिकारक पहलू यही है कि राजनीतिक अनुकरण का इनाम सार्वजनिक संसाधनों में से हिस्सेदारी के माध्यम से दिया जाता है—चाहे यह सार्वजनिक क्षेत्र में रोजगार हो, ग्रामीण स्कूल में शिक्षक का पद, या एकीकृत ग्रामीण विकास कार्यक्रम के ऋणों के रूप में सरकारी सहायता या फिर स्कूल के भवन आदि के निर्माण के अनेक प्रकार के ठेके। यह कृपा-प्रसाद वितरण पर आधारित शासन व्यवस्था कहीं एक-आध जगह सीमित नहीं है—यह तो प्रदेश में प्रत्येक स्तर की राजनीतिक संस्थाओं को भ्रष्ट कर चुकी है। प्रमुख राजनीतिक दलों ने इस विकृत राजनीति एवं शासन व्यवस्था की रचना का भी 'नेतृत्व' किया है। इन परिस्थितियों में सरकारी प्रयास के माध्यम से व्यापक स्तर पर सामाजिक सुयोगों की रचना की अपेक्षा करना या चुनाव तन्त्र से उपयुक्त जवाबदेही के माध्यम

बनने की अपेक्षा करना नितान्त मूर्खता ही होगी।

उत्तर प्रदेश की गुटबन्दियों को हम सामाजिक रूढ़िवाद का चिह्न और सामाजिक परिवर्तन के मार्ग की बाधा मान सकते हैं। गुटबन्दी की राजार्थ नीति एवं कृपाप्रसाद वितरण क्षमता को ग्रामीण कुलीन तन्त्र की गरीबों और वंचनाग्रस्त वर्गों से जुड़े मुद्दों को राजनीतिक कार्यक्रमों से बाहर धकेलने की चेष्टाओं की सफलता का प्रमाण माना जा सकता है। इस प्रकार लोकतान्त्रिक राजनीति के माध्यम से सामाजिक पुनःरचना की सभी सम्भावनाएँ अभी तक व्यर्थ गँवा दी गई हैं। इस गुटबन्दी पर आधारित स्थानीय राजनीति ने समाज में अन्य प्रकार की एकजुटताओं—यथा वर्गाधारित गठबन्धनों, जातिवाद विरोधी संगठनों एवं महिलाओं के संगठनों आदि के पनपने की सभी सम्भावनाओं को भी कुंठित कर रखा है। उत्तर प्रदेश में सभ्य समाज की गुटबाजी से ऊपर उठ पाने में विफलता के कारण ही यहाँ सामाजिक बदलाव धीमा पड़ गया है, और अभी भी पुरातन शक्ति सन्तुलन ही स्थायी बना हुआ है।

राजनीतिक भागीदारी एवं सामाजिक विषमता

उत्तर प्रदेश के सामाजिक-राजनीतिक जीवन की दो परस्पर-जुड़ी विशेषताएँ हैं : व्यापक विषमता तथा लचीला रूढ़िवाद। जातीय एवं स्त्री-पुरुष सम्बन्धों के परम्परागत स्वरूप आज भी बहुत प्रभावशाली हैं (महिलाएँ अभी भी घर की चारदीवारी के भीतर घरेलू कार्यों को ही अपना सामाजिक कर्मक्षेत्र मानने को बाध्य रहती हैं)। राजनीतिक संगठन भी अभी तक गुटबन्दी तथा 'कृपा' पर आधारित ढर्रों पर ही चल रहे हैं। राजनीतिक शक्ति सन्तुलन की अत्यन्त विषम परिस्थितियों के कारण समाज के बहुत विशाल अंग लोकतान्त्रिक प्रक्रिया में प्रभावी भागीदारी कर पाने में असमर्थ रहते हैं।

किसी-न-किसी रूप में ये समस्याएँ भारत के अन्य प्रान्तों में भी दिखाई पड़ जाती हैं। फिर भी अनेक राज्यों में जन आन्दोलनों ने सामाजिक बदलाव लाने एवं राजनीतिक शक्ति सन्तुलन को प्रभावी रूप से परिवर्तित करने में काफी सफलता पाई है। पश्चिम बंगाल एवं केरल में वर्गानुसार राजनीतिक संगठनों ने भूधारण एवं लोकतान्त्रिक भागीदारी में दूरगामी सुधारों का मार्ग प्रशस्त किया है। लोकप्रिय जन आन्दोलनों के माध्यम से ही केरल ने और भी बड़ी सामाजिक सफलताएँ अर्जित की हैं। इनमें हम जातिवादी दमन की समाप्ति, शैक्षणिक वंचना तथा राजनीतिक प्रभावहीनता का अन्त करने जैसे कार्यों को रख सकते हैं। यद्यपि उत्तर प्रदेश में ऐसी राजनैतिक चेतना पूरी तरह से विलुप्त तो नहीं है किन्तु इस प्रकार के आन्दोलन बहुत सशक्त भी नहीं बन पाए हैं। उत्तर भारत के अधिकांश भागों में न्यूनाधिक ऐसी ही स्थिति बनी हुई है।

इस लेख में उत्तर प्रदेश की सामाजिक एवं राजनीतिक अकर्मण्यता या

निष्क्रियता के आधारभूत कारणों की गवेषणा कर पाना संभव नहीं होगा। हमारा मुख्य उद्देश्य तो यही रहा है कि इस जन निश्चेष्टता (जिसमें सरकार एवं जनता दोनों ही शामिल हैं) के उन परिणामों की ओर ध्यान आकृष्ट किया जाए जिनके कारण राज्य में आज भी मानवीय वंचनाएँ बहुत उच्च स्तर पर बनी हुई हैं। इस अकर्मण्यता के मूल की खोज के लिए विस्तृत ऐतिहासिक अध्ययन की आवश्यकता होगी। इस भाग में तो हम एक विनम्र-सा प्रयास कर रहे हैं जिससे यह स्पष्ट हो सके कि वर्ग, जाति एवं स्त्री-पुरुष सम्बन्धों के विशेष स्वरूप के कारण उत्तर प्रदेश स्वतन्त्रता प्राप्ति के बाद के वर्षों में भी तीव्र गति से सामाजिक परिवर्तन ला पाने में क्यों कठिनाइयों का अनुभव करता रहा है।

कृषि व्यवस्था की संरचना एवं कृषक राजनीति

स्वतन्त्रता के बाद से उत्तर प्रदेश की कृषक राजनीति की धुरी उत्पादक हित रही है। इसमें आदानों के साहाय्य तथा सरकार के वसूली दामों आदि का प्रमुख महत्त्व रहा है। इस राजनीति का नेतृत्व पूरी तरह से समृद्ध भूस्वामियों के हाथों में ही रहा है। जमींदारी उन्मूलन के बाद अन्य किसी बड़े भू-सुधार के लिए कोई राजनीतिक दबाव नहीं बन पाया—चाहे इनका नाम भू-पुनःवितरण हो या फिर काश्तकारी सुधार ! जमींदारी उन्मूलन ने सामन्ती भूस्वामियों की स्थिति अवश्य कमजोर की, किन्तु अपेक्षाकृत छोटे भूस्वामियों एवं किसानों की स्थिति बहुत सुदृढ़ बना दी। कृषि के क्षेत्र में साठ के दशक में आए तीव्र तकनीकी परिवर्तनों ने तो भूस्वामी किसानों की आर्थिक स्थिति को और भी मजबूत बना दिया।

उत्तर प्रदेश की कृषि संरचना की एक अन्य बहुत बड़ी विशेषता यह है कि यहाँ भूमिहीन किसानों का वर्ग बहुत बड़ा नहीं है। यद्यपि उत्तर प्रदेश में भूमि के वितरण में बहुत भीषण विषमताएँ विद्यमान हैं—फिर भी पूरी तरह से भूविहीन किसानों का अनुपात बहुत ही न्यून है। इसी से जुड़ी दो और बातें भी विचारणीय हैं : सभी बड़े राज्यों में ग्रामीण पुरुष श्रमिकों में अपने आपको कृषि मजदूर कहने वालों के अनुपात की दृष्टि से उत्तर प्रदेश का क्रम नीचे से दूसरा है तथा ग्रामीण श्रमिकों में अपने आपको किसान कहने वालों के अनुपात की दृष्टि से इस राज्य का क्रम ऊपर से दूसरा बनता है। इसके कारण भी कृषि राजनीति में उत्पादक हितों एवं बड़े किसानों का वर्चस्व बना रहने में सहायता मिली है। इसके विपरीत केरल एवं पश्चिम बंगाल में ग्रामीण जनता के बहुत बड़े भाग का कोई हित समाज की तत्कालीन सम्पत्ति अधिकार व्यवस्था के साथ बँधा हुआ नहीं था। किन्तु उत्तर प्रदेश में इस प्रकार वर्ग आधारित संगठन के माध्यम से आमूल कृषि सुधारों की ओर प्रवृत्त हो सकने योग्य वर्ग बहुत ही छोटा रहा है। इस बात के भी बड़े सशक्त प्रमाण मिल रहे हैं कि जमींदारी उन्मूलन के अन्तर्गत भू-सुधारों की रचना इस प्रकार से की

गई थी कि भविष्य में वर्ग आधारित राजनीतिक संगठन की सम्भावनाएँ पैदा ही नहीं हो पाएँ। अतः यहाँ तो गरीब भूधारी किसान भी अपने आपको उत्पादक हितों का पोषण कर रहे बड़े किसानों का समर्थन करते हुए ही पाता है—वह भूहीनों के साथ मिलकर जमीन के बँटवारे और विषमताओं को चुनौती नहीं दे पाता।

यह बात भी ध्यान देने योग्य है कि उत्तर प्रदेश के अधिकांश किसान आन्दोलन पश्चिमी भागों में केन्द्रित रहे हैं और इनका मजदूरी दरों, महिलाओं की विमुक्ति एवं आर्थिक समता की माँगों के प्रति विरोध कभी से जगजाहिर रहा है। इसके विपरीत महाराष्ट्र में उत्पादक हितों का संरक्षक किसान आन्दोलन इन मुद्दों के प्रति बहुत सजग एवं संवेदनशील रहा है। उत्तर प्रदेश में तो समृद्ध किसानों के अतिरिक्त किसी और समुदाय के हित न तो किसान आन्दोलनों में सम्मिलित किए गए हैं और उनका इतना राजनीतिक महत्त्व रहा भी नहीं कि वे अपनी स्वतन्त्र अभिव्यक्ति कर पाएँ।

जाति एवं वर्ग

उत्तर प्रदेश की कृषि संरचना की एक अन्य प्रमुख विशेषता यह है कि कोई न कोई 'उच्च' वर्णीय जाति भू-स्वामित्व एवं किसी पदाधिकार आदि की औपचारिकताओं के कारण प्रमुख या प्रबल जाति बन जाती है। प्रसिद्ध समाजशास्त्री श्रीनिवास के मतानुसार यह जाति अपने संख्या बल एवं आर्थिक प्राबल्य के सहारे ग्रामीण स्तर पर राजनीतिक शक्ति पर नियन्त्रण किए रहती है। उत्तर प्रदेश के इस प्रकार वर्चस्वधारी भूस्वामी सामान्यतः उच्चवर्णीय क्षत्रिय परम्परा के ठाकुर या राजपूत ही रहे हैं [ये लोग कम से कम महाभारत काल से अपनी वंश परम्पराओं को अवश्य जोड़े हुए हैं। महाभारत भी क्षत्रिय परिवारों के आपसी संघर्ष को ही गाथा रहा है। वैसे क्षत्रियों का भूस्वामी होना समझ आता है—आखिर पुरातन समय से ही भूस्वामित्व को युद्ध में जीतकर ही अक्षुण्ण रखा जाता रहा है—पराजय का अर्थ स्वामित्व का अन्त होता था। यह भूक्षेत्र बहुत उपजाऊ रहा है—इस कारण अनेक आक्रमणकारियों की लालच-भरी गृद्ध दृष्टि भी इस पर रही है]। किन्तु दक्षिण भारत एवं महाराष्ट्र के क्षेत्रों में तो भूस्वामी वर्ग अपेक्षाकृत काफ़ी निम्नवर्णीयों का ही रहा है। उत्तर प्रदेश में तो राजसत्ता एवं उच्च वर्ण के संयोग ने समाज में व्याप्त जाति एवं वर्ग की विषमताओं को चुनौती दे पाना बहुत कठिन बना दिया है।

इन परिस्थितियों में जातिविरोधी आन्दोलनों का सबल बन पाना बहुत ही कठिन रहना स्वाभाविक ही होगा। जाति एवं मुख्यतः उच्च जाति विरोधी आन्दोलन देश के अनेक भागों में बहुत समय से चलते रहे हैं—पर उत्तर प्रदेश में इनकी शुरुआत अभी नई-नई ही हुई है। यद्यपि पहले भी कुछ आन्दोलनों ने जाति पर आधारित सामाजिक व्यवस्था को चुनौती देने का प्रयास किया था—पर उनकी सारी संगठना भी किसी एक जाति पर ही आधारित रही। 1920 के दशक में चमार

जाति ने एक ऐसी ही चुनौती संगठित रूप से खड़ी की थी किन्तु ऐसे आन्दोलनों के कारण किन्हीं स्थायी राजनीतिक संगठनों का निर्माण नहीं हो पाया। महाराष्ट्र एवं दक्षिण भारत में तो अधिकांश भूस्वामी निम्नवर्णीय ही थे, अतः ग्रामीण अभिजात वर्ग ने अनेक बार ऐसे आन्दोलनों का शुभारम्भ भी किया तथा अन्य लोगों द्वारा संचालित आन्दोलनों में खूब बढ़-चढ़ कर भाग भी लिया। इसके विपरीत उत्तर प्रदेश के मध्य एवं पूर्वी भाग के क्षत्रिय भूस्वामियों ने ऐसे आन्दोलनों को समर्थन देना तो दूर की बात, (सदैव) उन्हें कुचलना ही अपना 'कर्त्तव्य' माना।

पश्चिमी उत्तर प्रदेश की दशा कुछ भिन्न रही है। यहाँ कृषि व्यवस्था में जाट जाति बहुत प्रबल रही है—यह जाति वर्ण व्यवस्था में बहुत ऊँचे स्थान पर कभी नहीं रही। साठ के दशक में चौधरी चरण सिंह ने पिछड़े वर्गों को जाट भूस्वामियों के नेतृत्व में एकजुट करने के लिए बहुत खुलकर ब्राह्मणविरोधी (द्विजवाद विरोधी) शब्दावली का इस्तेमाल किया। किन्तु यहाँ एक बात बहुत ध्यान देने की है कि जाट भूस्वामियों एवं अन्य 'अछूत' कही जानेवाली चमार आदि जातियों के बीच की आर्थिक खाई बहुत ही विशाल थी। इसी के कारण पश्चिमी उत्तर प्रदेश के किसान आन्दोलनों में अनुसूचितजातीय कृषि मजदूरों के हितों के प्रति शत्रुता का भाव भी बना रहा। चरण सिंह का आन्दोलन द्विजवाद विरोधी भले ही रहा हो, वह अनुसूचित जातियों के प्रति भी अपमान की भावना से ही भरा था।

पिछले कुछ वर्षों से उत्तर प्रदेश में अनुसूचित जातियों का एक बार फिर संगठन प्रारम्भ हुआ है। इस बार इसकी अगुआई बहुजन समाज पार्टी कर रही है। प्रदेश में इस दल ने एक अनुसूचितजातीय महिला सुश्री मायावती को मुख्यमन्त्री पद पर आसीन कराने में सफलता भी पाई है। यह बात अपने आप में महत्त्वपूर्ण है पर इसमें गुटबाजी का भी बहुत बड़ा हाथ रहा है—मायावती सरकार तो स्वयं निम्नजातीय राजनीति का विरोधी समझी जानेवाली भारतीय जनता पार्टी के साथ गठबन्धन के कारण ही अस्तित्त्व में आ पाई थी। अतः कहा जा सकता है कि अभी तक तो 'बहुजन समाज' आन्दोलन चुनावी गठबन्धन बनाने या सार्वजनिक क्षेत्र के रोजगारों में आरक्षण जैसे संकीर्ण उद्देश्यों के गलियारों में ही भटक रहा है। यह तो भविष्य ही बताएगा कि क्या ये नए गठबन्धन स्थायी स्वरूप धारणकर समाज के वंचनाग्रस्त वर्गों की आवश्यकताओं एवं समस्याओं को राजनीतिक कार्यक्रम में प्रमुखता दिला पाने में समर्थ सिद्ध होंगे।

लचीली पितृानुगामिता

अनेक अध्येताओं ने उत्तर भारत की प्रमुख भूस्वामी जातियों, राजपूतों एवं जाटों में पितृानुगामिता के बहुत प्रबल होने की बात पर ध्यान दिलाया है। इस प्रकार की संस्कृति के कुछ लक्षण तो उनकी भौतिक परिस्थितियों से ही जुड़े रहते

हैं। भूधारी कृषक संस्कृतियों में पितृवंशानुगामिता तथा लड़कियों के लिए विवाहोपरान्त पतिगृहवास के साथ-साथ संयुक्त परिवार व्यवस्था और लिंग पर आधारित श्रम विभाजन आदि का बहुत दृढ़ता से पालन होता रहा है। इसी पितृवाद की भीषणतम परिणति कन्यावध जैसे निकृष्ट व्यवहार में होती रही है। यह परम्परा राजपूतों एवं जाटों में बहुत समय से चलती रही है। इसी के कारण उत्तर भारत की इन भूधारी जातियों में स्त्री-पुरुष अनुपात भी बहुत कम रहा है।

क्षत्रिय जातियों ने इस पितृवादी विचारधारा के साथ 'इज्जत' को और जोड़कर एक बहुत ही 'विस्फोटक' सामाजिक परिवेश की रचना कर ली है। इस 'इज्जत' की रखवाली तो तभी हो सकती है जब कि इनकी महिलाएँ अनेक प्रकार के बन्धनों से युक्त व्यवहार का पालन करें—यहाँ तक कि मृतक पति की चिता पर जलकर सती हो जाएँ। इन क्षत्रिय जातियों की परम्पराओं और जीवन दर्शन ने अन्य प्रमुख भूस्वामी जातियों के व्यवहार को भी प्रभावित कर उनकी पितृवंशानुगतता को 'प्रबल' बनाने में योग दिया है।

श्रमिक वर्गों में स्त्री-पुरुष सम्बन्धों में इतनी अधिक विषमताएँ नहीं रहीं—इसका एक कारण उनकी स्त्रियों की श्रम शक्ति में अधिक व्यापक भागीदारी भी रहा है। किन्तु उत्तर प्रदेश में इन वर्गों का संख्या बल अन्य प्रान्तों की तरह प्रबलता से रहित ही रहा है। इस कारण भी उत्तर प्रदेश के स्त्री-पुरुष सम्बन्धों पर भूस्वामी वर्गों की 'जुझारू' पितृवंशानुगामिता की गहरी छाप रही है।

जाति, वर्ग एवं स्त्री-पुरुष सम्बन्धों की ये कड़ियाँ न केवल स्त्री-पुरुष के बीच भीषण विषमताओं का कारण बनी हैं बल्कि इनके अन्तर्सम्बन्धों ने इस व्यवस्था के स्वरूप को कुछ लचीलापन भी प्रदान कर दिया है। जैसे समाज में रूढ़ जातिगत क्रमिकता के प्रति संगठित विरोध के अभाव में उत्तर प्रदेश की वंचनाग्रस्त जातियों ने अक्सर उच्च जातियों की पितृानुगामी संस्कृति का विरोध करने के विपरीत उसे अपनाकर उसे अपने सामाजिक स्तर में 'सुधार' मानना आरम्भ कर दिया है। इस प्रकार 'उच्चता' की ओर अग्रसर निम्न जातियों में विधवा विवाह पर बन्धनों का लागू हो जाना तथा दामुल दुलहन के रिवाज़ के स्थान पर दहेज़ प्रथा का समावेश होना इस प्रकार के उच्च अनुकरण के बहुत ही सहज प्रमाण माने जा सकते हैं। यद्यपि 'संस्कृतिकरण' की यह प्रक्रिया केवल उत्तर प्रदेश या उत्तरी भारत तक ही सीमित नहीं रही है, फिर भी जिन क्षेत्रों में भूधारी क्षत्रिय जातियों को ही सामाजिक जीवन एवं संस्कृति का आदर्श मान लिया गया है, वहाँ स्त्री-पुरुष के बीच समता का अभाव और गहरा हुआ है तथा पितृानुगामिता का प्रसार हुआ है [दक्षिण भारत में क्षत्रियों की अपेक्षा ब्राह्मणों को ही सामाजिक दृष्टि से आदर्श माना जाता रहा है]।

उत्तर प्रदेश में स्त्री-पुरुष अनुपात में हाल ही में आए परिवर्तनों की व्याख्या

भी इस परिप्रेक्ष्य में हो सकती है। इस शताब्दी के आरम्भ (1901) में उत्तर प्रदेश में यह अनुपात 0.94 था किन्तु निरन्तर घटते हुए यह 1991 में 0.88 रह गया। यह आखिरी आँकड़ा उत्तर प्रदेश की 'प्रबल' क्षत्रिय जातियों का स्वाभाविक स्त्री अनुपात स्तर रहा है—उनका 1901 में भी यही स्त्री-पुरुष अनुपात था [राजपूतों में 0.89, जाटों में 0.85 तथा गूर्जरों में 0.80]। उत्तर प्रदेश में स्त्री-पुरुष अनुपात की यही प्रवृत्तियों का संचार रहा है। ये प्रवृत्तियाँ इस विचार की भी पुष्टि कर रही हैं कि अन्य जातियों में भी प्रबल जातियों की पितृानुगामी संस्कृति का संचार हो रहा है।

इसी से जुड़ा एक महत्त्वपूर्ण मुद्दा नारी की कार्य कर पाने की स्वतन्त्रता और घर से बाहर कमाऊ रोजगार में भागीदारी का है। हमने पिछले एक भाग में देखा था कि उत्तर प्रदेश के हिमालयवर्ती क्षेत्र को छोड़ शेष प्रदेश में तो यह कार्यशक्ति में भागीदारी भारत भर की औसत (जो अपने आप में कम ही कही जाएगी) से भी कम है। इसी प्रकार महिलाओं का गैर-घरेलू कामों में भाग लेना भी अतिसीमित ही रहा है। यह पितृवादी संस्कृति की 'प्रबलता' का एक लक्षण है—पिछले वर्षों में इसमें शिथिलता नहीं आई है—वरन् इसके प्रसार के ही आसार दिखाई पड़ रहे हैं। नारी के आवागमन एवं अन्य कार्यों पर बन्धनों के कारण ही स्त्री-पुरुष सम्बन्धों के स्वरूप में ठहराव-सा दिखाई पड़ रहा है। इन्हीं बन्धनों के कारण नारी सगठित होकर कुछ कर पाने में असफल रही है। इस विफलता में विवाह के बाद पितृगृह से पतिगृह को पलायन—दूसरे गाँव में निवास की बाध्यता आदि के कारण भी महिलाओं का अपने जन्मस्थान एवं परिवार की अन्य महिलाओं से सम्पर्क विच्छेद हो जाता है। इस मामले में दक्षिण भारत में स्थिति बेहतर रही है। एक तो वहाँ श्रमशक्ति में भागीदारिता अधिक रही है, दूसरे वहाँ के बन्धुता सम्बन्धी व्यवहार के कारण भी नारी को अधिक स्वायत्तता और एकजुटता सुलभ हो पाई है। भारत के अन्य भागों के अनुभवों से यही ज्ञात होता है कि पितृवाद को प्रभाव चुनौती देने के लिए नारी का संगठनबद्ध होना आवश्यक है—क्योंकि अकेले-अकेले किए गए विद्रोह को तो सहज ही दबा दिया जाता है।

विषमता और दमन

उपर्युक्त चर्चा का उद्देश्य उत्तर प्रदेश की सामाजिक विषमताओं के लचीले स्वरूप को उजागर करना और उसके कारण राजनीतिक शक्ति में आई असमानताओं की ओर ध्यान आकर्षित करना ही था। हम एक बार फिर इस बात पर आग्रह कर रहे हैं कि मुख्य मुद्दा केवल पारम्परिक आर्थिक विषमताओं—आय या भू-धारित की असमानता—का नहीं है। हमें ऐसे कोई प्रमाण नहीं मिले कि उत्तर प्रदेश में ये विषमताएँ शेष देश से अधिक हों। वस्तुतः 1987-88 में सारे ही देश में प्रति व्यक्ति व्यय के मिनि गुणक के 0.26 से 0.33 के बीच रहने के अनुमान रहे

हैं। उत्तर प्रदेश का गिनि गुणक 0.293 है जो इस अन्तराल के मध्य में ही स्थित है। यहाँ भूविहीनों का अनुपात बहुत ही कम है—इसी कारण यहाँ भू-स्वामित्व की विषमताएँ भी अन्य राज्यों से अधिक नहीं हो पाएँगीं। यहाँ तो इस बात का महत्त्व अधिक है कि सामाजिक एवं आर्थिक विषमताओं ने क्या स्वरूप धारण कर लिया है तथा यहाँ किस प्रकार जाति, वर्ग एवं लिंग पर आधारित विषमताएँ इन सामाजिक-आर्थिक विषमताओं के साथ मिलकर परस्पर सम्पोषण में जुटी हुई हैं।

वर्ग, जाति एवं लिंग पर आधारित विषमताओं के फलस्वरूप शक्तियों एवं विशेषाधिकारों के अति संकेन्द्रण के कारण सामाजिक परिवर्तन एवं व्यापक राजनीतिक भागीदारी के प्रति अत्यन्त विद्वेषपूर्ण वातावरण का निर्माण हो चुका है। इसी का एक लक्षण वंचनाग्रस्तों की विमुक्ति के किसी भी सामाजिक-राजनीतिक आन्दोलन का बड़ी क्रूरता के साथ दमन रहा है। चाहे बात महिलाओं द्वारा सम्पत्ति में अपना अधिकार माँगने की हो, या कृषि मजदूरों द्वारा अधिक मजदूरी की, या फिर अनुसूचित जातियों द्वारा उच्च जातियों के दबाव का प्रतिरोध करने की, अक्सर इन सभी का उत्तर प्रबल जातियों ने हिंसा, बलात्कार और हत्याओं से ही दिया है। एक प्रकार से उत्तर प्रदेश का ताज़ा सामाजिक इतिहास यही बता रहा है कि वर्ग, जाति एवं स्त्री-पुरुष के बीच की विषमताओं ने यहाँ अभावग्रस्त वर्गों के लिए दमन एवं हिंसा को असह्य बना दिया है।

निष्कर्ष

उत्तर प्रदेश के विकास अनुभवों की समीक्षा करते समय हमें दो बातों के प्रति विशेष सावधानी बरतनी होगी। यह राज्य न तो सारे भारत की प्रवृत्तियों का दर्पण हो सकता है और न ही यह अपने आप में इतना विलक्षणता-भरा है कि इसके अनुभव किसी के काम ही न आ पाएँ। हमने दक्षिण भारत का उदाहरण तो दिया ही है, वैसे भी भारत के बहुत से हिस्से उत्तर प्रदेश से बहुत ही 'अलग' प्रकार के माने जा सकते हैं। पर किसी न किसी रूप में भारत के अनेक क्षेत्रों में उत्तर प्रदेश से बहुत कुछ मिलता-जुलता सामाजिक-आर्थिक परिवेश भी स्पष्टतः दिखाई पड़ ही जाता है। व्यापक निरक्षरता एवं विषमताएँ, गहरी पैठी हुई भ्रष्टाचारी वृत्तियाँ और महिलाओं की बृहत्तर भूमिका का व्यवस्थित दमन आदि ऐसी सामाजिक विफलताएँ हैं जिन्हें केवल उत्तर प्रदेश की 'बपौती' नहीं माना जा सकता। हाँ, यह सच है कि इस प्रदेश में कुछ मामलों में इन विफलताओं के तेवर बहुत ही तीखे रहे हैं। इसी कारण उनके मानवीय जीवन पर प्रभाव भी बहुत ही सुस्पष्ट दिखाई पड़ रहे हैं। इसी कारण उत्तर प्रदेश के 'विकास' अनुभव शेष भारत के लिए और अधिक 'सार्थक' हो गए हैं—अर्थात् हमें यह 'सीखना' ही होगा कि हम किस मार्ग का अनुसरण करें जिससे हम उत्तर प्रदेश जैसी दलदल में धँसने से बचे रह सकें। इसी विश्वास एवं आशा

के साथ हम इस अध्ययन-विशेष के व्यापक महत्त्व की समीक्षा-मीमांसा के साथ इस अध्याय का समापन करने जा रहे हैं।

सबसे पहली बात तो यह है कि उत्तर प्रदेश भारत के उन क्षेत्रों में से है जो अधिकांश विकास सूचकों की कसौटी पर बहुत पिछड़े हुए रह गए हैं। इस बात को दोहराना इसलिए आवश्यक हो गया है कि कुछ ही समय पूर्व तक उत्तर प्रदेश को इस बुरी तरह पिछड़ा हुआ नहीं माना जाता था। हमने पहले में देखा ही है कि परम्परागत निर्धनता के सूचकों के आधार पर तो यह प्रदेश प्रायः सारे भारत जैसे ही स्तर पर है। अधिकांश विकास नीतिगत चर्चाएँ इन्हीं सूचकों पर केन्द्रित रहती हैं। इसी कारण इस प्रदेश की समस्याओं की गम्भीरता की ओर अभी तक विकास आयोजन में पर्याप्त ध्यान नहीं दिया जा सका है। कई बार यह भी कहा गया है कि उत्तर प्रदेश तो हरित क्रान्ति से लाभान्वित हुए प्रगतिशील प्रान्तों में से है, अतः उसे तो वास्तव में अधिक सरकारी सहायता एवं समर्थन के लाभ पहुँचे हैं–उसकी ओर कम ध्यान दिए जाने की सम्भावना ही कहाँ बचती है ? यह विचार भी मानवीय अभाव एवं वंचना के मृत्यु दर एवं निरक्षरता जैसे सूचकों की उपेक्षा पर ही आधारित रहा है। यह भी बहुत विलक्षण बात है कि उत्तर प्रदेश सहित समूचे उत्तर भारतीय क्षेत्र में जननशीलता की उच्च दरों के कारण ही अन्ततः सारे 'बिमारू' (बिहार, मध्य प्रदेश, राजस्थान, उत्तर प्रदेश के पहले अक्षरों से मिलकर बना शब्द) क्षेत्र के 'सामाजिक विकास' की ओर ध्यान आकर्षित हो पाया है।

दूसरी बात यह है कि उत्तर प्रदेश में व्याप्त अभावों की गाथा केवल निम्न प्रति व्यक्ति आय और धीमी आर्थिक संवृद्धि की चर्चा मात्र से सम्पूर्ण नहीं हो जाती। इन एवं आर्थिक प्रगति की अन्य सभी मानक कसौटियों के आधार पर केवल उत्तर प्रदेश ही नहीं, प्रायः सारा ही देश पिछड़ा हुआ प्रतीत होता है। न्यून आर्थिक निष्पादन का मुद्दा भी चिन्ता का विषय है–पर उत्तर प्रदेश में तो मानव जीवन के स्तर को सुधारने की दिशा में और भी अनेक प्रकार की विफलताएँ ही दिखाई पड़ रही हैं। इन्हीं विफलताओं में प्रमुख हैं : भू-सुधारों का बंटाधार, जनस्वास्थ्य व्यवस्था का परिवार नियोजन कार्यक्रम द्वारा अपहरण, सार्वजनिक स्कूल व्यवस्था का अधोपतन, गरीबी निवारण कार्यक्रमों में भ्रष्टाचार का नग्न नृव्य, महिलाओं की सज्ञान बृहतर भूमिका का निरन्तर दमन एवं स्थानीय लोकतान्त्रिक व्यवस्था का अति-भंगुर आधार, आदि। इन सभी विफलताओं के पीछे सहयोगी एवं विरोधी दोनों ही प्रकार की जनसक्रियता के अभाव का भी हाथ रहा है। यही कारण है कि सामाजिक आवश्यकताओं, विशेषकर अभावग्रस्त जन समुदाय की आवश्यकताओं की सम्पूर्ति की ओर किसी का ध्यान ही नहीं जाता।

तीसरी मुख्य बात यह है कि इसी पुस्तक में वर्णित केरल के विकास अनुभवों की तुलना में तो उत्तर प्रदेश का यह अध्ययन इस क्षेत्र के क़द को और अधिक

बौना बना देता है। जहाँ केरल का अनुभव विकास के प्रारम्भिक सोपानों में ही कटिबद्ध सामाजिक सक्रियता के सम्भावित सकारात्मक योगदान की सम्भावनाएँ उजागर कर रहा है, वहीं उत्तर प्रदेश यह बता देता है कि अकर्मण्यता का बोझा कितना भारी हो सकता है। केरल की सफलताओं में भू सुधार, स्त्री-पुरुष समता, प्राथमिक शिक्षा, स्थानीय लोकतन्त्र आदि का बहुत केन्द्रभूत योगदान रहा है। पर इन्हीं मामलों में व्याप्त सामाजिक निष्क्रियता की उत्तर प्रदेश को बहुत बड़ी कीमत चुकानी पड़ रही है। भारत के विभिन्न राज्यों के विकास अनुभवों की विविधता को समझ पाने में इस प्रकार की तुलनाएँ बहुत ही उपयोगी हैं एवं इनका व्यावहारिक दृष्टि से बहुत ही अधिक महत्त्व भी है।

चौथे, उत्तर प्रदेश में भारी निरक्षरता (विशेषकर युवा पीढ़ी--उसमें भी लड़कियों में) एक ऐसा मुद्दा है जिसका अपना विशिष्ट महत्त्व है। यह न केवल मानवीय वंचनाओं का एक आयाम होता है, वरन् इसके कारण इस राज्य में और भी अनेक अभावों एवं वंचनाओं का संवर्धन हुआ है। अनेक अध्ययनों ने प्राथमिक शिक्षा के वैयक्तिक एवं व्यापक सामाजिक पक्षों की ओर ध्यान खींचा है--ये पक्ष आर्थिक संवृद्धि, जनांकिकीय प्रगति, सामाजिक समता, राजनीतिक भागीदारी एवं वैयक्तिक विकास के साथ भी घनिष्ठतापूर्वक सम्बन्धित रहते हैं। इन निष्कर्षों के आधार पर उत्तर प्रदेश एवं अन्य शैक्षिक दृष्टि से पिछड़े राज्यों में प्राथमिक शिक्षा का प्रसार-संवर्धन भारतीय विकास नीति की एक सर्वप्रमुख वरीयता हो जाती है। दुर्भाग्यवश, जैसा कि हमारे क्षेत्रीय अन्वेषण ने दर्शाया है, आज के दिन तो उत्तर प्रदेश के सरकारी स्कूलों का संचालन बहुत ही शोचनीय अवस्था में है--इसकी दशा में निरन्तर बिगाड़ हो रहे हैं, सुधार नहीं। यहाँ सबसे बड़ी समस्या यही है कि स्कूल तन्त्र किसी के प्रति भी जवाबदेह नहीं है। इस स्कूलतन्त्र को सुधार पाना कोई आसान काम भी नहीं है। जब तक उत्तर प्रदेश में प्राथमिक शिक्षा एक बड़ा राजनीतिक मुद्दा नहीं बनेगा, इस हालत में किसी सुधार की आशा नहीं की जा सकती।

पाँचवी मुख्य बात यह है कि हमारे अध्ययन से स्पष्ट हो रहा है कि सामाजिक विषमताएँ किस प्रकार सामाजिक सफलताओं की सम्भावनाओं को पंगु बना देती हैं। उत्तर प्रदेश में राजनीतिक शक्ति की अतिविषमताओं ने अधिकांश विकास कार्यक्रमों में राजकीय हस्तक्षेप (योगदान) की प्राथमिकताओं को भी पूरी तरह से विकृत कर दिया है। राजनीतिक प्रक्रिया में अभाव वंचनाग्रस्तों की अतिन्यून भागीदारी केवल वर्ग की नहीं, जाति एवं लिंग पर आधारित विषमताओं के निरन्तर चल रहे प्रभावों की व्यापकता की ही एक झलक है। साक्षरता को व्यापक बना पाने में विफलता भी इसी सामान्य सामाजिक परिदृश्य का एक अंग ही है। यही बात शिक्षा नीति के रुझानों एवं स्कूल तन्त्र की उत्तरदायित्वविहीनता में भी परिलक्षित होती है। आम तौर पर विषमताओं को आय के वितरण की संकीर्ण दृष्टि से ही

देखने का प्रयास होता है—अन्य सभी विषमताओं को गौण मान लिया जाता है—यह माना जाता है कि यदि गरीबी कम होगी तो अन्य सभी समस्याएँ भी अपने आप सुलझ जाएँगी [इस प्रकार के चिन्तन के सन्दर्भ में तो हमारे उपर्युक्त निष्कर्ष और भी महत्त्वपूर्ण बन जाते हैं]। इस वैचारिक परिवेश में यह सोचा ही नहीं जाता कि (1) सामाजिक विषमता केवल आय की असमानता का मामला नहीं है, (2) दमनात्मक विषमताओं के उन्मूलन सहित सामाजिक परिवर्तन विकास प्रक्रिया का अनिवार्य अंग है, तथा (3) अनेक व्यापक विकास लक्ष्यों की सम्प्राप्ति के मार्ग में सामाजिक विषमताएँ बहुत बड़ी बाधा का रूप धारण कर सकती हैं।

छठे, उत्तर प्रदेश के विकास अनुभवों का भारत के वर्तमान आर्थिक सुधार सम्बन्धी विचार मन्थन पर भी प्रभाव पड़ना चाहिए। इस सुधारवाद के पक्ष एवं विपक्ष दोनों ही का सारा ध्यान उदारीकरण तक सीमित होकर रह गया है। इन विचारित मुद्दों का महत्त्व तो निर्विवाद ही है किन्तु केवल इन्हीं तक सीमित रह जाना नितान्त अपर्याप्त सिद्ध होगा। उत्तर प्रदेश का यह अध्ययन हमें यही बात समझाता है कि भारत में चिरन्तन अभावों के लिए उत्तरदायी विफलताएँ अनेक हैं, उनकी जड़ें बहुत गहरी एवं दूर-दूर तक फैली हुई हैं और वास्तविक सुधारों के तकाज़े हैं कि हम केवल उदारीकरण तक सिमट कर नहीं रह जाएँ, हमें तो इनसे बहुत आगे निकलना होगा।

और अन्त में, उत्तर प्रदेश में विकास वरीयताओं में परिवर्तन एवं इस विषय में सफलता अर्जन की चुनौती केवल राज्य सरकार के लिए नहीं है, इसका सामना तो सारी जनता को ही करना होगा। सरकार इस व्यापक बदलाव में केन्द्रीय भूमिका निभा सकती है, पर उसके निर्णयों एवं कार्यों को प्रभावी बना पाने में राज्य की लोकतान्त्रिक राजनीति की प्रकृति और उसके तत्त्वों का भी बड़ा भारी योगदान होगा। आज के राजनीतिक वातावरण में यह मान बैठना मूर्खता ही होगी कि सरकार अपने आप या किसी विशेषज्ञ दल की सीधी-सीधी सिफारिशों के आधार पर सामाजिक परिवर्तन का कोई कार्यक्रम बनाकर उसे क्रियान्वित कर पाएगी। अन्ततः यह एक राजनीतिक संग्राम है, इसके लिए अभावग्रस्तों के मताधिकार को और प्रभावी बनाना तथा उनकी आवश्यकताओं की और मुखर अभिव्यक्ति अनिवार्य होगी। इस पुस्तक में प्रस्तुत अन्य अध्ययन भारत के राज्यों में राजनीतिक शक्ति के समीकरणों में बदलाव की सम्भावनाएँ दर्शा रहे हैं। उत्तर प्रदेश के ही निवर्तमान घटनाक्रम से अनेक संकेत मिल रहे हैं। यहाँ की सामाजिक विफलताएँ बहुत भारी रही हैं पर यदि ठीक से कार्य किया जाए तो उसके प्रतिफल भी बहुत शानदार होंगे—हाँ, निरन्तर अकर्मण्यता के कारण समाज को बहुत भारी कीमत भी चुकानी पड़ सकती है।

3.
पश्चिम बंगाल
कृषि राजनीति एवं ग्राम्य विकास

पश्चिम बंगाल के ग्रामीण क्षेत्रों का अध्ययन क्यों ?

जब से भारत में गरीबी के आँकड़ों का प्रकाशन प्रारम्भ हुआ है, पश्चिम बंगाल एवं इसके पड़ोसी राज्यो, बिहार और उड़ीसा में ग्रामीण जनता का सर्वाधिक हिस्सा उस रेखा से नीचे ही फँसा रहा है। इस अध्ययन की रचना के समय नवीनतम जानकारी वर्ष 1987-88 से जुड़ी हुई थी (बाद के वर्षों के विभिन्न राज्यों के तुलनात्मक आंकड़े उपलब्ध नहीं थे)। इस जानकारी के अनुसार पश्चिम बंगाल की ग्रामीण जनता में से 60 प्रतिशत गरीबी की रेखा से नीचे ही अपना जीवन बिताने को बाध्य हो रहे थे।

पश्चिम बंगाल भारत का सर्वाधिक जन घनत्व वाला प्रदेश है। यहाँ 1991 में प्रतिवर्ग किलोमीटर 766 व्यक्ति निवास करते थे—जबकि सारे देश में यह जनघनत्व 270 व्यक्ति प्रति वर्ग किलोमीटर ही है। इस प्रदेश की शहरी आबादी का अनुपात भारतवर्षीय औसत से कुछ अधिक है। यहां की 27.4 प्रतिशत जनता शहरी क्षेत्रों में रहती है जबकि सारे देश में 25.5 प्रतिशत ही इस श्रेणी में सम्मिलित हैं। वैसे सारी ही स्वतन्त्रता-पश्चात् अवधि में पश्चिम बंगाल में शहरीकरण की दर शेष देश की अपेक्षा धीमी रही है। इसी अवधि में इस प्रदेश की सापेक्ष औद्योगिक अर्थात् राज्य उत्पादन में औद्योगिक उत्पादन के अनुपात के अनुसार क्रमिकता में भी ह्रास आया है—क्योंकि इस क्षेत्र का उत्पादन स्थिरप्राय ही रहा है। वर्ष 1960-61 में समस्त भारत के औद्योगिक उत्पादन का 23 प्रतिशत पश्चिम बंगाल में उत्पादित होता था, 1980-81 में यह अनुपात घटकर 10 प्रतिशत रह गया—उसी दशक के अंत तक तो इसके 7 प्रतिशत से भी नीचे गिर जाने का अनुमान है। पश्चिम बंगाल ने औद्योगिक

विकास में पहल आरम्भ की थी किन्तु साठ के दशक के मध्य से निरंतर इसके औद्योगिक ह्रास का दौर चल रहा है। उसे रोक पाना संभव नहीं हो पाया है (पुनः संवर्धन की आशा तो बहुत दूर की बात है)।

औद्योगिक एवं अन्य गैर कृषि विकास के अभाव में ग्रामीण जन समुदाय का अधिकांश कृषि के सहारे ही जीवन यापन को बाध्य रहा है। कृषि ही उसके जीवन का मुख्य सहारा बनी रही है। यद्यपि इस क्षेत्र में भी संवृद्धि की संभावनाएं बहुत विशाल थीं किन्तु 1950 से लेकर अस्सी के दशक के आरम्भ तक कृषि उत्पादन में भी अधिक वृद्धि के दर्शन नहीं हो पाए। इस प्रकार अधिक जन घनत्व, अविकसित कृषि क्षमता और शिथिलताग्रस्त औद्योगिक क्षेत्रक ही इस प्रदेश की जनता के आर्थिक सुअवसरों को सीमित बनाए रखने वाली तीन प्रमुख 'विशेषताएं' रही हैं। इन्हीं अंधकारमय आर्थिक परिस्थितियों में पश्चिम बंगाल की राज्यस्तरीय राजनीति में 1970 के दशक के उत्तरार्द्ध में एक निर्णायक परिवर्तन आया।

क्षितिज पर परिवर्तन का उदयाभास

भारतीय राज्यों में पश्चिम बंगाल का एक अनूठा उदाहरण है जहाँ वामपंथी दलों का एक गठबन्धन वर्ष 1977 से निरंतर सत्तारूढ़ रहा है। पर गठबन्धन वर्ग आधारित राजनीति का पक्षधर रहा है और इसने सार्वजनिक रूप से ग्रामीण निर्धन वर्ग की जीवन दशाओं को सुधारने की प्रतिबद्धता की घोषणा भी की है। जब से मार्क्सवादी साम्यवादी दल के नेतृत्व वाला यह वाम मोर्चा सत्तासीन हुआ है, इस राज्य के अनुभवों को बहुत ध्यान से देखा जा रहा है। वाम मोर्चा बंगाल के शहरी एवं ग्रामीण क्षेत्रों में बहुत उठापटक एवं असन्तोष के बाद व्यापक कृषि एवं राजनीतिक सुधारों के वायदे के आधार पर सत्ता में आया था। ग्रामीण क्षेत्रों की जनता ने इस मोर्चे को खुले मन से भारी समर्थन प्रदान किया है। 1977 की प्रारंभिक चुनावी सफलता के बाद से इस राज्य के निर्वाचनों में यह तीन बार फिर सुस्पष्ट जन समर्थन प्राप्त कर चुका है। ग्रामीण जनता के तो 70 प्रतिशत मतदाताओं ने चार बार ग्राम पंचायत आदि के चुनावों में इस मोर्चे के प्रत्याशियों को अपना अनुमोदन प्रदान किया है।

वाम मोर्चे की 1977 की जीत तो पश्चिम बंगाल के राजनीतिक इतिहास ने ही तय कर दी थी। कभी उपनिवेशवाद-विरोधी संघर्ष के केन्द्र रहे कलकत्ता ने बहुत ही स्वभाविक रूप से वर्ग-आधारित वामपंथी राजनीति को अंगीकार कर लिया था। यही नहीं, 1930 के दशक से ही वे साम्यवादी किसानों के आन्दोलनों एवं संगठनों से भी जुड़े हुए थे। साठ का दशक होते उनकी ग्रामीण क्षेत्रों में अच्छी खासी पैठ हो चुकी थी। 1967 में कांग्रेस दल में हुए विभाजन का लाभ उठाकर मार्क्सवादी साम्यवादी दल ने बंगला कांग्रेस के साथ मिलकर प्रांतीय सरकार का गठन किया। यह सरकार अधिक समय तक नहीं चल पाई। फिर 1969 में इन्होंने ही दुबारा सरकार

बनाई। संयुक्त मोर्चा (संयुक्त विधायक दल) नाम से प्रख्यात से साँझी सरकारों का युग बहुत लम्बा नहीं रह पाया—ये दोनों सरकारें कुल मिलाकर 13 महीने ही चल पाईं।

यही वह समय भी था जब बंगाल के ग्रामीण क्षेत्रों में भूमि के पुनः वितरण एवं विद्यमान भू-सुधार कानूनों को अच्छी तरह से लागू कराने की मांग को लेकर बहुत व्यापक उठापटक चल रही थी। अनेक किसान संगठनों ने अपने अनुयायियों से कहा कि भू-सुधार कानूनों की त्रुटियों एवं छिद्रों का लाभ उठा भू-स्वामियों ने जो जमीन छिपाई हुई है, उसका पता लगाकर वे उस पर अधिकार कर (यह बात बहुत ध्यान देने योग्य है कि भू-धारण की वैधानिक सीमाओं से कहीं अधिक भूमि पर पुराने बड़े भू स्वामी फर्जी नामों से भी अपना अधिकार जमाए बैठे थे—ऐसे लोग 'बेनामी' मालिक कहे जाते थे)। संयुक्त मोर्चा के कई घटक दल तो इन किसान आन्दोलनों का नेतृत्व ही कर रहे थे। अतः इस सरकार के गठन के बाद छोटे एवं सीमांत किसानों का यह आन्दोलन बहुत ही तूफानी रूप धारण कर गया। वैसे इन आन्दोलनों के कारण एक नए राजनीतिक संगठन, भारतीय साम्यवादी दल (मार्क्स लेनिनवादी) का उदय भी हुआ—इन्हीं को नक्सलवादी भी कहा जाता है। इस दल का प्रारम्भ उत्तरी बंगाल के नक्सलबाड़ी क्षेत्र में जमीन पर जबरदस्ती अधिकार करने के दौर में हुआ था। इसके बाद ही संयुक्त मोर्चा ने अपने घटकों को छुपाई गई भूमि को खोजकर अपने अधिकार में करने का आह्वान किया था।

संयुक्त मोर्चा सरकारें अधिक समय तक चल नहीं पाईं। एक ओर तो केन्द्र में सत्तारूढ़ कांग्रेस का दबाव था तथा दूसरी ओर किसान आन्दोलन निरंतर हिंसात्मक एवं अनियमित या अराजकतापूर्ण स्वरूप धारण करने लगा था। एक बार फिर पश्चिम बंगाल में कांग्रेस सरकार बनी एवं 1977 में राज्य के चुनावों में मार्क्सवादी-साम्यवादी दल के नेतृत्व वाले वामपंथी दलों के वाम मोर्चे की विजय तक वही सत्तारूढ़ रही।

इस प्रकार वैचारिक दृष्टि से आर्थिक समता के विचार से बँधे एक राजनीतिक मोर्चे का प्रादुर्भाव एवं विकास हुआ जिसका ग्रामीण क्षेत्रों में बहुत सुदृढ़ जनाधार बना हुआ था। यह घटना केवल पश्चिम बंगाल ही नहीं अपितु सारे देश के लिए राजनीतिक दृष्टि से बहुत ही महत्वपूर्ण सिद्ध हुई है। प्रायः सारे ही देश का विकास अनुभव हमें गरीबों की आवश्यकताओं के प्रति उदासीनता एवं संपत्तिसंपन्न वर्ग के हितों के प्रति अति जागरूकता का आभास देता रहा है, किन्तु अब एक प्रांत में इसके विपरीत परिदृश्य की रचना होने लगी। यह अन्तर केवल पश्चिम बंगाल में हो रहे राजनीतिक परिवर्तन का परिचयक नहीं है, यह तो इस राज्य के अनुभव से सारा भारत, बल्कि सारे विकासशील देश क्या कुछ सीख सकते हैं—आदि की संभावनाओं की अभिव्यक्ति भी है।

यह कहना अतिशयोक्ति न होगी कि ग्रामीण गरीबों की आर्थिक दुर्दशा के

कारण ऐसे किसी परिवर्तन की बहुत समय से प्रतीक्षा हो रही थी। 1977 में वाम मोर्चे की विरासत का एकमात्र सकारात्मक पक्ष इसका अपना सुदृढ़ जनाधार था। राज्य की आर्थिक परिस्थितियों की सबसे बड़ी विशेषताएं तो ग्रामीण क्षेत्रों में निर्धनता का व्यापक प्रकोप, कृषि में ठहराव, बढ़ता हुआ जनांकिकीय दबाव और आर्थिक विविधता का नितांत अभाव ही थीं। यही नहीं, वामपंथियों को भी अब भारत की पूंजीवादी लोकतांत्रिक व्यवस्था की वैधानिक परिधि में रहकर ही कार्य करना एक राजनीतिक मजबूरी प्रतीत हो रहा था। सभी आर्थिक एवं राजनीतिक सुधारों का वर्तमान राजनीतिक वैधानिक संरचना से संगत होना आवश्यक था। इन सबका क्रियान्वयन जिस समय सम्भव हो रहा था, वाममोर्चे के अधिकांश घटक केन्द्र में विपक्षी बेन्चों पर ही बैठे दिखाई दे रहे थे। वैसे कई बार यह भी आक्षेप हुआ है कि पश्चिम बंगाल में सत्तासीन दल नाम मात्र को साम्यवादी हैं, उनका वास्तविक चरित्र तो लोकतांत्रिक समाजवादी ही है—फिर भी इस मोर्चे ने भारत की लोकतांत्रिक व्यवस्था के दायरे में दहकर भी पुनः वितरण की व्यापक संभावनाओं को उजागर तो किया ही है।

कृषि सुधार एवं स्थानीय लोकतांत्रिक व्यवस्था की पुनः रचना के काम बहुत जल्दी ही आरम्भ कर दिए गए थे। इनकी ओर शोधकर्ताओं और राजनीतिकर्मियों सभी का ध्यान आकृष्ट हुआ है। सत्तर के दशक के आखिर से पश्चिम बंगाल में बहुत व्यापक परिवर्तन हुए हैं। 1994 की यदि 1977 से तुलना करें तो हालात काफी बदले हुए नज़र आते हैं। अस्सी के दशक के मध्य से निरंतर कृषि उत्पादन वृद्धि का दौर चल रहा है। ग्रामीण दरिद्रता में भी यथेष्ठ कमी आई है। अब तो औद्योगिक क्षेत्र में भी पुनः जीवन संचार होने के लक्षण दिखाई पड़ने लगे हैं। किन्तु यह परिवर्तन केवल पश्चिम बंगाल में नहीं आए हैं अपितु सारे ही देश में इसी प्रकार के आशापूर्ण वातावरण की रचना हुई है। अतः क्या इस बदलाव में वाममोर्चे द्वारा प्रारम्भ किसी सुधार की कोई योगदान रहा भी है या नहीं, इस बारे में विश्लेषण एवं विवाद की गुंजाइश तो बनी ही रहेगी। हम इस चर्चा में जन सामान्य के कुशल क्षेम से जुड़ी कुछ आवश्यक बातों यथा गरीबी-निवारण, स्वास्थ्य एवं शिक्षा संवर्धन आदि के संदर्भ में कुछ योगदान करने का प्रयास कर रहे हैं।

इस नाते हमारी रुचि केवल वाममोर्चे के कार्यक्रम या उसे लागू कर पाने में सरकार की सफलता के आकलन तक सीमित नहीं रह जाती, हमारी रुचि इस बात में भी है कि यह कार्यक्रम किस सीमा तक पश्चिम बंगाल के ग्रामीण वर्ग की आवश्यकताओं और परिस्थितियों के अनुरूप रहा है। अगले भाग में वाममोर्चे की राजनीतिक पृष्ठभूमि की व्याख्या की गई है। इसी संदर्भ में यह बात भी स्पष्ट होती है कि कृषि सुधारों का मुद्दा किस प्रकार से राज्य की राजनीति का केन्द्रबिन्दु बन गया। कृषि सुधारों के क्रियान्वयन सन्बन्धी साक्ष्यों का विश्लेषण कर यह जानने

का प्रयास भी किया गया है कि ये सुधार कहाँ तक गरीबी उन्मूलन एवं विषमता निवारण में सहयोगी हो सकते हैं। इससे अगले भाग में इस प्रांत में कृषि कार्य के निष्पादन का आकलन किया गया है। यहीं पर पिछले दो दशकों में ग्रामीण उपभोग, गरीबी और विषमता आदि की प्रवृत्तियों का भी अध्ययन हुआ है। इन उत्पादन, उपभोग एवं वितरण की प्रवृत्तियों का हमने पूर्वी भारत के पड़ोसी प्रांतों, बिहार एवं उड़ीसा से तुलनाएं करने के लिए भी प्रयोग किया है। इस तुलना के आधार पर यह समझने का प्रयास किया गया है कि भू-सुधारों का गरीब जनता के जीवन निर्वाह की दशाओं पर क्या प्रभाव रहा है। कुशलक्षेम के आय से इतर आयामों, स्वास्थ्य एवं शिक्षा का आकलन इससे आगे के भाग में किया गया है। यहाँ साक्षरता प्रसार एवं मृत्यु दरों को कम कर पाने में पश्चिम बंगाल की सफलताओं की तुलना भारत के अन्य राज्यों से की गई है। इसके बाद निष्कर्षों की ओर बढ़ते हुए राज्य सरकार की नीतियों की ग्रामीण जन समुदाय के हित संवर्धन कार्य में सफलताओं एवं विफलताओं का आकलन कर रहे हैं। एक बार फिर हम मुड़कर उन राजनीतिक कारकों की ओर ध्यान देंगे जिनके कारण वाम मोर्चे का प्रादुर्भाव सम्भव हुआ तथा यह भी जानना चाहेंगे कि कहाँ तक वे कारक सामाजिक-आर्थिक विकास में सहायक रहे अथवा बाधक बन गए।

आँकड़ों के विषय में कुछ स्पष्टीकरण

पश्चिम बंगाल के पिछले दो दशकों के अनुभवों के परिदृश्य की रचना के लिए अनेक स्रोतों से प्राप्त आँकड़ों का प्रयोग किया गया है। प्राथमिक स्रोत के रूप में विश्वभारती विश्वविद्यालय, शान्तिनिकेतन में 1987-90 के दौरान क्रियाशील रहे शोध प्रकल्प का नाम सर्वोपरि है—यह प्रकल्प विश्व विकास अर्थशास्त्र अध्ययन संस्थान के तत्वावधान में चलाया गया था। 'ग्रामीण दरिद्रता, सामाजिक परिवर्तन और सार्वजनिक नीति' नामक इस प्रकल्प में ग्रामीण गरीबी, आय, भू एवं अन्य परिसंपत्ति, स्वामित्व, भूसुधारों के प्रभाव, खाद्य-उपभोग, बाल पोषण, साक्षरता एवं एक कार्य से दूसरे की ओर गतिशीलता आदि अनेक विषयों से जुड़े आँकड़ों के संग्रह तथा विश्लेषण का कार्य हुआ था। इस अध्ययन के कर्ता हम दोनों में से एक (सेनगुप्त) इस प्रकल्प की रचना, कार्य पद्धति तथा निर्देशन कार्य के साथ प्रारम्भ से ही जुड़ा रहा था।

प्रकल्प का मुख्य कार्य पश्चिम बंगाल के विभिन्न कृषि-पारिस्थितिकी क्षेत्रों के 6 पृथक्-पृथक् गाँवों से पारिवारिक सर्वेक्षणों एवं वैयक्तिक प्रपत्रों के माध्यम से सामाजार्थिक आँकड़ों का संग्रह करना ही रहा है। अधिकांश सामाजिक एवं आर्थिक आंकड़े सभी ग्रामीण परिवारों के पूर्ण सर्वेक्षण पर आधारित हैं—इनमें शामिल हैं जाति, भू-स्वामित्व एवं भू-सुधार कानूनों का प्रभाव आदि। इसी प्रकार व्यक्तियों से जुड़ी

जानकारी–शिक्षा, मजदूरी, आमदनी और पोषण स्तर आदि का संग्रह संबद्ध व्यक्तियों के विषय में एकत्र की गई है। इन सर्वेक्षणों में कुल मिलाकर 749 परिवारों एवं 3972 व्यक्तियों की जानकारी संग्रहीत हुई है। इनकी अवधि 1987 से 1990 तक रही। शोधकर्ताओं ने प्रत्येक ग्राम में लगभग 6 महीने व्यतीत कर यह जानकारी प्राप्त की है। 6 में से 4 ग्राम दक्षिण बंगाल से हैं : कुचली और हजापुर वीरभूम जनपद से तथा भगबन बसन ग्राम में दिनीपुर जनपद एवं सिमतुनी ग्राम पुरुलिया जनपद से है। शेष दो गाँव उत्तरी बंगाल से हैं–ये हैं जलपाईगुड़ी का मगुरमारी तथा कूचबिहार का कलमंदसगुड़ी। इन सर्वेक्षणों के परिणामों का प्रयोग कर हम अन्य प्रकाशित (द्वितीयक) स्रोतों के आँकड़ों की जानकारी का परिमार्जन कर पाए हैं। इन सर्वेक्षणों को हमने 'वाइडर' (WIDER : World Institute for Development Economics Research) का लघु नाम दिया है। अतः संवंद्ध आंकड़े होंगे वाइडर आंकड़े, और ग्राम होंगे वाइडर ग्राम, आदि।

तालिका 3.1 पर ध्यान दें। यह बात स्पष्ट ही है ये 6 गाँव आकार एवं आर्थिक दशाओं की दृष्टि से बहुत विविधतापूर्ण हैं। ये गाँव अपने आसपास के क्षेत्रों का प्रतिनिधित्व भले ही न कर पाएं पर सम्मिलित रूप से ग्राम्य पश्चिम बंगाल की विविधताओं की एक समूची झलक अवश्य इनमें प्रतिबिंबित हो जाती है। ये सभी ग्राम मुख्यतः कृषि आधारित हैं–बस, जलपाईगुड़ी का मगुरमारी गाँव ही ऐसा है जिसके पास बीड़ी बनाने का व्यवसाय बहुत पुराने समय से चल रहा है। कुचली एवं भगबन बसन में भूमि में बहुत ही ऊपर पानी की सुलभता रही है। इसी कारण ये कृषि दृष्टि से अपेक्षाकृत समृद्ध गाँव रहे हैं। पुरुलिया का सिमतुनी गाँव आदिवासियों की बस्ती है–यहाँ भूमिहीनता तो नहीं देखी गई, पर मिट्टी की उर्वरता तथा पानी की उपलब्धिता दोनों ही बहुत कम है। इसी प्रकार कलमंदासगुड़ी में भी कृषि सम्भावनाएं बहुत ही क्षीण रही हैं। सर्वेक्षण के समय वीरभूम का सहजापुर सबसे बड़ा गाँव था–इसमें 200 परिवार बसे थे। इनमें से अधिकांश कृषि सुधारों से पूर्व भूमिहीन ही थे। कृषि संभावनाओं की दृष्टि से यह न तो कुचली और भगबन बसन की भाँति समृद्धिशील कहा जा सकता है और न ही सिमतुनी और कलमंदसगुड़ी की भांति नितांत अभावग्रस्त। यहाँ कुछ नहरी सिंचाई सुविधाएँ सुलभ थीं किन्तु भूमिगत पानी बहुत नीचे था।

इस शोध कार्य में प्रयुक्त आँकड़ों के द्वितीय स्रोत हैं दस ही वार्षिक जनगणनाएं, राष्ट्रीय संदर्श सर्वेक्षण संगठन द्वारा संग्रहीत व्यय के आंकड़े, भारतीय अर्थव्यवस्था अवलोकन केन्द्र द्वारा संकलित कृषि उत्पादन के आंकड़े तथा संदर्श पंजीकरण व्यवस्था की प्रकाशित जनांकिकीय जानकारी। पश्चिम बंगाल के संबंध में अगले भागों में दिए गए अधिकांश तर्क इन द्वितीयक स्रोतों के आँकड़ों पर ही आधारित हैं। हमने प्राथमिक एवं द्वितीयक आँकड़ों को परस्पर पूरक स्वरूप में प्रयोग किया है। राज्य

तालिका 3.1
वाइडर ग्रामों में आय और गरीबी

	कुचली (वीरभूम)	सहजपुर (बीरभूम)	भगवनबसन (मेदिनीपुर)	सिमतुनी (पुरुलिया)	मगुरमारी (जलपाई-गुड़ी)	कलमंदास-गुड़ी (कूच बिहार)
परिवारों की संख्या	142	227	134	75	99	89
सरकारी गरीबी रेखा से नीचे परिवार (प्रतिशत)	40.4	52.3	16.5	62.5	56.6	72.7
कृषि में लगे श्रमिक (प्रतिशत)	86	63	69	87	13	67
औसत प्रति व्यक्ति परिवार आय (रुपए)	1647	1544	2213	1160	1441	1212

स्रोत : वाइडर सर्वेक्षण, 1987-89

स्तर की जानकारी को और स्पष्ट करने एवं संवर्धित करने के लिए ही ग्राम्यस्तरीय जानकारी को विश्लेषण में समाहित किया गया है।

सुधार कार्यक्रमों की राजनीति एवं अर्थनीति

वाममोर्चा के ग्रामीण कार्यक्रमों ने भारत एवं विदेशी विश्लेषकों का ध्यान आकृष्ट किया है। कृषि एवं राजनीतिक सुधारों के क्षेत्र में इस प्रदेश के निष्पादन के आंकड़े बहुत ही प्रभावशाली रहे हैं। 1991 में यद्यपि पश्चिम बंगाल का कृषित क्षेत्र भारत की कृषि भूमि का मात्र 3 प्रतिशत ही था, फिर भी समग्र देश के पुनः आबंटित कृषि योग्य भूक्षेत्र का 20 प्रतिशत भाग इसी प्रदेश में अवस्थित रहा। यही नहीं, सारे देश में पुनः आबंटन से लाभान्वित हुए कृषकों में से 40 प्रतिशत इसी प्रदेश में बसते हैं। मुजारों की मनमाने ढंग से बेदख़ली के विरुद्ध कानून तो देश के अनेक प्रांतों में बनाए गए हैं किन्तु उन्हें पूरे मनोयोग से क्रियान्वित करने का काम पश्चिम बंगाल में ही हुआ है। यहाँ मुजारों का काश्तकारी को सरकारी खातों में दर्ज किया गया है—इस प्रकार 14 लाख काश्तकारों के नाम सरकारी खातों में शामिल हो गए। इन सुधारों के साथ-साथ प्रांत सरकार ने तीनों स्तरों पर पंचायती राज संस्थानों को पुनः जीवित करने के लिए जो महती प्रयास किए, उन्हें भी अपने देश के अनुभवों की दृष्टि से अभूतपूर्व कहा जा सकता है। देश के अन्य भागों के विपरीत पश्चिम

बंगाल में 1978 से अब तक चार बार इन तीनों स्तरों के पंचायती निकायों के चुनाव हो चुके हैं।

स्वतन्त्रता-प्राप्ति के बाद से ही नहीं बल्कि उससे पहले से भी भारत में ग्रामीण विकास की चर्चा कृषि सुधार एवं लोकतान्त्रिक विकेन्द्रीकरण पर केन्द्रित रही है। भू-सूधारों को लागू करने में पश्चिम बंगाल अधिकांश प्रदेशों से आगे निकल गया है—लोकतांत्रिक विकेन्द्रीकरण की दिशा में तो इसकी सफलताएं सर्वोत्कृष्ट कही जाने की अधिकारी हैं। हाँ, यह प्रश्न अवश्य महत्वपूर्ण हो सकता है कि क्या ये कदम ग्रामीण गरीब जन समुदाय की जीवन दशाओं को सुधार पाने में सफ़ल भी रहे हैं, अथवा नहीं।

कृषि पृष्ठभूमि एवं सुधार

भारत में कृषि सुधारों का सम्बन्ध इन बातों से रहा है : राजस्व संग्रह व्यवस्था में बिचौलियों की समाप्ति, बटाईदारों एवं काश्तकारों के कार्यकाल (भूधारिता) की सुरक्षा, भूधारिता सीमाओं का निर्धारण एवं सीमा से अधिक भूमि के निजी स्वामित्व अधिकार का पुराने भूस्वामी से लेकर भूमिहीन एवं गरीब किसानों के बीच पुनः वितरण, बिखरे हुए भूखंडो की चकबंदी। इन सभी सुधारों में कहीं भी निजी संपत्ति के अधिकार को चुनौती का भाव नहीं था। यह बात बहुत ही विचारणीय है कि भारत के भूमि सुधार चीन की भांति संस्थागत सुधारों की श्रेणी में नहीं रखे जा सकते, उस देश में तो भूमि के निजी स्वामित्व के अधिकार को समाप्त कर उस पर सामुदायिक स्वत्वाधिकार की स्थापना हुई है (नई व्यवस्था में इसे भूप्रयोग के अधिकारों का नाम दिया गया है)। अंग्रेजों ने देश के बहुत बड़े भू-भाग में राजस्व संग्रह के स्थायी एवं हस्तांतरणीय पुश्तैनी अधिकारों से संपन्न जमींदार नामक बिचौलियों का सृजन किया। उनका मूलोच्छेदन ही स्वतन्त्र भारत में भूमि सुधारों की प्रथम लहर के रूप में विकसित हुआ। अन्य सुधारों में चकबन्दी को किसी भी तरह भूमि के स्वामित्व का पुनः आबंटन नहीं कहा जा सकता।[1] अतः भूधारिता सुधार तथा भूधारण सीमा नियमों के अनुपालन में ही ग्रामीण व्यवस्था में आर्थिक दावों-अधिकारों के संपन्न से विभिन्न बने वर्ग को पुनः आबंटन की संभावनाएं बचती हैं। पश्चिम बंगाल में इन्हीं संभावनाओं को वास्तविकता का रूप प्रदान करने का बहुत बड़ा सफल प्रयास हुआ है।

जमींदारों की आर्थिक समृद्धि का आधार भूमि का स्वामित्व नहीं बल्कि सरकार के राजस्व संग्रह प्रतिनिधि का उनका 'पद' था। यद्यपि उनके भूमि सम्बन्धी अधिकार

---

1 वैसे बंगाल में भी विखंडन की समस्या बहुत गंभीर होते हुए भी चकबन्दी के प्रयास नहीं हुए हैं। इसी कारण कृषि क्षेत्र में संभावित दक्षतालाभ से अभी तक यहां की कृषि व्यवस्था वंचित ही रह गई है।

कानूनी रूप से हस्तांतरणीय थे—जमींदारी को बेचा-खरीदा जा सकता था—वह उपहार या विरासत के रूप में ही हस्तांतरित हो सकती थी। पर ये अधिकार वस्तुतः उस क्षेत्र से राजस्व संग्रह के अनियंत्रित अधिकार ही थे। उनका भूमि पर प्रभावी व्यक्तिगत नियंत्रण नहीं होता था। भूमि पर नियंत्रण का अधिकार वस्तुतः काश्तकार के पास ही था—यह काश्तकारी अधिकार व्यवस्था उपनिवेशियों द्वारा गढ़ी गई राजस्व श्रेणियों से बहुत पहले से ही प्रचलित रही है। भारत की स्वतन्त्रता के बाद भूराजस्व बिचौलिया व्यवस्था भी शीघ्र ही समाप्त हो गई (पश्चिम बंगाल में ऐस्टेट अधिग्रहण अधिनियम 1953 के अंतर्गत यह कार्य संपन्न किया गया)। इसके बाद से तो भूमि के स्वामित्व का निजी अधिकार ही ग्रामीण क्षेत्रों में आर्थिक प्रभाव एवं प्रतिष्ठा का मुख्य निर्धारक तत्त्व बन गया। पश्चिम बंगाल में यह स्वामित्व अधिकार काश्तकारों को ही पुनः सौंप दिए गए।

यह बात बहुत विलक्षण है कि पश्चिम बंगाल के ग्रामीण सभाव के अतिन्यूनांश को ही भू-स्वामित्व के अधिकार प्राप्त थे। इस तथ्य का कृषि राजनीति के विकास एवं भूसुधार कार्यक्रमों के अंतर्गत पुनः वितरण की संभावनाओं पर बहुत दूरगामी और गहरा प्रभाव पड़ा। भूहीन परिवारों की संख्या के बहुत सटीक अनुमान तो उपलब्ध नहीं हैं किन्तु यह तथ्य सर्वमान्य रहा है कि अधिकांश कृषि मजदूर एवं पट्टेदार किसान इसी वर्ग में आते हैं। 1981 की जनगणना में मुख्यतः कृषि मजदूरी को आजीविका का साधन मानने वाले पुरुषों की संख्या 40 लाख थी। यह ग्रामीण पुरुष श्रमशक्ति का एक तिहाई थी। यदि यह मान लिया जाए कि कृषि मजदूरी को अपना मुख्य व्यवसाय कहने वालों के पास अपनी भूमि प्रायः नहीं ही होगी तो पश्चिम बंगाल के ग्राम्य प्रदेश में कम से कम एक तिहाई मजदूर भूमिहीन कृषि मजदूरों की सेना में सम्मिलित दिखाई पड़ते हैं। अन्य भारतीय प्रांतों की तुलना में यह तृतीयांश भी बहुत बड़ा अनुपात है। हमारे ग्राम्यस्तरीय आंकड़े भी भूहीनता के इस प्रभाव की पुष्टि करते हैं। वाइडर ग्रामों में भी कृषि सुधारों से पूर्व आधे परिवारों के पास कोई कृषि भूमि नहीं थी। 'बरगादार' कहे जाने वाले पट्टेदार किसान परिवारों की संख्या 15 से 20 लाख तक अनुमानित होती रही है। यह संख्या भी 1981 की जनगणना में अनुमानित ग्रामीण परिवारों की संख्या का एक चौथाई बनती है।

वैसे बरगादारों एवं कृषि मजदूरों के वर्ग में कुछ व्यक्तियों के साँझे होने की संभावना से इनकार नहीं किया जा सकता। इसके बावजूद पश्चिम बंगाल की कृषि राजनीति के विकास में इन दोनों समूहों की पृथक् पृथक् भूमिकाओं का बहुत बड़ा महत्त्व रहा है। बंगाल में जमींदारी व्यवस्था के अंतर्गत भूमिहीन मजदूरों के बहुत विशाल वर्ग के उदय का एक कारण यह भी माना जाता है कि बड़े भूस्वामी अपनी जमीनों (ख़ास) पर बंधुआ मजदूरों के सहारे खेती किया करते थे। यह परंपरा संयुक्त बंगाल के जिन भागों में अधिक रूढ़ थी वही विभाजन के बाद भारत के पश्चिम

बंगाल प्रांत का अंग बन गए। 'बरगादार' वर्ग का उदय मूलतः बटाईदारी की व्यवस्था से हुआ था—यहाँ अपेक्षाकृत स्वायत्त किसानों के माध्यम से अनेक छोटे-बड़े किसान जिन्हें 'जोतदार' कहा जाता था, अपनी जमीनों पर खेती करवाते थे। बंगाल क प्रारंभिक भू आन्दोलन इस भूविहीन एवं न्यून भूधारी वर्ग पर आश्रित रहे—बंधुआ मजदूरों का इनमें कोई विशेष योगदान नहीं था।

जमींदारी व्यवस्था के बाद से पश्चिम बंगाल की कृषि व्यवस्था के स्वरूप को लेकर मतैक्य नहीं हो पाया है—कुछ अध्येता इसे बड़े भूस्वामियों की प्रबलतायुक्त मानते हैं तो अन्यों का मत है कि छोटे और मंझले दर्जों के किसान इस व्यवस्था पर हावी रहे हैं। एक अध्ययन ने यह बात बहुत स्पष्ट की है कि बंगाल के 'जोतदार' भूमि, संसाधनों और शक्ति की दृष्टि के समरूप वर्ग नहीं रहे। बड़े जोतदारों का निरंकुश दबदबा तो बंगाल प्रान्त के कुछ उत्तरी भागों तक ही सीमित था—वहाँ सारी भूमि उन्हीं के अधिकार में थी। शेष पश्चिम बंगाल में बड़े भू-स्वामी थे तो सही (उनकी संख्या में कुछ वृद्धि उस समय भी हुई जब जमींदारी उन्मूलन की आशंका में कुछ जमींदारों ने भी 'ख़ास' व्यवस्था का आसरा लेकर किसानी या जोतदारी शुरू कर दी) किन्तु उनकी संख्या कुल मिलाकर बहुत अधिक नहीं थी, वे इधर-उधर बिखरे हुए थे और उनका किसी प्रकार का राज्यव्यापी संगठित या व्यवस्थित नेतृत्व भी नहीं था।

कृषि जनगणना से प्राप्त भूधारिता के आंकड़े भी पश्चिम बंगाल की भूस्वामित्व व्यवस्था के इसी स्वरूप की पुष्टि करते हैं। 1971 आते-आते केवल 2 प्रतिशत जोतों का आकार ही 4 हैक्टेयर से बड़ा रह गया था। सारे देश में उस आकार की जोतों का अनुपात 11 प्रतिशत था। ये बड़ी जोतें राज्य के कुल कृषित क्षेत्र के मात्र 15 प्रतिशत के समान थीं, जबकि शेष देश में बड़ी जोतों के अंतर्गत 53 प्रतिशत कृषित भूमि आती थी। वैसे ये तुलनाएं किसी सीमा तक भ्रामक मानी जा सकती हैं क्योंकि पश्चिम बंगाल में भूजोतों का औसत आकार शेष देश से काफी छोटा रहा है। चित्र 3.1 में हम पश्चिम बंगाल तथा भारत की धारिता के आबंटनों के लॉरेन्ज वक्रों को प्रस्तुत कर रहे हैं। ये वक्र 1971 के आँकड़ों पर आधारित हैं। चित्र से यह स्पष्ट है कि पश्चिम बंगाल में भूमि का वितरण सारे देश की अपेक्षा कहीं अधिक समतापूर्ण था। अतः इस प्रदेश की कृषि संरचना की दो प्रमुख विशेषताएं इस प्रकार रही, एक ग्रामीण, क्षेत्रों में भूमिहीनता अनुपात बहुत बड़ा था, दूसरे, जिन लोगों के पास जमीनें थीं, उनके बीच भूधारण में विषमताएं अपेक्षाकृत कम थीं।

यद्यपि बंगाल में कृषक आन्दोलनों के विकास में बरगादारों की भूमिका निर्णायक रही है पर 60 के दशक के अंत तक भूस्वामित्व के पुनः आबंटन की माँग कृषकों की प्रमुख माँग बन चुकी थी। एक ऐसी व्यवस्था में जहाँ भूस्वामित्व ही कृषि उत्पादन का आधार बन गया था, उस अधिकार से वंचित होना ग्रामीण जनता के आधे भाग,

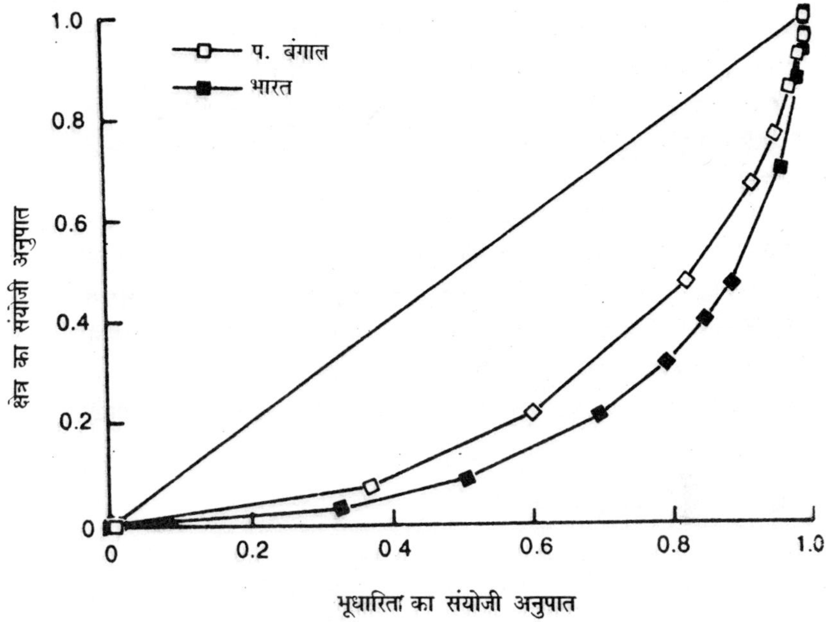

चित्र 3.1 कृषिभूमि का आबंटन, पश्चिम बंगाल और भारत, 1971

स्रोतः कृषि जनगणना 1971

कृषि मजदूरों और बरगादारों की एक साँझी विशेषता बन गई थी। सम्पत्ति का वर्ग अपेक्षतया बहुत ही कमजोर पड़ता था—उनका संख्या बल तो कम था ही, उनके नियन्त्रण में रही भूमि भी बहुत अधिक नहीं थी। छोटे किसानों के पास तो बहुत ही कम भूमि थी। इस भयावह भू-विहीनता एवं बड़े भूस्वामियों के आर्थिक एवं राजनीतिक बिखराव के परिप्रेक्ष्य में कृषक सभा जैसे संगठनों ने पट्टेदारों, सीमांत किसानों और भूमिविहीनों के बीच अपना वर्चस्व सहज ही स्थापित कर लिया। फिर तो ये कृषि सुधार की माँग को राज्य की राजनीति के पटल पर प्रतिष्ठित करने में समर्थ हो गए और सफल भी रहे।

साठ के दशक के अन्त में बड़े भू-स्वामियो की राजनीतिक शक्ति को बड़ी प्रभावी चुनौती का सामना करना पड़ा। इस समय छोटे एवं मध्यम स्तर के भूस्वामी भी भूविहीन एवं अति न्यून भूधारी किसानों के संघर्ष में सम्मिलित हो गए थे। मध्यम एवं अमीर किसानों ने शक्ति सन्तुलन को बड़े भू-स्वामियों के विपरीत दिशा में

मोड़ दिया। अक्सर ये लोग वामपंथी दलों में शामिल होकर स्थानीय स्तर पर नेता भी बन बैठे। इस प्रकार वामपंथी दलों का मताधार संपत्तिसंपन्न किसानों के नेतृत्व में 'किसान एकता' का ढोल पीटने वाले उन 'किसान संगठनों' से मिलकर बना था जिसमें भूमिहीन एवं अति लघु किसान भी शामिल थे।

इस प्रकार की संगठना में भू-सुधार पर बहुत जोर दिया जा रहा था। इसी कारण ग्रामीण जनता के गरीबतम वर्ग अतिलघु किसान एवं भूमिविहीन कृषि मजदूरों की शक्तियाँ बढ़ाना इनका ध्येय बन गया। भारतीय संदर्भ में यह बात बहुत ही 'क्रांतिकारी' थी पर भारत में स्वतन्त्रता प्राप्ति के बाद से जिस वैधानिक एवं संस्थागत संरचना का उदय हुआ था वह तो इस क्रांतिकारी विचार की दृष्टि से बहुत पुरातनवादी प्रतीत हो रहा था। इसी कारण पश्चिम बंगाल के वामपंथी दलों द्वारा किसान संगठनों के साथ मिलकर जिन क्रान्तिकारी भूसुधारों का सूत्रपात किया गया, वे शेष भारत की ही तरह इधर-उधर थोड़ी बहुत भूमि का पुनःवितरण करने, मुजारों का फसल में हिस्सा बढ़ाने तथा उनकी भूधारिता की अवधि को सुरक्षित रखने तक ही सीमित रहे।

भूस्वामित्व का पुनः वितरण

यदि पश्चिम बंगाल में भूविहीन एवं अति लघु किसानों को भू-पुनःवितरण कार्यक्रमों के लक्षित लाभाधिकारी मान लिया जाए तो उनकी संख्या 1981 की जनगणना के अनुसार 25 लाख रहती। यह ग्रामीण जन समुदाय का तिहाई से अधिक होता। 1993 के अन्त तक लगभग 21.5 लाख परिवारों को पुनः वितरण का लाभ मिल चुका था अर्थात् लक्षित लाभाधिकारियों में से 90 प्रतिशत को लाभ पहुँच जाने का दावा किया गया था। इस लाभान्वितों की संख्या का कुछ बढ़ा चढ़ाकर बखान भी हो सकता है। किसी सीमा तक कितने ही गैर भूमिविहीन भी फायदा उठा गए होंगे, यही नहीं, भूविहीनों की वास्तविक संख्या भी पहले अनुमानित संख्या से कहीं अधिक रही होगी। फिर भी यह तो कहा ही जा सकता है कि पश्चिम बंगाल प्रान्त में भूमिहीनता की समस्या के स्वरूप के अनुरूप ही भू पुनःवितरण का आकार-प्रकार भी रहा है।

यद्यपि भूधारण सीमा अधिनियम तो 1953 में जमींदारी उन्मूलन के समय से ही बने हुए थे पर उनका इस स्वरूप में क्रियान्वयन अभी कुछ वर्षों में हो पाया है। पुराने भूस्वामियों ने भूसीमा कानूनों के छिद्रों का प्रयोग कर अधिकांश भूमि बेनामी हस्तांतरणों के माध्यम से दबा रखी थी। इन 'बेनामी' नामों में कहीं दोस्त, सगे सम्बन्धी तो कहीं मुजारे भी सम्मिलित थे। यही नहीं, इन कानूनों को लागू करने का दायित्व भी निम्नस्तरीय राजस्व अधिकारियों को दिया गया था। ये लोग पहले उन्हीं पुराने जमींदारों के भृत्य रह चुके थे—अतः उनकी वफादारी अभी भी अपने

पुराने मालिकों के हितों से ही बंधी हुई थी। भूसीमा कानूनों को ठीक से लागू करने की माँग ने भूमिहीनों एवं छोटे किसानों को वामपंथी दलों का पक्का पक्षधर बना दिया। संयुक्त मोर्चा के घटकों ने साठ के दशक के अन्त के चुनाव बेनामी जमीनों के बंटवारे और भूसीमा के ठीक से लागू किए जाने के मुद्दों पर ही लड़े थे। उनकी सरकार ने भूसीमा कानूनों में कुछ संशोधन भी किए। उन्हीं के आधार पर भू पुनःवितरण का कार्य संभव हो पाया है। इन संशोधनों ने भूधारण की आधार इकाई एक व्यक्ति से बदलकर एक परिवार को बना दिया। यही नहीं, भूसीमा भी काफ़ी कम कर दी। अब 2 से 5 सदस्यीय परिवार 12.35 एकड़ सिंचित अथवा 17.39 एकड़ असिंचित भूमि का स्वामी हो सकता है। बड़े परिवारों को छूट दी गई हैं किन्तु उनकी भू सीमा भी 17.29 सिंचित एकड़ तथा 24.12 (असिंचित) एकड़ तक ही सीमित कर दी गई है।

जितनी भूमि जमींदारी उन्मूलन के बाद सरकार के हाथों में आई थी उससे दो गुना अधिक क्षेत्र 1967-70 की दो संयुक्त सरकारें प्राप्त कर पाने में सफल रहीं। इस प्रकार हम कह सकते हैं कि भू-अधिग्रहण तथा पुनः वितरण का वास्तविक आधार तो 1977 के वाममोर्च के सतारूढ़ होने से पहले ही निर्मित हो चुका था। तब तक 625,00 एकड़ भूमिका पुनःवितरण भी हो चुका था (तालिका 3.2) और पश्चिम बंगाल शेष देश की तुलना में भूसीमा कानूनों को लागू करने में अग्रणी स्थान प्राप्त कर चुका था।

तालिका 3.2
पश्चिम बंगाल में भूसीमा कानूनों का क्रियान्वयन

	1977 तक	1977 से 1983 के बीच	1983 से 1991 के बीच	1991 तक
लाभान्वित परिवारों की संख्या	984,032	472,443	537,141	1,993,616
पुनःवितरित कृषि भूमि (एकड़ों में)	626,284	140,417	146,688	913,389
प्रति लाभान्वित वितरित भूमि (एकड़ों में)	0.64	0.30	0.27	0.46

स्रोत : पश्चिम बंगाल, *आर्थिक समीक्षा, 1977-78;* सांख्यिकीय सार, 1991-92, भारत सरकार

सन् 1977 के बाद वाम मोर्चा सरकारों के कार्यकाल में मात्र 2,87,000 एकड़ भूमि का पुनः वितरण हुआ है–अर्थात् कुल पुनः वितरित भूमि का एक तिहाई

से कम अंश ही इनके समय में बाँटा गया है। किन्तु अब लाभान्वित परिवारों की संख्या दस लाख रही। इस तरह समस्त लाभान्वित संख्या दुगुनी हो गई। एक अन्य दृष्टि से 1977 से पूर्व की संयुक्त मोर्चा तथा बाद की वाममोर्चा सरकारों द्वारा किए गए पुनः वितरण में अन्तर रहा है। यह अन्तर उनकी विधि एवं अंतर्दृष्टि का है। इन पर चर्चा से पूर्व आइए, सरकारी पुनः वितरण के आँकड़ों में जुड़ी कुछ भ्रांतियों का निराकरण करने का प्रयास करें।

वामपंथी दलों के भूसुधारों के एक ताजा मूल्यांकन का दावा है कि ये अपनी पूर्ववर्ती कांग्रेस सरकार द्वारा किए गए पुनः वितरण से बहुत भिन्न नहीं थे। किन्तु इस निष्कर्ष का आधार इस बात पर है कि 1977 से पूर्व के पुनः वितरण का श्रेय कांग्रेस को जाता है। किन्तु यह धारणा उचित नहीं है क्योंकि इस पुनः वितरण में तो संयुक्त मोर्चा सरकारों की भूमिका बहुत ही निर्णायक रही थी—और मोर्चों के अधिकांश घटक ही अंततः वाममोर्चा में सम्मिलित हो गए थे। एक प्रकार से पश्चिम बंगाल की ग्राम्य व्यवस्था में नाटकीय बदलाव का श्रेय काँग्रेस नहीं, संयुक्त मोर्चे के हिस्से ही आता है। इस अवधि में किसान मजदूर संगठनों के नेतृत्व में प्रत्यक्ष कार्रवाई द्वारा बेनामी भूमि की पहचान कर उसे भूविहीनों में बाँटा गया था। वैधानिक पट्टों का बँटवारा काफी बाद में हो पाया पर यह बँटवारा सत्तर के दशक के आरम्भ में हुआ। उससे पहले ही लाभान्वित वर्ग उन भूखंडों पर अधिकार किए हुए था, अतः उस समय की काँग्रेस सरकारों ने वास्तव में भूवितरण नहीं किया बल्कि लोगों द्वारा सीधी कार्रवाई से किए गए कब्जों पर सरकारी मुहर लगाने का काम ही किया था। वैसे इस अध्ययन की एक और त्रुटि भी स्पष्ट हो रही है। जमींदारी व्यवस्था सभी राज्यों में नहीं थी। बंगाल में तो अधिकांश 'फालतू' जमीन जमींदारी उन्मूलन कानूनों के अंतर्गत ही फालतू घोषित हुई थी। दूसरी श्रेणी के राज्यों अन्य भू सीमा निर्धारण कानूनों के अंतर्गत 'अतिरिक्त भूमि' का आकलन-पुनःवितरण किया था। अतः दोनों प्रकार के पुनः वितरणों को एक ही तरह का पुनःवितरण मान लेना ठीक नहीं जँचता। हमारी तालिका 3.2 में पुनवितरित भूमि समस्त पुनःवितरण के आँकड़ों को दर्शा रही है।

संयुक्त मोर्चों में प्रत्यक्ष भूवितरण की तुलना में वाममोर्चे का पुनःवितरण कार्यक्रम बहुत व्यवस्थित रहा है। इसी कारण इसमें नाटकीयता का तत्त्व भी कम रहा। यद्यपि राजनीतिक एवं किसान संगठन भी इस काम से जुड़े रहे, पर मुख्यतः यह कार्य सरकारी मशीनरी द्वारा ही किया गया। दूसरे, प्रत्येक परिवार को पहले की अपेक्षा काफी कम जमीन दी गई। उन्हें औसतन एक तिहाई एकड़ भूमि ही मिल पाई। यह 1977 से पूर्व के आबंटन से आधी भी नहीं थी। जहाँ तक लाभान्वितों की पृष्ठभूमि का प्रश्न है। द्वितीय आँकड़े यह नहीं बता पाते कि वे व्यक्ति वास्तव में लक्षित वर्ग के ही सदस्य थे या नहीं। हाँ, एक तथ्य इसकी ओर कुछ संकेत अवश्य करता है

1977 के पूर्व एवं पश्चात् लाभान्वितों में आधी से अधिक संख्या अनुसूचित जातियों और जन जातियों के सदस्यों की थी। हमारे ग्राम्यस्तरीय आँकड़े इस विषय में कुछ और प्रमाण प्रस्तुत कर रहे हैं (यद्यपि उनके प्रतिनिधि स्वरूप को लेकर प्रश्न उठ सकते हैं। उनसे यह बात पक्की हो जाती है कि अधिकांश लाभान्वितों के पास पहले कोई कृषि भूमि नहीं थी (तालिका 3.3)। जिनके पास कुछ भूमि थी, वह बहुत ही कम थी। कुचली, भगबन बसन तथा कलमंदासगुड़ी में तो गाँवों की एक तिहाई आबादी को इस प्रकार का लाभ मिला था। सहजपुर में लाभान्वित जनसंख्या का अनुपात एक चौथाई रहा। मगुरमारी में केवल एक परिवार को फायदा पहुँचा, उसके पास पहले से जमीन थी और उसे बहुत बड़ा भूखंड पुनःवितरण के प्रसाद के रूप में भी मिल गया। इस गांव को छोड़ अन्य सभी में भू पुनःवितरण का कार्य घोषित लक्ष्यों के अनुरूप चला तथा क्रियान्वयन एवं सरकारी दावों के बीच कोई बड़ी विसंगति नहीं दिखाई पड़ी। ग्राम्यस्तरीय आँकड़े यह भी दर्शाते हैं कि पुनःवितरण के लिए उपलब्ध हुई भूमि गाँव की कृषि भूमि की तुलना में बहुत ही कम थी। बस, उत्तर बंगाल के कलमंदासगुड़ी को ही इसका अपवाद कहा जा सकता है। पर इस प्रकार का स्वरूप बहुत सीमा तक छोटे किसानों की भरभार वाले पश्चिम बंगाल की कृषि व्यवस्था की रचना से बहुत मेल खाता है।

वाइडर ग्रामों में भू-वितरण कार्यक्रमों के दो घोषित प्रशासकीय लक्ष्य अवश्य प्राप्त हुए दिखाई दिए। एक तो कहीं भी कोई व्यक्ति नहीं मिला जिसके पास घोषित भूधारण सीमा से अधिक जमीन हो, तथा दूसरे, अधिकांश लाभान्वित व्यक्ति लक्षित वर्गों से ही रहे। पर ग्राम्यस्तरीय आँकड़े किसी 'संपूर्ण' पुनःवितरण व्यवस्था के रूप में भू-सीमा कानूनों के अंतर्गत हुए पुनःवितरणों की अनेक त्रुटियाँ भी उजागर कर रहे हैं।

उन 6 में से 4 गाँवों (कुचली, सहजपुर, भगवनवसन और कलमंदासगुड़ी) में भूवितरण का लाभ भू-हीनों को ही मिला। दो गाँवों में इस कार्यक्रम का प्रभाव न्यूनतम रहा—सिमतुनी में तो कोई भूविहीन था ही नहीं, मगुरमारी एक शहर के बहुत निकट था, अतः वहाँ के लोगों की गैरकृषि कार्यों में हिस्सेदारी काफ़ी अधिक रहती थी। हमारे संदर्श में सहजपुर (वीरभूम) सबसे संपन्न गाँव था— यहीं पर भू-विहीनता भी अधिक थी। फिर भी, यहाँ के 60 प्रतिशत भूमिहीनों को कोई लाभ नहीं मिल पाया जबकि प्रति परिवार बहुत थोड़ी सी भूमि ही दी गई थी। यदि सभी को जमीन बाँटी जाती तो प्रत्येक परिवार के हिस्से 1/10 एकड़ ही आ पाती। यदि सारे प्रांत में सहजपुर की तरह ही पुनःवितरण हुआ होता तो फिर अनुमानित 25 लाख भूविहीन परिवारों में से अधिकांश भू-वंचित ही रह जाते।

भू-सीमा से अधिक वितरणयोग्य भूमि की उपलब्धिता दो बातों पर निर्भर है। एक तो क्षेत्र में भूमि का प्रारम्भिक वितरण, तथा दूसरे, भू-सीमा का स्तर। यदि

तालिका 3.3
वाईडर सर्वेक्षण ग्रामों में भूमि का आबंटन

	कुचली (बीरभूम)	सहजपुर (बीरभूम)	भगबनबसन (मेदिनिपुर)	सिमतुनि (पुरुलिया)	मगुरमारी (जलपाईगुड़ी)	कलमंदासगुड़ी (कूच बिहार)
पुनः वितरित भूमि (एकड़)	28.2	12.0	8.8	6.5	0.8	19.5
कुल कृषित भूमि का प्रतिशत	11	4	4	4	1	18
भूहीन परिवार संख्या	65	131	39	2	71	42
पुनः वितरण से लाभान्वित	64	56	49	13	1	30
भूहीन लाभान्वित	43	52	34	1	0	23
अलाभित भूहीन	22	79	5	1	71	19
प्रतिलाभित						
औसत क्षेत्रफल (एकड़ों में)	0.44	0.21	0.18	0.50	0.75	0.65
भूमि प्राप्त करनेवाले परिवारों की मजदूरी एवं भूमि से औसत आय (रुपयों में)						
मजदूरी	3945	4013	3643	–	–	3900
भूमि	1573	418	893	–	–	1527
इनकी भूमि में आय कुल आय के अनुपात में (%)	29	9	20	–	–	28

स्रोत : वाईडर ग्राम सर्वेक्षण, 1987-89

प्रारम्भिक वितरण अधिक समतापूर्ण हो तो वहाँ किसी भी भू-सीमा के आधार पर अपेक्षाकृत कम कृषि भूमि अतिरिक्त घोषित हो पाएगी। इसके विपरीत किसी भी प्रारम्भिक भू-वितरण को देखते हुए, यदि भूधारण सीमा कम की जाती है तो अपेक्षतया अधिक जमीन बँटवारे के लिए सुलभ हो सकती है। यदि पुनःवितरण में प्रति परिवार दी जाने वाली भूमि का क्षेत्रफल पूर्वनिर्धारित हो फिर लाभान्वितों की संख्या प्रारम्भिक वितरण एवं भू-सीमा स्तर द्वारा ही तय हो जाती है। पश्चिम बंगाल के भू-स्वामियों में विषमताएं कम थीं इसी नाते वहाँ सीमाएँ घटाए बिना अधिक पुनः वितरण योग्य भूमि का सुलभ हो पाना सम्भव नहीं था।

वास्तव में इन नीतियों का कोई भी लक्ष्य—भू-सीमा, प्रति लाभित व्यक्ति भू-क्षेत्र, सम्भावित हानिवाहकों की संख्या या फिर सम्भावित लाभान्वित संख्या—पूर्व निश्चित नहीं रहता। ये सभी सोदेबाजी राजनीतिक आकलन एवं चुनावी गणित द्वारा ही तय होते रहे हैं। छोटे किसानों एवं भूमिहीनों की एकजुटता को, जिसका प्रादुर्भाव साठ के दशक के अंत में हुआ और जो वाम मोर्चे का मुख्य मताधार बन गई, अक्षुण्ण रखने के लिए यह आवश्यक था कि अधिकाधिक भू-हीनों को फायदा हो तथा यथासम्भव छोटे किसान एवं जो अन्य भू-स्वामी इस मार्चे के साथ जुड़ गए थे, उनके हितों पर कोई आँच नहीं आए। बहुत ही छोटे-छोटे टुकड़ों का वितरण इसी प्रकार के गणित का परिणाम रहा है।

वाइडर गाँवों का अध्ययन पश्चिम बंगाल के पुनःवितरण कार्यक्रम के अंतर्गत लाभित परिवारों की जीवन दशाओं पर आबंटित भू-खंड के प्रभावों की तीन प्रमुख विशेषताओं को उजागर करता है। एक, प्रशासकीय सफलता के बावजूद वर्तमान सीमा कानूनों के अंतर्गत पुनःवितरण ने वर्ग विरोधों को कम बेशक किया हो, उस समस्या का अन्त नहीं हो पाया है। भूसमृद्धों और भूविपन्नों के बीच के वर्ग सम्बन्धों पर भी विशेष प्रभाव नहीं पड़ा है। अभी भी लाभित परिवारों की आजीविका का मुख्य माध्यम मजदूरी ही है। दूसरे, यद्यपि लाभितों का गुज़ारा तो मुख्यतः मजदूरी से ही होता है पर जमीन की आमदनी ने उनकी जीवन दशा को सुधारा भी है। यह कुचली एवं कलमंदासगुड़ी में उनकी कुल आय की 28-29 प्रतिशत बनती है। भगबनबसन में यह अनुपात 20 प्रतिशत पर सहजपुर में मात्र 9 प्रतिशत ही रहा है।

तीसरे, यद्यपि एक मगुरमारी को छोड़ सभी गाँवों में पुनःवितरण कार्यक्रम का क्रियान्वयन न्यायपूर्ण रहा लगता है, फिर भी लोगों की निर्वाह क्षमता पर इसके प्रभाव समान नहीं रहे। यद्यपि सहजपुर के लाभितों को भगबनबसनवासियों की अपेक्षा अधिक भूमि मिली थी, पर उनकी आमदनी की वृद्धि आधी से भी कम रही। भगबनबसन में अधिक सघन खेती के कारण यहाँ आय वृद्धि अधिक रही है। कुचली तथा कलमंदासगुड़ी में लाभितों को मिले भू-खंड अपेक्षाकृत बड़े थे। हम कह सकते है

कि पुनःवितरण के लोगों की आजीविका पर प्रभाव ग्राम में भूमि के प्रारम्भिक वितरण (पुनःवितरण के लिए उपलब्ध भूमि) तथा भूमि की उर्वरता आदि स्थानीय कृषि-आर्थिक दशाओं पर भी निर्भर रहते हैं। अतः स्थानीय स्तर पर पुनःवितरण पर आधारित कार्यक्रम ग्राम्यस्तरीय आय की विषमताओं को कम कर पाने में कुछ सहायक अवश्य रहा है किन्तु विभिन्न ग्रामों के बीच की विषमताओं पर इसके प्रभाव नगण्य ही रहे हैं। यही नहीं, कृषि एवं जलवायु आदि पर आधारित अंतर्क्षेत्रीय विषमताएं भी इस पुनःवितरण कार्यक्रम से पूरी तरह अप्रभावित रही हैं।

काश्तकारी तथा 'बरगा कार्यक्रम'

अन्य लोगों की जमीन पर खेती करनेवाले मुजारे/काश्तकार/बरगादार ग्रामीण समाज के बहुत ही शोषित एवं दुर्दशाग्रस्त सदस्य माने जाते हैं। इन्हीं के अधिकारों के संरक्षण के प्रति चेतना ने बंगाल के कृषक आन्दोलनों को जन्म दिया है। चौथे दशक में साम्यवादियों ने उपज के परिमाण के रूप में नियत लगान भाड़े के विरोध में आन्दोलन खड़ा किया था। अगले दशक में 'तिभागा' आन्दोलन चला जिसका ध्येय लगान भाड़े को एक तिहाई तक सीमित करना तथा खुले खलिहान में अनाज की दराई पिसाई व बँटवारे की व्यवस्था कराना था। दशकों से श्रमिक संगठन लगान घटाने, मुज़ारेदारी स्थायी करने व उसे कानूनी तथा उत्तराधिकारी स्वरूप दिलाने के लिए संघर्ष करते रहे हैं।

वाम मोर्चा के शासन में आते ही जिस बरगा कार्यक्रम की रूपरेखा तैयार होने लगी थी, वह उन्हीं कृषक आन्दोलनों की परिणति कहा जा सकता है। सरकार ने मुजारेदारी कानूनों का संशोधन कर उनमें कृषक संगठनों की सभी माँगें पूरी तरह सम्मिलित कर दीं। अब कर्षण का अधिकार उत्तराधिकारी को भी मिलने लगा, कृषक का भाग से 2 से 3 तक कर दिया गया। इसमें कुछ आदानों में भूस्वामी द्वारा भी हिस्सा दिए जाने की बात शामिल थी और पुराने कानूनों के जिन छिद्रों के सहारे काश्तकारों को बेदख़ल किया जाता था, उन्हें निरस्त कर दिया गया। वस्तुतः फसल में अधिक हिस्से की बात लागू हो पाने में काश्तकार की बेदख़ली की संभावना सबसे बड़ी बाधा होती थी। कम हिस्से पर काम करने वाले किसान बहुत मिल जाते थे, अतः बेदख़ली की धमकी देकर पुराने काश्तकारों को कम हिस्से पर ही काम करने को बाध्य कर देना बहुत आसान रहता था। अन्य सभी कृषि सुधार विधेयकों के सुचारु क्रियान्वयन के लिए काश्तकारी का रिकार्ड दर्ज करना तथा उसे वैधानिक स्वरूप प्रदान करना भी अत्यन्त आवश्यक माना गया। यह ठीक भी था। 'बरगा कार्यक्रम' 1978 में काश्तकारी या पट्टेदारी के रिकार्ड दर्ज करने के उद्देश्य से प्रारम्भ किया गया।

सरकार ने 14,40,000 बटाईदारों के नाम अपने खातों में दर्ज करने का दावा

किया है—इस पर किसी को आपत्ति नहीं रही। हाँ, इस बारे में अभी मतभेद बने हुए हैं कि कितने व्यक्तियों के नाम इन खातों में आने से रह गए। वैसे मुज़ारों के परिवारों की संख्या 15 से 20 लाख मानी गई है। उस हिसाब से तो बरगा कार्यक्रम उनके बहुत बड़े अनुपात को अपनी परिधि में ला पाने में सफल रहा है। इस धारणा की अन्य स्रोतों ने भी पुष्टि की है। बीरभूम के नानूर क्षेत्र के 414 बरगादारों में से 370 अर्थात् लगभग 90 प्रतिशत के नाम दर्ज हो चुके थे। इनमें से 16 की बेदखली भी हो चुकी है पर उनके काश्तकारी अधिकारों के बदले में उन्हें कुछ छोटे भू-खंडों का स्वामित्व अधिकार देकर ही 'बेदखल'[1] किया गया है। 1992 में भी बीरभूम के एक किसानी गाँव के सर्वेक्षण से सभी बरगादारों के पंजीकरण की जानकारी मिली है।

वाइडर अध्ययन के ग्रामों में बरगादार कुल कृषक परिवारों के दशांश से भी कम थे, वे 3 से 17% भूमि पर खेती कर रहे थे। तालिका 3.4 दक्षिणी गाँवों, कुचली

तालिका 3.4

वाईडर सर्वेक्षण ग्रामों में भू-पट्टेदारी और पट्टेदारियों का पंजीकरण

	कुचली (बीरभूम)	सहजपुर (बीरभूम)	भगबनबसन (मेदिनिपुर)	म गुरमारी (जलपाईगुड़ी)	कलमंदासगुड़ी (कूच बिहार)
वार्षिक पट्टे पर क्षेत्रफल (एकड़ों में)	13.8	22.3	6.6	11.6	10.1
कुल कृषित भूमि का अनुपात (%)	5.0	7.8	3.0	17	9.2
वार्षिक पट्टे की पंजीकृत भूमि अनुपात (%)	68	52	68	91	72
वार्षिक पट्टों की संख्या	12	17	12	9	10
पंजीकृत पट्टों की संख्या	4	10	9	6	8
मौसमी पट्टों के अंतर्गत क्षेत्र (एकड़)	25.0	2.9	9.7	0.0	1.1
मौसमी पट्टों की संख्या	49	10	13	0	2

स्रोत : वाईडर सर्वेक्षण 1987-89

1. बरगादार से एक छोटे भू-खण्ड के बदले उसके काश्तकारी अधिकार खरीदना पुराने समय की बेदख़ली से बहुत ही अलग प्रकार की घटना है। यहाँ तो भू-स्वामी ने अधिकांश भाग पर अपने अधिकार निरापद बनाने के लिए छोटे भू-खण्ड का सौदा किया है।

और भगबनबसन में कुल कृषित भूमि का 5 प्रतिशत से कम क्षेत्र इस प्रकार की पट्टेदारी पर था। उनमें से 2/3 पट्टेदारियाँ पंजीकृत हो चुकी थीं। उत्तरी बंगाल के मगुरमारी क्षेत्र में ही एक अच्छा खासा भू-भाग पट्टेदारी पर था। उनमें से भी 2/3 पट्टे, जिनके अंतर्गत 90 प्रतिशत पट्टेदारी क्षेत्र आता था, पंजीकृत पाए गए। यद्यपि अधिकांश क्षेत्र एवं उससे जुड़े पट्टों के पंजीकरण की जानकारी स्पष्ट हो रही है, फिर भी एक अच्छे ख़ासे अनुपात में ये विनियम अभी पंजीकृत नहीं हो पाए हैं।

इस सारे कार्यक्रम की सफलता की सही कसौटी तो यही होगी कि पट्टेदार के हिस्से में सारे उत्पादन का कितना अंश आता है। पर इस हिस्से को लेकर ग्राम-स्तरीय सर्वेक्षणों के निष्कर्षों में बहुत विविधता पाई गई है। नानूर के अध्ययन में पाया गया कि केवल एक तिहाई पंजीकृत बरगादार ही नियत किए गए 75 प्रतिशत भाग को पा रहे थे। बीरभूम के अनेक गाँवों में यही पाया गया है कि कानूनी रूप से नियत हिस्सा बहुत कम किसानों के हाथ लग पाया है। हाँ, मेदिनीपुर के दो इलाकों के एक सर्वेक्षण से यह अवश्य संकेत मिले हैं कि पंजीकृत बरगादारों को अपंजीकृतों की अपेक्षा अधिक हिस्सा मिल रहा था।

बरगा कार्यक्रम ने, पहले हमेशा बेदख़ली की छाया तले जीवन बिताने को बाध्य रहे किसानों की काश्तकारी को सुरक्षित बनाने में अवश्य सफलता पायी है। यद्यपि अभी भी उन्हें कानूनी रूप से नियत उत्पादन भाग तो नहीं मिल पा रहा, फिर भी किसानों की आय में इस काश्तकारी अधिकार की सुनिश्चितता के कारण सुधार आया है। अनेक बार सारे ही भारत में संपत्तिधारियों ने पुनःवितरण की संभावनाओं को देखते हुए कानूनी छिद्रों का सहारा ले अपने बचाव के रास्ते बनाए हैं, किन्तु पट्टेदारी का तुरन्त पंजीयन हो जाने के कारण पहली बार बरगादारी कार्यक्रम ने पट्टेदारी की सुरक्षा के कानूनों को प्रभावी बनाया है। जिस प्रकार इस कार्यक्रम को एक मुहिम का रूप देकर संचालित किया गया, उससे यह भी स्पष्ट हो गया कि यदि पुनःवितरण की सार्वजनिक नीति को पूरे मनोयोग से लागू किया जाए तो फिर संपत्तिधारियों की मिलकर उन्हें निरस्तप्राय कर डालने की रणनीति विफल भी हो सकती है।

किन्तु इस प्रकार से पट्टेदारी को स्थायी बनाने के आर्थिक औचित्य एवं आज के पश्चिम बंगाल की वास्तविकताओं के सदर्भ में इस प्रकार के नियमन की एक पुनःवितरणकारी नीति की उपादेयता को लेकर अनेक प्रश्न उठ रहे हैं। सैद्धांतिक प्रतिमानों में भूमि, श्रम ऋणपात्रता आदि संसाधनों की विषमतापूर्ण धारण अवस्थाओं में बटाईदारी को एक सहयोग व्यवस्था का नाम दिया जाता है। इसमें जानकारी के अभाव के कारण उपयुक्त बाजार के विकसित नहीं हो पाने का भी योगदान रहता है। इस प्रकार पट्टेदारी एवं बटाईदारी अपने आप में आर्थिक विषमता एवं शोषणकारी नहीं होती। ये तो साधनधारिता की विषमतापूर्ण परिस्थितियों में कृषि उत्पादन को सम्भव बना पाने का माध्यम मात्र होती हैं।

यदि सभी मुज़ारे निश्चत रूप से भू-स्वामियों की तुलना में गरीब हों और फसल में मुजारों के अंश का निर्धारण उनकी आर्थिक सौदेबाजी शक्ति के आधार पर हो, तो फिर पट्टेदारी एवं लगान का नियमन भी आय के पुनःवितरण का एक माध्यम बन सकता है। ये सभी सुधार मुज़ारों की आर्थिक स्थिति को सुदृढ़ करने के उद्देश्य से ही बनाए एवं क्रियान्वित किए गए हैं। किन्तु इस दशा में भी आर्थिक समता के उद्देश्य की पूर्ति का कहीं अधिक सशक्त साधन लगान अंश या पट्टेदारी का नियमन नहीं, भूमि के स्वामित्व का पुनःवितरण ही होता (सभी सुधारों की रचना इस धारणा पर आश्रित रही है कि भू-स्वामित्व की विषमता ही सभी आय की विषमताओं की जननी है)। वैसे भी जमींदारी व्यवस्था के अंतर्गत भले ही अमीर भू-स्वामी (जमींदार) गरीब मुज़ारों को अपनी जमीन पट्टे पर देता रहा हो पर आज इन सम्बन्धों का इस प्रकार सुस्पष्ट वर्गों में विभाजन सम्भव नहीं रहा है। अब तो विपरीत मुज़ारेदारी भी आरम्भ हो गई हैं। बड़े भू-स्वामी सिंचाई के साधनों एवं अन्य तकनीकी मितव्ययताओं का लाभ पाने के लिए छोटे भू-स्वामियों की भूमि पट्टे पर लेने लगे हैं।

इस प्रकार पट्टेदारी के नियमन के उत्पादिता और आर्थिक दक्षता पर दीर्घकालिक प्रभावों का केवल सैद्धान्तिक तर्कों के आधार पर आकलन कर पाना सरल नहीं है। एक सकारात्मक पक्ष यह भी है कि अपने पट्टे की सुरक्षा के प्रति निश्चिंत होकर मुजारे भी उस भूमि में निवेशादि द्वारा उत्पादिता बढ़ाने के प्रयास करने को प्रोत्साहित होंगे। किन्तु यदि आदान बाजारों की त्रुटियों एवं विफलताओं के कारण ही बटाईदारी जैसी व्यवस्था को 'द्वितीय चयन' की भाँति अपनाया जा रहा है तो फिर इन अनुबन्धों को कानूनी स्वरूप दिए जाने से अंततोगत्वा अधिक दक्षतापूर्ण आदान आबंटन के व्यवहारिक स्वरूप धारण करने में बाधा ही पैदा होगी। बरगा कार्यक्रम से पूर्व तीन दशकों तक विशुद्ध पट्टेदारी पर दी जा रही भूमि के अनुपात में निरंतर गिरावट कदाचित् आर्थिक एवं अन्य जनांकिकीय कारकों के अनुरूप दक्षता संवर्धन से अनुप्रेरित परिवर्तनों की ओर ही इंगित कर रही थी।

इस पट्टेदारी नियमन के विरोध का एक अन्य आधार भी रहा है : वैधानिक हस्तक्षेप निरंतर परिवर्तित सम्वर्धित हो रहे आर्थिक सम्बन्धों के स्वरूप की नम्यता को समाप्त कर उनमें 'एकरूपता एवं रूढ़ता' पैदा कर देता है। अशोक रूद्र का मत रहा है कि बंगाल के विभिन्न क्षेत्रों में सुधारों से पूर्व फसल के लगान अंशों में काफ़ी विविधता थी। वह विविधता उन क्षेत्रों में कृषि लागतों में हिस्सेदारी की विधिता की ही परिचायक थी। पर बरगेदारों के लिए उपयुक्त साख (उधार पा सकने की योग्यता) की व्यवस्था किए बिना उनके फसल अंश का निर्धारण मात्र कर देने से साख के अभाव में उनकी उत्पादन निष्प।दन क्षमता को दुष्प्रभावित भी कर सकता है।

वस्तुतः जब राजनीतिक वातावरण पट्टेदारी के पंजीकरण के पक्ष में रहा हो उस समय भी अच्छे खासे अनुपात में पट्टेदारों द्वारा पंजीयन नहीं कराने का कारण

भूस्वामियों के दबाव को ही मान बैठना उचित नहीं होगा। अक्सर उधार के एकमात्र स्रोत होनेवाले भू-स्वामी के साथ सम्बन्धों को 'मधुर' बनाए रखना किसान के लिए घाटे का सौदा नहीं रहा होगा। 1992 में हुए एक ग्राम्य अध्ययन में यही पाया गया कि जिन बरगादारों ने पंजीयन नहीं कराया था वे सभी भूमि के स्वामी के साथ अपने सहयोगपूर्ण सम्बन्धों को बनाए रखने के ही इच्छुक थे। इस अध्ययन में यह भी पाया गया कि अधिकांश मामलों में भूस्वामियों और पट्टेदारों की जातियां भी एक ही थीं—दोनों ही वर्ग उच्च वर्णों से सम्बन्धित थे जबकि पंजीयन कराने वाले अधिकांश बरगादार अनुसूचित जातियों एवं जनजातियों के सदस्य थे। पट्टेदारी के पंजीयन के इस जातीय स्वरूप से भू-स्वामियों एवं पट्टेदारों के बीच सहयोग (एवं टकराव) में बंधुता एवं अन्य सामाजिक सम्बन्धों के आयाम की झलक भी मिलती है।

ऊपरी रूप से तो पट्टा एक भू-प्रयोग का अनुबंध मात्र है, पर वास्तव में यह अनेक आर्थिक विषमताओं को अपने कलेवर में संजोए रहता है। श्रेष्ठतम वैधानिक व्यवस्था भी इन सम्बन्धों की किसी न किसी जटिलता की अनदेखी कर ही जाती है और परिणामतः पारस्परिक रूप से लाभप्रद आर्थिक विनिमय के विकास में बाधक बन सकती है। कुछ ऐसे साक्ष्य भी उपलब्ध हैं जिनसे पश्चिम बंगाल में भी ऐसा ही होने के संकेत मिल रहे हैं। यह इस बात के बावजूद हो रहा है कि अनेक भू-स्वामियों एवं बरगादारों ने नई व्यवस्था का अनुसरण नहीं करने तथा अपने परंपरागत फसल अंश एवं आदान लागत आदि की व्यवस्था पर ही बने रहने का निर्णय किया है। 1993 के मध्य में तो यह भी तथ्य सामने आया है कि अपेक्षतया नए पट्टेदारी अनुबन्धों का पंजीयन पुरानों की अपेक्षा कम हो रहा है। किसी पट्टेदार के लिए पंजीयन कराना आवश्यक तो है नहीं इसीलिए भू-स्वामी ऐसे व्यक्तियों को पट्टे पर धरती देने का प्रयास कर रहे हैं जिनसे उनके अन्य प्रकार के सामाजिक सम्बन्ध भी रहे हों, अर्थात जिन पर उनका विश्वास जमता हो। देखा गया है कि भूमिहीन एवं कम भूमि वाले, दोनों ही प्रकार के किसान स्वेच्छा से अपंजीकृत पट्टेदारी का निर्वाह कर रहे है। अतः यह भी कहा जा सकता है कि पट्टेदारी नियमन का एक अवांछित परिणाम यह रहा है कि अब नई पट्टेदारियों की उपलब्धिता कम हो रही है।

हाल ही के वर्षों में एक नया विकास भी हुआ है। जिन क्षेत्रों में भूमि से निकाले गए पानी से सिंचाई होती है वहाँ अब केवल गर्मी के मौसम के लिए पट्टेदारी का व्यवहार होने लगा है। इस प्रकार की पट्टेदारी अस्थायी मानी जाती है और नियमन कानूनों की परिधि से बाहर रहती है। यह अपने आप में काफ़ी लाभकारी सिद्ध हो रही है क्योंकि जिनके पास पानी निकालने की व्यवस्था है, वे आसपास की जमीनें भी पट्टे पर लेकर बड़े पैमाने पर उत्पादन की मितव्ययिताओं का लाभ सहज ही अर्जित कर लेते हैं। हमारे अध्ययन के केन्द्र रहे दो गाँवों में वर्ष भर सिंचाई की सुविधा होती है। इस कारण कुचली एवं भगबनबसन गाँवों में अब मौसमी पट्टेदारियों की

संख्या एवं इनके अंतर्गत भू-भाग दीर्घकालीन पट्टों से बहुत अधिक हो चला है। (तालिका 3.4) सामान्यतः सिंचाई सुविधा वाले बड़े किसान ही आस-पास के छोटे किसानों की भूमि इस प्रकार पट्टे पर ले रहे है पर यह बात उन्हीं तक सीमित नहीं है। कुचली के 49 मौसमी पट्टों में से 43 उन किसानों ने लिए थे जिनके पास अपनी भूमि दो एकड़ से कम ही थी। उन्हें बड़ा किसान कहना उचित नहीं होगा। इसी प्रकार भगबनबसन में भी 13 में से 9 मौसमी पट्टेदार इसी वर्ग से थे। अतः हम कह सकते हैं कि यद्यपि बटाईदारी में दीर्घकालिक गिरावट तो आ रही है फिर भी इस .व्यवस्था के बने रहने का एक कारण यह अवश्य है कि यह व्यवस्था किसी न किसी रूप में आवश्यक आर्थिक कार्यों को संपन्न करने में सहायक है।

संक्षेप में हम यही कह सकते हैं कि यद्यपि पट्टेदारी नियमन से मुजारों की सौदाशक्ति में सुधार आया है पर आर्थिक दक्षता पर इसके प्रभावों को स्पष्ट रूप से सकारात्मक कह पाना सम्भव नहीं है। इस विषय में अभी बहुत गहराई से अन्वेषणा करने की आवश्यकता बची हुई है। नकारात्मक स्वरूप में इन अनुबन्धों को वैधानिक बना देने से अनेक अकुशल अनुबन्ध भी चिरस्थायी बन जाने की आशंका है। यही नहीं, अनेक नए और अधिक कुशल अनुबंधों के विकास में भी यह वैधानिकता बाधक ही सिद्ध होगी। एक अन्य पक्ष भी है। अब मुजारों और भू-स्वाभियों का वर्ग विभाजन उतना स्पष्ट नहीं रह गया है जितना तिभागा आदि किसान आन्दोलनों के समय पर था ; अतः अमीरों से गरीबों के बीच पुनः वितरण की दृष्टि से अब पट्टेदारी नियमन उतना कुशल एवं सशक्त नीतिगत माध्यम नहीं रह गया है जितना आधी शताब्दी पूर्व होता, यही नहीं, वैसे भी यह भू-स्वामित्व के पुनःवितरण की अपेक्षा एक घटिया (द्वितीय चयन) नीति ही है।

यहाँ इस बात को समझ लेना भी आवश्यक है कि किसी विशेष आर्थिक विनियम का नियमन करने के पीछे ग्रामीण व्यवस्था में संपन्न एवं विपन्न वर्गों के बीच सम्पत्ति अधिकार पर आधारित शक्ति सन्तुलन में बदलाव लाना था। उस बदलाव का संवहन बहुत बड़े जन समुदाय के आर्थिक दावों को लेकर संगठित हो जाने से ही सम्भव हो पाया। इस एकजुटता का केन्द्र पट्टेदारी का मुद्दा बन गया। इसके पीछे किसी सीमा तक वामपंथी एवं किसान संगठनों द्वारा समय-समय पर चलाए गए आन्दोलनों का भी योगदान रहा है। यद्यपि 'बरगा कार्यक्रम' वाममोर्चा सरकार के सुधार कार्यक्रमों का 'ध्वजवाही' या 'अग्रणी' रहा है पर भूमि के पुनःवितरण की तुलना में इसकी प्रभावोत्पादकता तथा इसके उत्पादिता संवर्धनकारी स्वरूप का विवेचन बहुत ही सावधानी से करना होगा।

किन्तु एक नई सरकार के गठन के तुरन्त बाद 15 लाख परिवारों के वैधानिक पट्टा अधिकारों की रचना का राजनीतिक प्रभाव बहुत ही दूरगामी एवं गहन रहा है। इससे वाम मोर्चा के समर्थकों एवं विरोधियों दोनों को ही यह स्पष्ट आभास हो गया

कि अब व्यवस्था का परिवर्तन वास्तविक था—"इसमें दिखावे के लिए बदलाव" जैसी कोई बात नहीं थी। साथ ही नए प्रशासन की भू-सुधारों के लिए प्रतिबद्धता भी स्पष्टतः निरूपित हो गई।

स्थानीय लोकतन्त्र और राजनीतिक एकीकरण

कृषि सुधारों के साथ-साथ वाम मोर्चा ने पंचायती राज संस्थाओं के माध्यम से स्थानीय स्तर पर लोकतंत्र के पुनर्जीवन को अपना दूसरा बड़ा चुनावी मुद्दा बनाया था। पश्चिम बंगाल भारत का एकमात्र ऐसा राज्य है जहाँ नियमित रूप से ग्रामीण स्थानीय निकायों के चुनाव हो रहे हैं। यही नहीं, इन चुनावों में राजनीतिक दल अपने ही आधार पर भाग लेते हैं, किसी प्रकार के छद्म नाम या मंच का सहारा नहीं लेते। वाममोर्चा सरकार के गठन के तुरन्त बाद 1977 में ही स्थानीय निकायों के सुधार के कार्य आरम्भ हो गए थे। पहला चुनाव 1978 में हुआ, उसके बाद प्रत्येक पाँच वर्ष बाद पुनः निर्वाचन होते रहे हैं। इन सभी में वाम मोर्चा के उम्मीदारों को निरंतर भारी जन समर्थन मिला है। उन्हें लोकप्रिय मतों का 70 प्रतिशत के लगभग मिलता रहा है। वास्तव में अभी हाल ही में केन्द्र सरकार ने जिस नए पंचायती राज विधेयक का प्रारूप सारे देश के लिए सुझाया है उसमें पश्चिम बंगाल की व्यवस्था के अनेक तत्त्वों को समाहित किया गया है। इनमें बहुस्तरीय, प्रत्यक्षतः निर्वाचित संख्याओं की रचना, नियमित चुनाव, अनुसूचित जातियों एवं जनजातियों तथा महिलाओं के लिए आरक्षण की व्यवस्थाएं प्रमुख हैं। वैसे कर्नाटक राज्य में भी नवें दशक में पंचायती राज को सुगठित करने की अच्छी पहल हुई थी—वहां इन संस्थाओं को अनेक नीतिगत निर्णयों के अधिकार भी सौंपे गए थे। किन्तु चुनावों का नियमित रूप से आयोजन नहीं किया गया। इसी कारण इस पहल से हुए सभी लाभ निरस्त होकर रह गए।

सुधारोपरांत पंचायती राज संस्थाएं, ग्रामीण क्षेत्रों में पुलिस, न्यायपालिका तथा राजस्व एवं सिंचाई विभागों की एक वैकल्पिक व्यवस्था के रूप में विकसित हो रही हैं। यह सारे देश में अभी तक चल रहे औपनिवेशिक प्रशासनिक ढर्रे से बहुत ही 'अलग' अनुभव है। पुराने ढ़र्रे में अनेक निर्वाचित संस्थाओं के अस्तित्व के बावजूद वास्तविक निर्णय प्रक्रिया नौकरशाही की बांदी ही बनी रहती है।

पश्चिम बंगाल की पंचायती संस्थाओं ने गरीबी उन्मूलन कार्यक्रमों के वास्तविक क्रियान्वयन की समीक्षा में बहुत अच्छा योगदान दिया है। एकीकृत ग्रामीण विकास कार्यक्रम एक सस्ती दरों पर साख प्रदान करने का भारत सरकार का कार्यक्रम है, जिसे लागू करने का भार राज्य सरकारों को सौंपा गया है। इसके क्रियान्वयन की समीक्षा विभिन्न राज्यों के बीच तुलना का अच्छा माध्यम बन सकती है। पश्चिम बंगाल में इस कार्यक्रम के अधिकांश लाभित परिवार वस्तुतः लक्षित समुदायों से ही रहे, उनकी ऋण प्राप्त करने की लागत भी अपेक्षतया काफी कम रही। अन्य राज्यों

में तो अधिकांश लाभित व्यक्ति पंचायत पदाधिकारियों के अपने सम्पन्न सगे सम्बन्धी ही निकले, वास्तविक लक्षित समुदायों को ऋण प्राप्ति की ऊँची लागत वहन करनी पड़ी और उन्हें अधिकारियों को रिश्वतें भी देनी पड़ीं। यहाँ पश्चिम बंगाल की व्यवस्था की अधिक कुशलता सहज ही स्पष्ट हो जाती है। फिर भी यह दावा करना उचित नहीं होगा कि एकीकृत ग्रामीण विकास आदि गरीबी उन्मूलन कार्यक्रम पश्चिम बंगाल में अपने सभी वांछित लक्ष्यों की संप्राप्ति में सफल हो गए हैं। हम केवल लक्षित वर्गों तक ही लाभ पहुँचाने में सफलता की बात कर रहे हैं—क्योंकि जहाँ भी प्रशासन व्यवस्था इन लक्षित वर्गों की पहचान का काम करने लगती है वहीं सामान्यतः छीजन की सम्भावना बहुत अधिक रहती है। जहाँ तक इस कार्यक्रम के अंतर्गत निवेश प्रकल्पों के चयन लाभितों के प्रशिक्षण तथा सहायक सेवाओं की व्यवस्था का प्रश्न है, पश्चिम बंगाल भी देश के अन्य भागों से (गड़बड़ करने में) पीछे नहीं रहा है। हां, ग्रामीण गरीबों के निमित्त चल रही जवाहर रोजगार योजना में अवश्य दक्ष संचालन, लक्षित वर्गों को लाभ पहुँचने तथा भ्रष्टाचार से काफ़ी हद तक युक्त होने के प्रमाण मिले हैं।

पश्चिम बंगाल में इन कार्यक्रमों के बेहतर क्रियान्वयन का एक कारण वहाँ जनता की बेहतर भागीदारी की व्यवस्था को भी माना जा सकता है। अब तो इस विचार को काफ़ी मान्यता मिल गई है कि ग्रामीण विकास के कार्यक्रमों की सफलता की कुंजी उनके निर्माण तथा क्रियान्वयन में स्थानीय जनता की सक्रिय भागीदारी ही है। इन्हें अपनी आवश्यकताओं और परिस्थितियों की अधिक अच्छी जानकारी होती है। गरीबी निवारण कार्यक्रमों में गरीबी की स्थिति का एकमात्र सूचक केवल पारिवारिक आय को मान लेना अनेक कारणों से बहुत भ्रामक हो सकता है। यदि ग्रामवासियों की धारणाओं सहित और अनेक कसौटियों के आधार पर गरीब लोगों की पहचान करने से जो परिणाम आते हैं वे आय पर आधारित निष्कर्षों से बहुत ही अलग होते हैं। क्रियान्वयन में स्थानीय भागीदारी से स्थानीय स्तर की विशेष जानकारी को समाहित कर पाना सम्भव हो जाता है।

जनता की व्यापक भागीदारी और चुनावी लोकतन्त्र

पश्चिम बंगाल में जनता की भागीदारी से ग्राम सभा की बैठक में एकीकृत ग्रामीण विकास योजना या जवाहर रोजगार योजना के धन के आबंटन का कार्य तो नहीं हुआ है। अनेक अध्ययनों से यह भी ज्ञात हुआ है कि सामान्यतः इन कार्यक्रमों में बताए गए ढंग से पंचायतों एवं सम्बद्ध ग्रामीणों के बीच विचार विमर्श भी नहीं हुआ है। पर इसका अर्थ यह नहीं है कि सलाहमशविरा या भागीदारी नहीं रही। इन मामलों में अनौपचारिक सलाह बहुत हुई है। वाइडर अध्ययन से पता चला है कि ग्रामवासियों का विचार यही रहा है कि पंचायत नेतागण अपने निर्वाचकों की राय की सही अभिव्यक्ति कर रहे हैं। पीने के पानी के कुएँ और नलों के निर्माण,

सड़कों के निर्माण आदि पर ध्यान दिया जाना ग्रामवासियों एवं पंचों, सभी की दृष्टि से महत्त्वपूर्ण था।

पश्चिम बंगाल में व्यापक भागीदारी नियमित एवं संस्थाबद्ध चुनावी प्रक्रिया के माध्यम से ही हो रही है। ग्रामस्तरीय अध्ययनों से पता चला है कि अनुसूचित एवं जनजातीय वर्ग अपने मताधिकार का ही प्रयोग नहीं करते वरन् वे चुनावों में खड़े भी होते हैं। अतः यह कहने में बहुत कुछ सच्चाई होगी कि वास्तविक संबलन तो मतदान से कहीं बहुत आगे पहुँच चुका है—इस विषय में हम कुछ ठहर कर और चर्चा करेंगे।

कुल मिलाकर तथ्य यही है कि चुनावी उत्तरदायित्व की भावना तथा सभी दलों की मतदाताओं के हितों के प्रति संवेदनशीलता के कारण ही अन्य राज्यों की अपेक्षा पश्चिम बंगाल के स्थानीय निकाय कहीं बेहतर कार्य निष्पादन कर पाए हैं। लोकतांत्रिक स्पर्धा ने वामपंथी एवं मार्क्सवादी साम्यवादी दल के नेताओं को अपने पंचायत राज कार्यकर्ताओं की गतिविधियों पर कड़ी नजर रखने एवं भ्रष्टाचार में लिप्त पाए गए सदस्यों को निकाल बाहर करने को बाध्य किया है। वैसे कहीं-कहीं भ्रष्ट व्यक्तियों की वोट जुटा पाने की क्षमता को देखते हुए उन्हें बर्दाश्त किए जाने के साक्ष्य भी मिलते रहे हैं। हाल ही के कई अध्ययनों ने वाम मोर्चे के सदस्यों सहित अनेक पंचायत अधिकारियों के भ्रष्टाचार एवं अवांछित गतिविधियों में लिप्त होने के प्रमाण प्रस्तुत किए हैं—तो यह भी सत्य है कि प्रायः ऐसे सभी प्रतिनिधि अपने दलों के लिए ही बोझ सिद्ध हुए हैं अर्थात् अगले ही चुनाव वे अपने दलों को लेकर डूबते रहे हैं।

केवल चुनावी स्पर्धा ही इन समस्याओं का समाधान नहीं है। चुनावों से सार्वजनिक उत्तरदायित्व सिद्ध करने का मंच तो नहीं बन पाता, हाँ, अनेकों बार इसके कारण भीषण गुटबाजी अवश्य आरम्भ हो जाती है। यहाँ जाति आदि संकीर्ण विचार ही एकजुटता का आधार बन जाते हैं। वाम मोर्चे के सत्तासीन होने से पूर्व तक तो पश्चिम बंगाल में भी यही स्थिति व्याप्त थी। वैसे मार्क्सवादी साम्यवादी दल तथा अन्य वामपंथियों को भी चुनावी लाभों के लिए जाति जैसे संकीर्ण विचारों के आधार पर मत संग्रह से कभी परहेज नहीं रहा। अनेक ग्रामस्तरीय मध्ययनों से यह बात बहुत खुलकर सामने आई है। भारत के अन्य भागों से भिन्न बात यही है कि यहाँ लोगों को संग्रहीत करने के लिए जातिवाद ही एकमात्र माध्यम नहीं है, गुटबाजी ही राजनीति का पर्याय नहीं बना है। कृषक संघर्षों एवं आर्थिक हितों के लिए राज्य के गरीबतम वर्गों के संगठन आदि ने लोगों की राजनीतिक चेतना को जागृत किया है। अब गरीब समाज के समृद्ध वर्गों के जी-हुजूरी करने वाले भृत्य नहीं रह गए हैं, वे स्थानीय स्वराज में जागरूक एवं सतर्क भागीदार हो गए हैं।

पंचायती राज संस्थाओं का पुनर्जीवन एवं कृषि सुधार

पश्चिम बंगाल के पंचायती राज की प्रमुख विशेषता उसका संस्थागत ढांचा नहीं वरन् उस ढांचे की जीवंतता है। अन्य प्रांतों की तुलना में एक अन्य बात भी महत्त्वपूर्ण है : यहाँ इन स्थानीय निकायों के चुनाव भी राजनीतिक दल अपने नाम पर लड़ते हैं, ये चुनाव निर्धारित अन्तराल के बाद निश्चित रूप से होते हैं और इनमें अनुसूचित जातियों/जनजातियों तथा महिलाओं के लिए आरक्षण की व्यवस्था है। इन कारकों ने पश्चिम बंगाल के स्थानीय निकायों में एक नए जीवन का संचार किया है। एक अन्य आधारभूत अन्तर भी है : यहाँ इन स्थानीय निकायों को भी राजनीतिक गतिविधियों का महत्त्वपूर्ण कार्यक्षेत्र माना जाता है, सभी लोग इनके प्रति बड़ी गम्भीरता दिखाते हैं—चाहे ये मतदाता हों, या राज्य एवं केन्द्रीय स्तर के मुख्य राजनीतिक प्रतिद्वंद्वी। इस प्रकार ये पंचायती राज्य संस्थान सत्ता एवं शासन की प्रभावी छुरी का स्वरूप धारण कर गए है। वाममोर्चे द्वारा कृषि सुधारों में पंचायतों को प्रमुख भूमिका दिए जाने के कारण उनकी प्रतिष्ठा और अधिक हो गई है।

वाम मोर्चे ने प्रारम्भ से ही कृषि सुधारों में पंचायतों को प्रमुख संस्थागत भागीदारी प्रदान की है। इस प्रकार ये परिवर्तन के कार्यक्रम का अविभिन्न अंग बन गई हैं। इन्हीं के माध्यम से भू-सम्पत्तिधारी अभिजात्यों की शक्तियों का छोटे किसानों व भूमिहीन गरीबों के बीच आबंटन किया गया है। वैसे तो सारे ही देश में भू-सुधार कार्यक्रम सरकारी नौकरशाही द्वारा संचालित रहे हैं पर संयुक्त मोर्चा काल में लोगों की सीधी कार्रवाई अर्थात् भूमि पर बलात् कब्जा ही इसका स्वरूप हो गया था। पर वाम मोर्चा सरकारों ने किसानों एवं अपने दलीय संगठनों के कार्यकर्ताओं की शक्ति को पंचायती राज संस्थाओं के माध्यम से सुधार वहन करने का दायित्व सौंपा है। पुराने भू-स्वाभियों के भृत्यों से स्वतन्त्र एक अन्य शक्ति प्रवाह की सृजना का भू-सुधारों के सुचारु क्रियान्वयन में बहुत महती योगदान रहा है। इस प्रकार उन दबंग भूपतियों के प्रभाव के ह्रास के कारण गरीब एवं सामाजिक वंचनाग्रस्त वर्गों को राजनीतिक गतिविधियों में बढ़-चढ़कर भाग लेने का साहस भी हो सका है। राज्य की राजनीति में कृषि सुधारों का महत्त्व एवं इनके क्रियान्वयन में पंचायती राज संस्थाओं का दायित्व इन दोनों की संयुति ने पंचायतों को राजनीति के महत्त्वपूर्ण कार्य क्षेत्र का स्थान दिला दिया है।

इन संस्थाओं से मार्क्सवादी दल एवं उनके अनेक सहयोगियों को बहुत चुनावी लाभ भी मिला है। उन्हें अपने राजनीतिक समर्थकों को संगठित करने तथा राज्य सरकार के ही नियंत्रित संरचनागत ढाँचे से जोड़े रखने में इन संस्थाओं से बहुंत सहायता मिली है। वैसे इसमें कोई नई बात नहीं है—बहुलतावादी लोकतन्त्र में कोई भी दल अपने जनाधार को पुष्ट करने का प्रयास सहज ही करता है। बस, वाम मोर्चे की

सबसे बड़ी सफलता यही है कि इसने पंचायती निकायों के माध्यम से भू-सुधारों के लिए एक नया व्यापक भागीदारीपूर्ण संस्थागत ढाँचा निर्मित कर दिया है। सभी राजनीतिक दल पंचायत चुनावों में नियमित रूप से भाग ले रहे हैं। यह एक प्रकार से नई राजनीतिक वस्तुस्थिति के अंग के रूप में भू-सुधार कार्यक्रमों को सर्वानुमति प्राप्त होने ही 'स्वीकारोक्ति' भी है।

सक्रियता और आन्दोलनों से नौकरशाही एवं सामञ्जस्य की ओर

पंचायती राज संस्थाएं अभी भी राज्य में दीर्घ काल से चली आई वर्ग आधारित राजनीति से जुड़े कृषि सम्बन्धी कार्यक्रमों के प्रति अपना लगाव स्पष्ट रूप से दिखा रही है। ये केवल प्रारम्भिक भू-सुधारों एवं 'बरगा कार्यक्रम' के क्रियान्वयन से जुड़े नहीं रहे, बल्कि, यही संस्थाएँ नवसृजित सम्पत्ति एवं पट्टेदारी के अधिकारों की संरक्षक भी बन गई हैं। और अधिक भू-सुधारों के मार्ग में तो अनेक राजनीतिक एवं कानूनी बाधाएं आ ही सकती हैं पर कुछ समय से यह बात भी चिन्ता का विषय बन गई है कि अब पंचायतों का उत्साह और जोश कम होने लगा है। पश्चिम बंगाल सरकार को दी गई रिपोर्ट के अनुसार तो भू सुधार कार्यक्रमों की सम्पूर्ति के बाद से पंचायतें अब दिग्भ्रमित सी हो रही हैं। उन्हें यही समझ नहीं आता कि क्या काम किए जाए। अब पंचायतों का एकमात्र कार्य जवाहर रोजगार योजना के अंतर्गत सार्वजनिक निर्माण कार्य कराना रह गया है। अतः व्यापक विकास के सक्रिय कार्यक्रम के अभाव में स्थानीय स्वशासन सही अर्थों में अपना वांछित बृहद् स्वरूप धारण नहीं कर पाएगा।

एक अन्य इसी से जुड़ा हुआ मुद्दा है स्थानीय निकायों के चरित्र में बदलाव यह कहा गया है कि यदि स्थानीय स्वराज कार्यक्रम एक राजनीतिक संबलन कार्यक्रम की अपेक्षा अधिकाधिक रूप से वाममोर्चा सरकारों के पुनः निर्वाचन के एकमात्र लक्ष्य वाली नौकरशाही में परिवर्तित होकर रह गया तो यह अपने मूल ध्येय से हट जायेगा और शीघ्र ही इनके प्रति भी जन सामान्य का मोह भंग हो जाएगा, फिर तो वाम मोर्चे को सत्ताच्युत होने में अधिक समय नहीं लगेगा। किन्तु वर्ग आधारित संगठना को किसी न किसी समय तो सामञ्जस्यकारी मार्ग अपनाना ही पड़ेगा। यह सत्य है कि वाम मोर्चे का अभ्युदय ग्रामीण पश्चिम बंगाल में वर्ग संघर्ष के उफान और वर्ग गठजोड़ों के बदलाव से हुआ है पर इस मोर्चे के और संगठित एवं व्यवस्थित हो जाने के बाद अब समञ्जनकारी मार्ग अपनाने की आवश्यकता भी प्रकट हो रही है। अब पंचायती संस्थाएं पट्टों एवं मजदूरी आदि के दावों में बीच-बचाव का काम भी करने लगी हैं।

मध्यम किसानों एवं भूमिहीनों के जिस गठजोड़ ने अमीर भूस्वामियों की ग्रामीण समाज में सत्ता को सफलतापूर्वक चुनौती ही है उससे इस गठजोड़ के आन्तरिक आर्थिक दावों में टकराव अभी तक किसी सीमा तक छुपे से रहे हैं। भूविहीन गरीबों

और बहुत छोटे किसानों को ही अब तक के सभी राजनीतिक आर्थिक लाभ मिलते रहे हैं–अक्सर इस पुनः आबंटन में मझले दर्जे के किसानों को बहुत भारी लागत सहन करनी पड़ी है। यही नहीं, बड़े एवं मध्यम दर्जे के अधिकांश भूस्वामी तो साफ बच निकले हैं और अक्सर वामपंथी दलों में शामिल होकर वे और अधिक राजनीतिक सत्ता का उपभोग भी कर रहे हैं।

अतः यह बात बहुत स्पष्ट है कि कृषि सुधारों को और बल प्रदान करने या वर्ग संगठनों को और बढ़ाने के फलस्वरूप यह गठजोड़ ही खतरे में पड़ सकता है। पुनःवितरण के लिए और भूमि तो तभी मिल पाएगी जब कि छोटे भू-स्वामी मंझले किसानों से भी (भू-धारण सीमा को और घटाकर) जमीनें छीन ली जाएं। इसी प्रकार कृषि मजदूरी बढ़ाने से केवल अमीर किसान ही नही वे छोटे किसान भी प्रभावित होंगे जिन्हें मजदूर रखने पड़ जाते हैं। इस प्रकार के टकरावों के निपटाने पर पंचायतों की भूमिका के कारण ये संस्थाएं वाममोर्चा के जनाधार के विभिन्न घटकों के बीच सामञ्जस्य बनाए रखने में बहुत योगदान कर सकती हैं।

प्रभावी प्रशासन का एक आधार

पंचायती संस्थाओं और वामपंथी संस्थाओं में धीरे-धीरे राजनीतिक कार्यक्रमों से दूर हटने और विभिन्न सरकारी कार्यक्रमों को लागू करने के सामान्य कार्यों तक सीमित रह जाने की प्रवृत्ति पनप रही है, और अधिक भू-सुधारों की सम्भावना राजनीतिक एवं वैधानिक कारणों से सीमित हो गई है–अतः जवाहर रोजगार योजना तथा एकीकृत ग्रामीण विकास कार्यक्रम आदि ऐसे कार्य बचे हैं जिनमें पंचायतें कुछ योगदान कर सकती हैं। यह तर्क सम्भव है कि वाम मोर्चे को स्थायी रखने की बहुत बड़ी लागत है और सम्भव भू-सुधारों को भूल जाना इसका परिणाम है तथा यह लागत प्रदेश के गरीब वर्गों को ही उठानी पड़ रही है। वैसे और आगे भू-सुधार सम्भव है या नहीं, यह एक बहुत जटिलतापूर्ण मुद्दा है तथा इसका उत्तर मुख्यतः अध्येता के अपने सद्विवेक पर ही आधारित रहेगा।

किन्तु पंचायती संस्थाओं और वामपंथी संगठनों की सक्रियता का विचार-मंथन केवल भू-सुधारों के साथ बँधकर नहीं रह जाना चाहिए। सुधारोपरांत पश्चिम बंगाल की ये संस्थाएं समग्र सार्वजनिक नीतियों के क्रियान्वयन में देश के अन्य प्रांतों की अपेक्षा कहीं अधिक योगदान कर पाने में सक्षम हैं। जवाहर रोजगार योजना तथा एकीकृत ग्राम विकास कार्यक्रमों में उनका योगदान इसी क्षमता का प्रमाण है। अनुसूचित जातियों, जनजातियों एवं महिलाओं के राजनीतिक प्रतिनिधित्व एवं साक्षरता आन्दोलन आदि के संचालन में भी इन्हीं संस्थाओं को माध्यम बनाया गया है। फिर भी वास्तविकता यही है कि ये सभी प्रयास बिखरे हुए से ही हैं तथा भू-सुधारों के कार्यक्रम की संपूर्ति के बाद पंचायती राज संस्थाएं किसी सुनिश्चित कार्यक्रम को आधार

बना सक्रिय योगदान नहीं कर पा रहीं। कृषि-सुधारों की अपनी सीमाएं रही हैं—पर उनके साथ-साथ प्रभावी प्रशासन का जो नया ढाँचा विकसित हो गया था अब वह भी अपनी सारी सम्भावनाओं को मुखरित नहीं कर पा रहा। आगे चलकर हम इन विषयों पर कुछ और चर्चा करेंगे।

आजीविका पर प्रभाव

कृषि संवृद्धि

दो दशकों तक शिथिलता के बाद नवें दशक के मध्य से कृषि उत्पादन में वृद्धि आरम्भ हो गई। 1969-70 से 1979-80 के बीच भारतवर्ष में खाद्यान्न उत्पादन 2.5 प्रतिशत वार्षिक दर से बढ़ रहा था जबकि पश्चिम बंगाल की यही दर 1.7 प्रतिशत थी। यह न्यून दर जनसंख्या वृद्धि दर से भी बहुत कम थी किन्तु अगले दस वर्षों में बंगाल के कृषि उत्पादन की वृद्धि दर ने लम्बी छलांग लगाई है। यह दुगुनी (3.4 प्रतिशत) हो गई तथा देशव्यापी औसत दर 2.7 प्रतिशत से आगे निकल गई। 1991 तक यही प्रवृत्ति बनी रही है। इस वर्ष में पश्चिम बंगाल की खाद्यान्म उत्पादन वृद्धि दर 4.6 प्रतिशत थी जबकि भारत की दर 2.8 प्रतिशत ही रही। उत्पादन वृद्धि की प्रवृत्ति में यह बदलाव 1983 में आया था, दो वर्षों तक फसलें खराब होने के बाद 1983 का 92 लाख टन उत्पादन 1982 के 59 लाख टन से ड्योढ़ा रहा। अगले वर्षों में उच्च संवृद्धि दर के बने रहने के कारण इस वर्ष को ऐतिहासिक बदलाव का वर्ष कहा जा सकता है। नवे दशक के प्रारम्भिक वर्षों की तुलना में यह बदलाव बहुत महत्त्वपूर्ण रहा है। इससे वाममोर्चे द्वारा चलाए गए भू-सुधारों और कृषि उत्पादन का सम्बन्ध भी स्पष्ट प्रकट होता है। ग्रामस्तरीय सर्वेक्षण भी बंगाल की कृषि में आए बदलाव की साक्षी देते हैं पर यह उत्पादन वृद्धि किसी सीमा तक तकनीकी प्रगति और सापेक्ष दामों में परिवर्तन के प्रति किसानों की प्रतिक्रिया के परिणामस्वरूप भी मानी जा सकती है। किन्तु पश्चिम बंगाल की कृषि अर्थ व्यवस्था में हाल ही के वर्षों में आए इन परिवर्तनों को केवल नीतिगत या बाजारगत प्रक्रियाओं का परिणाम मान लेना बहुत ही संकीर्णतापूर्ण दृष्टिकोण का परिचायक होगा। इस कृषि संवृद्धि की और व्याख्या करने से पूर्व इसे भौगोलिक एवं समय के परिप्रेक्ष्य में प्रस्तुत करना बहुत उपयोगी रहेगा।

पिछले कुछ वर्षों में आए उछाल से पूर्व कृषि उत्पादन में शिथिलता ही नहीं वरन् सापेक्ष ह्रास के लक्षण दिखाई पड़ रहे थे। इस उच्च संवृद्धि के दौर ने तो एक प्रकार से पुनः पश्चिम बंगाल को राष्ट्रीय खाद्य उत्पादन में योगदान की दृष्टि से अपने आठवें दशक के मध्य के स्तर पर ही पहुँचाया है। चित्र 3.2 में हमने भारत के खाद्य उत्पादन में पश्चिम बंगाल के अंश को चित्रित किया है। इसकी अवधि 1970-71 से 1991-92 है। इस चित्र से यह बात बहुत स्पष्ट है कि पिछले कुछ

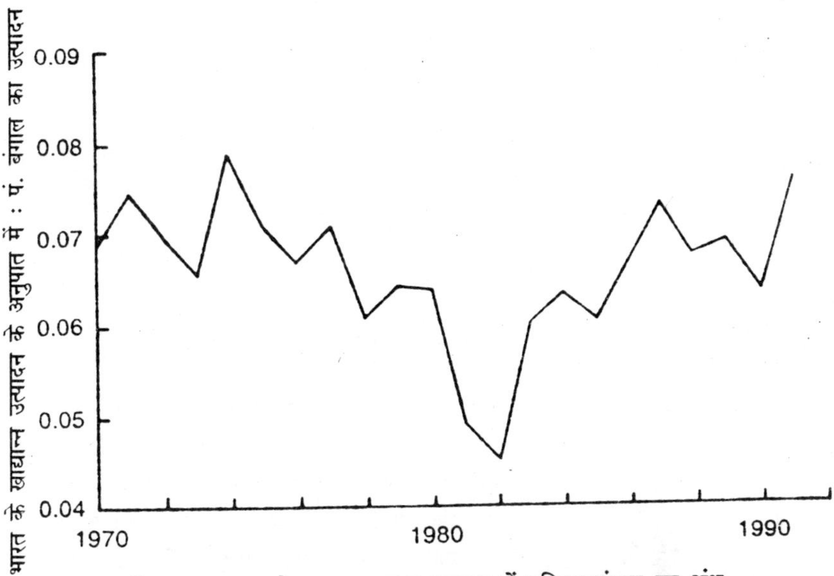

चित्र 3.2 भारत के सकल खाद्यन्न उत्पादन में पश्चिम बंगाल का अंश

स्रोत : CMIE, बड़े राज्यों का कृषि निष्पादन 1993

वर्षों के उछाल के बाद भी देश के खाद्यान्न उत्पादन में पश्चिम बंगाल का अंश 7.6 प्रतिशत ही हो पाया है, जबकि 1977-78 में भी यह 7 प्रतिशत ही था—यह आधिक्य बहुत मामूली ही है। एक प्रकार से यह आठवें दशक की तीव्र वृद्धि से पहले के कुछ वर्षों के ह्रास की भरपाई मात्र हुई है।

पश्चिम बंगाल एवं इसके पड़ौसी राज्यों के कृषि निष्पादन का एक तुलनात्मक चित्रण भी इसी बात की पुष्टि करता है—1982-83 तक सापेक्ष शिथिलता के बाद तीव्र दर से सुधार हुआ है। चित्र 3.3 में यही दिखाया गया है। एक और ध्यान देने की बात यह है कि पश्चिम बंगाल में खाद्यान्न उत्पादन की गिरावट बिहार से भी अधिक तीव्र रही थी। इस चित्रांकन से यह भी बात साफ हो जाती है कि एक वर्ष से दूसरे तक तीव्र उतार चढ़ाव हैं। उन्हीं के कारण प्रवृत्ति के अनुमान एवं दिशा का आकलन भी चुने गए वर्षों के अनुसार बदल जाएंगे। यद्यपि 80 के दशक में पश्चिम बंगाल में कृषि उत्पादन में अच्छी वृद्धि हुई है—पर इसी दशक के प्रारम्भिक वर्षों को आधार बनाकर संवृद्धि दर का आकलन 'अत्यधिक अनुमान' का दोषी होगा। यदि हम 1983-91 की अवधि को लें तो संवृद्धि दर 6.6 प्रतिशत हो जाती है जबकि 1981-91 के बीच यह केवल 4.3 प्रतिशत बनती है।

एक और बात : यद्यपि 1981-91 के दौरान देश भर में कृषि उत्पादन वृद्धि

दर की दृष्टि से पश्चिम बंगाल सबसे आगे रहा है पर 80 के दशक के शुरू में प्रवृत्ति में परिवर्तन केवल इसी प्रांत तक सीमित नहीं रहा है। बिहार एवं उड़ीसा में भी ऐसा ही पाया गया है। इन दोनों के कुछ कृषि अर्थ व्यवस्थागत लक्षण बंगाल से मिलते-जुलते रहे हैं। 1981-91 की अवधि में जहाँ भारत भर में खाद्य उत्पादन वृद्धि दर 2.7 रही और पश्चिम बंगाल में 6.6 प्रतिशत वहीं उड़ीसा और बिहार में भी इस दर के क्रमशः 4 तथा 3.5 प्रतिशत रहने का अनुमान है। अतः हम कह सकते हैं कि प्रवृत्ति में बदलाव की पश्चिम बंगाल तक सीमित व्याख्या की विशेष आवश्यकता नहीं है—हां, इस राज्य की उच्च संवृद्धि दर की समीक्षा अवश्य होनी चाहिए।

इस प्रवृत्ति परिवर्तन के दो कारण रहने का अनुमान है : एक तो सिंचाई में सुधार से गर्मी के 'बोरो' धान क्षेत्र में सघन खेती सम्भव हो पाई, दूसरे, धान की मुख्य फसल 'अमान' में अधिक उपज देने वाले बीजों का व्यापक प्रयोग सम्भव हो गया। 1991-92 का खाद्यान्न उत्पादन 1980 से 46 लाख टन अधिक था पर इसमें 'बोरों' और 'अमान' की धान फसलों का योगदान ही क्रमशः 20 तथा 22 लाख टन बैठता है। वैसे 'अमान' में उन्नत बीजों का प्रयोग भी सिंचाई में सुधार के बिना

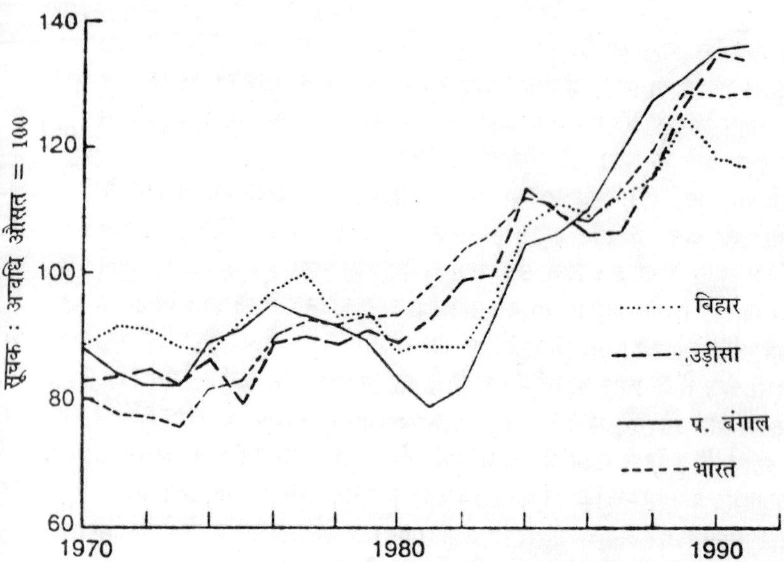

चित्र 3.3 खाद्यान्न उत्पादन में तुलनात्मक प्रवृत्तियां

स्रोत : CMIE, बड़े राज्यों का कृषि निष्पादन, 1993

नहीं हो पाता। एक प्रकार से पानी पर नियन्त्रण के कारण ही महँगे पर अधिक उत्पादन देने वाले बीज आकर्षक बन पाते हैं। 'अमान' फसल के अच्छे उत्पादन में एक अन्य कारक का भी योगदान रहा है : स्थानीय परिस्थितियों के अनुरूप नए उच्च क्षमता वाले बीजों का विकास। सहजपुर के किसानों का कहना है कि 1984 में इस कम पानी वाले क्षेत्र में जो बीज आए, उनकी उपज पहले के उन्नत बीजों से कुछ कम तो अवश्य थी, पर उन पर पानी की आपूर्ति के उतार-चढ़ाव का प्रभाव भी कम पड़ता है और उन पर कीड़ों आदि का असर भी कम रहता है।

वर्ष 1987 में पश्चिम बंगाल एवं बंगला देश के सारे भू-खण्ड की कृषि दशाओं के अध्ययन ने सिंचाई व्यवस्था के विकास के प्रभावों की ओर ध्यान दिलाया था। यह अध्ययन उसी समय प्रकाश में आया था जबकि पश्चिम बंगाल का कृषि उछाल पहले ही प्रारम्भ हो चला था। फिर भी इसे 'समय बिन्दु' का नाम दिया जा सकता हैं। उसके रचनाकार का मत था कि बंगाल में कृषि संवर्धन की बहुत संभावनाएं विद्यमान हैं, यहाँ सबसे महत्त्वपूर्ण 'अग्रणि' आदान सिंचाई ही है और इस कार्य में भू-गर्भ से पानी निकालने की उपयुक्त संस्थागत व्यवस्था का अभाव ही सबसे बड़ी बाधा है। यहाँ बाजार पर आधारित नहीं, सरकार-आश्रित नव प्रवर्तन को ही परिवर्तन का अधिक उपयुक्त वाहन ठहराया गया था। बाद के अनुभवों ने इस अध्येता के कृषि उत्पादन संबंधी संभावनाओं और जल संसाधनों विषयक निष्कर्षों की पूरी तरह पुष्टि की है किन्तु जल संसाधन बाजार के विकास से जुड़ी उसकी धारणाएँ अनावश्यक सिद्ध हुई हैं। पश्चिम बंगाल में भूगर्भीय जल संसाधनों का विकास एवं विदोहन निजीनिवेश द्वारा ही हुआ है और जल बाजार का विकास ही नया संस्थागत प्रवर्तन सिद्ध हुआ है।

पश्चिम बंगाल में कृषि संवर्धन का त्वरण भी उसी समय हुआ है जब कि वाम मोर्चा सरकार ने अपना कृषि सुधार कार्यक्रम आरम्भ किया था। इसी कारण से सुधारों की उत्पादिता पर संभावित प्रभावों को लेकर अटकलबाजी शुरू हुई है। एक बार फिर कृषि अर्थशास्त्र में दक्षता के संवर्धन के लिए भू-सुधार की अनिवार्यता की बात उठने लगी है। शुरू-शुरू में वामपंथियों के प्रचार तन्त्र ने भी इस बात का काफ़ी शोर मचाया था—वे इसे 'उत्पादक शक्तियों की बेड़ियों को काटने' का नाम दे रहे थे। किन्तु उसी समय सारे पूर्वी भारत, यहाँ तक कि बंगाल देश में भी कृषि उत्पादन में उछाल आया है। अतः यह आभास अवश्य होता है कि इस उछाल का सारा श्रेय पश्चिम बंगाल के कृषि सुधारों के खाते में जमा नहीं हो पाएगा। हाँ, किसी हद तक पश्चिम बंगाल का उछाल पड़ौसियों से ऊँचा रहा है—इसकी समीक्षा अवश्य होनी चाहिए।

पर इस समीक्षा के लिए भी भू-सुधार कार्यक्रमों में अधिक संभावना नहीं दिखाई पड़ रही। लाभान्वितों की संख्या भले ही विशाल रही हो किन्तु पुनःवितरण

कार्यक्रम कुल कृषित भूमि के छोटे से अंश तक ही सीमित रहा। भूधारण सीमा कानूनों के अंतर्गत पुनःवितरित भूमि सारे प्रदेश के कृषित क्षेत्रफल का मात्र 6. 5 प्रतिशत ही थी। इसमें से भी मुश्किल से एक तिहाई का आबंटन 1977 के बाद वाम मोर्चा द्वारा किया गया था। 'बरगा कार्यक्रम' के अंतर्गत पंजीकृत क्षेत्र के सटीक अनुमान तो नहीं है पर वह भी कुल क्षेत्र के 15 प्रतिशत से अधिक कदापि नहीं था। यदि भू-वितरण एवं बरगा कार्यक्रम के कारण ही कृषि में उछाल आया होता तो इन सीमित क्षेत्रों में तो उत्पादन कई गुना बढ़ना चाहिए था। पर ऐसा कुछ नहीं हुआ। उत्पादन वृद्धि तो 'अमान' की फसल में उन्नत बीजों के प्रचलन तथा 'बोरो' में सिंचाई के अधिकाधिक प्रसार के कारण ही हुई है।

पश्चिम बंगाल की कृषि संवृद्धि के श्रेय का बाजार एवं गैर बाजार नव प्रवर्तनों या सुधार एवं निजी प्रेरणाओं के बीच विभाजन सैद्धांतिक एवं व्यवहारिक, दोनों ही दृष्टियों से समस्याओं से भरा है। निजी आर्थिक अभिकर्ता अन्ततः एक ऐसे आर्थिक परिवेश में रहकर ही कार्य तथा प्रेरणाओं के प्रति प्रतिक्रिया कर पाते हैं जिसकी रचना संसाधनों एवं राजनीतिक शक्तियों के आबंटन द्वारा होती है। यह सत्य है कि भूमिगत जल संसाधनों का विकास मुख्यतः किसानों द्वारा अपने प्रयोग तथा पड़ोसियों को पानी बेचने के उद्देश्य से नलकूपों के निर्माण का कार्यक्रम प्रायः असफल ही रहा है। किन्तु ग्रामीण क्षेत्रों में बिजली की आपूर्ति में सुधार भी उसी समय हो जाना इस बात का परिचायक है कि ग्रामीण उत्पादकों की शहरी उत्पादकों की तुलना में सौदाशक्ति में वृद्धि हुई है। अन्यथा नलकूपों की स्थापना सम्भव ही नहीं हो पाती। इसी प्रकार जहाँ चावल की अपेक्षा उर्वरकों के दामों में कभी से निजी संप्रेरणाओं को बल मिला है और उर्वरक प्रयोग को बढ़ावा मिला है, वहीं स्थानीय स्वशासन व्यवस्था के प्रभावी स्वरूप के कारण जानकारी का प्रवाह तथा समय पर इन आदानों की पर्याप्त आपूर्ति और समस्त आदान उपलब्धि व्यवस्था का सुचारु रूप से कार्य कर पाना भी अवश्य प्रभावित हुए होंगे। वैसे इस संदर्भ में यह जानकारी भी बहुत उपयोगी है कि नवें दशक में पश्चिम बंगाल में बिहार और उड़ीसा की भांति इन आदानों के उपयोग में भारी वृद्धि नहीं हुई। फिर भी उत्पादन में अधिक वृद्धि होना इनके प्रयोग में अधिक कुशलता की परिचायक अवश्य होगी।

संक्षेप में कृषि में उछाल के मुख्य कारण तो पश्चिम बंगाल में भी वही रहे जो कि पूर्वी क्षेत्र के अन्य सभी राज्यों में थे। इस प्रदेश में अधिक तीव्र उछाल का एक कारण यहाँ की कृषि सम्भावनाओं का अन्यों की अपेक्षा अधिक प्रबल होना भी हो सकता है। किसी सीमा तक कृषि एवं राजनीतिक सुधारों के सम्मिलित प्रभाव भी सकारात्मक रहे होंगे। पर कृषि सुधारों के सकारात्मक प्रभावों के व्यवहारिक होने में उनके कारण बाजार व्यवस्था के सामान्य सुधार तथा आर्थिक अभिकर्ता की उसमें कार्य कर सकने की क्षमता की वृद्धि का योगदान निश्चित रूप से

भू-पुनःवितरण द्वारा कुशलता वृद्धि की अपेक्षा कहीं अधिक प्रबल रहा होगा।

इतने समय बाद इन कृषि सुधारों का 'दक्षता' के तर्क के आधार पर गतावलो की औचित्य सिद्ध करने का प्रयास बहुत आश्चर्यकारी है। इसका कारण यही है कि जब पश्चिम बंगाल में कृषि के मुद्दे पर जन संगठना का कार्य चल रहा था उस समय तो इस प्रकार के तर्क अधिक महत्त्वपूर्ण नहीं माने गए थे—उस समय सारा आग्रह पुनःवितरण पर ही था। हद से हद यही कहा जा सकता है कि पश्चिम बंगाल जैसा कृषि उछाल यही सिद्ध करता है कि भू-सुधारों (पुनःवितरण) के कोई सशक्त नकारात्मक प्रभाव होने की सम्भावना नहीं होती। हमारे विचार में इन सबसे कहीं अधिक महत्त्वपूर्ण प्रश्न यह है कि प्रदेश के गरीब जन इस संवृद्धि में किस सीमा तक भागीदार बन गए हैं ?

गरीबी, उपभोग एवं वितरण

गरीबी के प्रभाव का सबसे अधिक प्रयुक्त मापक व्यक्तिगणना अनुपात ही है। यह कुल जनसंख्या में उन व्यक्तियों का अनुपात है जो निर्दिष्ट गरीबी रेखा के स्तर तक आय (व्यय) में असमर्थ रहते हैं। विभिन्न अध्येताओं ने, भारतीय योजना आयोग ने तीन दशक पूर्व जिस अतिगरीबी रेखा का निर्धारण किया था, उसका अनुमोदन किया है। वैसे समय-समय पर उस गरीबी रेखा को कीमत वृद्धि आदि के अनुरूप पुनः परिभाषित भी किया जा चुका है। हम यहाँ 1993 में तेन्दुलकर, सुन्दरम् एवं जैन द्वारा संकलित आँकड़ों की श्रृंखला का प्रयोग कर रहे हैं। आय एवं व्यय के वितरणों के लिए सांख्यिकीय दृष्टि से प्रतिनिधित्व के गुणसम्पन्न राष्ट्रीय संदर्भ सर्वेक्षण आंकड़ों का प्रयोग किया गया है।

चित्र 3.4 में पश्चिम बंगाल, इसके पड़ोसी राज्यों तथा देश भर के ग्रामीण क्षेत्रों में 1972 से 1987 की अवधि में प्रचलित व्यक्ति गणना अनुपातों का अलग-अलग चित्रांकन किया गया है। 1977 में जिस समय वाम मोर्चा सत्ता में आया पश्चिम बंगाल में यह अनुपात सभी प्रान्तों से अधिक था पर 1983 आते-आते इसमें गिरावट आकर बंगाल बिहार की अपेक्षा आगे निकल गया तथा 1987 तक इसकी अवस्था बिहार एवं उड़ीसा दोनों से ही बहुत बदतर हो गई थी। अन्तिम चार वर्षों में गरीबी अनुपात की गिरावट बहुत ही शानदार रही है। उस अवधि में इस प्रान्त की गरीबी में गिरावट की दर सारे देश से अधिक तीव्र रही है। इस अनुपात में गिरावट के साथ-साथ बंगाल के आंकड़े यह भी बताते हैं कि 1972 से लगातार वितरण-संवेदी गरीबी सूचकों में भी गिरावट ही आती रही है।

राष्ट्रीय संदर्श सर्वेक्षण सारी जनसंख्या के प्रतिनिधि तो होते है, पर इनमें किसी क्षेत्र के समग्र आंकड़े नहीं मिल पाते। यही नहीं, हर बार अलग-अलग गाँवों एवं परिवारों के चयन के कारण उन आँकड़ों के आधार पर किसी क्षेत्र विशेष या समूह

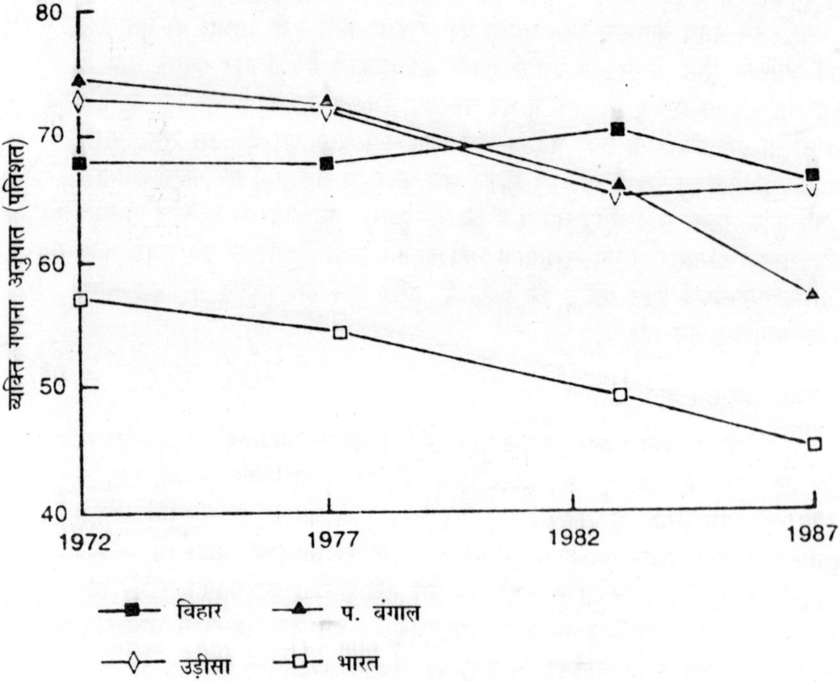

चित्र 3.4 गरीबी रेखा से नीचे ग्रामीण परिवारों का तुलनात्मक अनुपात
स्रोत : तेन्दुलकर आदि, 1993, रा. सं. सर्वेक्षण की जानकारियों के आधार पर

विशेष की दशा में परिवर्तन का आकलन कर पाने में ये आँकड़े उपयोगी नहीं रहते। किन्हीं चुने हुए परिवारों की अवस्था का काल सारिणीय अध्ययन अवश्य उपयोगी रहता है। इसी कारण पश्चिम बंगाल में ऐसे अध्ययन भी किए गए हैं। इन्होंने राष्ट्रीय संदर्श सर्वेक्षण के 1972-73 तथा 1973-74 में सर्वेक्षित गाँवों का 1985-86 में पुनः सर्वेक्षण किया। ये ग्राम बीरभूम, बर्धमान तथा पुरुलिया जनपदों में हैं। ये पुन सर्वेक्षण हमारी आलोच्य अवधि से ही जुड़े नहीं हैं–इनके कारण हमें काल सारिणीय तुलना कर पाने के लिए उचित आधार भी मिल जाता है क्योंकि इनमें संदर्श संकलन की बहुत परिष्कृत विधियों का प्रयोग हुआ है। यही नहीं, इन्होंने प्रत्यक्षतः निजी एवं सार्वजनिक पदार्थों के उपयोग का ही मापन किया है, इनके आधार पर अनुमानित आय का परिकलन करने का प्रयास नहीं किया।

वैसे किसी सीमा तक आय परिकलन को अधिक वैज्ञानिक माना जाता है।

किन्तु इस कार्य में सापेक्ष उपयोग तथा समय-समय पर प्रचलित रही कीमतों के विषय में अनेक मान्यताएं गढ़नी पड़ती हैं। उन मान्यताओं का निष्कर्षों पर बहुत प्रभाव हो सकता है।

जीवन-स्तर के इन अध्ययनों ने 1972-73 से 1985-86 के बीच निजी पदार्थों के उपभोग में कुल मिलाकर सुधार पाया है। वैसे सभी वस्तुओं के उपयोग को लेकर एक जैसी स्थिति तो नहीं रही पर अध्येताओं का मत है कि कुल मिलाकर थोड़ा सुधार ही हुआ है। कपड़े, जूते, तथा टॉर्च, हाथ घड़ी, बाइसिकल, फर्नीचर और बर्तन आदि स्थायी प्रयोग की वस्तुओं के उपयोग स्तर न्यून तो रहे पर इनमें कुछ सुधार अवश्य दिखाई दिया। निवास गृहों की स्थिति में कुछ गिरावट ही रही क्योंकि प्रति व्यक्ति स्थान कम हो गया। कुछ लोगों ने कच्चे मकानों को पक्का अवश्य कर लिया पर अन्यों के घरों की हालत और ख़स्ता भी दिखाई पड़ी। हां, प्रति व्यक्ति खाद्य पदार्थ उपयोग इस अवधि के दौरान निश्चित रूप से बढ़ा हैं। यहाँ भी अनाज अपवाद रहा है। प्रति व्यक्ति अनाज उपयोग में स्थिरता ही पाई गई है।

अतः इन अध्येताओं ने उपयोग स्तर के सुधार को अति सामान्य या सीमान्त-सा ही माना है। किन्तु उन्होंने इस संभावना को जल्दबाजी में ही रद्द कर दिया कि सम्भवतः सकल उपयोग में मामूली वृद्धि के साथ-साथ उपयोग के वितरण में अच्छा ख़ासा सुधार भी हो सकता है। उन्होंने कहा है, यह सम्भव है कि गैर खाद्य उपयोग की यह मामूली वृद्धि भी ग्रामीण समाज के उच्च वर्ग तक ही सीमित रह गई है। किन्तु यह विचार इन्हीं अध्येताओं द्वारा और आगे चलकर प्रकाशित परिणामों व निष्कर्षों से मेल नहीं खाता। इन्हीं ने आगे चलकर यह भी बताया है कि अपने खेत में काम करनेवालों का अनाज उपयोग प्रतिदिन 550 ग्राम से घटकर 500 ग्राम ही रह गया जबकि कृषि मजदूरों का उपयोग 430 ग्राम से बढ़कर 480 ग्राम प्रतिदिन हो गया।

वास्तव में 1977 से नवें दशक के अंत तक व्यय के वितरण में काफ़ी महत्त्वपूर्ण सुधार हुए हैं। 1972-73 तथा 1977-78 में तो गिनि गुणक 0.31 था पर यह 1983 में 0.29 और 1989-990 में घटकर 0.25 ही रह गया। हमारा चित्र 3.5 1977-78 से 1988-89 के बीच व्यय के वितरण में सुधार की बात की पुष्टि कर रहा है। इसमें हमने इन दोनों वर्षों के लॉरेंज वक्र अंकित किये हैं। 1988-89 का लॉरेंज वक्र निरंतर 1977-78 के वक्र से ऊपर ही बना रहा है।[1] इससे इस अवधि में वितरण में निश्चित सुधार प्रमाणित होता है।

---

1. यहाँ पाठकों का ध्यान इस बात की ओर दिलाना आवश्यक है कि सीधी रेखा द्वारा दिखाए गए विकर्ण तथा वक्र के बीच का क्षेत्रफल ही किसी आबंटन में विषमता का मापक होता है। उसी का अनुपातिक रूप गिनि गुणक कहा जाता है । अतः यदि 1988-89 का वक्र 1977-78 के वक्र से ऊपर है तो विकर्ण और उस (1988-89) वक्र के बीच का क्षेत्रफल (दूसरे की अपेक्षा) कम हो जाता है। अर्थात् (उपयोग व्यय के) वितरण में विषमता कम हो गई है।

तालिका 3.5

पश्चिम बंगाल, बिहार एवं उड़ीसा के ग्रामीण परिवारों में प्रति व्यक्ति व्यय का वितरण

	पश्चिम बंगाल	बिहार	उड़ीसा
गिनि गुणांक			
1983-84	28.9	25.6	27.0
1987-88	27.8	26.5	28.5
1989-90	24.9	24.6	27.1
यादृच्छिक प्रबलता			
1989-90 1983-4	हाँ	नहीं	—

स्रोत : रा. सं. सर्वेक्षण संगठन के प्रकाशन

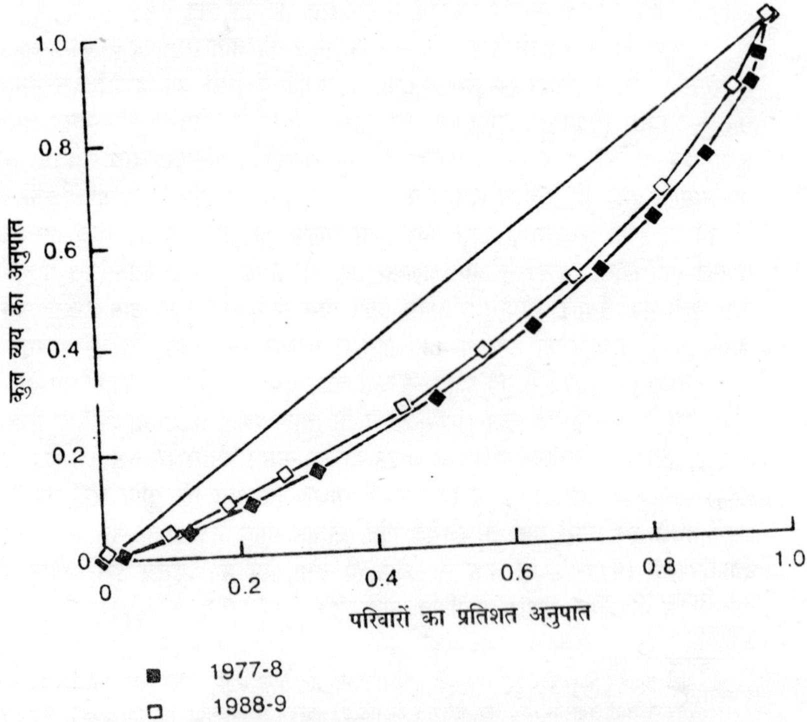

चित्र 3.5 ग्रामीण परिवारों में व्यय का आबंटन

स्रोत : रा.सं. सर्वेक्षण। 1992

इसी अवधि में जिन अन्य राज्यों में कृषि संवृद्धि हुई है, उनसे तुलना भी बहुत ज्ञानवर्धक है। 1983 से 1989-90 की अवधि में पश्चिम बंगाल तथा बिहार में ग्रामीण क्षेत्रों में उपभोक्ता व्यय के आबंटन के गिनी गुणक में गिरावट आई है–(देखें ता. 3.5) पर यह बात महत्त्वपूर्ण है कि यह गिरावट–अर्थात वितरण में सुधार–पश्चिम बंगाल में अधिक महत्त्वपूर्ण रही है। बिहार में एक, सुधार मामूली ही था, दूसरे, पश्चिम बंगाल की भाँति 1989-90 का वितरण प्रत्येक आय वर्ग के लिए 1983 के वितरण से ऊपर नहीं रह पाया। यही नहीं, पश्चिम बंगाल में 1977 से 1983 के बीच जिस वितरणात्मक सुधार (विषमता में गिरावट) के लक्षण दिखाई पड़े थे, इनमें तीव्र गति से कृषि उत्पादन वृद्धि काल में और अधिक तीव्रता दिखाई पड़ रही है।

सुधार एवं पुनःवितरण

उपभोग के वितरण में सुधार का अर्थ होगा कि गरीबों के उपभोग की अनुपातिक वृद्धि अमीरों की अनुपातिक वृद्धि से अधिक है। यह दो प्रकार से सम्भव हो सकता है– या तो आय और परिसंपत्तियां आदि अमीरों से लेकर गरीबों में बाँट दी जाती या फिर गरीबों के संसाधनों से प्राप्त आमदनी में बहुत तेज़ी से वृद्धि होती। यदि यह दोनों काम एक साथ हो जाएं तो फिर सोने पर सुहागा होगा।

तालिका 3.6 में हमने वाइडर ग्रामों में पुरुष मजदूरों की बहुलक मजदूरी के समतुल्य चावल की मात्रा के आँकड़े दिए हैं। तुलना भी सुविधा के लिए हमने उसी

तालिका 3.6
पुरुष कृषि मजदूरों की दिहाड़ी (कि. ग्रा. चावल में)

	1956	1983	1987	1990
बीरभूम 2.60	2.00	2.00	3.60	4.05
कुचली	–	2.57	3.42	4.29
सहजपुर	2.64	2.61	3.30	4.00
मेदिनीपुर	3.00	2.10	3.40	5.43
भगबनबसन	–	3.00	3.60	–
पुरुलिया	–	2.00	3.20	3.43
सिमतुनी	–	2.40	2.57	–
कूचबिहार	3.00	1.90	2.30	3.54
कलमंदासगुड़ी	–	2.53	2.66	–
जलपाईगुड़ी	4.20	2.50	3.40	3.95
मगुरमारी	–	2.85	2.80	–
प. बंगाल	2.95	2.56	3.62	5.07

स्रोत : वाईडर तथा अन्य ग्राम, जिलास्तरीय सर्वेक्षण

समय इन ग्रामों के जनपदों में प्रचलित औसत मजदूरी दर के आँकड़े भी अंकित किए हैं। जनपदीय औसत आँकड़ों का आकलन अधिकारिक मजदूरी दर के आंकड़ों को चावल के कीमत सूचकों से विभाजन द्वारा किया गया है। यह बड़ी रोचक बात रही कि इन गाँवों की मजदूरी दरों तथा इनके जनपदों की औसत मजदूरी दरों में बहुत सादृश्य पाया गया है। इन दोनों में ही हाल ही में काफी सुधार हुआ है। राज्यवार प्रकाशित कृषि मजदूरी दर सम्बधी आँकड़े भी इसी बात की पुष्टि कर रहे हैं। (देखें तालिका 3.6) यह बात भी स्पष्ट हो रही है कि यह मजदूरी वृद्धि बहुत समय तक ठहराव के बाद अनुभव की गई है।

मजदूरी दर में वृद्धि के दो स्रोत हो सकते है : एक, अधिक सघन खेती के कारण मजदूरों भी माँग में वृद्धि तथा दूसरे, नई तकनीकों को अपनाने के कारण निश्चित समय पर अधिक सघन श्रम प्रयोग। पश्चिम बंगाल में ये दोनों कारक नवें दशक के मध्य से सक्रिय रहे हैं। इसी समय कृषि उत्पादन में तीव्र वृद्धि भी आई है। उस सारी ही अवधि में जिसके तुलनीय आँकड़े उपलब्ध हैं, मजदूरी दर की वृद्धि उत्पादन वृद्धि के साथ तारतम्य बनाए रही है। (देखें चित्र 3.6) मजदूरी में वृद्धि

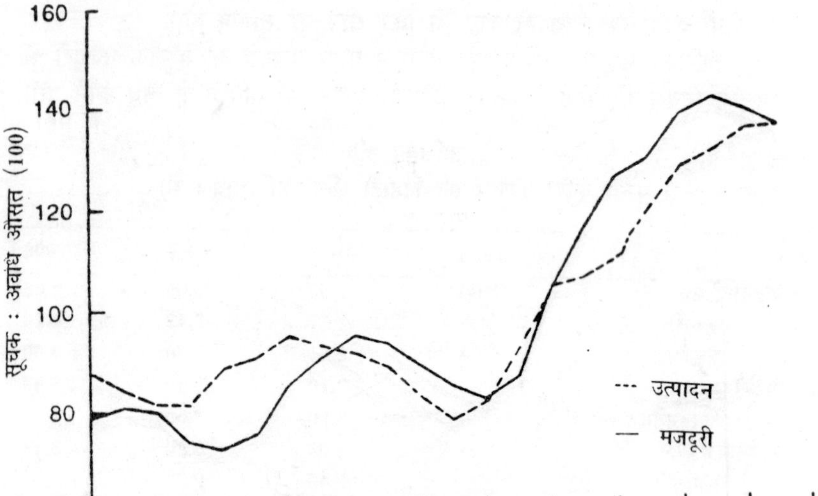

चित्र 3.6 पश्चिम बंगाल में खाद्यान्न उत्पादन एवं मजदूरी दरों की प्रवृत्तियां
स्रोत : बिपुल चट्टोपाध्याय IEG, दिल्ली, 1994, CMIE, मुम्बई, 1993

का एक अन्य कारण भी हो सकता है : कृषि श्रमिकों के संगठनबद्ध होकर सामूहिक सौदेबाजी। इससे उनकी सापेक्ष सौदा शक्ति में वृद्धि हो सकती है। ग्रामीण पश्चिम बंगाल में कृषि मजदूरों द्वारा हड़ताल की धमकी तथा वास्तविक हड़ताल आदि भी देखने में आई हैं। ग्राम पंचायतों का मजदूरी सम्बन्धी विवादों के निपटारे में योगदान इस कार्य के राजनीतिक पक्ष की ओर संकेत करता है। अब तो हड़ताल की धमकी मजदूरी के स्तर निर्धारण की सौदेबाजी की एक रस्म बन गई है पर उसका प्रभाव उतना नहीं होता जितना वाम मोर्चा सरकारों के प्रारम्भिक वर्षों में होता था।

पश्चिम बंगाल में मजदूरी दर की वृद्धि इसके पड़ोसी राज्यों तथा सारे देश में हुई वृद्धि के साथ-साथ ही हुई है। यह अपने आप में अनूठी बात नहीं रही। चित्र 3.7 में पश्चिम बंगाल, बिहार, उड़ीसा और भारत में मजदूरी दरों की प्रवृत्तियां एक साथ अंकित की गई हैं। चित्र से स्पष्ट है कि आठवें तथा नवें दशकों में इन दरों में समान दिशा में उतार-चढ़ाव आते रहे हैं। यद्यपि नवें दशक में बंगाल में मजदूरी दर में सबसे तेज़ वृद्धि हुई है—पर वहाँ की कृषि उत्पादन वृद्धि भी तीव्रतम रही

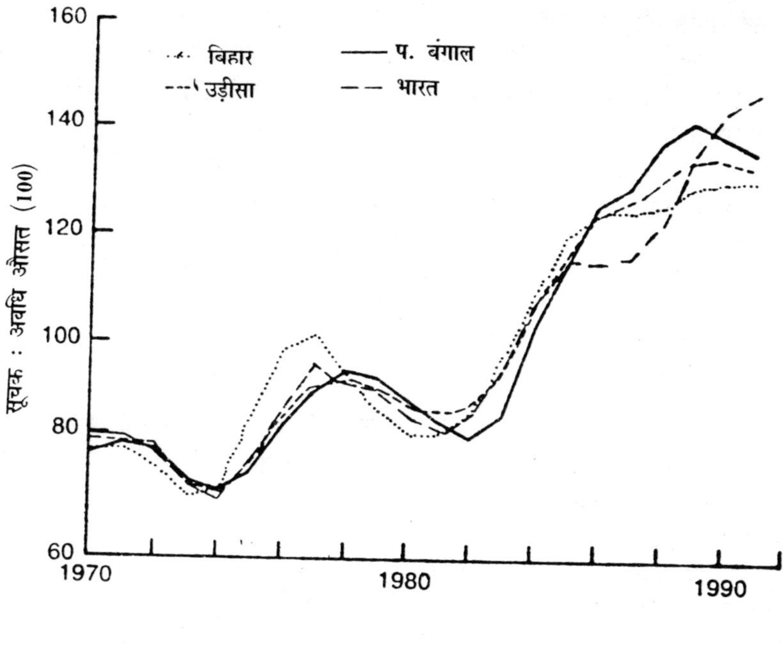

चित्र 3.7 कृषि मजदूरों की आजीविका दरों की तुलनात्मक प्रवृत्तियां

स्रोत : बिपुल चट्टोपाध्याय, IEG, दिल्ली, 1994

थी। इसी प्रकार जब उत्पादन गिर रहा था, उस समय मजदूरी दर भी कम हुई है। विलक्षण बात यह है कि यह गिरावट उस समय आई जब वाम मोर्चा की सरकार पहले पहल बनी और श्रमिक संगठनों की आक्रामकता अपने चरमोत्कर्ष पर थी।

इस सारी अवधि में उत्पादन एवं मजदूरी वृद्धि का क्रम पश्चिम बंगाल में तो साथ-साथ ही चला पर बिहार, उड़ीसा और सारे भारत में मजदूरी दर की वृद्धि उत्पादन वृद्धि से कहीं अधिक रही है। 1980-91 में पश्चिम बंगाल में प्रवृत्ति-अनुमानित वास्तविक मजदूरी वृद्धि की दर 5.7 प्रतिशत एवं उत्पादन वृद्धि दर 5-6 प्रतिशत वार्षिक रही। भारत, बिहार एवं उड़ीसा में ये दरें क्रमशः 4.8 व 2.7, 4.8 व 2.8 तथा 5.5 व 3.3 रही। अतः श्रम संगठन, मजदूरी के लिए हड़तालों और मजदूरी निर्धारण में पंचायतों के हस्तक्षेप से वास्तविक मजदूरी दर में किसी विशेष वास्तविक सुधार के संकेत तो नहीं मिल पा रहे। इन मजदूरी दरों की प्रवृत्तियाँ पड़ोसी राज्यों की अपेक्षा इस प्रदेश में आय के वितरण में किसी खास सुधार का प्रमाण प्रस्तुत कर पाने में भी विफल ही रहती हैं।

कृषि श्रमिकों के रोजगार के कुछ और ऐसे आयाम भी हैं जिनके आधार पर पश्चिम बंगाल की परिस्थितियाँ अन्य राज्यों से भिन्न हो सकती हैं और उनका भी आय के वितरण को सुधारने में योगदान हो सकता है। ऐसा ही एक आयाम है कृषि मजदूरों में पुरुषों एवं स्त्रियों की मजदूरी दर में अन्तर। हमारे आँकड़ों की श्रृंखला पुरुषों की मजदूरों से जुड़ी हुई है। यह बात तो सभी जानते हैं कि स्त्रियों की मजदूरी प्रायः पुरुषों से कम ही रही है किन्तु वाइडर ग्रामों में इस प्रकार का कोई भेदभाव नहीं दिखाई दिया। एक उत्तर बंगाल के कलमंदासगुड़ी गाँव को छोड़ प्रत्येक स्थान पर पुरुषों की दिहाड़ी स्त्रियों के समान (उससे कम भी) ही थी।

तालिका 3.7

ग्राम एवं लिंगानुसार कृषि श्रमिकों की नियुक्ति एवं मजदूरी दरें

	औसत दिहाड़ी (रु.)		वर्ष भर में औसत दिहाड़ी संख्या	
	पुरुष	स्त्री	पुरुष	स्त्री
कुचली (बीरभूम)	13.47	13.43	221	61
सहजपुर (बीरभूम)	12.22	12.98	189	76
भगबनबसन (मेदिनीपुर)	14.58	14.90	158	102
सिमतुनी (पुरुलिया)	14.22	14.32	104	95
कलमंदासगुड़ी (कूच बिहार)	10.97	8.31	187	142

स्रोत : वाईडर सर्वेक्षण - 1987-89

औसतन महिलाएं पुरुषों की अपेक्षा कम दिनों तक ही मजदूरी करती हैं। इनकी मजदूरी मुख्यतः अतिव्यस्त कृषि मौसम (धान की रोपाई या फसल की कटाई) आदि में ही होती है जब कि कृषि मजदूरों की सामान्य माँग बहुल बढ़ जाती है अतः स्त्रियों की दिहाड़ी में वंचना का अभाव उच्च मजदूरी काल में काम करने से जुड़ा हो सकता है। अतः व्यस्त समय में स्त्रियों और पुरुषों की दिहाड़ी की समानता और अन्य समय पर कार्यानुसार दिहाड़ी का अन्तर, इन दोनों में परस्पर टकराव नहीं माना जाना चाहिए। पर यह भी सत्य है कि यदि ऐसा कोई अन्तर था भी तो वह इतना महत्त्वपूर्ण नहीं था कि उसका औसत मजदूरी दर पर कोई विशेष प्रभाव पड़ पाता। सिमतुनी गाँव में तो स्त्री-पुरुष सभी प्रायः एक जितने दिन ही काम करते हैं। वहाँ भी उनकी दिहाड़ियों में कोई अन्तर नहीं पाया जाता। यह सम्भावना अभी भी बची है कि सामूहिक सौदेबाजी से सामान्य मजदूरी दर बेशक नहीं बढ़ी हो पर उसके कारण (शायद) स्त्रियों एवं पुरुषों की दिहाड़ियों के अन्तर कम (या समाप्त भी) हो गए हों।

हमने भू-पुनःवितरण और पट्टेदारी सुधारों के सम्बन्ध में देखा था कि सुधार कृषि के बहुत छोटे से अंश पर ही प्रभावी हुए थे। इनके कारण भूहीन गरीबों की मजदूरी पर निर्भरता कम नहीं हो पाई थी। अब आइए, इस बारे में विचार करें कि इन सुधारों से ग्रामीण क्षेत्रों में गरीबी के स्तर तथा आय के वितरण पर क्या प्रभाव रहा। हमने ता. 3.3 में दिखाया था कि इन सुधारों के अंतर्गत प्राप्त भूमि से सम्भव हुई आमदनी उन परिवारों की कुल आय का 9 से 29 प्रतिशत तक रही। भू-पुनःवितरण के आयस्तर पर प्रभाव नाटकीय तो नहीं थे पर ये महत्त्वहीन भी नहीं कहे जा सकते। यहां यह बात भी मायने रखती है अति कि न्यून स्तर पर तो आय में थोड़ी सी वृद्धि भी आर्थिक सुरक्षा एवं कुशल क्षेम के स्तर पर बहुत गहन प्रभाव डाल सकती है। यही नहीं, हाल ही की दिहाड़ी वृद्धि की तुलना में भू पुनःवितरण के आय प्रभाव बहुत ही महत्त्वपूर्ण हो सकते हैं। तालिका 3.8 में इसी बारे में कुछ प्रारम्भिक आकलन किया गया है। यहाँ हम वाइडर गाँवों में पहले भूविहीन रहे परिवारों को भू-प्राप्ति और मजदूरी-वृद्धि से हुई आमदनी की वृद्धियों का भी अनुमान लगा रहे हैं।

ये प्राकलन अनेक सुविधाकारी मान्यताओं पर आधारित हैं। मजदूरी से 'अतिरिक्त आमदनी' का आकलन वास्तव में 1987-88 की वास्तविक मजदूरी और उतने ही समय तक 1983 की दिहाड़ी दरों पर काम करने से प्राप्य मजदूरी का अन्तर ही है। इसी प्रकार यह भी माना गया है कि नई प्राप्त जमीन से आमदनी पूरी तरह से अतिरिक्त आय है—इसे कमाने के लिए एक भी दिहाड़ी का काम गंवाना नहीं पड़ा होगा। अतः इन अतिरिक्त आमदनियों को हम भू-पुनःवितरण एवं दिहाड़ी दर की वृद्धि के 'प्रथम चक्रीय' प्रभाव मान सकते हैं।

तालिका 3.8

भूमिहीन परिवार : मजदूरी तथा मिली भूमि से आय

	कुचली	सहजपुर	भगबनबसन	कलमंदासगुड़ी
गाँव के सभी परिवारों की संख्या में अनुपात				
एकीकृत ग्रामीण विकास कार्यक्रम की गरीबी रेखा में नीचे :	0.40	0.52	0.17	0.73
भू-सुधारों से पूर्व भूमिहीन	0.46	0.61	0.30	0.43
जिन्हें पुनः वितरित भूमि मिती	0.30	0.24	0.26	0.23
ऐ-ग्रा.वि.का. गरीबी रेखा के अनुपात के रूप में भू-विहीनों की आमदनी				
1. कुल आमदनी	0.87	0.70	0.71	0.85
2. मजदूरी से आय में वृद्धि	0.15	0.13	0.09	0.03
3. 1987-88 में नई मिली भूमि से आय	0.25	0.07	0.14	0.24
4. क्रम (2) + (3)	0.40	0.20	0.23	0.27
5. क्रम (4) ÷ (1)	46	29	32	32

स्रोत : वाईडर सवेक्षण 1987-89 की जानकारियों के आधार पर आकलन

जैसी कि आशा थी, ये अनुमान एक गाँव से दूसरे तक आते-आते बहुत बदल जाते हैं। पर प्रायः सभी स्थानों पर भू-हस्तांतरण के आय प्रभाव दिहाड़ी वृद्धि के प्रभावों से कहीं अधिक प्रबल दिखाई देते हैं। सहजपुर अवश्य एक अपवाद है क्योंकि यहाँ औसत रूप से पुनः वितरित भूक्षेत्र बहुत ही कम रहा तथा कृषि की सघनता भी यहाँ बहुत ही कम रहती है। कुचली और भगबनवसन में तो आबंटन में मिली भूमि से आय की वृद्धि मजदूरी से हुई आय से दुगुनी थी। वैसे इन गाँवों में मजदूरी दर की वृद्धि भी अच्छी तीव्र रही है। हमारे इन सर्वेक्षण निष्कर्षों से इस विचार को बल मिलता है कि ग्रामीण पश्चिम बंगाल में समग्र आय के आबंटन पर भूमि के पुनः वितरण द्वारा सृजित आय प्रभाव दिहाड़ी दर की वृद्धि के प्रभावों की अपेक्षा अधिक प्रबल रहे हैं।

अतः कृषि उत्पादन, मजदूरी दरों, उपभोक्ता व्यय तथा उनसे जुड़े मुद्दों पर जानकारी के विश्लेषण के आधार पर जो चित्र उभर रहा है वह सामान्य अपेक्षाओं के अनुरूप ही है। आठवें दशक के अन्त से ग्रामीण पश्चिम बंगाल में व्यय के वितरण में सुधार के साथ-साथ व्यक्ति गणना अनुपात के अनुसार गरीबी की दशा

सुधार आया है। 1983 में प्रारम्भ तीव्र कृषि उत्पादन वृद्धि भी पुराने ठहराव की प्रवृत्ति से नाता तोड़ने का ही प्रमाण दे रही है। पर इसी प्रकार का बदलाव इसके अन्य पड़ौसी राज्यों में भी दिखाई दे रहा है। फिर भी पश्चिम बंगाल का कृषि निष्पादन बहुत प्रभावशाली रहा है और इसी कारण इसका विशेष रूप से विश्लेषण करना आवश्यक प्रतीत हुआ था। यह सारे पूर्वी भारत के कृषि उछाल की अपेक्षा कुछ अधिक विलक्षण बदलाव रहा है। वाम मोर्चा सरकार द्वारा प्रवर्तित कृषि एवं राजनीतिक सुधारों का इस समीक्षा विश्लेषण में अपना महत्त्वपूर्ण स्थान रहा है।

पश्चिम बंगाल के अनुभव बिहार व उड़ीसा से आय के वितरण एवं प्रगति में भागीदारी के पटल पर बहुत ही अलग स्वरूप धारण कर लेते हैं। इस प्रदेश में कृषि उत्पादिता वृद्धि से पहले ही वितरण में सुधार आरम्भ हो गए थे। ये सुधार उच्च कृषि सबंर्धन काल में और भी प्रबल हो गए। भूमि में निजी स्वामित्व का पुनः वितरण ही यहाँ आय के पुनः वितरण का मुख्य माध्यम बनाया गया है। यह बात भी बहुत महत्त्वशाली है क्योंकि इससे हमें यह पता चल गया है कि बहुत थोड़ी सी ही कृषि भूमि के पुनः वितरण से जुड़े भू-सुधारों में भी आय के वितरण को सुधार पाने की बहुत भारी क्षमता विद्यमान हो सकती है। दूसरा महत्त्वपूर्ण तथ्य यह है कि मजदूरों के संगठित होकर सामूहिक सौदेबाजी का मजदूरी पर कोई विशेष प्रभाव नहीं रहा। इतनी वृद्धि तो उत्पादन की संवृद्धि के कारण भी होती जाती है। भू-हीनों एवं कम भूमि वालों के राजनीतिक संगठन एवं एकजुटता का सबसे बड़ा प्रभाव तो संपत्ति अधिकारों के पुनःवितरण को प्रभावी बनाने में ही दिखाई पड़ा है। पश्चिम बंगाल के अपने ही पुराने एवं शेष देश के वर्तमान हालात को देखते हुए यह कहा जा सकता है कि निर्वाचित स्थानीय स्वशासन संस्थाओं और राजनीतिक संगठनों की सक्रियता ने भू-सुधारों को लागू करने और उनकी रक्षा करने में बहुत योगदान किया है।

पश्चिम बंगाल के पड़ोसी प्रांतों में भी कृषि संवृद्धि और मजदूरी दर में वृद्धि हुई है—पर उनमें आर्थिक विषमताओं में कमी के आसार नहीं दिखाई पड़ते। पश्चिम बंगाल के कृषि सुधारों ने प्रत्यक्ष पुनःवितरण तथा स्थानीय स्वशासी संस्थाओं को और प्रभावी बनाकर प्रदेश के विपन्नतम वर्ग की आर्थिक स्थिति सुधारने में बहुत बड़ा योगदान किया है। यद्यपि भूमि के प्रश्न पर वर्ग आधरित संगठना एवं एकजुटता ने वर्ग विभेदों में तो निर्णायक परिवर्तन का सूत्रपात नहीं किया फिर भी इसके कारण समाज को कुछ सर्वाधिक वंचनाग्रस्त वर्गों को इन सुधारों के माध्यम से कुछ न कुछ स्थायी लाभ अवश्य पहुँचा है।

परिवर्तन और ठहराव

अभी तक हमारी चर्चा निजी उपभोग से ही जुड़ी रही है—इसमें हमने परिवार की आय, उपभोक्ता व्यय, व्यक्ति गणना अनुपात, विषमता सूचकों, कृषि मजदूरी

दरों या फिर प्रत्यक्ष उपयोग में आयी अन्न आदि तथा अन्य वस्तुओं पर विचार किया है। किन्तु निजी आय किसी व्यक्ति के समग्र कुशल मंगल का पर्याप्त मापक नहीं हो सकती। आय एवं कुशल क्षेम के बीच का सम्बन्ध व्यक्ति के अपने गुण विशेष (साक्षर, निरक्षर, स्वस्थ, अस्वस्थ) सामाजिक परिवेश, सार्वजनिक सेवाओं के स्वरूप एवं प्रसार तथा और अनेक सम्बन्धित कारकों पर निर्भर रहता है। अंतर्राष्ट्रीय स्तर ही नहीं, भारत के ही विभिन्न राज्यों एवं क्षेत्रों की तुलना भी इस बात की पुष्टि करती हैं कि कुशल क्षेम उपलब्धियों के स्तरों में, आय एक समान होते हुए भी, काफ़ी विविधता हो सकती है।

पश्चिम बंगाल प्रान्त तो स्वयं ही ऐसी विलक्षणता का एक उदाहरण रहा है। यहाँ निजी आय स्तर प्रायः न्यूनतम रहते हुए भी ग्रामीण क्षेत्रों में स्वास्थ्य एवं शिक्षा की दशा कितने ही अन्य प्रांतों से अच्छी रही है। नवें दशक के आरम्भ में भारत के 13 बड़े राज्यों में ग्रामीण क्षेत्रों में गरीबी का सूचक व्यक्ति गणना अनुपात का परिमाण पश्चिम बंगाल से कम था किन्तु इनमें से सात में ग्रामीण क्षेत्रों में शिशु मृत्यु दर पश्चिम बंगाल की तुलना में अधिक थी। 1981-83 में पश्चिम बंगाल में प्रति एक हजार जीवित जन्मे बच्चों में से 95 शैशव में ही मृत्यु की गोद में सो जाते थे—पर बिहार और उड़ीसा में यह संख्या क्रमशः 114 तथा 136 रही। इन दोनों राज्यों में व्यक्ति गणना अनुपात बंगाल जितना ही था। यही नहीं, बंगाल की अपेक्षा कम व्यक्ति गणना वाले कई राज्यों में भी शिशु मृत्यु दर इस प्रदेश की तुलना में कहीं अधिक ही पाई गई। ये राज्य हैं (शिशुमृत्यु दर कोष्ठकों में) असम (102), गुजरात (121), हरियाणा (102), मध्य प्रदेश (144), राजस्थान (113), तमिलनाडु (100) तथा उत्तर प्रदेश (159)। इस दशक के अन्त तक विशेष बदलाव नहीं आ पाया था। 15 बड़े राज्यों में पश्चिम बंगाल का व्यक्ति गणना अनुपात केवल बिहार एवं उड़ीसा से ही कम था—पर इसकी शिशुमृत्यु दर केवल तीन (केरल, पंजाब और महाराष्ट्र) से अधिक थी। यही नहीं, ग्रामीण बंगाल की साक्षरता दर 40 प्रतिशत रही। यह बिहार व उड़ीसा से ही नहीं वरन् आंध्रप्रदेश, हरियाणा, कर्नाटक, मध्यप्रदेश, महाराष्ट्र, राजस्थान तथा उत्तर प्रदेश से भी अधिक थी। इन सातों बड़े राज्यों के व्यक्तिगणना अनुपात पश्चिम बंगाल से कम थे [अर्थात ये पश्चिम बंगाल की अपेक्षा कम गरीबी-ग्रस्त थे—फिर भी इनके ग्रामीण क्षेत्रों की साक्षरता का स्तर बंगाल से निम्न था]।

राजनीतिक परिवर्तन एवं सार्वजनिक सक्रियता

निजी आय और कुशल क्षेम के बीच आने वाले अनेक कारकों का सार्वजनिक पदार्थों एवं सेवाओं की माँग, आपूर्ति तथा प्रयुक्ति के साथ गहरा नाता होता है। उदाहरण के लिए, शरीर सौष्ठव का सुधार जितने भोजन की प्राप्ति पर निर्भर हैं,

उतने ही स्वच्छ जल, स्वस्थ्य सेवाओं की उपलब्धिता, पोषण सम्बन्धी आवश्यकताओं के विषय में जागरूकता और सामान्य स्वच्छता आदि पर भी निर्भर है। कई बार तो भोजन की उपलब्धिता भी सार्वजनिक हस्तक्षेप के बिना आवश्यक स्तर तक नहीं पहुँच पाती है। इसी प्रकार जन-स्वास्थ्य कार्यक्रमों के अंतर्गत टीकाकरण जैसे कार्य भी मृत्यु दर पर अंकुश लगाने में बहुत सहायक होते हैं। इसी तरह शिक्षा की प्रगति सामान्यतः सरकारी स्कूलों की विद्यमानता एवं उनके प्रभावी ढंग से कार्य कर पाने पर ही निर्भर रहती है। अतः जब निजी उपभोग में वृद्धि हो रही हो, उस समय भी सार्वजनिक हस्तक्षेप जन सामान्य के कुशलक्षेम में तीव्र गति से सुधार में बहुत निर्णायक सिद्ध हो सकते हैं।

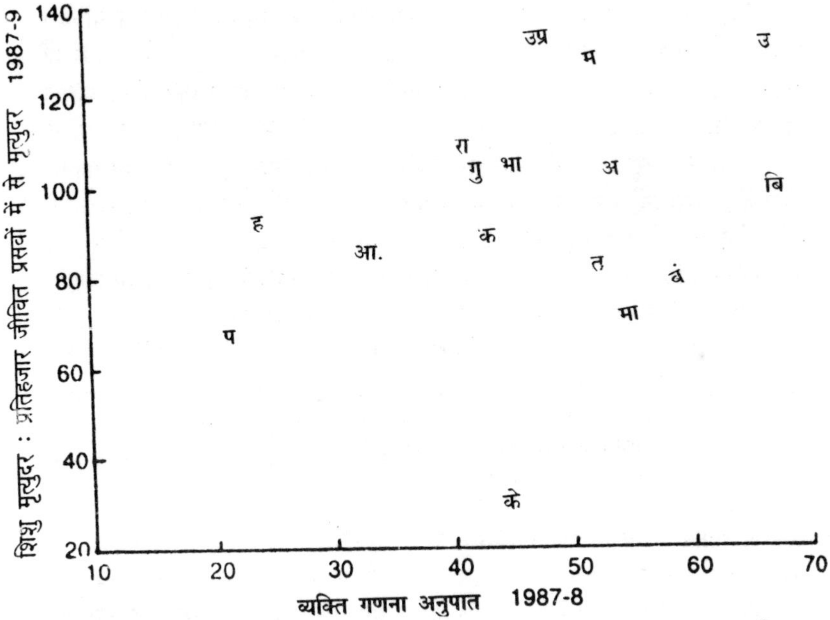

अ	=	असम	गु	=	गुजरात	के	=	केरल	उ	=	उड़ीसा
आ.	=	आंध्रप्रदेश	ह	=	हरयाणा	म	=	मध्य प्रदेश	प	=	पंजाब
बि	=	बिहार	क	=	कर्नाटक	मा	=	महाराष्ट्र	रा	=	राजस्थान
त	=	तमिलनाडु	उप्र	=	उत्तर प्रदेश	बं	=	पं. बंगाल	भा	=	भारत

चित्र 3.8 भारतीय राज्यों में ग्रामीण गरीबी (व्यक्ति गणना अनुपात) और शिशु मृत्युदर, 1987-88

स्रोत : संदर्श पंजीयन बुलेटिन, (1992) तेंदुलकर आदि (1993)

कई बार सार्वजनिक हस्तक्षेप या सक्रियता का स्वरूप कुछ अलग ही हो जाता है। इसके कारण सार्वजनिक पदार्थों का उपयोग तो नहीं बढ़ता पर खाद्य के आबंटन, स्वास्थ्य सेवा, या फिर परिवार के भीतर ही अतिरिक्त समय के प्रयोग आदि पर ऐसे प्रभाव पड़ते हैं कि निजी उपभोग एवं कुशल क्षेम के बीच के सम्बन्ध उनसे प्रभावित हुए बिना नहीं रह पाते। उदाहरण के लिए, यदि स्त्रियों को सुलभ रोजगार अवसरों तथा सम्पत्ति अधिकारों का परिवार के भीतर और बाहर भी उपभोग के आबंटन में विषमताएं कम करने की दिशा में योगदान रहता हो तो फिर सार्वजनिक सक्रियता के आयाम केवल सार्वजनिक पदार्थ सुलभ कराने के कार्यों से कहीं बहुत विस्तृत एवं विकसित स्वरूप धारण कर लेते हैं।

सार्वजनिक सेवाओं के प्रसार तथा सामाजिक परिवर्तन के संवर्धन में पश्चिम बंगाल जैसे राजनीतिक परिवर्तन समाज में व्याप्त वंचनाओं पर बहुत प्रभावकारी हो सकते हैं। यदि संभ्रान्त वर्गों एवं नौकरशाहों के हाथों में शक्तिसंकेद्रण के कारण सार्वजनिक सेवाओं के प्रसार में बाधा आ रही थी, तो ग्रामीण बंगाल में नए शक्ति समीकरणों ने अवश्य ही अधिक विकासोन्मुख प्रशासन व्यवस्था के नए मार्ग प्रशस्त किए हैं। भारत के अन्य भागों में तो पंचायती राज संस्थाएं समाज में व्याप्त गुटबाजी की अभिव्यक्ति का माध्यम बनकर रह गई है, किन्तु पश्चिम बंगाल में ये संस्थाएं राजनीतिक शक्ति से संपन्न हैं—इसी के कारण ये सार्वजनिक सेवाओं आदि की आपूर्ति आदि को अधिक प्रभावी बनाने में बहुत सहायक हो सकती हैं।

अक्सर आमूल राजनीतिक परिवर्तनों के साथ-साथ उतने ही देरगामी सामाजिक बदलाव भी आ ही जाते हैं। चीन आदि अनेक देशों में राजनीतिक व्यवस्था में परिवर्तन के कारण आर्थिक दावों का अभावग्रस्तों के पक्ष में पुनः वितरण होकर सारे ही समाज की स्वास्थ्य एवं शिक्षा की दशाओं में तीव्र गति से सुधार हुए हैं। पिछड़ों की दशा में सुधार तो विशेष रूप से उल्लेखनीय रहे हैं। इसी प्रकार के तत्त्वों की कुछ झलक उस घटनाक्रम में भी मिलती है जिसके कारण वाममोर्चा पश्चिम बंगाल में सत्ता तक पहुँच पाया। पश्चिम बंगाल के सुधार बहुत सीमित रहे हैं, अतः अंतर्राष्ट्रीय स्तर की तुलना संभवतः बहुत सार्थक नहीं होगी। फिर भी, यदि केरल का ही उदाहरण लें तो भी राजनीतिक परिवर्तन एवं विकासोन्मुख सार्वजनिक सक्रियता के बीच कुछ नाता अवश्य दिखाई पड़ जाता है। केरल में भी वाममोर्चा जैसी राजनीतिक संरचनाओं को इस प्रान्त में स्वास्थ्य एवं चिकित्सा सेवाओं के प्रसार में 'ऐतिहासिक योगदान' का श्रेय दिया जाता है। राजनीतिक परिवर्तन एवं आर्थिक मुद्दों पर दमित एवं अभावग्रस्त वर्गों की संगठना उन्हें अन्य क्षेत्रों में भी अपने अधिकारों के प्रति जागरुक कर देते हैं। यह भी कहा गया है कि केरल में राजनीतिक जागरूकता ने लोगों को स्वास्थ्य आदि के प्रति चेताया है और उन्हें बेहतर स्वास्थ्य सेवाओं की माँग करने योग्य बनाया है।

इन्हीं कारणों से पश्चिम बंगाल का राजनीतिक परिवर्तन भी एक सामाजिक बदलाव और जन कुशल क्षेम में निर्णायक सुधार का अवसर बन गया। वर्ग, जाति एवं लिंग पर आधारित विषमताओं का निर्मूलन भी उतना ही आवश्यक कार्य था जितना कि भू-धारण की विषमताओं को कम करना। वाम मोर्चा सरकार की जाति एवं लिंग पर आधारित विषमताओं को मिटाने की प्रतिबद्धता तो पहले ही कलमबद्ध हो चुकी है। पंचायती राज संस्थाओं में महिलाओं एवं अनुसूचित जातियों-जनजातियों के लिए आरक्षण जैसी बहुचर्चित नीतियाँ तो वहाँ कभी की लागू हो चुकी हैं। पर सबसे बड़ा प्रश्न है कि क्या इस घोषित राजनीतिक प्रतिबद्धता के कारण वास्तव में कुछ सुधार हुए भी हैं ? आइए, इस बारे में सुलभ साक्ष्यों/संकेतों का विश्लेषण एवं आकलन करें।

प्रगति एवं रूढ़ पिछड़ापन

शिशुमृत्यु दर

संदर्श पंजीयन व्यवस्था के सर्वेक्षणों के अनुसार 1981-90 की अवधि में ग्रामीण पश्चिम बंगाल में शिशुमृत्यु दर 95 प्रति हजार से घटकर 75 हो गई। 1990 में भी बंगाल 1981 की ही भांति अखिल भारतीय औसत दर से 19 बिन्दु नीचे था। वस्तुतः 1970 से ही यही प्रवृत्ति चल रही है। संदर्श पंजीयन आँकड़े इससे पूर्व उपलब्ध नहीं थे। जिन 15 बड़े प्रान्तों के संदर्श पंजीयन आँकड़े सुल्भ हैं उनमें पहले पश्चिम बंगाल नीचे से छठे स्थान पर था पर 1990 में इसकी दशा में सुधार होकर यह चौथे (नीचे से) स्थान पर आ गया (ध्यान दें, यह दर जितनी कम हो, प्रदेश की अवस्था उतनी ही बेहतर मानी जाएगी अतः नीचे से छठे से चौथे क्रम पर पहुँचाना प्रदेश में सामान्य स्वास्थ्य व्यवस्था में सुधार का परिचायक होगा)। किन्तु इसमें कर्नाटक एवं आंध्र प्रदेश के ठहराव का 'योगदान' भी बहुत महत्त्वपूर्ण है। इन प्रान्तों में इसी अवधि में शिशु मृत्यु दर में कोई गिरावट नहीं आ पाई, इसी कारण ये पश्चिम बंगाल से पीछे रह गए।

वास्तव में अस्सी के दशक में पश्चिम बंगाल की अपनी शिशुमत्यु दर की गिरावट की दर देशव्यापी औसत से अधिक नहीं थी। बल्कि बिहार, उत्तर प्रदेश, गुजरात, पंजाब, केरल और तमिलनाडु में भी इसके समान या इससे अधिक तेज़ी से शिशु मरणशीलता में कमी हुई है। हमाने चित्र 3.9 में 1983-84 से 1987-88 के बीच भारतीय राज्यों की ग्रामीण शिशु मरणशीलता घटाने में प्रगति को ऊर्ध्व अक्ष पर तथा उनकी ग्रामीण निर्धनता के परिवर्तनों को क्षेतिज अक्ष पर अंकित किया है। सात प्रान्त (उत्तर प्रदेश, पंजाब, महाराष्ट्र, केरल, गुजरात, तमिलनाडु और राजस्थान) इस संक्षिप्त सी अवधि में पश्चिम बंगाल की अपेक्षा अधिक तेज़ी से शिशु मरणशीलता

कम करने में सफल रहे। इसी अवधि में चार (पंजाब, महाराष्ट्र, गुजरात, राजस्थान) में व्यक्ति गणना अनुपात के अनुसार गरीबी का स्तर स्थिर रहा या उसमें कुछ वृद्धि के संकेत ही मिले।

बाल पोषण

वाइडर सर्वेक्षण में 5 वर्ष से कम आयु के सभी बच्चों के शरीर सौष्ठव का मापन भी किया गया था। यह आयु के अनुसार भार (वजन) चुना गया था—यही माप भारत के ग्रामीण स्वास्थ्य कार्यक्रमों में प्रयुक्त होता है। [वैसे पश्चिम बंगाल के आँगनवाड़ी कार्यक्रम में बाल स्वास्थ्य के लिए विश्व स्वास्थ्य संगठन अथवा हार्वर्ड के आयु-भार मानकों का प्रयोग होता है।] कुपोषित एवं सुपोषित के बीच चार और वर्गों में भी बच्चों को बाँटा गया था। ये चार वर्ग हैं : मामूली सा कुपोषण, मध्यम कुपोषण, गहन कुपोषण तथा अतिभीषण कुपोषण। अन्तिम दो वर्गों के बच्चों को तो कुपोषण के 'घातक स्तर' पर माना जाता है। ऐसी अवस्था में स्वास्थ्य केन्द्र प्रायः उसे अस्पताल में भरती करवा कर चिकित्सा का सुझाव देते हैं।

कुचली एवं सहजपुर के दो वाइडर गाँवों में 1983 में अमर्त्थ सेन एवं सुनील सेनगुप्ता द्वारा किए गए पोषण सर्वेक्षण के आँकड़े भी उपलब्ध हैं। ता. 3.9 से स्पष्ट हो रहा है कि पाँच वर्षों में इन गाँवों में निश्चित रूप से स्थिति में सुधार हुआ है। 1983 में तो इन दोनों ही गाँवों में 8 प्रतिशत बच्चे 'घातक कुपोषण' के शिकार थे—पर 1988 में यह समस्या समाप्तप्राय हो गई थी। भीषण कुपोषण का प्रभाव भी काफी कम हुआ दिखाई पड़ रहा है।

किन्तु हमारे ये कथन केवल दो गाँवों की अवस्था से जुड़े हैं—इन्हें सारे प्रदेश-व्यापी स्तर का परिचायक मान लेना उचित नहीं होगा। फिर भी इनमें कुपोषण के स्तर एवं गहनता में आयी कमी निश्चय ही बहुत नाटकीय है और यह बहुत ही वास्तविक सुधार के बिना सम्भव नहीं हो सकती थी। घातक कुपोषण का कारण बीमारी या किसी अन्य संक्रमण के होने की सम्भावना (भोजन के अभाव की अपेक्षा) अधिक रहती है। पेय जल की आपूर्ति में सुधार, स्वास्थ्य दशाओं के प्रति अधिक जागरूकता और स्वास्थ्य सेवाओं का लाभ उठा पाने में अधिक सुविधा का होना सम्भवतः इन गाँवों से घातक कुपोषण का उन्मूलन करने में बहुत सहायक रहे हैं। फिर भी, अभावग्रस्तता का स्तर कुल मिलाकर बहुत ही ऊँचा पाया गया है। 1988-89 में भी किसी भी गाँव में 3 चौथाई से कम बच्चे कुपोषण के पाश में नहीं थे। सिमतुनी में पांच वर्ष से कम आयु के तो दस में से केवल एक बच्चा ही पर्याप्त पोषित मिला था। मगुरमारी तथा कलमंदासगुड़ी में तो अनेक बच्चे घातक कुपोषण की अवस्था में मिले।

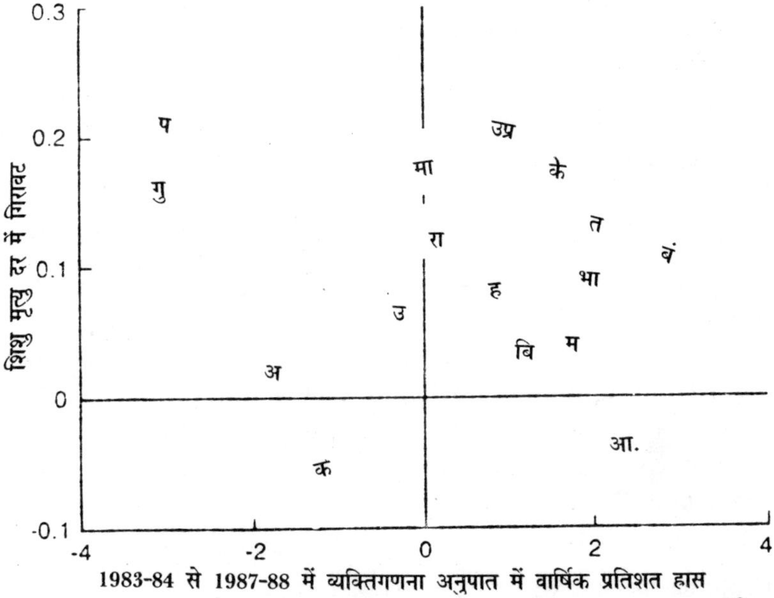

अ	=	असम	गु	=	गुजरात	के	=	केरल	उ	=	उड़ीसा
आ.	=	आंध्रप्रदेश	ह	=	हरयाणा	म	=	मध्य प्रदेश	प	=	पंजाब
बि	=	बिहार	क	=	कर्नाटक	मा	=	महाराष्ट्र	रा	=	राजस्थान
त	=	तमिलनाडु	उप्र	=	उत्तर प्रदेश	बं	=	पं. बंगाल	भा	=	भारत

चित्र 3.9 : 1983-84 से 1987-88 ग्रामीण गरीबी के व्यक्तिगणना अनुपात तथा शिशुमृत्यु दर में गिरावट

स्रोत : राष्ट्रीय संदर्श पंजीकरण बुलेटिन (1992) तेन्दुलकर आदि (1993)

कुपोषण के एक सूचक का आकलन सेन एवं सेनगुप्त की विधि (1983) के अनुसार किया गया है। यह सूचक किसी भी समूह में कुपोषण की गहनता का आकलन करने के लिए प्रयोग किया जा सकता है। इसका उच्च परिमाण उस समूह की दुर्दशा का ही परिचायक होता है। घातक कुपोषण के लिए मान के रूप में भीषण के लिए 3, मध्यम के लिए 2 एवं मामूली के लिए 1 अंक दिया जाता है। सुपोषित बच्चों के अंक शून्य होते हैं। इन अंकों के योग को समूह में शामिल बच्चों की संख्या के चार गुणा से विभाजित कर सूचक का निर्माण किया जाता है। हमने यह भी पाया है कि लिंग एवं जाति के अनुसार आबंटन प्रायः सामान्य अपेक्षाओं के

तालिका 3.9
पांच वर्ष तक की आयु के कुपोषणग्रस्त बच्चों का अनुपात
(कुपोषण के स्तर के अनुसार)

	कुपोषण स्तर				
	हलका	मामूली	गहन	अतिगहन	
1893					सूचक
कुचली	20	30	26	8	48
सहजपुर	21	31	33	8	54
1988-89					
कुचली	25	37	13	0	36
सहजपुर	32	35	14	1	37
भगबनबसन	46	26	13	0	34
सिमतुनी	28	36	25	3	47
मगुरमारी	42	26	11	7	39
कलमंदासगुड़ी	41	37	4	4	36

स्रोत : सेन एवं सेनगुप्त, 1983 तथा वाईडर सर्वेक्षण 1987-89

अनुरूप ही पाया गया है। दूसरे शब्दों में, लड़कियों में कुपोषण लड़कों से अधिक है, उच्चवर्णीय एवं अपेक्षाकृत संपन्न हिन्दू बच्चे अनुसूचित एवं जनजातीय बच्चों से अच्छी हालत में हैं, आदि (देखें ता. 3.10)

तालिका 3.10
जाति एवं लिंगानुसार बाल कुपोषण सूचक अंक

	लड़के	लड़कियाँ
सामान्यवर्णी हिन्दू जातियां	30	39
अनुसूचित जातियां	33	39
अनु. जनजातियां	37	50
मुसलमान	34	40

स्रोत : वाईडर सर्वेक्षण 1987-89

साक्षरता

1981-91 की जनगणनाओं की अवधि में पश्चिम बंगाल में साक्षरता दर 48.6 प्रतिशत से बढ़कर 57.7 प्रतिशत हो गई। यह वृद्धि 51 वर्ष वर्ग के लिए रही। नारी साक्षरता दर भी 36.1 प्रतिशत से बढ़कर 47.2 प्रतिशत पर पहुँच गई। (तालिका 3.11) भारत के अन्य प्रान्तों की तुलना में यह वृद्धि बहुत शानदार नहीं कही जा सकती। प्रमुख भारतीय राज्यों में पश्चिम बंगाल का समग्र साक्षरता क्रम तथा नारी साक्षरता क्रम इन दस वर्षों की अवधि में अपरिवर्तित ही रहा।

1991 की जनगणना के अनुसार 71 वर्ष वर्ग में पश्चिम बंगाल की साक्षरता 68 प्रतिशत थी जब कि देश भर में यह स्तर 64 प्रतिशत था। इसी समय नारी साक्षरता की तुल्य दरें 47 तथा 39 प्रतिशत रहीं। साक्षरता स्वरूप में कुछ ही समय पहले आए परिवर्तनों की सही झलक 10-14 वर्ष आयुवर्ग की साक्षरता दरों से मिलती है। 1987-88 के राष्ट्रीय संदर्श अनुमान के अनुसार इस वर्ग में ग्रामीण पश्चिम बंगाल की साक्षरता दर 69 प्रतिशत थी, जबकि सारे देश की औसत 73 प्रतिशत रही। यही नहीं, पश्चिम बंगाल की दर बिहार (60 प्रतिशत), आन्ध्र प्रदेश (66 प्रतिशत) और मध्य प्रदेश, उत्तर प्रदेश (दोनों 68 प्रतिशत) को छोड़ देश के सभी प्रान्तों से कम रही। किन्तु इसी आयुवर्ग में बंगाल की ग्रामीण नारी साक्षरता दर (61 प्रतिशत) अखिल भारतीय औसत (52 प्रतिशत) से बहुत अधिक अनुमानित हुई है। पश्चिम बंगाल में बालक-बालिकाओं की साक्षरता में शेष देश की अपेक्षा विषमता (साक्षरता दरों में अन्तर) कम होना अपने आप में एक सकारात्मक बात है पर इस कमी का मुख्य कारण तालिका साक्षरता में भारी सुधार की अपेक्षा बालक साक्षरता का कम रह जाना ही प्रतीत होता है।

तालिका 3.11
भारत के बड़े राज्यों में साक्षरता, क्रमानुसार

स्त्री-पुरुष 1981		स्त्री-पुरुष 1991	
केरल	18.6	केरल	90.6
महाराष्ट्र	55.8	तमिलनाडु	63.7
तमिलनाडु	54.4	हिमाचल	63.5
गुजरात	52.2	महाराष्ट्र	63.0
हिमाचल	51.2	गुजरात	60.9
पश्चिम बंगाल	48.6	पश्चिम बंगाल	57.7
अखिल भारतीय	43.6		52.1

स्त्री 1981		स्त्री 1991	
केरल	75.7	केरल	86.9
महाराष्ट्र	41.0	हिमाचल	52.5
तमिलनाडु	40.4	तमिलनाडु	52.3
पंजाब	39.6	महाराष्ट्र	50.5
गुजरात	38.5	पंजाब	49.7
हिमाचल	37.7	गुजरात	48.5
पश्चिम बंगाल	36.1	पश्चिम बंगाल	47.2
अखिल भारतीय	29.8		39.4

स्रोत : जनगणना, 1981 तथा 1991 पर आधारित

औसत साक्षरता दरें भारत में शिक्षा समस्या के वास्तविक स्वरूप को प्रायः छुपा जाती हैं। जाति एवं लिंगानुसार साक्षरता विश्लेषण इस समस्या के सही स्वरूप को बहुत सशक्त रूप से उजागर कर देता है (ता. 3.12)। वाइडर गाँवों में समग्र साक्षरता स्तर पश्चिम बंगाल के ग्रामीण क्षेत्रों जैसा ही था। किन्तु जब समूहवार साक्षरता का आकलन करते हैं तो पाते हैं कि अनुसूचित जनजातीय महिलाएँ तो पूर्णतः निरक्षर ही हैं। इसके विपरीत उच्चवर्णीय हिन्दू पुरुषों में प्रायः सभी साक्षर हैं। अन्य जातियों को लेकर भी प्रायः ऐसी ही स्थिति पाई गई है। अतः सरकारी नीति के निर्धारण की दृष्टि से यहाँ साक्षरता प्रसार की समस्या एक नहीं है, ये तो अनेक समस्याएँ है (इसके अनेक स्वरूप एवं आयाम हैं) जबकि ग्रामीण जन समुदाय में भी कुछ व्यक्तियों की दृष्टि से यह समस्या है ही नहीं।

तालिका 3.12

7+ वर्ष वर्ग में साक्षरता का अनुपात लिंग एवं जाति के अनुसार

	स्त्री	पुरुष	सभी
ग्रामीण पश्चिम बंगाल	38	62	50
वाईडर सर्वे में	40	60	51
सवर्ण हिन्दू	71	92	82
अनु. जातियां	22	43	33
अनु. जनजातियां	5	24	15
मुसलमान	15	30	22

स्रोत : जनगणना 1991 तथा वाईडर सर्वेक्षण 1987-89

तालिका 3.13
जाति एवं आयु सम वर्गानुसार साक्षरता दरें

इन वर्षों में 15 वर्ष के हुए	सवर्ण हिन्दू		अनु-जाति		अनु-जनजाति	
	पु.	स्त्री	पु.	स्त्री	पु.	स्त्री
1983-87	95	88	58	30	41	0
1978-82	95	82	38	26	30	2
1973-77	95	76	40	19	19	5
1963-73	96	77	44	11	12	0
1953-62	91	53	31	7	30	0

स्रोत : वाईडर सर्वेक्षण 1987-89

साक्षरता दरों में दीर्घकालिक परिवर्तनों के विश्लेषण से इस समस्या को समझ पाने में और सहायता मिलेगी। इनका आकलन अलग-अलग आयु वर्गों की वर्तमान साक्षरता दरों से भी लगाया जा सकता है। मान लेते हैं कि अधिकांश व्यक्ति 15 वर्ष के होते-होते साक्षर हो जाते हैं (बाद में साक्षरता की सम्भावना बहुत कम रहती है) अतः विभिन्न आयु वर्गों की वर्तमान साक्षरता दरें साक्षरता के प्रसार में आ रहे परिवर्तनों का अनुमान लगाने में काम आ सकती हैं। ता. 3.13 में विभिन्न जातियों एवं लिंग के अनुसार विभिन्न अवधियों में (15 वर्ष होने तक) साक्षरता के अनुपात दिए गए हैं।

यह बहुत ही विलक्षण बात है कि साक्षरता के दो चरम स्तरों पर 35 वर्षों की इस अवधि में किसी प्रकार की काल-प्रवृत्ति ही नहीं है। 1953-62 की अवधि में भी सवर्ण हिन्दू पुरुषों में प्रायः सभी साक्षर थे और जनजातीय महिलाएं पूरी तरह निरक्षर। यही परिदृश्य 1983-87 की अवधि में भी दिखाई पड़ रहा है। इस अवधि में साक्षरता दरों के औसत के बदलाव मुख्यता मध्यवर्ती वर्गों की साक्षरता में आए परिवर्तनों का ही परिणाम हैं। सवर्ण हिन्दू महिलाओं में साक्षरता में सतत वृद्धि होती रही है जबकि अनुसूचितजातीय महिलाओं में यह प्रवृत्ति हाल ही में कुछ बलवती हो पाई है। सबसे अधिक प्रगति सबसे युवा वर्ग ने ही दिखाई है। इनका साक्षरता काल उसी समय को माना जा सकता हैं जबसे वाममोर्चा सत्ता में आया है।

सीमित प्रयास / पहलकदमी

वाममोर्चा शासन काल में पश्चिम बंगाल में स्वास्थ्य तथा शिक्षा की परिस्थितियों में बहुत उल्लेखनीय सुधार नहीं हुए है। शिशुमृत्यु दर कम हुई है पर यह कमी

पूर्ववर्ती प्रवृत्ति के अनुरूप ही रही है। इसी प्रकार की शिशुमृत्यु दर की कमी शेष प्रान्तों में भी देखी गई है। साक्षरता बढ़ी है—पर सापेक्ष रूप से यह वृद्धि भी शानदार नहीं कही जा सकती। युवा वर्ग में तो पश्चिम बंगाल की दशा में (सापेक्ष रूप से) कदाचित् गिरावट के ही संकेत मिल रहे हैं। पुराने जाति एवं लिंग आधारित अभाव अभी भी बने हुए है—हाँ, अभी कुछ वर्षों से अनुसूचित जातीय जनजातीय पुरुषों के बीच साक्षरता की सफलताएँ महत्त्वपूर्ण रही हैं। किन्तु यह सफलता भी व्यापक और चिरस्थायी बन पाएगी या एक बार का उछाल होकर रह जाएगी, इस विषय में अभी से कुछ कह पाना सम्भव नहीं है। यद्यपि अतिसूक्ष्म स्तर पर घातक कुपोषण तो अब समाप्त हो रहा है फिर भी बहुत बड़े पैमाने पर मध्यम से गहन कुपोषण तो बना ही हुआ हैं—यह भी चिंता का विषय है।

अतः कुल मिलाकर सच्चाई यही है कि जन कुशल-मंगल की प्रवृत्तियों में कोई सकारात्मक उछाल नहीं आ पाया है, जो परिवर्तन हुए हैं, वे देशव्यापी औसत से मिलते-जुलते ही हैं तथा पुराने समय से चले आ रहे अभाव आदि अभी भी बने हुए हैं और आगामी पीढ़ियों को विरासत में मिल रहे हैं। एक ऐसा राज्य जिसने भू-सुधार सफलतापूर्वक लागू किए है, स्थानीय स्तर पर लोकतन्त्र की स्थापना का मार्ग सारे देश को दिखाया है, कृषि उत्पादन में दीर्घजीवी हो रहे ठहराव को तोड़ा है तथा इनसे भी कहीं अधिक महत्त्वपूर्ण, ग्रामीण गरीबी और विषमताओं में अच्छी खासी कमी करने में सफलता पाई है, उसमें साक्षरता एवं स्वास्थ्य के क्षेत्रों में भी कहीं अधिक अच्छे प्रदर्शन की आशा की जा सकती थी।

यह बहुत ही विलक्षण अनुभव है कि कृषि सुधार के कार्यक्रम को लेकर जिस प्रकार की आक्रामक सक्रियता यहाँ दिखाई दे रही थी उसके साथ-साथ ही जन कुशल-मंगल के अन्य कारकों के सम्बन्ध में सरकारी नीतियां पूर्ण निष्क्रियता या अकर्मण्यता के पाश में ही बंधी रही हैं। स्थानीय स्वशासन के सुधार शिक्षा एवं स्वास्थ्य भी दिशा में संचरित नहीं हो पाए, और जनस्वास्थ्य एवं साक्षरता की कोई सर्वांगपूर्ण रचना विकसित नहीं हो पाई। केरल तथा अन्य अनेक प्रांतों में स्कूल में दोपहर का भोजन आदि कार्यक्रम भले ही सफल रहे हों पर पश्चिम बंगाल में तो ऐसा प्रयास ही नहीं हुआ। बाल टीकाकरण जैसे अभियान भी इस प्रदेश से पूरी तरह नदारद ही रहे हैं। सार्वजनिक सेवाओं के प्रसार तथा समग्र सामाजिक विकास में निर्णायक सिद्ध होने वाली नारी विमुक्ति के 'दर्शन' भी पंचायत में कुछ स्थानों के महिलाओं के लिए आरक्षण में ही होते हैं (अन्य स्तरों, क्षेत्रों में नहीं)।

साक्षरता आन्दोलन

सामान्य रूप से सार्वजनिक सेवाओं के प्रति उपेक्षा का एक अपवाद रहा है राष्ट्रीय साक्षरता आन्दोलन, 1991। इस आन्दोलन को बहुत प्रमुखता दी गई,

पंचायतों ने भी इसमें बढ़-चढ़ कर भाग लिया। इस आन्दोलन का लक्ष्य गैर पार्टी आधार पर बड़ी संख्या में लोगों को बहुत कम समय में साक्षरता की मुख्य योग्यताएं प्रदान करने के लिए जुटाना ही था। काफ़ी बड़ी संख्या में लोगों ने इसको भाग लिया भी, पर वे अधिकतर वाममोर्चा के घटकों के समर्थक ही थे।

अभी उस साक्षरता आन्दोलन के प्रभावों की समीक्षा करने का प्रयास जल्दबाजी होगा। जो परिणाम सामने आ रहे हैं वे बहुत ही बिखरे हुए और अस्पष्ट हैं। कुछ जनपदों से निरक्षरता निर्मूलन के सरकारी दावों की सत्यता में सन्देह की काफ़ी गुंजाइश है। सिंहभूम जनपद को पहले पूर्ण साक्षर घोक्षित किया गया था– पर बाद में यह घोषणा वापस ले ली गई। इस जनपद के वाइडर सर्वेक्षण में सम्मिलित गाँव सहजपुर और कुचली में हम साक्षरता आन्दोलन के बाद ही गए थे– वहाँ इसका असर काफ़ी रहा लगता है। पहले निरक्षर रहे लोगों में से 60 प्रतिशत के लगभग 'अर्द्ध-साक्षर' तो हो ही गए थे। यह भी एक बड़ी उपलब्धि है (चाहे पूर्ण साक्षरता के सरकारी दावे की तुलना में यह कितनी ही प्रभाशून्य प्रतीत हो)। साक्षरता आन्दोलन के डेढ वर्ष बाद बीरभूम के ही अन्य गाँवों में हुए सर्वेक्षणों से तो इसके प्रभाव और भी क्षीण प्रतीत हुए। यद्यपि सरकार ने वहाँ 61 प्रतिशत के साक्षर हो जाने का दावा किया था, पर वास्तव में केवल 11 प्रतिशत ही पढ़ना और लिखना सीखने में सफल हो पाए।

इन दो सर्वेक्षणों के आधार पर साक्षरता आन्दोलन के विषय में कोई भी मत बना पाना सम्भव नहीं है। पर फिर भी कुछ प्रमुख बातें तो स्पष्ट हो ही जाती हैं। आन्दोलन का रूप भू-सुधारों के क्रियान्वयन के लिए तो संभवतः आवश्यक था–इससे सारे राज्य में साक्षरता के विषय में जागरूकता अवश्य आई होगी, किन्तु यदि इससे बाद निरंतर अक्षर ज्ञान का प्रयोग एवं पुनरावृत्ति नहीं हो तो फिर नव साक्षर शीघ्र ही सब कुछ भूल जाते हैं। यह बात वयस्क नवसाक्षरों पर तो बहुत ही अधिक लागू होती है। अतः जनसामान्य को पढ़ने-लिखने की योग्यता प्रदान करने के महान कार्य की संपूर्ति आन्दोलन से सम्भव नहीं हो पाती। यह तो इस काम का आरम्भ ही हो सकता है। जब तक बच्चों और युवाओं को नियमित स्कूलों में निरंतर साक्षरता के कौशल नहीं सिखाए जाएंगे, एक बार चला प्रौढ़ शिक्षा/साक्षरता आन्दोलन तो बस बिजली की कड़क की तरह दमक कर पुनः अन्धकार में विलीन हो जाएगा। बेशक ये साक्षरता आन्दोलन अपने लक्ष्य पाने में सफल रहा है–हालाँकि इस विषय में सुलभ साक्ष्य इस दावे का अनुमोदन नहीं कर पाते। फिर भी, यह किसी भी तरह से नियमित स्कूली अध्ययन का स्थानापन्न नहीं हो सकता–केवल प्रभावी एवं सुगठित स्कूल व्यवस्था ही शिक्षा से वंचित रह गए समुदायों की आवश्यकता को निरंतर एवं सुनिश्चित आधार पर पूरा कर पाएगी।

कृषि संबधी कार्यक्रम से आगे

दशकों से सरकारों द्वारा पारित भूसुधार विधेयकों को वाम मोर्चा सरकार केवल छोटे किसानों और भू-हीन गरीबों के आन्दोलन की शक्ति के सहारे लागू कर पाई है। उन सुधारों के माध्यम से महत्त्वपूर्ण आर्थिक दावों का अमीरों से लेकर गरीबों के बीच पुनः वितरण हुआ है। पंचायती राज संस्थाओं को स्थानीय शासन व्यवस्था का प्रभावी माध्यम बनाने से उन पुनःवितरण के लाभों को और संपुष्ट कर पाना सम्भव हुआ है।

यद्यपि पश्चिम बंगाल के भू-सुधार कार्यक्रम से प्रभावित भू-क्षेत्र तो बहुत सीमित ही रहा, किन्तु उससे ग्रामीण जनता के बहुत बड़े हिस्से को लाभ पहुँचा। बरगा कार्यक्रम से 14 लाख 40 हजार तथा भू-सीमा निर्धारण से 21 लाख 50 हजार परिवारों को लाभ मिलाये। कुल मिलाकर ये प्रदेश के सारे ग्रामीण परिवारों के आधे के समान रहे। यह सम्भव है कि इन दोनों कार्यक्रमों से लाभान्वित परिवारों में कुछ ऐसे भी रहे हों जिन्होंने दोनों का ही लाभ उठाया हो, पर इस विषय में कोई सन्देह नहीं कि समाज के अति सीमित धन संपत्ति वाले एवं अनेक अभावों से ग्रस्त परिवारों को इन कार्यक्रमों से प्रत्यक्ष रूप से लाभ मिला है। यद्यपि विभिन्न वर्गों के हितों की संयुतियों में निर्णायक बदलाव का आरम्भ तो 60 के दशक के भूमि के लिए संघर्ष से ही हो गया था पर उसके दस वर्ष बाद वाममोर्चा ने उस बदलाव को स्थूल रूप देते हुए भूमि के प्रति दावों के पुनः वितरण की ऐसी संस्थागत व्यवस्था की रचना कर डाली जिससे लाखों परिवारों के करोड़ों सदस्यों को लाभ पहुँचा है। हमारे विचार में यह उपलब्धि कोई छोटी-मोटी बात नहीं है। अनेक अति अभावग्रस्तों को मिले आर्थिक लाभ तो बहुत ही ठोस एवं स्थायी हैं। पश्चिम बंगाल में ग्रामीण क्षेत्रों में दरिद्रता में बहुत तेजी से कमी आई है और जनसामान्य में उपयोग के वितरण में अच्छा-खासा सुधार दिखाई देने लगा है।

पश्चिम बंगाल में हाल ही के कृषि एवं राजनीतिक घटनाक्रम के विषय में दो परस्परविरोधी दृष्टिकोण उभर कर आ रहे हैं। एक विचार के अनुसार सामाजिक राजनीतिक परिवर्तन का एकमात्र कारण राज्य सरकार द्वारा किए गए प्रयासों में ही निहित रहा है। ये विचार किसी सीमा तक व्यापक समाज का सरकारी क्रिया-कलापों पर प्रभाव होना स्वीकार तो करता है, किन्तु इस नाम पर भी मार्क्सवादी साम्मवादी दल के वैचारिक अनुशासन को ही सारा श्रेय प्रदान करने का प्रयास किया गया है और कहा गया है कि इसी के चलते सरकार गरीबों के लिए हितकर नीतियाँ बना पाई। दूसरा दृष्टिकोण वर्ग सम्बन्धों एवं वर्ग संघर्ष के महत्त्व की पुनः स्थापना करते हुए सातवें एवं आठवें दशक के आन्दोलनों की ओर ध्यान आकर्षित करता है तथा इसके अनुसार वाम मोर्चा तो सरकारी नौकरशाही पर आश्रित आरामपरस्ती

वाली नीतियाँ अपनाता रहा है—उनका गरीबों की दशा पर हद से हद सीमांत-सा प्रभाव पड़ा है—कदाचित् वह प्रभाव नकारात्मक भी हो सकता है।

एक प्रकार से यह दोनों ही दृष्टिकोण पश्चिम बंगाल की वास्तविकताओं के अलग-अलग आयामों की अभिव्यक्ति कर रहे हैं। वाम मोर्चा की मुख्यतः लोकतान्त्रिक शासन पद्धति को चला पाने में सफलता में तो उनके अपने दलीय वैचारिक अनुशासन से कहीं अधिक कुछ और भी सम्मिलित रहा होगा। गरीबों की राजनीतिक संगठना और उच्च राजनीतिक सजगता के कारण ही इन दलों को अपनी उपस्थिति दर्ज करने का अवसर मिला था। यही सतर्कता इन दलों के प्रतिबद्ध कार्यकर्ताओं को चुनावी अनुशासन में बाँधे हुए है। वाम मोर्चे के सुधारों ने कृषि आन्दोलनों द्वारा प्रारम्भ किए गए भारी परिवर्तनों को वैधानिक एवं संस्थागत मान्यता प्रदान की है। इस कार्य को संपन्न करने में इसने नौकरशाही का ही सहारा लिया है। इस तरह से इन सुधारों ने ग्रामीण क्षेत्रों में परिवर्तित शक्ति संतुलन को स्थायित्व प्रदान कर दिया है अर्थात् सम्पत्ति एवं मुजारेदारी के अधिकारों को विधिमान्य बना दिया है तथा स्थानीय स्वशासन की लोकतान्त्रिक संरचना के माध्यम से ग्राम्य समाज के सभी वर्गों को अपने नागरिक एवं राजनीतिक अधिकारों का प्रयोग करने के अवसर प्रदान किए हैं।

वाममोर्च के सुधारों के पीछे मुख्य शक्ति राजनीतिक संगठन करने और इसे अधिक सुदृढ़ बनाने की आवश्यकताएं ही रही हैं। इन्हीं आवश्यकताओं ने कृषि के प्रश्नों को राजनीति का एक मुख्य मुद्दा बनाया है। अन्य प्रदेशों आदि की भाँति ही पश्चिम बंगाल में भी समाज के राजनीतिकरण के इतिहास ने ही सामाजिक-राजनीतिक परिवर्तन के स्वरूप की रूपरेखा गढ़ी है। इसी रूपरेखा ने पुनःवितरण की जिन संभावनाओं और सीमाओं का निर्धारण किया है, उनके विषय में हमने पहले भी बातचीत की है। भू-पुनःवितरण कार्यक्रम का चरम् ध्येय भू-स्वामित्व की पूर्ण समता नहीं हो सकता क्योंकि ऐसा करने का प्रयास वाम मोर्चा के अपने जनाधार के हितों को ध्वस्त कर सकता है। दूसरे, पुनःवितरण का आधार एक ग्राम को ही माना गया है—अर्थात् उस ग्रामवासियों के बीच ही भूमि का पुनः वितरण हुआ है। अतः भूमिविहीन ग्रामीण गरीबों की दशा में सुधार का स्तर तो उस गाँव की भू-वितरण एवं कृषि अर्थव्यवस्था की प्रारम्भिक रचना पर ही निर्भर रह जाता है।

पश्चिम बंगाल के सुधार कार्यक्रम की एक बहुत गम्भीर त्रुटि तो यही है कि अभी भी परंपरागत अभाव वंचनाकारी व्यवस्थाएँ ज्यों की त्यों बनी हुई हैं। यद्यपि मजदूरी के लिए सामूहिक सौदेबाजी के कारण पितृ-अनुगामिता कतिपय रूप से क्षीण हुई है पर दूसरी ओर भूमि में केवल परिवार के मुखिया पुरुष के निजी सम्पत्ति अधिकार सृष्टि एवं संपुष्टि के कारण यही पितृवाद कुछ और सुदृढ़ भी हुआ है। यही नहीं, जैसी अपेक्षा की जा रही थी, उस प्रकार से इन सुधारों के कारण

स्वास्थ्य और चिकित्सा तथा शिक्षा आदि से जुड़े कुशलक्षेम संवर्धन कार्यों (जिनमें सरकारी नीतियों और क्रियाकलापों का योगदान बहुत अधिक हो सकता है) आदि में पुराने ढर्रे से हट कर कुछ नहीं हुआ। भारत के सभी राज्यों में पश्चिम बंगाल की ग्रामीण साक्षरता एवं ग्रामीण शिशु मरणशीलता क्रमिकताओं में कोई विशेष सुधार नहीं आया। निरक्षरता और मृत्युदर में हाल ही में आए परिवर्तन पुरानी ऐतिहासिक प्रवृत्ति के कारण ही संभव हुए हैं जिसकी ऊर्जा का परिचय कृषि सुधार कार्यक्रमों के निर्धारण एवं कियान्वयन में मिला था उसका संचार सार्वजनिक नीतियों के इन (साक्षरता, स्वास्थय) क्षेत्रों में नहीं हो पाया।

प्रायः सभी स्थानों पर, विशेष रूप से पश्चिम बंगाल में, कृषि सुधारों का अर्थ वर्ग-आधारित आर्थिक दावों की पुनः रचना ही होता है। किन्तु भारत की कृषि सुधारों विषयक वैधानिक रचनाओं और पश्चिम बंगाल की 'किसान एकता' के राजनीतिक स्वरूप के चलते यह पुनः रचना भूमि के निजी संपत्ति अधिकारों का सीमान्त सा पुनःवितरण ही हो सकता है। इन सीमाओं के बावजूद कृषि कार्यक्रम ने समाज के 309 सर्वाधिक अभावग्रस्त वर्गों की कुछ अत्यावश्यक जरूरतों को पूरा करने के लिए सार्वजनिक हस्तक्षेप अवश्य किया है किन्तु इन कृषि सुधारों पर ही अत्यधिक ध्यान देने के कारण सामाजिक एवं आर्थिक विषमताओं के अन्य आयामों से सृजित होने वाले सभी अन्य दावों की पूर्ण उपेक्षा हो गई है। सार्वजनिक नीति की एवं स्वास्थ्य शिक्षा के सदंर्भ में बालकों एवं बालिकाओं के बीच की भारी खाई को पाट पाने में विफलता इसी उपेक्षा का एक परिणाम रही है। वस्तुतः सारी वामपंथी संस्थाएं कृषि कार्यक्रमों एवं भू-अधिकारों के पुनः वितरण को ही शासन का 'एकमात्र' कार्य मान बैठी हैं, इसी कारण से उन्हें स्वास्थ्य एवं शिक्षा आदि की न्यूनतम आवश्यकता पर भी ध्यान देने की आवश्यकता प्रतीत नहीं होती।

भारतीय भू-सुधारों के वैधानिक स्वरूप के अंतर्गत रहते हुए सत्तारूढ़ दल की चुनावी गणित की जरूरतों के आधार पर ही भूमि के और पुनः वितरण तथा पट्टेदारी के सुधारों की सीमाएं निर्धारित की जा रही हैं। ये सीमाएं अस्सी के दशक के मध्य तक ही प्राप्त हो चुकी थीं। उसके बाद भी बार-बार भू-सुधार को ही प्रासंगिक मानना संभवतः कृषि उत्पादन में वृद्धि और इसमें व्यापक हिस्सेदारी से जुड़ा हुआ है। इस प्रकार अभी भी कृषि सम्बन्धी कार्यक्रम उपयोगी हो सकता है किन्तु यह बात बहुत स्पष्ट हो चुकी है कि वाममोर्चा द्वारा प्रारम्भ आर्थिक, राजनीतिक एवं सामाजिक सुधार कार्यों के निरंतर चलते रहने के लिए और गरीबों को इन सुधारों से सुलभ हुए लाभों को बनाए रखने के लिए इस कृषकवादी कार्यक्रम से कहीं आगे निकलना होगा। वैसे पश्चिम बंगाल सरकार की आर्थिक नीतियों से यह झलक अवश्य मिल रही है कि ये कृषकवाद की परीधि से बाहर निकल सकने में समर्थ हैं। कभी इस सरकार को औद्योगिक क्षेत्र की उपेक्षा करने का उपालम्भ दिया जाता था—पर आजकल

यह भारतीय एवं विदेशी निवेशकों को लुभाने में जुटी हुई है। फिर भी अभी तक सामाजिक नीतियों से जुड़े मुद्दों को लेकर किसी नए चिंतन या सक्रियता के संकेत नहीं मिल पा रहे।

कृषकीय मुद्दों को लेकर सृजित संगठना एवं सक्रियता कृषि उत्पादन के सम्बन्धों और शक्तियों तक ही सिमट कर रह गई हैं। कृषि सुधारों एवं लोकतान्त्रिक स्थानीय स्वराज की स्थापना में सफलता ने भारत के किसी भी अन्य राज्य की तुलना में पश्चिम बंगाल में वर्ग, जाति एवं जन्मदर आधारित वंचनाओं पर पार पाने के लिए बहुत ही हितकर सामाजिक परिस्थितियों का सृजन कर दिया है। स्थानीय राजनीतिक पदों पर अभावग्रस्तों के प्रतिनिधियों का चयन सुरक्षित कर देने से इसमें बहुत सहायता मिल सकती है। किन्तु समता एवं भागीदारी पूर्ण आर्थिक एवं सामाजिक विकास की नींव तो प्राथमिक सेवाओं एवं शिक्षा को सर्वसुलभ कराने के लिए राजशक्ति के निर्णायक प्रयोग द्वारा इन सेवाओं के प्रसार के आधार पर ही रखी जा सकती है। यह तो भविष्य ही बताएगा कि इस दिशा में वाम मोर्चे के घटक पहल करने को इच्छुक हैं या नहीं।

4
केरल की विकास उपलब्धियाँ

प्रवेशिका

भारतीय अर्थव्यवस्था की सबसे प्रमुख विशेषता यही है कि यहाँ करोड़ों लोग अनेक प्रकार की वंचनाओं से भरा जीवन बिता रहे हैं—इनमें शामिल है भूख, बीमारियाँ, गृहविहीनता, निरक्षरता—यही नहीं, उन्हें वर्ग, वर्ण एवं जन्म के आधार पर भी अनेक प्रकार से दमन सहन करना पड़ता है। भारत के सभी राज्यों में से केरल प्रान्त अब सामाजिक एवं आर्थिक विकास की अपनी सफलताओं को लेकर बहुत ही ख्याति अर्जित कर चुका है। इसकी उपलब्धियाँ अन्य सभी प्रान्तों की अपेक्षा कहीं शानदार कही जा सकती हैं। केरल की ये सफलताएँ सिद्ध कर रही हैं कि यदि सार्वजनिक क्रियाकलापों की दिशा एवं रचना सही हो तो फिर आय का न्यून स्तर जन-कुशलक्षेम की निर्धारक परिस्थितियों में आमूल चूल परिवर्तन में बाधक नहीं हो पाता। केरल में जनसंगठनों एवं आन्दोलनों की सामाजिक, राजनीतिक एवं आर्थिक दमन के विरुद्ध सक्रियता एवं सरकार द्वारा इन्हीं (जन प्रयासों) के समर्थन में अपनाई गई नीतियों ने मिलकर समग्र जन आन्दोलन की रचना की है।

सन् 1990-92 की अवधि में केरल में जन्म के समय जीवन-आशा पुरुषों में 68.8 वर्ष तथा महिलाओं में 74.4 वर्ष आँकी गई। ग्रामीण केरल में शिशुमृत्यु दर 17 प्रति हजार तथा शहरी क्षेत्रों में मात्र 13 प्रति हजार रही। यहाँ प्रति एक हजार पुरुष, महिलाओं की संख्या 1040 थी। इसी प्रान्त की (देश में) सबसे न्यून जन्म एवं मृत्यु दरें भी दर्ज की गई हैं—यही नहीं, यहाँ जनसंख्या के अनुपात में उपलब्ध अस्पताल बिस्तर संख्या भी भारत के सभी राज्यों से अधिक पाई गई है। बाल टीकाकरण की दृष्टि से भी यही प्रान्त भारत में सबसे आगे रहा है और इसमें लड़के-लड़कियों में कोई भेद नहीं दिखाई देता। 7 वर्ष से अधिक आयु वर्ग में 90 प्रतिशत व्यक्ति साक्षर पाए गए। इसी तरह भू-सुधारों का सर्वाधिक उत्कृष्ट क्रियान्वयन

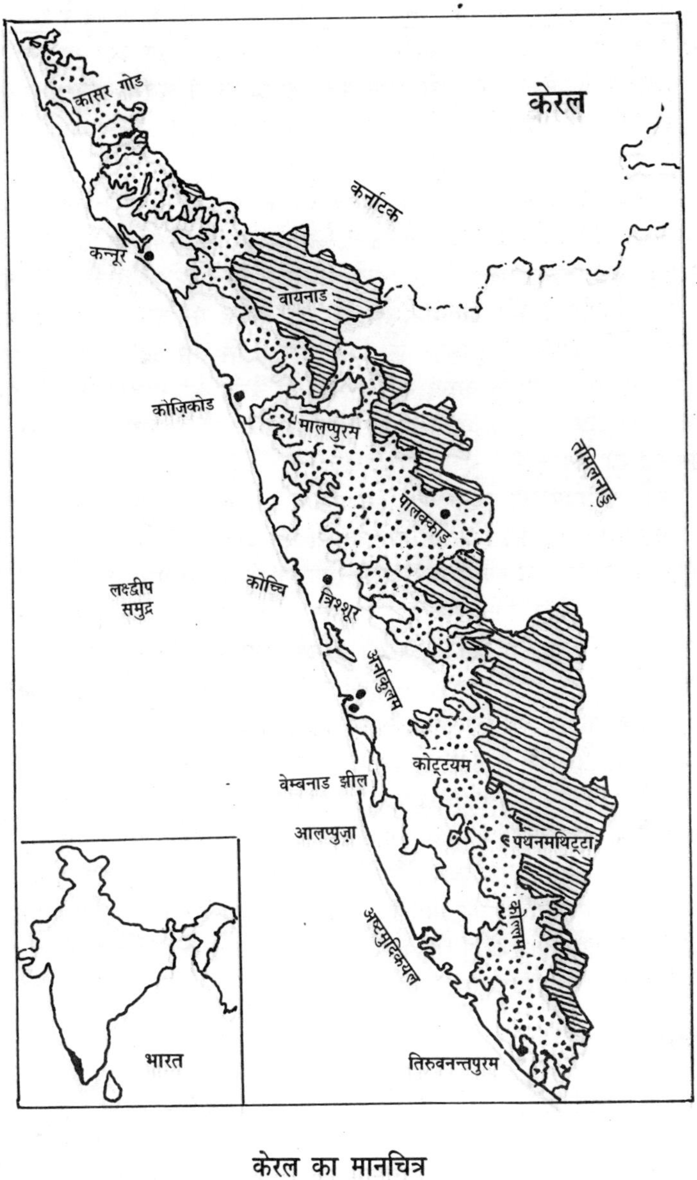
केरल
कासर गोड
कर्नाटक
कन्नूर
वायनाड
कोज़िकोड
मालप्पुरम
तमिलनाडु
पालक्काड
लक्षद्वीप
समुद्र
कोच्चि
त्रिश्शूर
अर्णाकुलम
कोट्टयम
वेम्बनाड झील
आलप्पुज़ा
पथनमथिट्टा
कोल्लम
भारत
तिरुवनन्तपुरम

केरल का मानचित्र

भी इसी प्रदेश में हुआ है। इसी तरह से अस्पृश्यता-उन्मूलन की दिशा में भी केरल प्रान्त ने ही सबसे अच्छी पहलकदमी की है। इसी प्रान्त की महिलाएँ स्वास्थ्य एवं चिकित्सा के क्षेत्र में अपनी सफलताओं को लेकर सबसे अधिक चर्चित रही हैं। इस प्रान्त ने देश में सबसे अधिक विकसित सार्वजनिक खाद्य वितरण व्यवस्था की रचना एवं कुशल संचालन का श्रेय भी पाया है। यहीं भारत में सबसे अधिक समाचार पत्रों का परिचलन होता है। इसी प्रान्त में 'पिछड़े हुए' और उन्नत क्षेत्रों के बीच का अन्तर भी बहुत ही कम रह गया है।

इस अध्ययन में हमारा लक्ष्य यह जानने का प्रयास करना है कि जनजीवन मापन दिशाओं की ये उपलब्धियाँ केरल में किस प्रकार से सम्भव हो पाई हैं—इनका स्रोत एवं आधार क्या रहा है ? एक बात तो तुरन्त ही स्पष्ट हो जाती है कि केरल में अनेक सामाजिक परिस्थितियाँ (शेष देश की तुलना में) बहुत ही अलग प्रकार की रही हैं। पर हमारा ध्येय केवल इन विशिष्टताओं पर जोर देकर केरल को किसी 'विशेष स्तर' पर प्रतिष्ठित करना नहीं है—हम तो केरल के अनुभवों से यह जानना चाहते हैं कि शेष देश तथा अन्य विकासशील समाज यहाँ से क्या कुछ 'सीख' कर लाभान्वित हो सकते हैं।

इस अध्ययन की रचना कुछ इस प्रकार है : पृष्ठभूमि में केरल के समाज एवं अर्थव्यवस्था की कुछ मौलिक विशेषताओं की व्याख्या की गई है। इसके बाद में केरल की जनता की स्वास्थ्य सम्बन्धी सफलताओं की समीक्षा की गई है। यहाँ स्वास्थ्य, पोषण, सार्वजनिक वितरण व्यवस्था और स्त्री-पुरुष अनुपात आदि का विश्लेषण किया गया है। फिर केरल की स्वास्थ्य एवं जनांकिकीय सफलताओं की आधार रही 'साक्षरता' की उपलब्धियों की व्याख्या की गई है। इसके पश्चात इस प्रान्त में अन्तर्जातीय एवं स्त्री-पुरुष सम्बन्धों के अनेक आयामों पर चर्चा की गई है। अगले खंड में प्रदेश में कृषि सम्बन्धों के स्वरूप में आए परिवर्तनों के विश्लेषण का प्रयास किया गया है। तदंतर केरल में सामाजिक परिवर्तन की प्रक्रिया में मुख्य योगदान करने वाले सामाजिक संगठनों, आन्दोलनों आदि पर चर्चा की गई है—इसी में सरकारों की भूमिका, महिलाओं का विकास में योगदान, उन्नीसवीं शताब्दी में प्रोटेस्टेंट ईसाई मिशनरियों का योगदान, जाति-आधारित सामाजिक आन्दोलनों की भूमिका और आधुनिक वामपन्थी आन्दोलन के योगदान की व्याख्या की गई है। अन्तिम भाग एक संक्षिप्त-सा उपसंहार ही है।

पृष्ठभूमि

केरल प्रान्त का क्षेत्रफल लगभग 39,000 वर्ग किलोमीटर है और 1991 की जनगणना के अनुसार इसकी जनसंख्या 2,90,98,518 थी। जनसंख्या घनत्व 749 प्रति वर्ग कि. मी. था—यह भारत के जनसंख्या घनत्व 217 से बहुत अधिक था—केवल

प. बंगाल प्रान्त का जन-घनत्व इससे अधिक 767 प्रति वर्ग किलोमीटर रहा है। 1981 की जनगणना में इस प्रदेश में हिन्दू, मुसलिम और ईसाईयों की आबादी के अनुपात 58 : 21 : 21 थे।

राज्य के चार मुख्य भौगोलिक क्षेत्र हैं : उच्च अथवा पर्वतीय, मध्यवर्ती, निचले मैदान तथा तटीय प्रदेश। उच्च क्षेत्र पश्चिम घाटों का ही अंग है और यही केरल प्रान्त की पूर्वी सीमा का निर्धारण करता है। मध्यवर्ती क्षेत्र की ऊँचाई 300 से 600 मीटर तक है—यह घाटों से आरम्भ हो पश्चिमाभिमुख होकर विभिन्न घाटियों में फैला हुआ है। यह क्षेत्र कंकरीला पर उपजाऊ है। 30 से 300 मीटर की ऊँचाई वाला निचला क्षेत्र अन्ततः तटीय प्रदेश में विलीन हो जाता है—इसकी चौड़ाई 20 से 100 किलोमीटर तक है। संकीर्ण तटीय प्रदेश की औसत चौड़ाई तो केवल 10 मिलोमीटर ही है।

केरल भारी मानसूनी वर्षा का क्षेत्र है—इस प्रान्त में 40 से अधिक नदियां प्रवाहित होती हैं—इनका उद्‌गम पश्चिम घाटों के शीर्ष से होता है और अन्ततः ये पश्चिम की ओर बहकर अरब सागर की गहराइयों में विलीन हो जाती हैं। केरल प्रान्त की हरीतिमा सहज ही मन को बाँध लेती है—यह चाहे धान के खेत हों या नारियल कुंज अथवा अन्यान्य फल-सब्जियों और मसालों के बाग-बागान—या हरी बाड़ें हों, वन, उपवन हों या इलायची, चाय और कॉफी के बागान, या फिर समुद्र, झीलों और तटीय प्रान्त के बीच घिरी हुई विपुल जलराशियाँ—सब ओर हरा अथवा मोर कंठी ही बिखरा हुआ दिखाई देता है।

क्षेत्रीय प्रभाग

केरल प्रान्त का गठन 1956 में तीन मुख्यतः मलयालम-भाषी क्षेत्रों के विलय से हुआ था। ये क्रमशः त्रावणकोर, कोचीन तथा मालाबार के मलयाली-बहुल क्षेत्र थे। भारत की स्वतन्त्रता से पूर्व त्रावणकोर एवं कोचीन दो देशी रियासतें थीं। त्रावणकोर राज्य का निर्माण अठारहवीं शताब्दी में मार्त्तण्ड वर्मा (1729-58) के शासन के बाद हुआ था। कोचीन राज्य भी इसी अवधि की उत्पत्ति रहा—इसका स्वरूप 1791 में ईस्ट इन्डिया कम्पनी के साथ कोचीन सन्धि के बाद अधिक सुगठित हुआ। मालाबार ब्रिटिश शासन की मद्रास प्रेजीडेन्सी के अन्तर्गत एक जनपद था—यह टीपू सुल्तान की 1792 में पराजय के बाद धीरे-धीरे ब्रिटिश भारत में समाहित हुआ था।

केरल के सामाजिक, आर्थिक एवं राजनीतिक इतिहास की दृष्टि से इन तीन क्षेत्रों के अन्तरों का बहुत ही महत्त्वपूर्ण स्थान रहा है। 19वीं शताब्दी से लेकर केरल प्रान्त के गठन तक इन तीनों क्षेत्रों में राजकीय नीतियों में बहुत ही भारी विषमताएँ पाई जाती थीं। कृषि सम्बन्धों, शिक्षा-स्वास्थ्य, आधुनिक प्रशासन, परिवहन संचार की बात हो या वाणिज्य-व्यापार की संवृद्धि और कृषि का व्यवसायीकरण, सभी मामलों

में ब्रिटिश भारत के अन्तर्गत रहे मालाबार की तुलना में केरल के रियासती क्षेत्र मीलों आगे निकले हुए थे। यहाँ हमने केवल मालाबार एवं रियासती क्षेत्रों के बीच भेद किया है—पर त्रावणकोर और कोचीन की रियासतों के क्षेत्रों में भी आपस में बहुत सी भिन्नताएँ थीं। त्रावणकोर की शासन व्यवस्था कोचीन की अपेक्षा कहीं अधिक सशक्त एवं निरंकुशतापूर्ण थी। इसकी नौकरशाही बहुत बड़ी, बहुत ही उच्च स्तर पर कार्य करनेवाली एवं हस्तक्षेपवादी थी। इसके संसाधन भंडार भी कोचीन की अपेक्षा बहुत विशाल एवं विविधतापूर्ण थे। यहाँ कृषि में पूँजीवाद तथा वाणिज्य-व्यापार का प्रसार भी कोचीन से कहीं ज्यादा विस्तृत रहा।

आबादी का स्वरूप

केरल की विकास प्रक्रिया की एक विशेषता यह भी है कि इस प्रान्त में ग्रामीण एवं शहरी क्षेत्रों की विकास-उपलब्धियों में कोई विशेष अन्तर नहीं पाए जाते। इस विषमता के अभाव का कारण यही है कि सार्वजनिक नीतियों का निर्धारण करने में पर्याप्त सतर्कता बरती गई है। इस कार्य में प्रदेश के ग्रामों और नगरों की भौगोलिक संरचना से भी नीति निर्धारकों को बहुत सहायता मिली है। यहाँ शहरी एवं देहाती क्षेत्रों के बीच विभाजन रेखाएँ देश के अन्य भागों की भाँति बहुत स्पष्ट नहीं हैं। पहले भी साहित्यकारों ने केरल के शहरी एवं ग्रामीण क्षेत्रों के सम्मिश्रित स्वरूप पर काफी विस्तार से लिखा है, अब तो वहाँ की विलक्षणता को 'ग्रामनगर' या 'नगग्राम' का नाम भी दिया जा सकता है।

केरल के ग्रामवासियों का व्यवसायिक विभाजन भी अन्य प्रदेशों से भिन्न ही है। यहाँ गैर कृषि कार्यों में मजदूरी के आधार पर आजीविका अर्जन करनेवाले श्रमिकों की बहुतायत है। भारत के अन्य प्रान्तों में भले ही ग्राम का आबादीवाला क्षेत्र खेतों से पूरी तरह अलग पहचाना जा सकता है पर केरल में तो घरों के समूह अलग नहीं दिखाई पड़ते। कृषक परिवार अपने खेत के ही किसी कोने में अपना घर भी बसाए दिखाई पड़ जाते हैं।

केरल के इस विशेष 'आवासीय स्वरूप' की चर्चा पुराने समय में 'इब्नबतूता' ने भी की है। इस विशेषता का स्रोत सम्भवतः भूस्वामित्व के स्वरूप तथा बँधुआ भू-श्रमिकों के सम्बन्धों में रहा होगा। इसके कुछ सूत्र केरल की भू-संरचना, जल व्यवस्था तथा फसलों के ढाँचे से भी अवश्य जुड़े हुए हैं।

1960 के बाद से सड़क परिवहन के विस्तार-प्रसार ने केरल के ग्रामों के शहरीकरण को बहुत बढ़ावा दिया है। राज्य का प्रत्येक गाँव वाहन चलने योग्य पक्की सड़कों से जुड़ा हुआ है। अतः गाँव में रहने पर शहरों में नित्य जाकर गैर कृषि करनेवालों को आवागमन में बहुत सुविधा हो गई है। खाड़ी देशों से भारी परिमाण में, वहाँ जाकर कार्य कर रहे केरलवासियों द्वारा भेजी जा रही धनराशि,

खुदरा व्यापार तथा निर्माण कार्यों में तीव्र वृद्धि आदि ने भी यहाँ ग्रामों के शहरीकरण को बहुत बढ़ावा दिया है।

केरल के गाँव किसी प्रकार की विशिष्ट सामाजिक-आर्थिक इकाई की परिभाषा में नहीं बँध पाते। इनकी सीमाओं का कभी प्रशासकीय दृष्टि से निर्धारण हुआ था--पर सीमाएँ बहुत युक्तियुक्त नहीं लगतीं। यहाँ के औसत गाँव में 1981 में 19,967 निवासी थे जबकि सारे देश में यह औसत केवल 911 थी।

राजनीतिक आन्दोलन

1930 के दशक के उत्तरार्द्ध से ही अपने श्रमिक, किसान, कृषि श्रमिक, छात्र, युवा तथा महिला संगठनों के माध्यम से साम्यवादी दल ही अन्यान्य प्रकार के राजनीतिक आन्दोलनों की अगुआई करता रहा है। नवगठित एकीकृत केरल प्रान्त के प्रथम चुनावों में इसी दल ने विजय पाई थी एवं प्रदेश के शीर्ष साम्यवादी नेता, ई.एम.एस नम्बूदरीपाद 1957 में मुख्य मन्त्री बने थे। 1957-59, 1967-69, 1980-81 तथा फिर 1987-91 की अवधियों में भी यहाँ साम्यवादी-बहुल या नेतृत्व की सरकारें गठित हुई हैं। अन्य सभी सरकारें कांग्रेस या उसके नेतृत्ववाली ही थीं[1]। यद्यपि साम्यवादी एवं इसके सहयोगी दलों का शासनकाल सीमित ही रहा है—पर केरल के सामाजिक एवं राजनीतिक जीवन तथा सरकारी नीतियों आदि पर वामपंथी विचारों की गहरी छाप रही है। राज्य के गठन के बाद से ही सरकारी कार्यसूची पर यह छाप दिखाई देती रही है।

केरल में मतदान प्रतिशत भी सामान्यतः ऊँचा ही रहता है। यहाँ के चुनाव मुख्यतः कांग्रेस तथा साम्यवादी गठबन्धनों के बीच 'सीधी टक्कर' ही होते हैं। यहाँ तक कि विधान सभा में दक्षिणपन्थी हिन्दू दल, भारतीय जनता पार्टी का कोई सदस्य नहीं है, हाँ, मुस्लिम और ईसाई अल्पसंख्यकों के गैर धर्मनिरपेक्ष संगठन अवश्य चुनावी मैदान तथा विधानमंडलों में सक्रिय रहे हैं—इनकी उछलकूद (एक गुट से दूसरे गुट की ओर) यहाँ बनी गठबन्धन सरकारों के स्थायित्व पर सदैव ही संकट का कारण बनती रही है।

अर्थ-व्यवस्था

केरल की उपलब्धियाँ, उत्पादन में निम्न वृद्धि के बाद भी, सार्वजनिक सक्रियता के सकारात्मक परिणामों का एक उज्ज्वल दृष्टान्त हैं। किन्तु इसी विलक्षणता का दूसरा अन्धकारमय आयाम यह भी है कि यहाँ रोजगार-सृजन एवं भौतिक उत्पादन

---

1. पाठक ध्यान दें : 1957 से 1991 तक आलोच्य अवधि के 34 वर्षों में से केवल 10 वर्ष ही साम्यवादी दल का शासन रहा है।

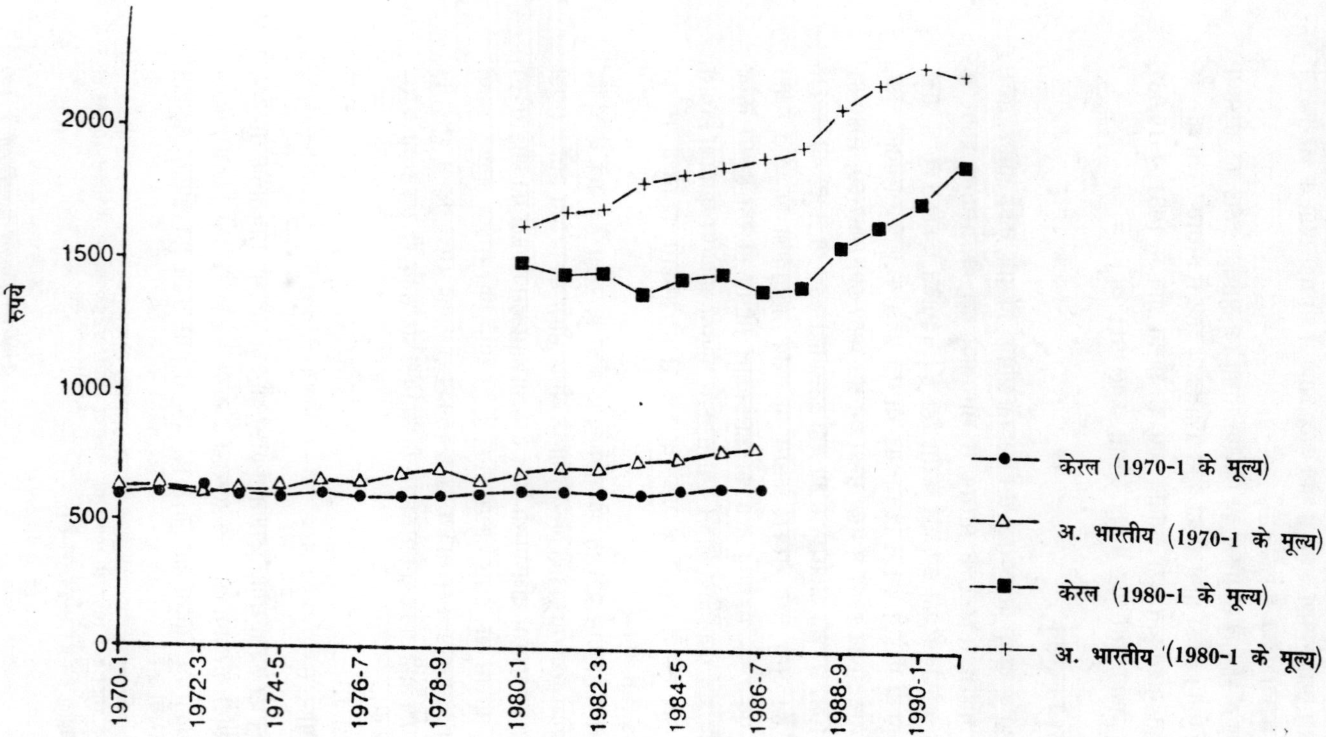

चित्र 4.1 : स्थिर मूल्यों (1970-71) पर प्रतिव्यक्ति राज्य घरेलू उत्पाद, तथा प्रति व्यक्ति शुद्ध घरेलू उत्पाद, भारत, अवधि : 1970-71 से 1991-92

तालिका 4.1
प्रति व्यक्ति शुद्ध घरेलू उत्पाद की चक्रवृद्धि संवृद्धि दरें
केरल तथा भारत 1970-71 से 1991-92

अवधि	केरल	भारत
1970-7 से 1980-81	0.06	1.39
1980-8 से 1990-91	1.40	3.25
1986-87 से 1991-92	6.16	3.79

स्रोत : देखें परिशिष्ट

के क्षेत्रों में एक गहन संकट छाया हुआ है। वास्तव में यहाँ की बेरोजगारी की समस्या के आकार और गहनता को समझने के लिए किसी को भी अधिक समय नहीं लगाना पड़ता। आम आदमी तथा वामपन्थी दल, सभी बेरोजगारी एवं उत्पादन के स्तर को निकट भविष्य की विषमतम समस्या मानते हैं। अगस्त 1994 की अन्तर्राष्ट्रीय केरल अध्ययन कांग्रेस में भी इसी चिन्ता की प्रतिध्वनि बार-बार सुनाई दी थी। इस संकट का निरन्तर बने रहना यहाँ के समाज एवं राजनीतिक रचना के लिए गम्भीर खतरा बन रहा है। इस प्रश्न ने राजनीतिज्ञों, पत्रकारों, विद्वानों एवं अन्य सभी विचारवान व्यक्तियों को उद्वेलित कर रखा है। वे यह भी पूछ रहे हैं कि यदि रोजगार एवं उत्पादन के स्तरों में व्यापक सुधार नहीं आए तो क्या केरल अपनी विकास उपलब्धियों के स्तर को बनाए रह पाएगा ?

केरल में प्रति व्यक्ति निवल (Net) राज्य उत्पाद का स्तर देशव्यापी औसत से कम है। उदाहरणतया, 1980-81 में भारत के 24 राज्यों एवं 3 प्रदेशों में आय स्तर के अनुसार केरल का क्रम 16वां था। 1991-92 में भी 22 राज्यों एवं 1 प्रदेश के समूह में इसका क्रम 14वां ही रहा। केरल में 1970 के बाद से ही प्रति व्यक्ति निवल राज्य उत्पाद का स्तर स्थिरप्राय पड़ा है—इसमें कोई विशेष संवृद्धि नहीं हुई (देखें चित्र 4.1)। आठवें एवं नवें दशकों में निवल राज्य उत्पाद संवृद्धि की चक्रवृद्धि दर की दृष्टि से भी केरल सारे देश की औसत से बहुत पिछड़ता गया है। (देखें तालिका 4.1)। पर यह बात बहुत महत्त्वपूर्ण है कि 1986-87 से 1991-92 के पाँच वर्षों में इस प्रदेश की संवृद्धि दर राष्ट्रव्यापी दर की तुलना में बहुत अच्छी रही है।

गरीबी की रेखा से नीचे रहे जन अनुपात के आँकड़े 1987-88 तक ही उपलब्ध हैं। इनके अनुसार केरल में व्यक्ति गणना अनुपात अखिल भारतीय अनुपातों से सातवें एवं आठवें दशकों में तो अधिक ही रहा है—पर 1983 तथा 1987-88 में केरल

तालिका 4.2
गरीबी रेखा से नीचे जनसंख्या का अनुपात
(मिन्हास, जैन और तेन्दुलकर के अनुमान), केरल तथा भारत

प्रतिशत

	ग्रामीण		शहरी		शहरी + ग्रामीण	
	केरल	भारत	केरल	भारत	केरल	भारत
1970-71	69.0	57.3	62.4	45.9	68.0	55.0
1983	47.2	49.0	47.8	38.3	47.3	46.5
1987-88	44.0	44.9	44.5	36.5	44.1	42.7

स्रोत : इकोनोमिक एण्ड पोलिटिकल वीकली शोध प्रतिष्ठान (1993)

तालिका 4.3
सैन सूचक, केरल तथा भारत

वर्ष	केरल	भारत
1960-1	0.25	0.14
1970-1	0.29	0.18
1977-8	0.16	0.14
1986-7	0.06	0.08

स्रोत : ई.पी.डब्लू. शोध प्रतिष्ठान (1993)

के ग्रामीण क्षेत्रों के व्यक्ति गणना अनुपात में सुधार आया है–यह राष्ट्रीय अनुपात से कुछ कम हो गया है। (देखें ता. 4.2) इसी प्रकार सैन सूचक के अनुसार भी जहाँ 1960-80 तक केरल सारे देश से 'गरीबी स्तर' की दृष्टि से भी 'आगे' था, वहीं 1980-87 में इसकी दशा में कुछ सुधार दिखाई दिया है–(देखें ता. 4.3)।

केरल की कृषि संरचना अनेक प्रकार की उप-संरचनाओं का समूह है। ये उप-संरचनाएँ तरह-तरह की सम्मिश्रित कृषि विधाओं के उपयुक्त रही हैं। यहाँ के कृषि उत्पादन में निरन्तर चलनेवाली फसलों का बहुत बड़ा भाग है (कॉफी, काजू, नारियल, इलायची, मसाले एवं अन्य बागान उत्पादन इसी प्रकार के वर्ग में आते हैं)। 1985-86 में 84 प्रतिशत कृषि भूमि पर ये दस फसलें लगी हुई थीं : धान, कसावा, केला, रबड़, कॉफी, इलायची, सुपारी, काजू, काली मिर्च तथा नारियल। यहाँ कृषि की संवृद्धि दर बहुत ही निराशाजनक रही है। एक अध्ययन के अनुसार तो 1975-76 से 1985-86 का दशक एक 'व्यापक गतिरोध' का दशक था। इसमें

केवल रबड़ और कॉफी को छोड़ सभी फसलों में स्थिरता या गिरावट ही दिखाई पड़ी। धान के अतिरिक्त सभी फसलों में स्थिरता का अर्थ है उत्पादिता की स्थिरता। धान उत्पादन में गिरावट का एक कारण धान की भूमि में गिरावट आना भी रहा। 1987 में गठित साम्यवादी सरकार के निष्पादन के अध्ययन के अनुसार 1986-87 से 1990-91 की अवधि में कृषि उत्पादन में स्पष्ट सुधार दिखाई पड़ा है। राज्य के निवल उत्पाद आँकड़ों में इस अवधि में कृषि की संवृद्धि दर 7.5 प्रतिशत वार्षिक रही है।

1950 में त्रावणकोर में प्रति व्यक्ति विनिर्माण उत्पादन मूल्य 48 रुपये था जबकि देश भर में यह औसत 37 रुपये ही थी। इस वर्ष की त्रावणकोर एवं कोचीन की यह औसत भी देशव्यापी औसत से अधिक ही थी। पर 1950 के बाद से ही केरल की औद्योगिक संवृद्धि अखिल भारतीय दर से कम रही है—यह तीन दक्षिण भारतीय राज्यों की तुलना में भी लगातार पिछड़ता गया है। 1970-71 से 1986-87 की अवधि में यहाँ औद्योगिक उत्पादन वृद्धि दर 2.8 प्रतिशत (प्रतिवर्ष) रही जबकि पड़ोसी राज्यों, तमिलनाडु एवं कर्नाटक में क्रमशः 5-3 तथा 6.0 प्रतिशत वृद्धि अंकित की गई। वैसे केरल सरकार का दावा है कि इसके बाद के पाँच वर्षों, (1986-91) में निवल राज्य उत्पाद में विनिर्माण क्षेत्र का अंश 13 प्रतिशत से बढ़कर 16 प्रतिशत हो गया है। इसी अवधि में स्थिर दामों पर औद्योगिक उत्पादन में 12 प्रतिशत की वार्षिक संवृद्धि का भी दावा किया गया है।

केरल में प्रति व्यक्ति उत्पादक औद्योगिक पूँजी का स्तर भी केवल सारे देश ही नहीं वरन् पड़ोसी तमिलनाडु एवं कर्नाटक की अपेक्षा भी काफी कम रहा है (तालिका 4.4)। इसी प्रकार समग्र प्रति व्यक्ति फैक्टरी उत्पादन स्तर में भी यह राज्य पड़ोसी राज्यों एव शेष देश से पिछड़ा ही रहा है (ता. 4.5)। 1972-88 की अवधि में केरल के लघु उद्योगों की संख्या, स्थिर निवेश, उत्पादन, मूल्यवृद्धि तथा रोजगार आदि की वृद्धि दर भी अखिल भारतीय औसत से कम रही है।

1975 में भारत सरकार के समग्र औद्योगिक निवेश का मात्र 3.2 प्रतिशत केरल के हिस्से आया था—1990 में तो यह अंश और भी कम होकर केवल 1.5 प्रतिशत रह गया (प्रदेश की जनसंख्या सारे देश का 3.4 प्रतिशत है)। 1971-72 में यहाँ कुल केन्द्रीय निवेश का 2.9 प्रतिशत खर्च हुआ पर 1987-88 तक यह अंश भी 1.6 प्रतिशत ही रह गया था। राज्य सरकार का अपना निवेश भी बहुत ही छिछला रहा—यही नहीं, अधिकांश उद्योग अपने छोटे आकार के कारण ही वित्तीय एवं तकनीकी दृष्टि से अव्यावहारिक होकर रह गए हैं। 1972-85 की अवधि में केरल के व्यावसायिक क्षेत्र की वित्तीय कारगुजारियों का स्तर भारतव्यापी औसत की तुलना में निकृष्ट आकलित किया गया है।

तालिका 4.4

फैक्टरी क्षेत्र में स्थिर कीमतों (197.-71) पर प्रति व्यक्ति सकल उत्पादक पूँजी : केरल, पड़ौसी राज्य तथा भारत

(रुपयों में)

वर्ष	भारत	केरल	कर्नाटक	तमिलनाडु
1969-72	205 (100)	124 (100)	195 (100)	262 (100)
1973-76	187 (91)	158 (127)	157 (80)	215 (82)
1978-81	256 (125)	201 (162)	209 (107)	276 (105)
1983-86	322 (157)	228 (184)	254 (130)	451 (172)
1988-91	370 (180)	219 (177)	265 (136)	527 (201)

नोट : कोष्ठकों में 1969-72 आधार के सूचक अंक दिये गये हैं।

स्रोत : वार्षिक उद्योग सर्वेक्षण, 1990, 1994 से; सभी आँकड़े तीनवर्षीय औसत हैं।

तालिका 4.5

फैक्टरी क्षेत्र में स्थिर कीमतों (1970-71) पर प्रति व्यक्ति सकल उत्पाद : केरल, पड़ौसी राज्य और भारत

(रुपयों में)

वर्ष	भारत	केरल	कर्नाटक	तमिलनाडु
1969-72	240 (100)	172 (100)	184 (100)	316 (100)
1973-76	261 (109)	197 (114)	199 (108)	347 (110)
1978-81	358 (149)	308 (179)	293 (159)	531 (168)
1983-86	451 (188)	314 (182)	348 (189)	682 (216)
1988-91	586 (244)	418 (243)	489 (266)	876 (277)

टिप्पणी : कोष्ठकों में 1969-72 के आधार पर सूचक अंक।

स्रोत : वार्षिक उद्योग सर्वेक्षण 1990, 1994 के आधार पर; सभी आँकड़े तीनवर्षीय औसत हैं।

यद्यपि केरल में साक्षर एवं प्रशिक्षित श्रम शक्ति का बाहुल्य है—पर यहाँ पूँजीवादी औद्योगिक उद्यम का विकास बहुत ही कम हो पाया है। यहाँ बड़े एवं मँझले स्तर के उद्योगों के धीमे विकास का एक कारण यह भी है कि सम्भवतः उद्योगपति इस प्रदेश में उनकी स्थापना करना ही नहीं चाहते। यह राज्य अभी भी पूँजीवादी विकास के उस सोपान पर खड़ा है जहाँ जल्दी से कमाई देने वाले—या सट्टेबाजी वाले काम ही लोगों को अधिक आकर्षक प्रतीत होते हैं। केरल प्रान्त में केवल एक बड़ा औद्योगिक

तालिका 4.6

स्थिर मूल्यों (1970-71) पर प्रति व्यक्ति वार्षिक उपभोग व्यय, अन्तर्राज्यीय कीमतों के अन्तरों के समंजन के बाद

(रुपयों में)

	1970-1	1972-3	1973-4	1977-8	1983	1986-7	1987-8	1989-90	1990-1	1992
शृंखला -1										
ग्रामीण										
केरल	380	399	429	467	540	553	549			
भारत	430	423	435	475	482	498	501			
शहरी										
केरल	554	571	560	575	695	700	750			
भारत	643	647	612	674	708	732	745			
शृंखला-2										
ग्रामीण										
केरल	374	अप्राप्त	432	519	602	653	662	606	628	708
भारत	424	अप्राप्त	421	491	507	562	557	588	569	540
शहरी										
केरल	546	अप्राप्त	542	579	699	695	777	842	896	807
भारत	634	अप्राप्त	579	685	689	723	738	774	756	773

स्रोत : परिशिष्ट में देखें

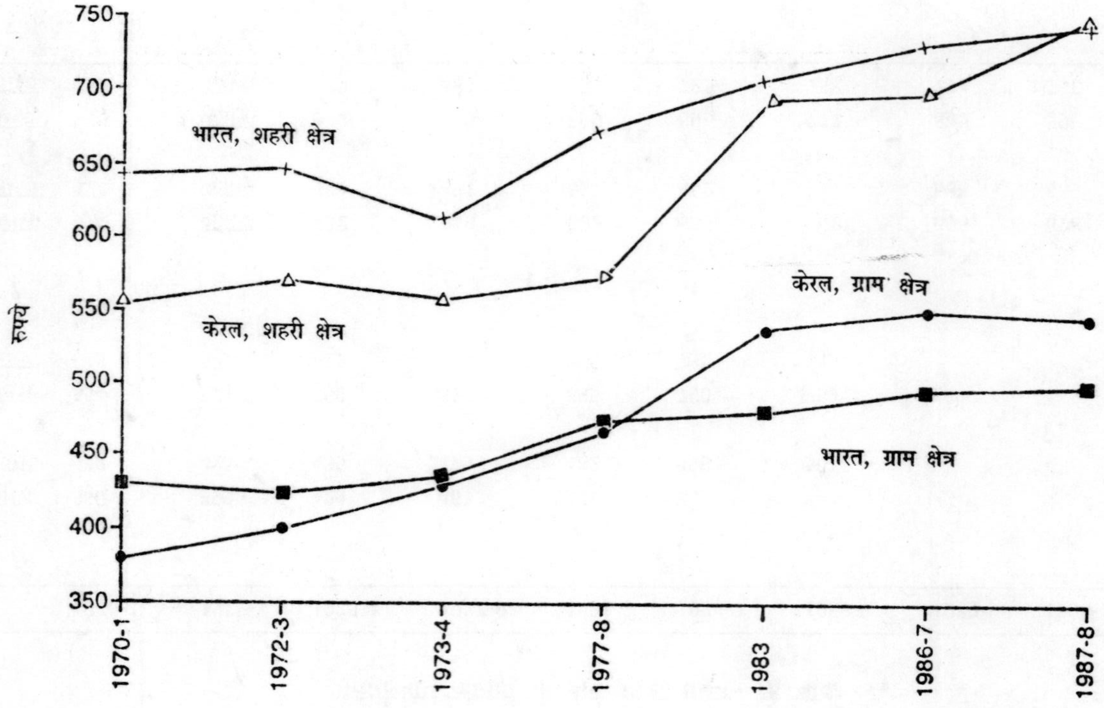

चित्र - 4.2 : स्थिर मूल्यों (1970-71) पर प्रति व्यक्ति वार्षिक उपभोग व्यय : केरल तथा भारत, शहरी एवं ग्रामीण क्षेत्र, कीमतों में अन्तराज्यीय अन्तरों के समंजन के बाद (प्रथम शृंखला)

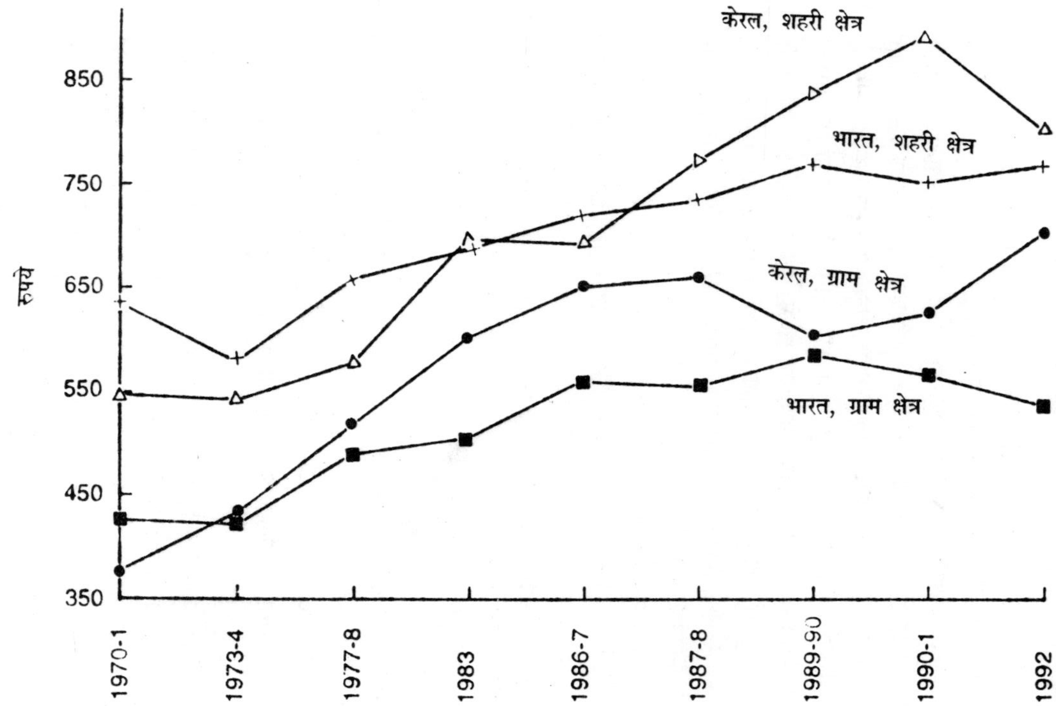

चित्र - 4.3 : स्थिर मूल्यों (1970-71) पर प्रति व्यक्ति वार्षिक व्यय : केरल तथा भारत, शहरी और ग्रामीण, कीमतों में अन्तर्राज्यीय अन्तरों के समजंन के बाद (दूसरी शृंखला)

घराना विकसित हुआ है–इसके मुख्य कारखाने भी मद्रास में हैं, इसने बागान तमिलनाडु और केरल में लगाए हैं–हाँ, यह कोई हैरानी की बात नहीं कि इस परिवार ने प्रकाशन आदि का केन्द्र केरल में ही रखा है।

केरल में बेरोजगारी दर सारे देश से अधिक ऊँची रहती है–चाहे बेरोजगारी के किसी भी मापक का प्रयोग किया जाए, उसके उच्चतम होने में कोई सन्देह नहीं होता। सामान्यतः बेरोजगार–अर्थात वर्ष में 183 या अधिक दिनों तक बेरोजगार रहे पुरुषों का अनुपात (1987-88 में) शहरी क्षेत्रों में 14.1 तथा ग्रामीण क्षेत्रों में 12.5 प्रतिशत रहा। इन्हीं के अनुरूप स्त्री बेरोजगारी दरें 33.8 तथा 25.0 प्रतिशत आँकी गईं। इसके विपरीत देश भर में पुरुषों की दरें 6.1 (शहरी) तथा 2.8 प्रतिशत (ग्रामीण) रहीं। महिलाओं की बेरोजगारी दरें 8.5 प्रतिशत (शहर) तथा 3.5 प्रतिशत (ग्रामीण) अंकित हुई हैं। 'तात्कालिक दैनिक' तथा 'तात्कालिक साप्ताहिक' स्थितियों के आँकड़े भी इसी परिदृश्य से मेल खाते हैं। अतः तीनों ही मानदंडों के अनुसार केरल सभी भारतीय राज्यों की अपेक्षा ग्रामीण एवं शहरी, पुरुष एवं महिला बेरोजगारी के स्तर के हिसाब से 'सबसे आगे' हैं। यद्यपि राष्ट्रीय संदर्श सर्वेक्षण के 1992-93 के दौर के आँकड़ों का आधार 1987-88 की अपेक्षा कुछ संकुचित है पर इसने भी पुराने तथ्यों की पुष्टि ही की है।

केरल में शिक्षित बेरोजगारी का स्तर विशेष रूप से ऊँचा रहा है। 1986-87 के रा. संदर्श सर्वे के अनुसार 18 प्रतिशत शिक्षित पुरुष और 42 प्रतिशत शिक्षित महिलाएँ बेरोजगार थीं। सारे देश में ये अनुपात क्रमशः 6 तथा 22 प्रतिशत थे। यही नहीं, स्कूल पास करके निकले व्यक्ति को अस्थाई कार्य के लिए भी 35 महीनों तक (औसतन) प्रतीक्षा करनी पड़ जाती थी। स्थाई रोजगार की व्यवस्था होते-होते तो 48 मास गुजर जाते थे। 1981 की जनगणना के अनुसार बेरोजगारों में से 87.8 प्रतिशत तो 15-34 वे वय वर्ग के सदस्य थे। यही नहीं, ग्रामीण क्षेत्रों में रोजगार के अवसर कम होते जा रहे हैं। केरल सरकार तथा ग्रामीण श्रम जाँच द्वारा एकत्र आँकड़ों से पता चलता है कि 1964-65 में एक आम ग्रामीण पुरुष को 196 दिन काम मिल जाता था पर 1974-75 में यही काम 168 तथा 1983-84 में 146 दिनों तक सीमित रह गया। महिलाओं के आँकड़े तो क्रमशः 164, 126 तथा 112 दिन ही हैं।

केरल से श्रम का निरन्तर प्रावर्जन होता रहा है। बाहर गए लोगों द्वारा भेजी गई धनराशियों का राज्य निर्वर्त्य आय पर गहरा प्रभाव रहता है। बीसवीं शताब्दी के प्रारम्भिक वर्षों में त्रावणकोर-मालाबार से बड़ी संख्या में बागानों में काम करने के लिए मजदूर केरल से गए थे। व्यापक मन्दी के बाद भी श्रमिकों के पलायन के कई दौर आए–एक बार त्रावणकोर से मालाबार के पहाड़ी क्षेत्रों में किसानों का आगमन हुआ तो एक अन्य दौर में तटीय क्षेत्रों के दलित गरीब मजदूर मलयेशिया, मयन्मार

तथा श्रीलंका तक जा पहुँचे। तीसरे दौर में शिक्षित/प्रशिक्षित व्यक्ति काम की तलाश में भारत के ही अन्य प्रान्तों की ओर अग्रसर हुए। 1973 के बाद तेल की कीमतों के उछाल ने पश्चिम एशियाई देशों–विशेषकर कुवेत, कत्तर, सऊदी अरब तथा संयुक्त अरब अमीरात और लीबिया के नव धनाढ्य देशों की ओर मलयाली श्रमिकों का व्यापक प्रवाह हुआ–आज यह केरल के सामाजिक आर्थिक जीवन की एक महत्त्वपूर्ण विशेषता बन गई है। एक अनुमान है कि 1980 के दशक के मध्य में ही कम से कम 500,000 व्यक्ति इस प्रान्त से तेलसेठों के यहाँ काम करने गए।

राज्य घरेलू उत्पाद में इन प्रवासी श्रमिकों द्वारा भेजी गई राशियाँ शामिल नहीं होतीं। यदि राज्य के उपभोग फलन के आधार पर यहाँ की आय का पश्चगामी आंकलन करें तो इन प्रवासियों की धनराशियों का महत्त्व स्पष्ट हो जाता है। 1972-73 के बाद से ये धन राशियाँ सामान्यतः राज्य घरेलू उत्पाद का 15 से 22 प्रतिशत तक रही है। वर्ष 1978-79 में तो इनका अंश 30 प्रतिशत हो गया था–1986-87 में भी यह अंश 26 प्रतिशत था–किन्तु इनका न्यूनतम स्तर (1989-90) भी 15 प्रतिशत अवश्य रहा है। पुराना अनुमान रहा है कि खाड़ी के देशों से भेजी गई राशियों का 50 प्रतिशत एवं शेष विश्व से भेजी गई राशियों का 5 प्रतिशत अवश्य केरल पहुँच जाता है। इस आधार पर प्रक्षेपण से ज्ञात होता है कि 1980-81 में केरल की प्रति व्यक्ति आय का 18 प्रतिशत इन्हीं प्राप्तियों से निर्मित था तथा 1988-89 में यह अंश 13 प्रतिशत आँका गया है।

इन बाहर से आई राशियों के कारण उत्पादन एवं रोजगार के भीषण संकट के बाद भी राष्ट्रीय सन्दर्श सर्वेक्षण के अनुसार पारिवारिक उपभोग व्यय की दृष्टि से केरल का क्रम स्तर 1970 से 1980 के दशक के प्रारम्भिक वर्षों में काफी ऊँचा उठा है। यह वृद्धि ग्रामीण क्षेत्रों में विशेष रूप से दिखाई पड़ी है। प्रति व्यक्ति आय तो स्थिरप्राय रही पर 1960-61 से 1971-72 की अवधि में प्रति व्यक्ति उपयोग की वृद्धि दर 1.61 प्रतिशत से बढ़कर 1972-90 की अवधि में 1.81 प्रतिशत हो गई। यही दर बने रहने का अर्थ होगा कि 1994 में केरल में प्रति व्यक्ति वास्तविक उपभोग 1960-61 से दोगुना हो जाएगा। ता. 4.6 तथा चित्र 4.2 एवं 4.3 में स्थिर कीमतों पर प्रति व्यक्ति पारिवारिक व्यय की दो शृंखलाएँ प्रस्तुत की जा रही हैं। पहली शृंखला 1970-88 की अवधि से जुड़ी है। इसके अनुसार ग्रामीण केरल का प्रति व्यक्ति पारिवारिक उपभोग व्यय 1983 के बाद से राष्ट्रव्यापी औसत से अधिक रहा है। शहरी क्षेत्र का उपभोग व्यय भी 1987-88 में इस औसत से ऊपर उठ गया। इन आँकड़ों से स्पष्ट है कि 1970-71 में ग्रामीण केरल का उपभोग व्यय अखिल भारतीय व्यय से 11.6 प्रतिशत कम था, पर 1987-88 में यह बढ़कर (अ. भारतीय से) 9.5 प्रतिशत अधिक हो गया। शहरी केरल का प्रति व्यक्ति उपभोग व्यय पहले भारत वर्षीय औसत स्तर से 13.8 प्रतिशत कम था पर अवधि के अन्त में उससे

0.7 प्रतिशत अधिक हो गया। दूसरी शृंखला 1970-72 की अवधि के आँकड़े प्रस्तुत कर रही है। इसके अनुसार तो 1973-74 के बाद से ही ग्रामीण केरल का प्रति व्यक्ति उपभोग व्यय भारतीय औसत से अधिक रहा है। शहरी क्षेत्र का व्यय भी भारतीय औसत को 1983 में लाँघ गया—एक बार 1986-87 में यह फिर नीचे आ गया था पर उसके बाद से निरन्तर ऊपर ही बना हुआ है। इस शृंखला के अनुसार जहाँ 1970-71 का ग्रामीण केरल का उपभोग व्यय भारतीय स्तर से 11.7 प्रतिशत कम था। वही 1992 में उसकी अपेक्षा 31.1 प्रतिशत अधिक हो गया था। शहरी क्षेत्र के आँकड़े भी इसी अवधि में 13.9 प्रतिशत कम से सुधरकर 4.4 प्रतिशत अधिक हो जाने का संकेत दे रहे हैं।

यद्यपि इस निबंध का ध्येय केरल की औद्योगिक एवं कृषि शिथिलता का विस्तृत विवेचन अथवा यहाँ उत्पादन एवं रोजगार संवर्धन की योजना की रूपरेखा का निर्धारण तो नहीं है—फिर भी कुछ सामान्यीकरण अवश्य सम्भव है। बाजार की शक्तियाँ अनायास ही उत्पादक निवेश को इस प्रान्त की ओर नहीं खींच पाएंगी। उत्पादन एवं रोजगार की स्थिति में व्यापक परिवर्तन के लिए तो राज्य के हस्तक्षेप की नितान्त आवश्यकता बनी रहेगी। इस दिशा में सरकार द्वारा सतत रूप से अपनी नीतियों का निर्धारण एवं उसके राजनीतिक दलों एवं जनसंगठनों की सकारात्मक भागीदारी की बहुत सख्त जरूरत है। दूसरे, सभी विद्वान इस बात पर भी सहमत हैं कि केरल में औद्योगिक एवं कृषि विकास के लिए सरकार-पोषित संरचनात्मक ऊपरी पूँजी का विकास अति आवश्यक रहेगा। तीसरे, केरल में प्रशिक्षित श्रमिकों को रोजगार दे पाने की सम्भावनाएँ बहुत ही विशाल हैं। देश के अन्य भागों में तो जन-रोजगार आन्दोलन मिट्टी ढोने जैसे न्यून-योग्यता कार्य ही रह जाते हैं—पर केरल में ऐसे कार्यों के लिए उपलब्ध ग्रामीण एवं शहरी व्यक्ति भी साक्षर एवं राजनीतिक-सामाजिक चेतना से सम्पन्न दिखाई पड़ते हैं। चौथी महत्त्वपूर्ण बात यह कि इस प्रदेश में ग्रामीण आर्थिक संवृद्धि योजना विविध फसलों की सम्मिश्रित कृषि पर आधारित होनी चाहिए जिसमें फसलों के प्रबन्धन में भी कौशल का प्रयोग हो। इसमें सार्वजनिक संस्थानों का विपणन में सहयोग एवं उत्पादन संगठना के नए स्वरूप की रचना भी आवश्यक होगी।

जन स्वास्थ्य के क्षेत्र में केरल की सफलताएँ

ऐतिहासिक दृष्टि से साक्षरता एवं मूल जनांकिकीय सूचकों की दृष्टि से केरल भारत के अन्य क्षेत्रों से आगे रहा है। अस्सी के दशक में जन स्वास्थ्य एवं साक्षरता पटल पर इतना अधिक सुधार हुआ है कि अब तो केरल विकासशील विश्व के अधिक सफल देशों से स्पर्धा कर रहा है—शेष भारत से तो यह राज्य (इस दिशा में) मीलों आगे निकल गया है।

जनांकिकीय सूचक

सारे विकासशील विश्व में केरल का अपना एक विशिष्ट 'स्थान' बन गया है—यही ऐसा क्षेत्र है जहाँ इसके गठन के बाद एक ही पीढ़ी में स्वास्थ्य एवं जनांकिकीय दृष्टि से आमूल चूल परिवर्तन सम्भव हो पाया है। जनन एवं जन्म दरों में गिरावट आई है, शिशुमृत्यु दर, पाँच वर्ष की आयु से पूर्व मृत्यु दर तथा सामान्य मृत्यु दर घटी हैं, जीवन की आशा में वृद्धि हुई है तथा स्त्री-पुरुष अनुपात भी उन सामाजिक व्यवस्थाओं के सादृश्य हो गया है जहाँ नारी के प्रति किसी प्रकार का संगठित भेदभाव नहीं होता। यहाँ हम केरल के स्वास्थ्य एवं जनांकिकीय परावर्तन के चार सूचकों का विश्लेषण कर रहे हैं : जन्म के समय जीवन आशा, शिशुमृत्यु दर, जन्म दर तथा मृत्यु दर। इनके बारे में बीसवीं शताब्दी के आरम्भ से ही आँकड़े उपलब्ध हैं। जाति एवं वर्ग पर आधारित आँकड़े बड़ी मुश्किल से मिल पाते हैं; उनके लिए तो अति सूक्ष्म स्तर पर किए गए अध्ययनों का ही सहारा लेना पड़ता है।

केरल की स्वास्थ्य सफलताओं का एक प्रमुख सूचक जीवन-आशा ही है। केरल में इसका स्तर विकासशील विश्व के उन देशों जैसा ही है जहाँ 1993 की मानव विकास रिपोर्ट के अनुसार 'उच्च मानवीय विकास' की सम्प्राप्ति हो चुकी है। एक

तालिका 4.7

जन्म के समय जीवाशा, केरल तथा भारत

(वर्षों में)

	पुरुष		महिलाएं	
वर्ष	केरल	भारत	केरल	भारत
1911-20	25.5	22.6	27.4	23.3
1921-30	29.5	26.9	32.7	26.6
1951-61	44.3	35.5	45.3	35.7
1961-71	54.1	43.2	57.4	43.5
1971-81	60.6	49.8	62.6	49.3
1971-75	60.5	49.7	63.0	48.3
1976-80	63.5	51.7	67.4	51.8
1981-85	65.2	54.5	71.5	54.9
1986-88	67.5	56.0	73.0	56.5
1990-92	68.8	59.0	74.4	59.4

स्रोत : भारत की जनगणनाओं तथा सैंपल रजिस्ट्रेशन बुलेटिनों पर आधारित

केरली पुरुष औसत भारतीय से दस वर्ष (69 वर्ष तक) एवं केरली महिला आम भारतीय महिला से 15 वर्ष (74 वर्ष तक) अधिक जी पाने की आशा कर सकती है। तालिका 4.7 दर्शा रही है कि बीसवीं शताब्दी के दूसरे दशक से लगातार केरल में स्त्री-पुरुषों की जीवन-आशा अखिल भारतीय स्तर से अधिक बनी हुई है। स्वतन्त्रता के बाद 60 एवं 80 के दशकों में पूर्ववर्ती दशकों की तुलना में केरल में और ज्यादा सुधार आया है।

तालिका 4.8

जन्म दरें : केरल् तथा भारत

प्रति हजार

वर्ष	केरल	भारत
1931-40	40.0	45.2
1941-50	39.8	39.9
1951-60	38.9	41.7
1970	31.6	36.8
1974	26.5	33.1
1977-79	25.7	33.1
1981-83	25.6	33.8
1983-85	23.7	33.6
1985-87	21.5	32.6
1987-89	20.7	31.5
1989-91	19.4	30.1
1990-92*	18.5	29.5

नोट : *अनन्तिम

स्रोत : सी.एम.आई.ई., 1991, तथा सैम्पल रजिस्ट्रेशन बुलेटिन, 1994, से

केरल में जन्म दर भी देशव्यापी औसत से कम है (देखें तालिका 4.8)। यह प्रवृत्ति सारी ही आलोच्य अवधि में बनी रही है, अन्तिम वर्षों में अन्तर कुछ अधिक बढ़ा-चढ़ा दिखाई पड़ रहा है। अस्सी के दशक में केरल में जन्मदर में भारी कमी आई है।

केरल की निम्न जन्म दर का सीधा सम्बन्ध जन्म नियन्त्रण की उच्च दर से रहा है। अस्सी के दशक में जनन वय वर्ग के युगलों में से परिवार नियोजन की दीर्घ/अल्प अवधि के उपायों का प्रयोग करने वालों का अनुपात–युगल प्रतिरक्षण अनुपात–बहुत तेजी से बढ़ा है। सरकारी आँकड़ों के अनुसार यह अनुपात 1981 में मात्र 36.8 प्रतिशत था पर 1990 में 60.9 प्रतिशत हो गया। रा.सं.सर्वे. के आँकड़ों

के 1986-87 में अनुसार देशव्यापी ग्रामीण युगल प्रतिरक्षण अनुपात 24.9 प्रतिशत था। केरल का अनुपात (43.6 प्रतिशत) केवल दिल्ली (51.8 प्रति.) तथा महाराष्ट्र (44.5 प्रति.) से ही पीछे था। अखिल भारतीय शहरी क्षेत्रों में यह अनुपात 36.8 प्रतिशत था। यहाँ केरल (48.4 प्रति.) का स्थान चौथा बनता है। दिल्ली (52.7 प्रति.), महाराष्ट्र (49.1 प्रतिशत) तथा पंजाब (48.9 प्रति.) उससे आगे रहे। केरल की निम्न जनन दर का सीधा नाता वहाँ विवाह के समय स्त्रियों की आयु की अधिकता से है। 1981 में देश भर में विवाह के समय स्त्रियों की आयु औसतन 18.1 वर्ष रही पर केरल में यह स्तर 21.8 वर्ष था--यह अन्तर बहुत महत्त्वपूर्ण है। इसी प्रकार पहले प्रसव के समय केरली महिला की आयु देश के अन्य भागों की तुलना में काफी अधिक पाई गई है।

केरल में छोटे परिवार के विचार की स्वीकार्यता में बाल स्वास्थ्य में सुधार, शिक्षा, विशेषकर नारी शिक्षा के प्रसार का बहुत महती योगदान रहा है। वैसे भी अध्येताओं का विचार है कि जनन दर पर आय से कहीं अधिक गहन प्रभाव माता-पिता की शिक्षा का रहता है। शिक्षा एवं बाल स्वास्थ्य के विषय में हम कुछ रुक कर चर्चा करेंगे–अभी तो जनांकिकीय जानकारी का विश्लेषण ही आगे बढ़ा रहे हैं।

बीसवीं शताब्दी के आरम्भ से ही केरल में मृत्यु दर में गिरावट का जो क्रम आरम्भ हुआ है वह सारे देश से कहीं अधिक तीव्र रहा है (ता. 4.9)। यही बात शिशुमृत्यु दर के सम्बन्ध में भी रही है–(ता. 4.10)। 1992 में केरल के ग्रामों में शिशुमृत्यु दर 17 प्रति हजार तथा शहरों में मात्र 13 रही। इस प्रकार उच्च मानवीय विकास सफलता प्राप्त विकासमान देशों के औसत, 31 प्रति हजार की तुलना में केरल प्रदेश की यह उपलब्धियाँ बहुत ही गौरवमय बन जाती हैं। शिशुमृत्यु दर में यह कमी प्रसवपूर्व एवं प्रसवोपरान्त सुविधाओं के प्रसार एवं अस्पताल आदि में प्रसव के विस्तार के कारण सम्भव हो पाई है। केरल के 1991 के एक सर्वेक्षण के अनुसार जिन युगलों ने टीकाकरण, अस्पताली सुविधाओं का प्रयोग तथा प्रसव-पूर्व एवं उपरान्त सेवाओं का लाभ उठाया था, उनमें तो शिशुमृत्यु दर केवल 6 से 7 प्रतिशत ही रह गई थी।

1956 के बाद से केरल में शिशु मृत्यु दर में आई कमी के तीन सोपान स्पष्ट दिखाई पड़ते हैं। पहला सोपान राज्य के गठन के बाद का दशक 1956-66 है। इस दौरान शिशु मृत्युदर में 43 प्रतिशत की भारी कमी आई। 1966-75 के दूसरे सोपान में यह कमी की प्रवृत्ति कुछ धीमी रही पर 1976-88 में इसमें पुनः तीव्रता आ गई। पहले सोपान की सफलता का श्रेय मालाबार में स्वास्थ्य सेवाओं में सुधार तथा संक्रामक रोगों पर नियन्त्रण को दिया गया है। दूसरे सोपान की शिथिलता को हम पहली तेजी के बाद कुछ साँस लेने के समान मान सकते हैं। तीसरी अवधि में गिरावट ही वास्तव

तालिका 4.9
मृत्यु दरें : केरल तथा भारत

प्रति हजार

वर्ष	केरल	भारत
1911-20	37	47
1921-30	32	36
1931-40	29	31
1941-50	18	27
1951-60	16	23
1961-70	11	18
1971-75	8.6	15.5
1976-80	7.3	13.9
1981-83	5.6	12.1
1983-85	6.5	12.1
1985-87	6.2	11.3
1987-89	6.2	10.7
1989-91	6.0	9.9
1990-92*	6.1	9.8

* अनन्तिम

स्रोत : सैंपल रजिस्ट्रेशन बुलेटिन, 1994

में प्रसव-पूर्व एवं उपरान्त सेवाओं और अस्पताली प्रसव का योगदान मानी जा सकती है।

अस्सी के दशक के उत्तरार्द्ध में शिशु मृत्युशीलता का स्वरूप अल्पविकसित देशों के सामान्य ढर्रे से एकदम अलग हो गया। प्रथम सप्ताह में ही मृत्यु समस्त शिशु मृत्युओं के दो-तिहाई के समान रही। पहले चार सप्ताह में हुई मृत्युओं का अनुपात तीन-चौथाई रहा। इसके बाद की अवधि में मृत्यु के कारण पहले चार सप्ताह के घटनाचक्र से 'बाहरी' कारक माने जा सकते हैं। इन्हें चिकित्सा आदि द्वारा नियन्त्रित कर पानी सम्भव रहता है।

रा.सं.सर्वे. के 42वें दौर (1986-87) के आँकड़ों के अनुसार शहरी केरल में मात्र 7.6 प्रतिशत प्रसव घर पर हो रहे थे–यह सारे देश की औसत, 46.9 प्रतिशत, की तुलना में बहुत ही कम माना जा सकता है। ग्रामीण क्षेत्रों में भी केरल का 20 प्रतिशतांश गोवा, दमन, दीव (6.5 प्रति.) के बाद दूसरे क्रम पर आता है–भारत

तालिका 4.10
शिशु मृत्यु दरें : केरल तथा भारत

(प्रति 1000 जीवित जन्म)

वर्ष	केरल	भारत
1911-20	242	278
1921-30	210	228
1931-40	173	217
1941-50	153	192
1951-60	221	241
1961-70	66	114
1971	58	129
1972	63	139
1973	58	134
1974	54	126
1975	54	140
1976	56	129
1977	47	130
1978	42	127
1979	43	120
1980	40	114
1981	37	110
1982	30	105
1983	33	105
1984	29	104
1985	31	97
1986	27	96
1987	28	95
1988	28	94
1989	22	91
1990	17	80
1991*	16	80
1992*	17	79

नोट : * अनन्तिम, 1991 तथा 1992 के आँकड़ों में जम्मू-कश्मीर राज्य के आँकड़े शामिल नहीं हैं।

स्रोत : भारत की जनगणनाओं से आकलित सन्दर्श पंजीयन व्यवस्था तथा सैंपल रजिस्ट्रेशन बुलेटिन से जानकारी सहित

भर की औसत तो 80.5 प्रतिशत थी। केरल के आँकड़ों का कुछ और विस्तार भी उपलब्ध है। ग्रामीण क्षेत्रों में 90 प्रतिशत प्रसव प्रशिक्षित स्वास्थ्यकर्मियों की देखरेख में हो रहे थे—यह 1973 के 46 प्रतिशत और 1978 के 57 प्रतिशत की तुलना में बहुत बड़ी उपलब्धि कही जा सकती है।

केरल में बाल टीकाकरण प्रसार की एक बड़ी विशेषता यह रही है कि इसमें अभिभावकों की आमदनी का कोई बड़ा प्रभाव नहीं रहा। 1987 में तिरुवन्तपुरम की मध्यवर्गीय और गन्दी बस्तियों के सर्वेक्षणों से पता चला कि जिन बीमारियों के टीके आसानी से उपलब्ध थे, उन बीमारियों का दोनों ही क्षेत्रों में कोई प्रभाव नहीं था। केरल शास्त्र साहित्य परिषद के केरलव्यापी सर्वेक्षण का निष्कर्ष भी यही रहा है कि टीकों से जिन रोगों से बचा जा सकता है, उनका कम आय और कम सम्पत्ति वाले परिवारों पर विशेष दुष्प्रभाव नहीं है।

1992 के ज़कारिया आदि के अध्ययन से ज्ञात होता है कि विभिन्न जनपदों एवं सामाजिक वर्गों में शिशुमृत्यु दर के स्तर में अभी भी अन्तर बने हुए हैं। 1985-89 में शिशुमृत्यु दर प्रति हजार का स्तर एर्नाकुलम में 9, पालाक्कड़ में 34 तथा मलापुरम् में 28 पाया गया है। ईसाई समाज में यह दर न्यूनतम (एर्नाकुलम में तो मात्र 6 प्रतिहजार) पाई गई है (अवधि 1980-89)। मुस्लिम समाज में इसका स्तर उच्चतम है। हिन्दुओं में एज़वा तथा अन्य अनुसूचित जातियों में अभी भी यह अनुपात अधिक है पर फिर भी मुस्लिमों की अपेक्षा कम है। इन जाति एवं वर्गीय सामाजिक आँकड़ों के आधार पर हम कुछ विशेष नतीजों पर पहुँच सकते हैं। केरल में सबसे अभावग्रस्त वर्गों की स्वास्थ्य सफलताएँ भी देश के अन्य भागों में इन्हीं वर्गों की अपेक्षा कहीं बेहतर रही हैं। दूसरे, अनुसूचित जातियों एवं मुस्लिमों के स्वास्थ्यसूचक वस्तुतः वर्गस्तरीय जानकारी के सूचक हैं—धार्मिक या जातीय स्तर के सूचक नहीं। तीसरे, यह बात भी स्पष्ट हो रही है कि पिछले कुछ समय से विभिन्न वर्गों आदि के बीच के ये अन्तर कम होने लगे हैं।

बाल तथा सामान्य स्वास्थ्य के क्षेत्र में केरल की सफलताओं में नारी संबलन का महत्त्व वर्णनातीत रहा है। नारी साक्षरता तथा लड़कियों का स्कूल जाना केरल की स्वास्थ्य उपलब्धियों का एक आधारस्तम्भ रहा है। अनुजीवन अन्तरों को कम करने में तो इस स्कूली शिक्षा का योगदान बहुत ही शानदार रहा है—यह बात भी ध्यान देने योग्य है कि आर्थिक संवृद्धि के बावजूद यदि नारी शिक्षा में सुधार नहीं आता तो वह समृद्धि बाल अनुजीवन स्तर को सुधार पाने में प्रायः विफल ही रहती है। अनेक अध्ययनों ने केरल के जनांकिकीय परावर्तन का सबसे महत्त्वपूर्ण कारक नारी साक्षरता को ही माना है। ग्रामीण नारी साक्षरता के प्रसार के कारण स्वास्थ्य समस्याओं को समझने एवं स्वास्थ्य सेवाओं के बेहतर प्रयोग में मिले योगदान का महत्त्व भी अध्येताओं ने स्पष्ट शब्दों में स्वीकार किया है। इसी सन्दर्भ में नारी संबलन

से जुड़े जिन अन्य पक्षों की ओर विकास साहित्य में ध्यान आकर्षित किया गया है वे हैं : विकास के समय अधिक आयु, संगठित क्षेत्र में नारी रोजगार का उच्च स्तर, नारियों में स्वास्थ्य समस्याओं के प्रति अधिक जागरूकता, माताओं द्वारा स्वास्थ्य सेवाओं का प्रयोग तथा केरली परिवारों में निर्णय प्रक्रिया में नारी की अधिक भागीदारी। नारी अनुजीवन के प्रति सामाजिक एवं सांस्कृतिक दृष्टिकोण का महत्त्व भी कुछ कम नहीं माना जाना चाहिए : केरल पर केन्द्रित अनेक अध्ययनों का निष्कर्ष रहा है कि यहाँ माँ-बाप चिकित्सा के मामले में बेटे-बेटी के बीच कोई भेदभाव नहीं करते।

बीमारियों का प्रकोप

पिछले कुछ समय से केरल में बीमारियाँ फैलने की बात पर विवाद चल रहा है। इस विवाद में तीन मुख्य मुद्दे हैं। हम प्रत्येक मुद्दे के विषय में एक पक्ष के विचारों की प्रस्तुति से अपना विश्लेषण आरम्भ कर रहे हैं। पहली बात तो यही है कि कुछ अध्येता कह रहे हैं कि केरल में बीमारियों के प्रभाव-प्रसार में कोई विशेष या वास्तविक कमी नहीं आई है। दूसरे विद्वानों का मत है कि यहाँ बीमारियों का स्वरूप अभी भी पहले जैसा ही है। तीसरे अध्येताओं का कहना है कि दीर्घायुता की वृद्धि जनसामान्य के स्वास्थ्य स्तर में किसी विशेष सुधार का द्योतक नहीं है, यह तो निम्न मरणशीलता एवं निम्न रोगाक्रान्ति के बीच की ही एक स्थिति मात्र है। दूसरे शब्दों में निम्न मृत्यु दर की प्राप्ति केवल अधिक उच्च रोगाक्रान्ति को स्वीकार करने की लागत पर खरीदी गई है। इस विवाद के कारण कुछ बहुत ही अहम मुद्दों पर ध्यान केन्द्रित हो सका है—यहाँ स्वयंघोषित बीमारी तथा रोगावस्था के मानक स्तर आदि एवं रोगाक्रान्ति एवं मरणशीलता के बीच के जटिल सम्बन्धों का अपना विशेष स्थान भी है। वैसे यह भी सत्य ही है कि उपरोक्त तीनों ही कथनों में किसी स्वीकार्य विश्लेषणात्मक एवं साध्यपरक आधार का नितान्त अभाव है।

1984 में एक चिकित्सक सी.आर. सोमन तथा एक अर्थशास्त्री पी.जी.के. पणिक्कर ने सरकारी ऐलोपैथिक चिकित्सालयों के अन्तरंग एवं बहिरंग रोगियों के इलाज के आँकड़ों की चक्रवृद्धि दरों तथा जनसंख्या वृद्धि दरों की तुलना की और पाया कि रोगियों की वृद्धि दर जनसंख्या की दर से अधिक है। अतः उन्होंने विकास अध्ययन केन्द्र के लिए रचित अपनी पुस्तक में यह निष्कर्ष दे डाला कि आलोच्य अवधि 1956-77 में केरल में रोगाक्रान्ति में कोई गिरावट नहीं आई [इस काल में अन्तरंग, बहिरंग रोगी वृद्धि दरें 6.62 तथा 5.06 प्रतिशत रहीं जबकि जनसंख्या वृद्धि दर 2.34 प्रतिशत पाई गई थी]। सारे देश में सत्तर के दशक के मध्य में केरल में बीमारी की रिपोर्ट के आँकड़े सारे देश से अधिक पाए गए। इसे भी उस राज्य में बीमारियों के भारी फैलाव का प्रमाण मान लिया गया जिसने मृत्यु दर पर अंकुश लगाने एवं दीर्घायुता संवर्धन में शानदार सफलता अर्जित की है। अस्सी के दशक

के उत्तरार्द्ध के एक बड़े स्वास्थ्य सर्वेक्षण में भी इसी प्रकार का मत व्यक्त किया गया है : एक तरफ तो गरीबी और पर्यावरण से जुड़े रोगों के प्रसार पर अंकुश नहीं लग पाया है, दूसरी ओर चिर-दौर्बल्यकारी रोगों का प्रभाव भी बढ़ रहा है। इसी स्थापना से जुड़ा हुआ मत यह है कि केरल में मृत्यु दर में भारी कमी चिकित्सीय हस्तक्षेप द्वारा मृत्यु को रोकने से सम्भव हुई है, न कि बचाव योग्य एवं संक्रामक रोगों के प्रभाव में वास्तविक कमी के कारण।

यह तर्क मूल रूप से एक वितर्क या कुतर्क ही कहा जाएगा। पणिक्कर एवं सोमन के रोगाक्रान्ति के आँकड़े रोगियों के अपने आकलन के आँकड़े हैं, किसी चिकित्सीय मूल्यांकन के बाद के आँकड़े नहीं। दूसरे, केरल में बीमारियों के ज्यादा आँकड़े वहाँ की अधिक अच्छी स्वास्थ्य व्यवस्था के परिचायक भी हैं–साथ ही इनसे स्वास्थ्य के प्रति सजगता तथा नागरिकों की अधिकारों के प्रति जागरूकता का ज्ञान भी होता है। ये सभी बातें एक जनस्वास्थ्य व्यवस्था को सफल बनाने के लिए आवश्यक शर्तों की तरह होती हैं। वैसे एक अन्य अध्ययन के अनुसार यद्यपि केरल के लोग अपने आप को शेष भारतीयों की अपेक्षा अधिक बड़े अनुपात में रोगी घोषित करते मिल जाते हैं पर यह अनुपात भी संयुक्त राज्य अमेरिका से बहुत ही कम है। इसी अध्ययन में आइवरी कोस्ट, घाना तथा पेरू के आँकड़े भी दिए गए हैं। इन देशों में समृद्धि के साथ-साथ लोगों में अपने आपको बीमार घोषित करने की प्रवृत्ति भी बढ़ती हुई दिखाई पड़ रही है। यह अध्ययन इस बात पर बल देता है कि चिकित्सीय नहीं आत्म-आकलन के अनुसार रोगी होने की घोषणा के आधार पर समाज में स्वास्थ्य सेवाओं की दुरवस्था का निष्कर्ष निकालना उचित नहीं होगा, यह तो वास्तव में जनता की स्वास्थ्य सम्बन्धी मान्यताओं में सुधार तथा किसी भी प्रकार की रुग्णता को बर्दाश्त नहीं करने की मानसिकता के विकास का भी परिचायक है। यह बात केरल पर भी लागू होती दीख रही है। वास्तव में केरल में भारत के अन्य भागों की अपेक्षा अधिक रोगाक्रान्ति दर के कोई प्रमाण नहीं मिल रहे।

इस अध्ययन में हमारा तर्क यह है कि जिस समाज में सामाजिक, आर्थिक एवं राजनीतिक परिस्थितियाँ स्वास्थ्य सेवाओं का लाभ उठाने के लिए उपयुक्त वहाँ तो लोगों की अपेक्षाओं का स्तर और ऊपर उठ जाता है। अस्सी के दशक में केरल में यही हो रहा था। साक्षरता, राजनीतिक चेतना एवं सक्रियता और इनमें राजनीतिक दलों एवं जन संगठनों की भागीदारी ने जन जन को अपने अधिकारों एवं सरकार के कर्त्तव्यों के प्रति कुछ इस प्रकार सचेत बना दिया था कि स्वास्थ्य सुविधाओं के बेहतर प्रयोग के लिए उपयुक्त हालात बन गए थे। केरल के लोग शेष देश की अपेक्षा कहीं बेहतर स्वास्थ्य सुविधाओं की माँग एवं उनका प्रयोग करने लगे थे।

अभी भी एक प्रश्न बचा है : क्या केरल की रोगाक्रान्ति दर इसके समतुल्य जीवन-आशा तथा शिशुमृत्यु दर वाले अन्य समाजों की तुलना में विशेष रूप से अधिक

है ? यद्यपि 50 के दशक से जीवन-दशाओं में बहुत सुधार हुए हैं, पर फिर भी मालाबार में लोगों को बहुत ही दुर्दशापूर्ण जीवन निर्वाह को बाध्य रहना पड़ रहा है। ये दुदर्शाएँ बीमारियों का मुख्य कारण है। इन दशाओं का मुख्य निर्धारक तत्त्व आमदनी ही है [हालाँकि भू-सुधारों के माध्यम से समाज के निम्नतम स्तर के लोगों को गृहखंडों के आबंटन से इनकी दशा में कुछ सुधार अवश्य आया है]। सोमण के अध्ययन के अनुसार राज्य में लोगों को मुख्यतः संक्रामक एवं परजीवी जीवाणुओं द्वारा फैलाए गए रोग भुगतने पड़ रहे हैं। 1989 में तिरुवनन्तपुरम के प्रमुख राजकीय अस्पताल में भरती किए गए बच्चों को मुख्यतः पाँच प्रकार के रोग थे : श्वाँस लेने में गम्भीर कठिनाई, दस्तों का न थमना, मोतीझरा, दमा तथा जन्मजात हृदय रोग। बहिरंग रोगी विभाग तथा अन्य सामुदायिक अध्ययनों आदि से भी इन्हीं रोगों के सामान्यतः प्रचलित होने की पुष्टि होती रही है। अभी भी जल एवं वायु के माध्यम से होनेवाले संक्रमण ही रोगाक्रान्ति के मुख्य कारण बने हुए हैं। इनका मुख्य कारण केरल में परिष्कृत पेय जल का नितान्त अभाव तथा घरों में शौचादि की उपयुक्त व्यवस्था का नहीं होना ही है। क्या किसी और ऐसे समाज में, जहाँ केरल जैसी ही जीवन-आशा तथा शिशु-मृत्यु दर की प्राप्ति हो चुकी हो, इसी प्रकार की अल्पविकास एवं गरीबी से जुड़ी बीमारियों का इतना अधिक प्रभाव पाया जाता है ? इस विषय में कोई अध्ययन विशेष तो अभी उपलब्ध नहीं है पर कुछ अध्येताओं का मत है कि प्रदेश में प्रचलित बीमारियों के स्वरूप में कुछ परिवर्तन अवश्य आए हैं तथा वैसे भी केरल का यह स्वास्थ्य सम्बन्धी बदलाव बहुत सीमित अवधि में ही आ गया है [सम्भवतः इसी कारण इसका समाज के प्रत्येक वर्ग पर सर्वांगीण प्रभाव नहीं हो पाया है]।

खाद्य उद्योग तथा पोषण

सत्तर के दशक से ही हैदराबाद-स्थित राष्ट्रीय पोषण अन्वेषण ब्यूरो विभिन्न राज्यों में पोषण सर्वेक्षण करता रहा है। इनमें चिकित्सीय, मानवमिति तथा पारिवारिक उपभोग, तीनों ही प्रकार की विधियों का अनुसरण होता है। खाद्य उपभोग के आँकड़े चुने हुए परिवारों द्वारा 24 घंटों में प्रयुक्त आहार का वजन करने तथा अन्य परिवारों द्वारा अपनी याद के अनुसार बताई गई सामग्रियों का योग आदि करके संकलित किए जाते हैं। इस ब्यूरो द्वारा 1975-79 तथा 1988-90 में किए गए सर्वेक्षणों के तुलनात्मक आँकड़े अब उपलब्ध हैं। कुछ मुद्दों पर 7 तथा अन्य पर 8 राज्यों की जानकारी का इनमें समावेश है। सभी राज्यों के साँझे अनुमान भी हैं। 1975-79 में केरल के 7 जनपदों के 106 गाँवों में 979 परिवारों की आहार जानकारी संकलित की गई थी। 1988-90 में 91 गाँवों के 835 परिवार इस जानकारी का आधार रहे हैं। रा.सं.सर्वे. भी आहार सम्बन्धी जानकारी का एक अच्छा स्रोत है। रा.सं.सर्वे. के आँकड़े तालिकाओं 4.6, 4.11 तथा 4.18 में प्रस्तुत किए जा रहे हैं।

तालिका 4.11

चुने हुए खाद्य पदार्थों का मासिक उपभोग : केरल तथा भारत

वस्तु	ग्रामीण		शहरी	
	केरल	भारत	केरल	भारत
अनाज, चना तथा अन्य अन्न (कि.ग्रा.)	12.43	14.64	10.29	11.29
दाल/दलहन (कि.ग्रा.)	0.40	0.84	0.55	0.96
दूध (लीटर)	2.16	3.23	3.07	4.33
खाद्य तेल (कि.ग्रा.)	0.26	0.31	0.36	0..53
मांस (कि.ग्रा.)	0.19	0.10	0.20	0.21
अंडे (संख्या)	1.73	0.52	2.93	1.46
ताजा मछली (कि.ग्रा.)	1.06	0.15	1.59	0.17
ताजा फल (कि.ग्रा.)	4.48	0.68	5.12	1.28

स्रोत : रा.सं. सर्वेक्षण (1991) की तालिकाओं से संकलित

रा.पो.अ. ब्यूरो के प्रति उपभोग इकाई आहार ग्रहण के आँकड़ों के अनुसार 1975-79 की अवधि में केरल का उपभोग न्यूनतम था। 1988-90 में भी केवल एक राज्य (तमिलनाडु) छोड़ यह सबसे नीचे ही रहा। प्रोटीन, ऊर्जा एवं स्वस्थ मात्रा वाले पोषक तत्त्वों की दृष्टि से तो केरल में न्यूनतम सुझाए गए स्तर की प्राप्ति भी नहीं हो रही थी [ता. 4.11, 4.12 तथा 4.13]। फिर भी इन दोनों सर्वेक्षणों के बीच की अवधि में केरल में मानवमिति तथा आहार ग्रहण के मापों में सुधार की बात भी यह ब्यूरो स्वीकार कर रहा है। 1983 के रा.सं.सर्वे. के आँकड़े भी केरल को सारे देश की तुलना में सबसे नीचे ही दिखा रहे हैं। ऊर्जा उपभोग की दृष्टि से तो केरली वयस्क 20 प्रतिशत एवं बाल वर्ग 30 प्रतिशत पीछे थे।

तालिका 4.12

चुने हुए खाद्य पदार्थों का औसत उपभोग

केरल तथा सात राज्यों के सम्मिलित आंकड़े (1975-79 तथा 1988-90)

(प्रति उपभोग इकाई, ग्रामों में)

	दैनिक उपभोग मान	वर्ष	केरल	सात राज्य
अनाज	460	1975-79	341	504
		1988-90	369	490
दालें	40	1975-79	14	36
		1988-90	18	32

हरी पत्तेदार सब्जियाँ	40	1975-79	4	8
		1988-90	9	11
अन्य सब्जियाँ	60	1975-79	81	51
		1988-90	65	49
मूल तथा कन्द	50	1975-79	135	48
		1988-90	63	40
दूध और दुग्ध उत्पादन	150	1975-79	47	100
		1988-90	87	96
चिकनाई तथा तेल	20	1975-79	4	12
		1988-90	14	13
चीनी और गुड़	30	1975-79	19	23
		1988-90	32	29

नोट : (1) सात राज्य आन्ध्रप्रदेश, गुजरात, कर्नाटक, केरल, मध्यप्रदेश, महाराष्ट्र, तमिलनाडु के ग्रामीण क्षेत्रों के सर्वेक्षण पर आधारित

स्रोत : राष्ट्रीय पोषण निगरानी ब्यूरो 1991

तालिका 4.13
पर्याप्त प्रोटीन व ऊर्जा उपभोग वाले परिवारों का सभी परिवारों से अनुपात : केरल तथा सात राज्यों के सम्मिलित आँकड़े (1975-79 तथा 1988-90 में)

(प्रतिशत)

	1975-9		1988-90	
अवस्था	**केरल**	**सम्मिलित राज्य**	**केरल**	**सम्मिलित राज्य**
पर्याप्त प्रोटीन	69.7	88.2	71.5	83.5
पर्याप्त ऊर्जा	39.0	58.0	39.7	53.5

नोट : सात राज्य आन्ध्रप्रदेश, गुजरात, कर्नाटक, केरल, मध्यप्रदेश, महाराष्ट्र, तमिलनाडु के ग्रामीण क्षेत्रों के सर्वेक्षण पर आधारित

स्रोत : राष्ट्रीय पोषण निगरानी ब्यूरो, 1991

तालिका 4.14

प्रति उपभोग इकाई औसत पोषक तत्व उपभोग

केरल तथा सात राज्य, 1975-79 और 1988-90

पोषक तत्त्व (इकाईयाँ)	दैनिक उपभोग मान	वर्ष	केरल	सम्मिलित राज्य
प्रोटीन (ग्राम.)	60.0	1975-79	46.4	62.9
ऊर्जा (किलो=केलोरी)		1988-90	52.9	82.5
	2350	1975-79	1978	2340
		1988-90	2140	2283
केल्शियम (मिलीग्राम)	400	1975-79	507	590
		1988-90	608	556
लौह (मिलीग्राम)	28.0	1975-79	20.8	30.9
		1988-90	22.0	28.4
विटामिन ए (मिलीग्राम)	600	1975-79	176	257
		1988-90	297	294
विटामिन सी (मिलीग्राम)	40	1975-79	67	37
		1988-90	47	37
थाइयामिन (मि.ग्राम)	1.20	1975-79	0.72	1.60
		1988-90	0.72	1.53
रिबोफ्लाविन (मि.ग्राम)	1.40	1975-79	0.72	0.97
		1988-90	0.74	0.94
नायसिन (मि.ग्राम)	16.0	1975-79	11.5	15.7
		1988-90	11.8	15.5

नोट : सात राज्य आन्ध्रप्रदेश, गुजरात, कर्नाटक, केरल, मध्यप्रदेश, महाराष्ट्र, तमिलनाडु के ग्रामीण क्षेत्रों के सर्वेक्षण पर आधारित

स्रोत : राष्ट्रीय पोषण निगरानी ब्यूरो, 1991

आहार के आँकड़ों की अपेक्षा पोषण स्तर के आँकड़ों में केरल की स्थिति कुछ बेहतर दिखाई पड़ रही है। इस विषय में ये जानकारियाँ प्रयुक्त हुई हैं : (i) आयु अनुसार, ऊँचाई, भार, हाथ की गोलाई तथा त्रिशिर पेशियों पर वसा की परत, (ii) बच्चों में कुपोषण के चिकित्सीय चिह्न तथा (iii) बच्चों का पोषण स्तर के अनुसार वर्गीकरण। 1988-90 में केरल में ये मानदण्ड अन्य राज्यों की अपेक्षा कहीं बेहतर पाए गए [तालिका 4.15 तथा 4.16]। केरल के बच्चों में अस्सी के दशक के अंत में गहन कुपोषण की छाया बहुत ही कम होना विशेष उल्लेखनीय है [तालिका 4.15]।

तालिका 4.15

1 से 5 वर्ष तक के बच्चों में कुपोषण के प्रभाव

केरल तथा सात राज्य : 1975-79 और 1988-90

प्रतिशत

समूह/वर्ष	क्षेत्र	कुपोषण स्तर			
		सामान्य	कम	मध्यम	गहन
सभी बच्चे					
1975-79	केरल	7.5	35.7	46.5	10.3
	सम्मिलित राज्य	5.9	31.6	47.5	15.0
1988-90	केरल	17.7	47.4	32.9	2.0
	सम्मिलित राज्य	9.9	37.6	43.8	8.7
लड़के					
1975-79	केरल	7.5	32.4	49.9	10.2
	सम्मिलित राज्य	5.3	30.3	49.8	14.6
1988-90	केरल	16.6	47.7	33.3	2.4
	सम्मिलित राज्य	8.9	37.8	44.3	9.0
लड़कियाँ					
1975-79	केरल	7.4	39.0	43.2	10.4
	सम्मिलित राज्य	6.7	33.1	44.9	15.3
1988-90	केरल	18.8	47.1	32.5	1.6
	सम्मिलित राज्य	10.9	37.3	42.8	9.0

नोट : आन्ध्रप्रदेश, गुजरात, कर्नाटक, केरल, मध्यप्रदेश, महाराष्ट्र और तमिलनाडु के ग्रामीण क्षेत्रों के सर्वेक्षण के आधार पर

स्रोत : राष्ट्रीय पोषण निगरानी ब्यूरो, 1991

कम आहार पर अधिक पोषण के प्रत्यक्ष विरोधाभास की एक ही व्याख्या सम्भव है : केरल में पोषक तत्त्वों का प्रयोग स्तर कहीं बेहतर होना चाहिए। इस दृष्टि से स्वास्थ्य सेवाओं के (बेहतर) स्तर तथा पोषण के बीच सम्बन्ध बहुत ही स्पष्ट हो जाता है।

केरल की स्वास्थ्य व्यवस्था तथा लोगों के बीच इस विषय में जागरूकता ने निश्चय ही जन-जन के पोषण स्तर को सुधारने में योगदान किया है। फिर भी इस व्याख्या में कुछ बातें छूट जाती हैं।

पहली बात तो यही है कि आहार सम्बन्धी आँकड़े ही त्रुटिपूर्ण हो सकते हैं।

तालिका 4.16

स्कूल-पूर्व आयु के बच्चों में कुपोषण का प्रभाव

केरल तथा सात राज्यों के सम्मिलित आँकड़े, 1975-79 और 1988-90

(प्रतिशत)

कुपोषण के लक्षण	सर्वेक्षण वर्ष	केरल	सात राज्य
त्वचा शोथ	1975-79	—	0.4
	1988-90	—	0.1
बालक्षय/सूखा	1975-79	0.2	1.3
	1988-90	0.1	0.6
प्रोटीन ऊर्जा कुपोषण के दो या अधिक लक्षण	1975-79	0.2	1.2
	1988-90	—	0.2
बाइटोट के निशान	1975-79	0.1	1.8
	1988-90	0.5	0.7
मुखशोथ	1975-79	1.6	5.7
	1988-90	—	5.7
कोई प्रत्यक्ष कमी नहीं	1975-79	91.7	80.7
	1988-90	94.5	83.5

नोट : (1) सात राज्य : आन्ध्रप्रदेश, गुजरात, कर्नाटक, केरल, मध्यप्रदेश, महाराष्ट्र, तमिलनाडु

(2) केवल ग्रामीण क्षेत्रों का सर्वेक्षण हुआ था

स्रोत : राष्ट्रीय पोषण निगरानी ब्यूरो, 1991

रा.पो.अ. ब्यूरो के आँकड़ों में ग्राम स्तर पर अनुक्रमण आदि को लेकर समस्याएँ बनी हुई हैं। इस सर्वेक्षण की विधियों में इस बात का कोई ध्यान नहीं रखा जाता कि गाँव के भीतर के सभी सामाजिक-आर्थिक समूहों का इनके आँकड़ों में भी समुचित प्रतिनिधित्व हो। ब्यूरो तो इस विसंगति की व्याख्यास्वरूप यही कहकर अपने कर्त्तव्य की पूर्ति मान लेता है कि परिवारों का चयन इसके अध्ययन दल के लोग गाँव के मुखिया की सलाह पर यादृच्छिक संदर्श विधि से करते हैं।

रा.सं.सर्वे. के आँकड़ों में भी मापन से जुड़ी कुछ समस्याएँ रही हैं। विकास अध्ययन केन्द्र ने सत्तर के दशक में ही यह स्पष्ट किया था कि केरल के लोग अनाज के स्थान पर कसावा का प्रयोग भी करते हैं पर रा.सं.सर्वे. के आँकड़ों में इसे स्थान नहीं मिल पाता। समस्या का एक अन्य पहलू भी है : सारे देश में एक मानक उपयोग तालिका का प्रयोग किया जाता है पर इससे उपभोग की क्षेत्रीय विशेषताओं

की नितान्त अनदेखी हो जाती है। यह भी प्रश्न उठ सकते हैं कि क्या केरल में प्रयुक्त विशेष फलों, सब्जियों तथा कन्द आदि को इस तालिका में समुचित स्थान दिया गया है—अथवा क्या सुखाई गई मछलियों के उपयोग का आकलन ठीक से हो पाता है ? एक और भी समस्या है—लोग घर से बाहर भी खाना खाते हैं—केरल में तो यह एक आम बात है। कृषि श्रमिक, पुरुष, महिला आदि बहुधा सुबह का पहला आहार किसी ढाबे या चाय की दुकान पर ही करते दिखाई पड़ते हैं। अतः परिवार द्वारा प्रयुक्त आहार सामग्री के आँकड़ों में से इस प्रकार के बाहर खाए गए खाने के आँकड़े छूट ही जाते हैं। अतः इन मापन की समस्याओं के चलते यह कह पाना उचित नहीं होगा कि केरल में, विशेषतः गरीब वर्गों में, खाद्य उपभोग स्तर देश के अन्य भागों से विशेष कम है [फिर तो यहाँ की स्वास्थ्य सेवा व्यवस्था की श्रेष्ठता के कारण पोषक तत्त्वों के बेहतर प्रयोग की धारणा पर भी प्रश्न उठाए जा सकते हैं]।

दूसरी मुख्य बात यह है कि केवल आहार के परिमाण का आकलन भी भ्रामक हो सकता है। केरल तथा शेष देश के उपभोग स्वरूप की संरचना में काफी अन्तर पाए जाते हैं। रा.सं.सर्वे. के 43वें दौर के अनुसार केरलवासियों के आहार शेष देश की तुलना में अनाज एवं उसके प्रतिस्थापकों, दालों, दूध एवं दुग्ध उत्पादों, खाद्य तेलों आदि की कमी, पर माँस, अंडों, मछली तथा फलों की अधिकता है [ता. 4.11]। रा.पो.अ. ब्यूरो के आँकड़ों से कसावा के उत्पादन में कमी के साथ अनाज के उपभोग में कमी पर दूध, खाद्य तेलों और दालों के प्रयोग में वृद्धि के संकेत मिल रहे हैं।

तीसरी समस्या यही है कि रा.सं.सर्वे. तथा ब्यूरो, दोनों ही प्रति व्यक्ति उपभोग के जो आँकड़े प्रस्तुत कर रहे हैं वे प्रति परिवार उपभोग को परिवार के सदस्यों की संख्या से विभाजित करके ज्ञात किए गए हैं। परिवार स्तर पर संग्रहीत आँकड़ों में परिवार के सदस्यों के बीच उपभोग की विषमता छुप-सी जाती है। यदि केरल में ये परिवार के भीतर की विषमताएँ कम हों—और नारी अनुजीवन के साक्ष्य इस दिशा में संकेत भी कर रहे हैं—तो फिर एक समान औसत उपभोग के बाद भी औसत पोषण स्तर में सुधार की सम्भावना स्पष्ट हो जाती है।

सार्वजनिक वितरण व्यवस्था

केरल में खाद्य उत्पादन सदा ही अपर्याप्त रहता है—यहाँ प्रयुक्त आधे से अधिक अनाज अन्य प्रदेशों से ही मँगाया जाता है। पर इस राज्य में देश की सबसे अच्छी सार्वजनिक वितरण व्यवस्था का गठन हो चुका है—और इस व्यवस्था के माध्यम से मिले अनाज आदि ने कम आय वर्गों के पोषण स्तर में यथेष्ठ सुधार लाने में योगदान भी किया है।

राज्य में उचित मूल्य दुकानों का जाल शहरों एवं गाँवों में समान रूप से

फैला हुआ है। शेष देश की अपेक्षा यहाँ के लोग अपने कुल उपभोग्य पदार्थों का एक बहुत बड़ा अंश इन्हीं दुकानों से खरीदते हैं। राशन की दुकानों से चावल, आटा, खाद्य तेल तथा मिट्टी का तेल आदि बाजार से आए दामों मिल जाते हैं। क्रिसमस, ओणम, ईस्टर, ईद आदि त्योहारों पर तो इन दुकानों से अपेक्षाकृत अधिक मात्रा में सामान खरीदने की सुविधा रहती है। सरकार द्वारा संचालित 'मवेली' भंडारों में दालें, मसाले तथा अचार-मुरब्बों सहित अनेक उपभोक्ता पदार्थ सुलभ होते हैं।

केरल में सार्वजनिक वितरण व्यवस्था द्वितीय विश्वयुद्ध के दौरान, 1942-43 के खाद्य संकट का निवारण करने के उद्देश्य से स्थापित की गई थी। मालाबार का यह खाद्य संकट एक अकाल जैसा ही था। यदि उस समय के समाचार पत्रों आदि के आँकड़ों में सत्यता है तो क्षेत्र की एक प्रतिशत आबादी भूख एवं बीमारियों का शिकार हो मौत के मुँह में चली गई थी। सर्वेन्ट्स ऑफ इंडिया सोसाइटी द्वारा कोचीन एवं एल्लेप्पी क्षेत्रों के प्रतिष्ठित चिकित्सीय सर्वेक्षण, तथा नारियल रेशा श्रमिक संघ द्वारा किए गए सर्वेक्षणों से भी यह बात पता चलती है कि स्थानीय एवं ताल्लुका-व्यापी खाद्य संकटों के कारण त्रावणकोर के शेरतल्लाई तथा कोचीन के कोचीन-कन्नानूर तालुकों में भूख के कारण भारी जनहानि हुई थी।

मालाबार एवं त्रावणकोर में जन आन्दोलन की प्रतिक्रियास्वरूप सरकार ने इस खाद्य संकट से निपटने के लिए सार्वजनिक वितरण व्यवस्था की रचना की। मालाबार में तो 1942 के बाद किसानों एवं श्रमिक संघों ने भू-स्वामियों से अनिवार्य रूप से अनाज उगाह कर उसे राशन व्यवस्था के माध्यम से बाँटने की माँग को लेकर व्यापक जन आन्दोलन भी खड़ा कर दिया था। सभी बस्तियों में जन खाद्यसमितियों का गठन किया गया। इनमें समाज के सभी वर्गों के लोग शामिल थे। महिलाओं ने भी खाद्य आन्दोलनों में बहुत बड़ी संख्या में हिस्सा लिया। इस जनदबाव एवं ब्रिटिश सरकार की अपनी प्रशासनिक आवश्यकताओं के कारण अन्ततः सरकार ने राशन दुकानें स्थापित कर ही दीं। बाद में उन्हें उत्पादक-उपभोक्ता सहकारी समितियों के रूप में पुनर्गठित कर दिया गया। त्रावणकोर एवं कोचीन की सरकारों ने भी 1943 में खाद्यान्न के आभरण का काम सरकारी हाथों में सँभाल लिया। त्रावणकोर में नारियल रेशा श्रमिक संघ राशन व्यवस्था के लिए आन्दोलन कर रहा था। अनाज के लिए यह संघर्ष इस प्रदेश में अन्ततः कृषि मजदूर संघों की रचना में भी बहुत सहायक रहा। कोचीन के खाद्य संकट का एक (सुखद) पक्ष यह रहा कि भारत में सर्वप्रथम ग्रामीण राशन व्यवस्था की स्थापना फरवरी 1943 में इस क्षेत्र में हो गई।

राशन एवं सार्वजनिक वितरण व्यवस्था द्वितीय महायुद्ध के बाद भी बनी रही। मद्रास प्रेजीडेंसी के अधिकांश भागों में युद्ध के बाद स्वतन्त्रता के प्रारम्भिक वर्षों में ही यह व्यवस्था समाप्त कर दी गई थी, पर मालाबार एवं शेष केरल में जनसंगठनों के व्यापक आन्दोलनों ने इस व्यवस्था को समेटने के प्रयास विफल कर दिए।

तालिका 4.17
स्थापना वर्षानुसार राशन दुकानों का वर्गीकरण : केरल राज्य, 1987

(प्रतिशत)

वर्ष	इंगित वर्ष में स्थापित दुकानों का अनुपात
स्वतन्त्रता-पूर्व	1.6
1956-60	7.9
1961-67	27.6
1968-73	13.4
1974-79	25.2
1980-85	16.5
1985-87	4.7
अज्ञात	3.1
सभी दुकानें	100.0

स्रोत : 127 राशन दुकानों के राज्यव्यापी सर्वेक्षण पर आधारित

फिर केरल में वास्तविक रूप से प्रभावपूर्ण एवं व्यापक सार्वजनिक वितरण व्यवस्था का गठन 1957 के बाद ही सम्भव हो पाया। प्रदेश की पहली साम्यवादी दल की सरकार ने भारत सरकार को खाद्यान्न आपूर्ति के लिए आवश्यक व्यवस्था के लिए सहमत कर लिया तथा प्रत्येक स्थान पर स्थानीय खाद्य समितियों की निगरानी में खाद्य सम्भरण व्यवस्था की रचना की। 1964 में राष्ट्रपति शासन के दौरान इस व्यवस्था में एक निर्णायक परिवर्तन हुआ : 'दक्षिणी खाद्य क्षेत्र' का विघटन कर दिया गया। परिणामस्वरूप केरल में अनाज की आमद समाप्तप्राय हो गई। इसके कारण भड़के जनआक्रोश का सामना कर पाने में देश में सत्ताधारी दल विफल रहा। अन्ततः 26 अक्तूबर 1964 को देश के मुख्यमन्त्रियों की नई दिल्ली में हुई बैठक में केरल प्रान्त में निश्चित कीमत पर उपलब्ध अनाज की समतापूर्ण व्यवस्था करने के उद्देश्य से 1 नवम्बर 1964 से अनौपचारिक राशन व्यवस्था की रचना का निर्णय लिया गया। इस व्यवस्था के लिए खाद्य आपूर्ति का दायित्व भारत सरकार ने सँभाला तथा राज्य को अन्य किसी प्रदेश से स्वयं अनाज प्राप्त करने के प्रयास की आवश्यकता नहीं रही। इस नई व्यवस्था के कारण 1964 में प्रदेश की राशन व्यवस्था का बहुत प्रसार हुआ—यही क्रम अस्सी के दशक में भी चलता रहा [देखें ता. 4.17]।

केरल में आवश्यक वस्तुओं की द्वि-स्तरीय सार्वजनिक वितरण व्यवस्था चल रही है। राज्य सरकार का नागरिक आपूर्ति विभाग इस व्यवस्था का संचालन करता है। इसके द्वारा संचालित अधिकृत राशन दुकानों से चावल, गेहूँ, चीनी, खाद्य तेल

तथा घासलेट की उचित कीमतों पर बिक्री होती है। द्वितीय स्तर की वितरण व्यवस्था का संचालन केरल राज्य नागरिक आपूर्ति निगम द्वारा होता है। यह निगम स्वतन्त्र रूप से मंडियों से चावल, गेहूँ, चीनी, दालों, सब्जियों एवं अन्य अनेक प्रकार के उपभोक्ता पदार्थों की खरीदारी कर उन्हें अपने 'मवेली' भंडारों एवं सुपर बाजारों के व्यापक जाल के माध्यम से उपभोक्ताओं को बेचता है।

राज्य सरकार सार्वजनिक वितरण व्यवस्था का संचालन व्यय पूरा उगाह रही है। किन्तु फिर भी वस्तुओं की खरीद लागत एवं वितरण व्यवस्था की कीमतों के अन्तर की भरपाई केन्द्रीय सहाय्यों के माध्यम से हो रहीं है। अधिकांश वर्षों में केन्द्र सरकार के कुल राजस्व व्यय का 5 प्रतिशत इसी प्रकार की खाद्य सहायता पर हो रहा है। यह मद सहायता का 20 से 50 प्रतिशत तक रहती है। एक आकलन के अनुसार केरल की सार्वजनिक वितरण व्यवस्था से उत्पादकों एवं उपभोक्ताओं को हो रहा लाभ सरकार की प्रत्यक्ष सहायता लागत से कहीं अधिक है।

केरल एकमात्र ऐसा प्रान्त है जहाँ प्रायः सभी को राशन की सुविधा उपलब्ध है—केवल वे परिवार जिनकी अपनी भूमि पर्याप्त उत्पादन दे सकती है, इससे बाहर रखे गए हैं। लोग अपनी खाद्य आवश्यकता का अधिकांश राशन की दुकानों से ही खरीदते हैं—चावल की अधिक तथा गेहूँ की तो 90 प्रतिशत खरीदारी इन्हीं दुकानों से होती है। अखिल भारतीय स्तर की तुलना में ये परिमाण बहुत ही अधिक हैं—यह बात समाज के सभी व्यय वर्गों पर लागू है। केरल की सार्वजनिक वितरण व्यवस्था सारे देश में सबसे अधिक प्रगतिशील है।

1986-87 में केरल की राशन दुकानों ने प्रति व्यक्ति 59.4 किलोग्राम चावल की बिक्री की। 1991 तक प्रति व्यक्ति गेहूँ एवं चावल की बिक्री 69.6 किलोग्राम हो गई थी। तुलना करके यह बताना आवश्यक है कि 1989 में हरियाणा में यही बिक्री केवल 5 किलोग्राम, उत्तर प्रदेश में 6, बिहार में 8, मध्यप्रदेश में 9, प. बंगाल में 23 तथा केरल में 52 कि.ग्राम थी।

1987 में राशन व्यवस्था का लाभ ले रहे 80 परिवारों के आँकड़ों से इस व्यवस्था की प्रयुक्ति के विषय में बड़ी उपयोगी जानकारी मिली है। इससे ज्ञात हुआ है कि समाज के गरीब वर्ग इस व्यवस्था का लाभ अधिक उठाते हैं। 85 प्रतिशत उपभोक्ता चावल की अपनी जरूरी मात्रा की खरीदारी मुख्यतः राशन की दुकानों से ही कर रहे थे। एक सौ रुपये से कम मासिक आय वाले लोग अपने राशन अधिकार की मात्रा का 71 प्रतिशत इन्हीं दुकानों से खरीद रहे थे। पर 3000 रुपये या अधिक आय वर्ग के लोग केवल 6 प्रतिशत खरीदारी राशन की दुकान से करते पाए गए। सामान्यतः कम आय वर्ग के लोगों ने राशन के चावल की क्वालिटी या दुकान में भीड़भाड़ की कोई शिकायत नहीं की। 70 प्रतिशत उपभोक्ताओं को इन दुकानों में चीजों के मापतोल पर कोई शिकायत नहीं पाई गई तथा 96 प्रतिशत का मत था

तालिका 4.18
पारिवारिक मासिक उपभोग व्यय वर्गानुसार सार्वजनिक वितरण व्यवस्था से खरीदारी के अनुपात, चुनी हुई वस्तुएँ : केरल तथा भारत, 1986-87

(प्रतिशत)

क्षेत्र/ उपवर्ग	चावल		गेहूँ		खाद्य तेल		चीनी		मिट्टी तेल	
	केरल	भारत	केरल	भारत	केरल	भारत	केरल	भारत	केरल	भारत
ग्रामीण										
0-10	64.9	16.9	94.7	9.5	8.9	11.0	69.7	54.6	95.8	51.7
10-20	58.6	15.3	93.8	9.7	9.1	11.2	64.9	56.2	96.0	4.9
20-40	51.6	17.6	94.8	14.0	7.5	12.7	63.0	51.7	93.4	47.7
40-60	51.9	15.5	94.3	12.8	6.7	10.9	56.2	47.9	95.2	47.6
60-80	47.1	17.9	95.3	14.1	8.4	12.1	51.3	77.2	90.4	47.0
80-90	40.7	17.8	91.9	13.4	9.4	9.6	41.6	37.3	87.1	47.4
सभी	51.4	16.8	92.0	12.6	8.9	11.0	55.5	61.2	92.1	25.9
शहरी										
0-10	54.4	21.5	96.1	12.3	10.6	17.4	60.8	58.4	96.6	55.4
10-20	54.1	21.0	100.0	16.6	15.8	16.3	66.3	54.5	84.7	58.3
20-40	51.5	18.5	97.8	18.1	18.8	16.1	56.9	51.3	91.1	57.3
40-60	45.2	19.6	87.3	23.6	9.4	16.0	47.4	45.9	76.6	60.9
60-80	38.9	18.2	90.3	20.0	10.6	14.0	43.0	42.9	87.2	60.1
80-90	37.5	1607	93.6	22.1	12.9	12.8	44.3	40.7	55.0	60.7
90-100	23.6	14.7	72.2	19.5	21.6	8.3	27.4	36.3	80.3	60.7
सभी	46.2	19.0	91.5	19.3	13.6	14.5	50.4	46.8	83.0	59.3

स्रोत : रा.स. सर्वे. 1990

कि चावल और गेहूँ सामान्यतः सुलभ होते हैं। सभी का आग्रह था कि और अधिक वस्तुओं को राशन व्यवस्था में शामिल किया जाना चाहिए। शोधकर्ताओं का मत है कि अपना राशन कार्ड किसी और को देने की समस्या बहुत गम्भीर नहीं थी—सामान्यतः सम्पन्न व्यक्ति ही किसी गरीब को अपने राशन कार्ड में निर्धारित मात्राएँ भी खरीदने का अवसर देकर उनकी सहायता ही करते हैं।

इस प्रकार से केरल में व्यापक खाद्य सहायता की व्यवस्था जन सामान्य को

आय एवं पोषण के क्षेत्रों में निर्णायक सहायता पहुँचाने में बहुत सफल रही है। इस खाद्य वितरण व्यवस्था को लेकर बहुत जागरूकता पायी देखी गई है। यद्यपि वर्तमान केन्द्रीय सरकार इस व्यवस्था में निहित सहाय्यों को कम करना चाहती है किन्तु इस व्यवस्था को सीमित करने के किसी भी प्रयास को व्यापक जनप्रतिरोध का सामना करना होगा।

स्त्री-पुरुष अनुपात

केरल में नारी के सामाजिक स्थान तथा इस प्रदेश के सामाजिक-आर्थिक विकास पर केरल की 'पुरातन संस्कृति के प्रभाव' का सबसे सशक्त सूचक स्त्री-पुरुष अनुपात ही है। यह प्रति एक हजार पुरुषों के पीछे महिलाओं की संख्या द्वारा मापा जाता है [देखें ता. 4.19]।

हम जानते ही हैं कि यद्यपि पैदा तो लड़के अधिक होते हैं पर यदि सामाजिक परिवेश लड़कियों के अनुजीवन के विरुद्ध नहीं हो तो फिर समाज में स्त्रियों की संख्या पुरुषों से अधिक होने की सम्भावना रहती है। 1990 में जापान में प्रति एक हजार पुरुष 1030 महिलाएँ थीं। केरल में 1991 में यह अनुपात एक हजार के अंक से अधिक ही रहा है। पूरी 20वीं शताब्दी में केरल के दो घटक क्षेत्रों, कोचीन एवं मालाबार में स्त्री-पुरुष अनुपात 1000 से अधिक रहा है—सम्भवतः 19वीं शताब्दी में भी ऐसा ही रहा होगा।

जिन तीन क्षेत्रों को मिलाकर केरल का गठन हुआ है उनमें स्त्री-पुरुष अनुपात की कसौटी पर मालाबार सबसे आगे रहा है। एक 1981 को छोड़ सभी जनगणनाओं में यहाँ का स्त्री पुरुष अनुपात कोचीन एवं त्रावणकोर से अधिक रहा है। यद्यपि त्रावणकोर क्षेत्र को सामाजिक-सांस्कृतिक सूचकों की दृष्टि से अग्रणी माना जाता है, पर इसकी अवस्था इस कसौटी के आधार पर तो विचित्र ही रही है। पुराने त्रावणकोर राज्य के जनपदों में यह अनुपात केवल 1971 में ही आकर 1000 के अंक से ऊपर उठ पाया है, किन्तु 1991 में भी यह शेष दोनों क्षेत्रों के जनपदों से कम ही रहा है।

उन्नीसवीं शताब्दी के जनांकिकीय विशेषज्ञों से भी यह बात छुपी हुई नहीं थी कि उच्च स्त्री-पुरुष अनुपात केरल की भौगोलिक एवं स्थानीय सांस्कृतिक विशेषता थी। 1816-1820 की अवधि में किए गए 'वार्ड एवं कोर्नर' के प्रसिद्ध जनांकिकीय सर्वेक्षण में भी इस बात पर विशेष रूप से चर्चा हुई थी। उन्होंने स्वाभाविक रूप से 19वीं शताब्दी के यूरोपीय अनुभवों के परिप्रेक्ष्य में इस विशेषता का विश्लेषण किया था। उनका कहना था कि कोचीन के नायरों में स्त्रियों की बहुतायत है। इसका कारण उन्होंने इन लोगों की अपनी व्यवस्था की विशेषताओं को ही माना। वैसे अलग-अलग बस्तियों में इस बहुतायत के स्तर में काफी अन्तर भी पाए गए थे—पर कुल मिलाकर यह बहुतायत इतनी अधिक थी कि सामान्य अपेक्षाओं के बिलकुल

तालिका 4.19
स्त्री संख्या प्रति एक हजार पुरुष
केरल और इसके घटक क्षेत्र (1820-1991)

वर्ष	त्रावणकोर	कोचीन	मालाबार	केरल
1820	983	1033		
1836	962	992		
1849		1003		
1851-52			983	
1856-57			974	
1858		1000		
1861-62			994	
1866-67			994	
1871			992	
1875	1010	988		
1881	1006	—	1014	
1891	982	989	1018	
1901	981	1004	—	
1911	980	—	1037	
1921	971	1027	—	
1931	987	1043	1059	
1941	993	1042	1067	
1951	996	1046	1056	
1961	998	1039	1039	1021
1971	1003	1024	1024	1016
1981	1022	1046	1035	1032
1991	1035	1043	1043	1040

नोट : 1. — जिन वर्षों के आँकड़े नहीं मिल पाए।
2. खाली स्थान : जहाँ जनगणना नहीं हुई या प्रशासनिक इकाई का अपना अस्तित्व ही नहीं था।

स्रोत : त्रावणकोर, कोचीन, मद्रास प्रेजीडेन्सी और भारत की जनगणना आदि पर आधारित। त्रावणकोर के कुछ वर्षों के आँकड़े आय अध्ययनों से भी सुलभ हुए हैं।

विपरीत परिदृश्य दिखाई देने लगता है। सामान्य परिदृश्य से यहाँ तात्पर्य यूरोप की उस समय की स्थिति से है जहाँ प्रति एक सौ पुरुषों के पीछे 97 से 100 तक महिलाएँ थीं—पर नायर समाज में तो यह संख्या 110 से 112 तक पाई गई थी।

त्रावणकोर में 1875 में जनगणना अधीक्षक ने जनसंख्या में महिलाओं के बाहुल्य की कुछ इस प्रकार व्याख्या की थी :

त्रावणकोर में लड़कियों की तुलना में लड़के अधिक पैदा होते हैं—पर लड़कों की मृत्यु दर अधिक है। इस कारण से वयस्कावस्था तक पहुँचते-पहुँचते इनका सापेक्ष अनुपात उलट जाता है। विभिन्न आयु वर्गों में इस विषमता के कारणों को जान पाना कठिन है। पर इसका कारण यह मान बैठना कि माँ-बाप अपनी बेटी के लालन-पालन पर अधिक ध्यान देते हैं तो अपूर्ण जानकारी के आधार पर निष्कर्ष का प्रयास होगा—फिर भी यह बात सत्य है कि मातृवंशानुगतता का पालन करनेवाले समाज में बेटे की अपेक्षा बेटी अधिक कीमती मानी जाती है।

यद्यपि यह विचार कि लोग लड़कियों को अधिक चाहते थे या उनका अधिक ध्यान रखते थे, अपने आप में विचित्र लगता है—पर 1875 के जनगणनाकारों ने इस क्षेत्र में नारी बाहुल्य की व्याख्या यहाँ प्रचलित समाज के बहुत बड़े वर्ग में प्रचलित मातृकुलवादी विवाह एवं उत्तराधिकार परम्परा के आधार पर ही करने का प्रयास किया था। इस विषय में हम और चर्चा आगे करेंगे।

वर्गानुसार अभावग्रस्तता

स्वास्थ्य एवं शिक्षा के क्षेत्र में सरकारी प्रावधान केरल में बहुत प्रभावोत्पादक रहे हैं। इनका समाज के विभिन्न समुदायों, स्त्री-पुरुषों तथा राज्य के क्षेत्रों के बीच विभाजन भी बहुत समतापूर्ण रहा है। किन्तु इसका यह अर्थ नहीं है कि समाज में रूढ़ परम्परागत अभाव एवं वंचनाएँ पूरी तरह से समाप्त हो गई हैं। अभी पुराने अभावग्रस्त वर्णों—जैसे अनुसूचित जातियों तथा क्षेत्रों—जैसे मालाबार में प्रदेश के शेष समाज एवं क्षेत्रों की तुलना में अधिक अभाव एवं वंचनाएँ दृष्टिगोचर होती हैं।

आधुनिक केरल में कम से कम तीन विशेष अभावग्रस्त समुदाय हैं जिन्हें सभी स्पष्टतः जान-पहचान सकते हैं। इनका जीवन-स्तर शेष राज्य की तुलना में बहुत ही पिछड़ा हुआ है।

पहला समुदाय तटीय क्षेत्रों में बसा परम्परागत मछली मारनेवालों का है। 1981 में भी तिरुवनन्तपुरम् जनपद के तटीय क्षेत्र में मछुवारों में शिशुमृत्यु दर 85 प्रति हजार थी। इनका स्त्री-पुरुष अनुपात भी 972 स्त्री प्रति 1000 पुरुष पाया गया। इसी अध्ययन का निष्कर्ष है कि तटीय गाँवों में पर्यावरण सम्बन्धी वंचनाओं की समस्या भी गम्भीर रूप धारण कर चुकी है, यहाँ बहुत भीड़भाड़ हो गई है, मल निकास की सुविधाएँ नहीं हैं तथा पेय जल का नितान्त अभाव बना हुआ है। इन्हीं

के कारण लोगों में साँस की बीमारी, त्वचा रोग, चर्म रोग, पेचिश आदि तथा पेट में कीड़ों की बीमारियाँ बहुत फैल रही हैं। 1985 में तिरुवनन्तपुरम् जनपद विझिंजम क्षेत्र में हुए एक अन्य अध्ययन के आँकड़े तो और भी चौंकाने वाले हैं। यहाँ शिशु मृत्यु दर बहुत ही अधिक रही है। इसका स्तर 123 प्रति हजार आंकलित हुआ है। मुस्लिम परिवारों में यह दर 129 तथा ईसाइयों में 116 रही। मृत्यु के मुख्य कारणों में समय रहते शिशुओं को चिकित्सीय सहायता नहीं मिल पाना, गर्भावस्था तथा दूध पिलाने के समय में माँ को उचित पोषण नहीं मिल पाना तथा स्वच्छता की अनदेखी करना आदि सम्मिलित हैं। 50 से 60 प्रतिशत तक मौतें उन परिवारों में रहीं जहाँ इससे पहले कम से कम 5 बच्चे जीवित पैदा हो चुके थे। साक्षर परिवारों की अपेक्षा निरक्षरों में शिशुमृत्यु दर दुगुनी पाई गई।

दूसरा विशेष अभावग्रस्त वर्ग केरल का पहाड़ी क्षेत्रों में बसा अनुसूचित जनजातीय वर्ग है। इसके बारे में मछुवारों से भी कम जानकारी सुलभ है। आगे वाले खंडों में आप देखेंगे कि कुछ जनजातियों में तो साक्षरता दर प्रदेशव्यापी दर से बहुत ही कम है। 1993 में मलयाली दैनिक 'देशाभिमानी' ने वयनाड जनपद की बहुत ही दयनीय परिस्थितियों पर कई लेखों की एक श्रृंखला भी प्रकाशित की थी। इस जिले के नूलपुझा पंचायत में आदिवासियों की 70 बस्तियाँ शामिल हैं। 'देशाभिमानी' के संवाददाताओं का दावा है कि इनमें से केरल में ही, जिनके बारे में जानकारी मिल सकी है, जुलाई 1993 से 6 दिसम्बर के बीच ही 28 व्यक्तियों ने भूख के मारे दम तोड़ दिया था। अधिकांश मृतक युवक ही थे।

तीसरा विशेष अभावग्रस्त वर्ग केरल में नए आए तमिल मजदूर हैं [इनमें पीढ़ियों से केरल के बागानों में काम कर रहे तमिलभाषी मजदूर सम्मिलित नहीं हैं]। ये मजदूर सामान्यतः गैर-कृषि, न्यूनकौशल कार्यों की तलाश में केरल आते हैं—इन कार्यों के प्रति स्थानीय शिक्षित बेरोजगारों की कोई रुचि नहीं होती। इस प्रकार के कार्यों में आमदनी भी काफी कम रहती है। इन श्रमिकों में बहुत से बाल श्रमिक, विशेषकर लड़के, भी होते हैं। इनमें से बहुतों का कोई घरबार भी नहीं होता, ये बहुत ही अभावपूर्ण दशा में केरल के शहरों-गाँवों में गन्दी बस्तियों में डेरा जमाए मिलते हैं। इस वर्ग की वास्तविक दशाओं पर अभी कोई विशेष अध्ययन नहीं हुआ है—यहाँ तक कि इन्हें केरली समाज घटक के रूप में भी अभी तक स्वीकार नहीं किया गया है।

यह कहा जा सकता है कि इन तीनों वर्गों की सम्मिलित संख्या भी बहुत कम ही है। केरल के आदिवासी कुल जनसंख्या का मात्र एक प्रतिशत हैं। फिर भी, इन तीन वर्गों में इतनी गहन अभावग्रस्तता एक भारी सामाजिक विफलता का परिचायक तो अवश्य ही है। इनकी ओर राज्य के अधिकारियों तथा राजनीतिक आन्दोलनों को और अधिक ध्यान देना चाहिए।

केरल में साक्षरता

केरल की संस्कृति और समाज की एक विलक्षणता यहाँ की राजनीति एवं आर्थिक विकास की विशिष्टता बन गई है। यह विलक्षणता है समाज में साक्षरता का उच्च स्तर। साक्षरता—विशेषकर नारी साक्षरता को तो केरली समाज में स्वास्थ्य एवं जनांकिकीय सफलताओं का आधार ही माना जाता है। यहाँ की राजनीतिक संस्कृति का आधार है साक्षरता—जन धारणाओं की निर्मात्री रही है साक्षरता, मानव एवं राजनीतिक अधिकारों की चेतना का आधार भी साक्षरता ही रही है। यह चेतना केरल की सामाजिक एवं राजनीतिक जीवन धारा की सबसे बड़ी विशेषता रही है। साक्षरता को केरल के सन्दर्भ में तो एक ऐसी वैयक्तिक योग्यता का नाम भी दिया गया है जो समस्त आधुनिकीकरण की प्रक्रिया का आधार बन गई है।

यदि साक्षरता अनुपात की कसौटी पर परख करें तो केरल तथा भारत के अन्य प्रान्त बहुत ही अलग-अलग दिखाई पड़ते हैं [देखें ता. 4.20]। केरल ऐतिहासिक दृष्टि से भी सारे देश में साक्षरता के क्षेत्र में अग्रणी रहा है और अब तो यह सम्पूर्ण साक्षरता के उत्कर्ष स्थल पर पहुँच चुका है। यूनेस्को उस समाज को 'सम्पूर्ण साक्षर' मानती है जिसमें कम से कम 85 प्रतिशत वयस्क साक्षर हों। केरल में 1991 में ही व्यापक जन साक्षरता छा चुकी थी। यहाँ नर-नारी सभी साक्षर थे। यद्यपि जनगणना के समय पुराने मालाबार क्षेत्र के तुल्यप्राय जनपदों, कासरगोड, कन्नूर,

तालिका 4.20

जनसंख्या में साक्षरों का अनुपात : भारत तथा केरल (1961-91)

(प्रतिशत)

वर्ष	व्यक्ति		पुरुष		महिलाएँ	
	केरल	भारत	केरल	भारत	केरल	भारत
1961	46.8	24.0	55.0	34.3	38.9	12.9
1971	60.4	29.5	66.6	39.5	54.3	18.7
1981	69.2	36.2	74.0	46.7	64.5	24.9
1991	78.1	42.9	80.9	52.6	75.4	32.4
1981	*81.6*	*43.6*	*87.7*	*56.4*	*75.7*	*29.8*
1991	*90.6*	*52.1*	*94.5*	*63.9*	*87.0*	*39.4*

नोट : 1. केरल राज्य का गठन 1956 में हुआ था।

2. अन्तिम दो पंक्तियों में 7 वर्ष से अधिक वय वर्ग की साक्षरता दरें दिखाई गई हैं।

स्रोत : भारत की जनगणनाओं से

तालिका 4.21
जनसंख्या में साक्षरों के अनुपात
भारत और आधुनिक केरल के घटक क्षेत्र 1871 से 1991

(प्रतिशत)

वर्ष	व्यक्ति				पुरुष				महिलाएँ			
	त्र	क	म	भ	त्र	क	म	भ	त्र	क	म	भ
1871	अप्राप्त	अप्राप्त	5.3	—	अप्राप्त	अप्राप्त	9.7	—	अप्राप्त	अप्राप्त	0.8	—
1875	5.7	4.4	अप्राप्त	अप्राप्त	11.1	8.4	अप्राप्त	अप्राप्त	0.5	0.4	अप्राप्त	अप्राप्त
1881	अप्राप्त	–	10.0	–	अप्राप्त	–	17.6	6.6	अप्राप्त	–	2.5	0.4
1891	13.4	अप्राप्त	12.9	5.8	23.1	30.5	22.0	8.7	3.5	5.6	3.9	0.5
1901	12.4	13.4	–	5.3	21.5	21.5	17.2	9.8	3.1	3.1	3.0	0.7
1911	15.0	15.1	11.1	5.9	24.8	24.3	19.0	10.6	5.0	6.1	3.5	1.1
1921	24.2	18.5	12.7	7.1	33.1	27.3	20.9	13.9	15.0	9.9	4.9	1.9
1931	23.9	28.2	14.4	9.5	33.8	38.3	22.9	15.6	13.9	18.5	6.4	2.4
1941	47.2	43.7	अप्राप्त	15.1	58.2	55.5	अप्राप्त	—	36.1	32.5	अप्राप्त	6.9
1951	46.7	43.3	31.3	16.6	55.6	52.2	41.3	25.0	37.7	34.7	21.7	12.9
1961	52.3	49.6	38.9	24.0	59.3	56.6	48.8	34.3	45.3	42.8	29.4	12.9
1971	66.3	63.6	52.1	29.5	71.4	68.5	60.3	39.5	61.3	58.7	44.2	18.7
1981	74.8	75.2	63.5	36.2	78.7	79.1	69.8	46.7	71.0	71.5	57.4	24.9
1991	80.9	80.7	74.2	42.9	83.2	83.2	77.8	52.6	78.8	78.3	70.8	32.4

नोट : त्र : त्रावणकोर; क : कोचीन; म : मालाबार; भ : भारत

स्रोत : कोचीन, त्रावणकोर, मद्रास प्रेजीडेंसी तथा भारत की जनगणनाओं के विभिन्न अंक/संस्करण

वायनाड, कोजीकोड, मल्लापुरम तथा पालक्कड आदि में साक्षरता का अनुपात शेष प्रान्तों की तुलना में न्यून था, पर पहले की अपेक्षा उत्तरी केरल के इन क्षेत्रों एवं शेष प्रान्त के बीच का अन्तर कम हो रहा था [ता. 4.21]। रा.सं.सर्वे. के 42वें दौर (1986-87) के आँकड़ों में तो युवा वर्गों में 97 प्रतिशत साक्षरता दिखाई पड़ती

तालिका 4.22
आयुवर्गानुसार जनसंख्या में साक्षरों के अनुपात : भारत तथा केरल, 1986-87

(प्रतिशत)

आयु वर्ग	ग्रामीण				शहरी			
	पुरुष		महिलाएँ		पुरुष		महिलाएँ	
(वर्षों में)	भारत	केरल	भारत	केरल	भारत	केरल	भारत	केरल
6-11	64.7	97.4	48.9	97.4	81.5	97.0	77.3	97.9
12-14	75.3	99.5	54.5	99.1	89.2	98.6	81.7	99.7
15-24	69.3	98.4	45.3	97.2	88.6	99.1	76.0	97.2
25-34	60.6	96.1	32.5	91.3	86.2	98.8	66.4	95.2
35-44	54.7	92.1	24.9	80.9	81.3	97.8	57.6	86.5
45-59	46.0	86.7	18.7	69.3	76.0	92.5	47.8	78.5
60 से ऊपर	38.5	81.0	14.9	53.1	71.2	90.5	33.9	70.2
सभी[a]	**52.4**	**84.1**	**31.6**	**79.6**	**74.0**	**88.7**	**59.0**	**84.8**

नोट : a 5 वर्ष से अधिक आयु वर्ग
स्रोत : भारत की जनगणना, 1991

तालिका 4.23
काम कर रहे बच्चों का समस्त बच्चों की संख्या से अनुपात : भारत तथा केरल, 1981

(प्रतिशत)

आयु वर्ग	लड़के		लड़कियाँ		सभी बच्चे	
वर्षों में	भारत	केरल	भारत	केरल	भारत	केरल
5-9	0.89	0.06	0.76	0.06	0.83	0.06
10-14	16.97	2.86	12.74	2.73	14.97	2.80
5-14	8.67	1.53	6.42	1.47	7.58	1.50

स्रोत : भारत की जनगणना, 1981

है–इस वर्ग में 6-24 वर्ष वय के स्त्री पुरुष दोनों ही सम्मिलित हैं। शहरी एवं ग्रामीण क्षेत्रों में भी कोई भेद नहीं था। यहाँ तक कि 34 वर्ष से कम वय की महिलाओं में प्रत्येक आयु वर्ग में ग्रामीण नारी साक्षरता का अनुपात भी सारे देश के समवय शहरी पुरुषों से भी अधिक पाया गया था [ता. 4.22]। 1981 की जनगणना के अनुसार भारत के किसी भी राज्य की तुलना में केरल में बाल श्रमिकों का अनुपात सबसे कम था [ता. 4.23]।

साक्षरता के उच्च स्तर के कारण ही केरल में लिखित जानकारी का प्रसार सबसे अधिक गहन एवं दूर-दूर तक हो जाता है। इसी का जन धारणाओं की गुणवत्ता तथा गहनता पर गहरा प्रभाव रहता है। यही प्रभाव लोकतान्त्रिक भागीदारी को व्यापक आधार प्रदान करता है। समाचार पत्रों के पंजीयन कार्यालय से प्राप्त दैनिक पत्रों के परिचलन के आँकड़े हों या 1981 की जनगणना के आधार पर विभिन्न भाषाएँ

तालिका 4.24
भारत में दैनिक समाचार पत्रों का वितरण

	प्रति हजार भाषा-भाषियों के अनुसार समाचार पत्रों का वितरण			
भाषा	1961	1971	1981	1989
असमिया	1	2	6	15
बंगाली	6	13	21	19
गुजराती	18	26	35	33
हिंदी	5	7	14	25
कन्नड	8	14	22	23
मलयालम	32	51	54	61
मराठी	12	22	28	29
उड़िया	4	4	8	22
पंजाबी	2	5	12	16
सिन्धी	–	–	–	20
तमिल	20	24	21	26
तेलुगु	4	5	9	12
उर्दू	10	13	21	34
सभी भाषाएँ	11	16	22	28

स्रोत : भारत की जनगणनाएँ तथा समाचार पत्रों के पंजीयक की रिपोर्टों, 1962, 1991, पर आधारित

बोल सकने वाले लोगों के बीच दैनिक अखबार–जनसंख्या अनुपात की जानकारी के आधार पर भी केरल भारत के अन्य राज्यों की तुलना में आगे ही दिखाई पड़ता है [ता. 4.24]। प्रति हजार मलयालम भाषियों के पीछे 61 दैनिक समाचार पत्र प्रकाशित हो रहे थे जबकि शेष भारत में सभी भाषाभाषियों के बीच यह संख्यानुपात मात्र 28 था। ऑपरेशन्स रिसर्च ग्रुप ने 1989 में दैनिक, साप्ताहिक, पाक्षिक एवं मासिक पत्र-पत्रिकाओं के वयस्क पाठक-पाठिकाओं का एक अध्ययन पूरे देश में किया था। इसके आँकड़े भी इस विषय में बहुत उपयोगी जानकारी का स्रोत हैं। इन आँकड़ों को स्त्री-पुरुष, शहरी-ग्रामीण तथा आय, आयु, व्यवसाय और औपचारिक शिक्षा स्तर के अनुसार प्रस्तुत किया गया है। इनमें से कुछ जानकारी तालिकाओं 4.25 एवं 4.26 में संकलित है। केरल तथा अखिल भारत स्तर के परिणामों के बीच बहुत ही भारी खाई स्पष्ट दिखाई पड़ जाती है।

तालिका 4.25

वयस्कों की अनुमानित जनसंख्या में पत्र/पत्रिकाओं के पाठकों के अनुपात भारत, केरल

(प्रतिशत)

		कोई भी दैनिक		कोई भी प्रकाशन	
पाठक		भारत	केरल	भारत	केरल
कुल	व्यक्ति	17.7	44.3	21.1	58.6
	पुरुष	23.6	53.4	26.6	63.3
	महिलाएँ	11.5	35.8	15.4	54.2
ग्रामीण	व्यक्ति	6.8	37.5	9.0	53.1
	पुरुष	10.0	45.6	12.0	57.2
	महिलाएँ	3.6	29.7	5.9	49.1
शहरी	व्यक्ति	49.4	72.2	56.4	81.1
	पुरुष	61.2	84.8	66.8	87.7
	महिलाएँ	35.8	60.2	44.6	74.9

नोट : वयस्क = 15 वर्ष से अधिक आयु के पाठक

स्रोत : ऑपरेशन्स रिसर्च ग्रुप की रिपोर्ट 1990a, 1990b से संकलित

तालिका 4.26
व्यवसाय-वर्गानुसार वयस्क पाठकों के अनुपात : भारत एवं केरल

प्रतिशत

व्यवसाय		कोई भी दैनिक		कोई भी प्रकाशन	
		भारत	केरल	भारत	केरल
व्यवसायी/प्रबन्धक	व्यक्ति	75.2	92.9	84.6	100.0
	पुरुष	79.2	94.2	87.7	100.0
	महिलाएँ	51.8	89.0	66.5	100.0
क्लर्क/विक्रेता	व्यक्ति	64.6	84.5	71.3	97.9
	पुरुष	64.3	80.7	70.5	97.8
	महिलाएँ	66.6	97.8	77.5	98.5
उद्योगपति	व्यक्ति	45.6	76.4	49.2	78.1
व्यांपारी	पुरुष	46.8	77.1	50.4	78.7
	महिलाएँ	15.5	17.3	19.2	31.3
श्रमिक	व्यक्ति	16.1	30.0	18.9	43.6
	पुरुष	17.4	33.8	20.0	44.5
	महिलाएँ	6.1	12.7	10.7	39.3
छात्र	व्यक्ति	49.8	74.5	59.7	94.0
	पुरुष	52.4	84.8	60.1	96.5
	महिलाएँ	45.5	65.0	59.2	91.7
गृहणियाँ/	व्यक्ति	11.7	40.5	15.3	56.1
गैर श्रमिक	पुरुष	27.3	62.0	31.6	68.3
	महिलाएँ	9.7	34.4	13.1	52.6
कृषक	व्यक्ति	7.8	37.9	8.9	50.6
	पुरुष	8.0	36.8	9.1	49.6
	महिलाएँ	3.4	67.6	4.6	77.5
कृषि श्रमिक	व्यक्ति	1.9	23.5	2.6	32.9
	पुरुष	2.4	36.4	3.1	45.9
	महिलाएँ	0.3	2.7	0.7	11.9
कारीगर	व्यक्ति	15.2	100.0	18.0	100.0
	पुरुष	18.2	100.0	20.6	100.0
	महिलाएँ	3.1	100.0	5.8	100.0
अन्य	व्यक्ति	12.8	29.9	15.7	41.1
	पुरुष	17.3	41.4	20.5	56.6
	महिलाएँ	5.7	7.5	8.1	11.0

स्रोत : ऑपरेशन्स रिसर्च ग्रुप की रिपोर्ट, 1990a तथा 1990b से

तालिका 4.27

अनुसूचित जातियों/जनजातियों में साक्षरों के अनुपात : भारत और केरल

(प्रतिशत)

	अनु. जाति		जनजाति		कुल जनसंख्या	
	केरल	भारत	केरल	भारत	केरल	भारत
1961						
स्त्री	17.4	3.3	11.9	3.2	38.9	12.9
पुरुष	31.6	17.0	22.6	13.8	55.0	34.3
1991[a]						
स्त्री	74.3	23.8	51.1	18.2	86.2	39.3
पुरुष	85.2	49.9	63.4	40.7	93.6	64.1

नोट a सात वर्ष से अधिक आयु वर्ग

स्रोत : भारत की जनगणना 1961 तथा 1991 की तालिकाओं के आधार पर आकलित

परम्परा के अनुसार सामाजिक कर्मकांडों में किसी जाति के स्थान या योगदान के आधार पर ही उसकी शैक्षणिक आवश्यकताओं के स्तर का निर्धारण होता रहा है। अतः साक्षरता स्तर के ह्रासमान क्रम के अनुसार जातियों का क्रम कुछ इस प्रकार रहा है : ब्राह्मण, क्षत्रिय एवं अंबलवासी। इनके बाद नायर और फिर कृषि-दास वर्ण एझवा की बारी आती रही है। ईसाईयों में शिक्षा का प्रसार मुस्लिमों से अधिक रहा है। ये नायरों के एकदम बाद ही आते रहे हैं। यदि सीरियन ईसाइयों को मिशनरियों द्वारा धर्मान्तरितों से अलग करके देखा जाए तो ईसाई समाज में साक्षरता का स्वरूप बहुत बदल जाएगा। यहाँ इस भ्रान्ति का निवारण भी उचित ही होगा कि मातृकुलानुगामिता के कारण नायर समुदाय की स्त्रियाँ अधिक शिक्षित रही हैं। त्रावणकोर में 1875 में केवल 1.2 प्रतिशत नायर महिलाएँ ही साक्षर थीं।

एरनाकुलम जिले के सम्पूर्ण साक्षरता अभियान को छोड़कर नब्बे के दशक के जाति एवं सामाजिक समूहानुसार विस्तृत साक्षरता आँकड़े अभी सुलभ नहीं हो पाए हैं। पर 1981 की जनगणना एवं उसके बाद हुए अनेक अध्ययनों से यह बात अवश्य स्पष्ट होती रही है कि केरल भले ही शेष देश से साक्षरता में बहुत आगे निकल गया हो पर अभी भी इसकी अपनी सामाजिक रचना में रूढ़ परम्परागत विषमताओं का सम्पूर्ण निवारण नहीं हो पाया है। 1991 की जनगणना के अनुसार अनुसूचित जातियों/जनजातियों के साक्षरता स्तर सामान्य जनता से बहुत कम थे। इसी प्रकार स्त्री-पुरुष के बीच अक्षर ज्ञान की खाई भी बहुत विशाल थी। केरल के तटीय क्षेत्रों में बसे मछुआरों में 67 प्रतिशत पुरुष साक्षर थे—पर नारी साक्षरता

केवल 44 प्रतिशत ही थी। 1987 में शोरनूर ग्राम में यह पाया गया कि यद्यपि दो दशकों में साक्षरता में सुधार हुआ है—पर अभी भी परम्परागत ग्रामीण अनुक्रमिकता का प्रभाव स्पष्टतः बना हुआ है उच्च वर्ग में साक्षरता अधिक और न्यून वर्ग में कम ही पाई जाती है। सम्पूर्ण साक्षरता अभियान के मूल्यांकन से भी ज्ञात हुआ है कि अनुसूचित एवं जनजातियों में, निर्धनतम कृषि मजदूरों में, मछुआरों में तथा विशेषकर मुस्लिम महिलाओं में अभी भी निरक्षरता बनी हुई है। एक मामले में तो परिवार के लोग एक शिक्षित मुस्लिम युवती के साक्षरता अभियान के अन्तर्गत शिक्षिका के रूप में काम करने का विरोध करते हुए भी पाए गए हैं।

उन्नीसवी शताब्दी में साक्षरता प्रसार

साक्षरता के प्रसार के इतिहास को बार-बार पूरे विस्तार के साथ लिखा-दोहराया गया है। त्रावणकोर में तो इसका लेखाजोखा बहुत ही अच्छी तरह से तैयार हुआ है। कोचीन की परिस्थितियों का अध्ययन अपेक्षाकृत कम हुआ है।

व्यापक साक्षरता के लिए सर्वसुलभ स्कूल व्यवस्था की आवश्यकता पड़ती है और केरल की साक्षरता का इतिहास 19वीं शताब्दी के पूर्वार्द्ध में इस क्षेत्र में प्रारम्भ आधुनिक स्कूल व्यवस्था के इतिहास से ही बँधा हुआ है।

एक अत्यन्त सटीक अध्ययन में कैथलीन गोह ने दावा किया है कि केरल के समाज में व्यापक साक्षरता का प्रसार-प्रचार तो ब्रिटिश शासन के पदार्पण से पहले विद्यमान सामाजिक व्यवस्था की एक विशेष विलक्षणता रही है। उनका दावा है कि अंग्रेजी शासन से पहले ही सभी नायर पुरुष एवं अधिकांश नायर महिलाएँ साक्षर हो चुकी थीं। यही नहीं, 18वीं शताब्दी में भी लगभग आधे पुरुष एवं एक चौथाई महिलाएँ साक्षर थीं। गोह का विचार है कि ब्रिटिश शासन के प्रारम्भिक वर्षों में इस साक्षरता अनुपात में बहुत भारी गिरावट आई थी—इसके लिए वे 18वीं शताब्दी के अन्तिम वर्षों की लड़ाईयों और अंग्रेजों द्वारा संस्कृत तथा स्थानीय भाषा मलयालम की उपेक्षा को उत्तरदायी मानती हैं। किन्तु इस प्रकार के तर्क के पक्ष में कोई बहुत पुष्ट साक्ष्य नहीं मिल पाए हैं।

केरल की शिक्षा के एक अन्य इतिहासकार, मिशेल ठाकरान का दावा है कि 16वीं से 18वीं शताब्दियों में केरल में साक्षरता का बहुत व्यापक प्रसार हुआ था। समाज के सभी अपेक्षतया उच्च वर्णों को शिक्षा सुलभ हो गई, यह केवल ब्राह्मण परिवारों तक सीमित नहीं रही। फिर भी उनका विचार है कि गोह के अनुमान अपेक्षतया कम जानकारी पर आधारित एवं अतिशयोक्तिपूर्ण हैं। इनका दावा है कि उच्चवर्गीय हिन्दुओं में ब्राह्मण एवं सम्भ्रान्त नायरों, ईसाइयों एवं मुस्लिमों में व्यापारियों के अतिरिक्त अन्य व्यक्तियों में शायद ही साक्षरता आ पाई थी। इसी प्रकार एझवा जाति में आयुर्वेदीय वैद्यों तथा ज्योतिषियों के अतिरिक्त

अन्य परिवार शायद ही साक्षर हो पाए थे। इन्हें इस विश्वास का भी कोई आधार नहीं दिखाई देता कि पुलया और चेरुमार दास जातियों के किसानों में साक्षरता का प्रसार हुआ होगा फिर, स्त्री साक्षरता तो उच्च वर्णों में भी काफी न्यून ही रही है।

आधुनिक स्कूलों की स्थापना शुरू में ईसाई मिशनरियों ने की—पर बाद में सरकार भी इस कार्य में जुट गई। मिशनरियों के दो वर्ग थे—रोमन कैथोलिक तथा प्रोटेस्टेंट। आधुनिक स्कूली शिक्षा के सूत्रधार प्रोटेस्टेंट मिशनरी रहे। रोमन कैथोलिकों ने धार्मिक स्कूलों की स्थापना की—कहीं-कहीं मछुआरों के लिए भी स्कूल खोले। इतिहासकार एच. होस्टर का मत रहा है कि ये स्कूल वास्तव में धर्मान्तरण के लिए लोगों को फाँसने के केन्द्र थे—इनके कारण उन काल में साक्षरता स्तर में शायद ही कुछ सुधार हुआ हो।

उन्नीसवीं शताब्दी के केरल के साक्षरता इतिहास की एक महत्त्वपूर्ण घटना लन्दन मिशनरी सोसाइटी तथा ईसाई मिशन सोसाइटी की गतिविधियाँ रहीं। इन दोनों ही का वास्तविक उद्देश्य तो त्रावणकोर में व्यापक धर्मान्तरण करना ही था पर व्यवहार में ये शैक्षणिक एवं सामाजिक सुधारों के ध्वजवाही भी बन गए।

यद्यपि 20वीं शताब्दी के आरम्भ तक रिरीयन ईसाई स्कूलों की संख्या प्रोटेस्टेंट स्कूलों से अधिक हो गई थी फिर भी शिक्षा के क्षेत्र में प्रोटेस्टेंट मिशनरियों का ही प्रभाव अधिक व्यापक एवं गहन था। 19वीं सदी के त्रावणकोर के इतिहासकारों की रचनाओं से राज्य में मिशनरी शिक्षा व्यवस्था की ये विशेषताएँ स्पष्ट हो रही हैं। सबसे पहली बात तो यह कि इन प्रोटेस्टेंट मिशनरियों का जनाधार शनार, पुलया तथा एझवा आदि दलित जातियों में ही फैला हुआ था। दूसरे, शुरू में इन मिशनरियों को विश्वास था कि शिक्षा के प्रसार के माध्यम से ये धर्मान्तरण के अपने मुख्य काम को अधिक तेजी से फैला पाएँगे। तीसरे, ऐसा लगता है कि इन्होंने दलित वर्गों को भी आधुनिक शिक्षा के अधिकार के विचार की स्थापना की। वस्तुतः इन जातियों के बच्चों को केवल मिशन-संचालित स्कूलों में ही प्रवेश मिल पाता था। प्रोटेस्टेंट मिशनरी बड़ी सतर्कता के साथ यह प्रयास कर रहे थे। इस विषय में स्वयं भी मिशनरी रहे मिशनरी इतिहासकार सैम्युल मतीर का कहना है :

"त्रावणकोर के शिक्षित वर्गों को जातिवाद के विरुद्ध एक सुनिश्चित मत बनाना चाहिए। उन्हें पूरी तन्मयता के साथ प्राथमिक शिक्षा के माध्यम से समाजोत्थान का प्रयास करना होगा; गरीब एवं बेसहारा लोगों के दमन के विरुद्ध कुछ निश्चित कदम उठाने होंगे और फिर तो सारे विश्व को राष्ट्र की सम्पन्नता, शक्ति एवं खुशहाली के शीघ्र ही दर्शन होने लगेंगे।"

मतीर ने यह भी लिखा है कि दलित वर्णों को मिशन स्कूलों के अतिरिक्त अन्य कहीं भी शिक्षा सुलभ नहीं है—प्रतिष्ठित स्कूलों में उनके बच्चों को प्रवेश

नहीं मिल पाता—हाँ, सरकार द्वारा स्थापित स्कूल इस बात का अपवाद होने लगे हैं। उनका कहना है कि 1883 तक चर्च तथा लन्दन मिशनरी सोसाइटी के स्कूलों में दस-बारह हजार पुलयार जाति के सदस्य शिक्षा पाने लगे थे।

चौथी मुख्य बात यह रही कि मिशनरियों ने प्राथमिक शिक्षा को धर्मान्तरण एवं हिन्दू समाज की अन्य विशेषताओं के विरुद्ध अपने अभियान का माध्यम भी बना लिया था। इन विशेषताओं में छुआछूत, दूर से ही अशुद्ध छाया पड़ने, कृषि दासता तथा निम्न जातियों की महिलाओं को कमर से ऊपर शरीर ढाँपने की मनाही, आदि अनेक जाति-आधारित कुप्रथाएँ शामिल थीं। पाँचवे, मिशनरी शिक्षा दलित वर्ग की लड़कियों को भी स्कूलों में ले आई। छठे, यद्यपि इन स्कूलों में मुख्यतः ईसाई धर्म की ही शिक्षा दी जाती थी—पर कुछ गैर धार्मिक विषय यथा भूगोल तथा अंकगणित भी इनके पाठ्यक्रम में शामिल कर लिए गए थे। फिर ये स्कूल स्थानीय भाषाओं, तमिल एवं मलयालम में पढ़ाई कराने लगे, यही नहीं, इन्होंने सबसे पहले प्राथमिक तकनीकी प्रशिक्षण भी आरम्भ किया। इन स्कूलों ने अपनी शिक्षा को ही स्वास्थ्य सुविधाओं के विकास का माध्यम भी बनाया। इन्होंने औषधालय एवं चिकित्सालयों की स्थापना और स्वच्छता तथा जन स्वास्थ्य का प्रशिक्षण भी अपने छात्रों को देना प्रारम्भ किया।

अनेक महत्त्वपूर्ण मामलों में सत्तारूढ़ उच्च वर्णों की दलितों के प्रति कटु भावनाओं के बावजूद मिशनरियों को राज्य सरकार का समर्थन मिल रहा था—जब तक जेम्स मुनरो त्रावणकोर में रहा तब तक यह समर्थन बहुत ही सशक्त था। वह 1811-18 की अवधि में रियासत में रेजीडेन्ट की हैसियत से आया था—1811-14 तक तो उसी को राजा ने अपना दीवान भी बना लिया था। वही कोचीन का भी रेजीडेन्ट था। इसी अवधि में लन्दन एवं ईसाई मिशनरी सोसाइटियों को सरकार से भू-दान तथा और अनेक प्रकार के अनुग्रह-अनुदान आदि भी प्राप्त हुए। 1860 के बाद रेजिडेन्ट बना फ्रांसिस माल्टवी जो ईसाई मिशनरी सोसाइटी की मद्रास समिति का सदस्य भी था।

वर्ष 1817 में त्रावणकोर के कुइलोन-स्थित दीवान-पेशकार को एक अभूतपूर्व शाही अनुदेश जारी हुआ। यह अनुदेश सम्भवतः जेम्स मुनरो ने ही लिखा था, इसका सबसे अधिक जाना-पहचाना अंश कुछ इस प्रकार था :

''सरकार को अपनी प्रजा की शिक्षा का सारा व्यय उठाना चाहिए ताकि उनके बीच ज्ञान के प्रकाश के प्रसार में किसी प्रकार का पिछड़ापन नहीं बचे। शिक्षा के प्रसार से लोग कहीं बेहतर नागरिक बन सकेंगे, वे अच्छे राजकीय सेवक बन पाएँगे एवं इस प्रकार राज्य की प्रतिष्ठा एवं सम्मान में भी वृद्धि होगी।''

यह फ़र्मान इस दृष्टि से एक महत्त्वपूर्ण दस्तावेज बन गया है कि इसमें सभी के लिए सरकारी व्यय के माध्यम से शिक्षा की व्यवस्था करना राज्य की नीति

का लक्ष्य निर्धारित कर दिया गया। यह बात भी बहुत महत्त्वपूर्ण है कि इसकी उद्घोषणा आज के युग में नहीं बल्कि 1817 में हुई थी–वह भी एक रियासत में। इस प्रकार की कोई घोषणा उन्नीसवीं या बीसवीं शताब्दी में भी किसी ब्रिटिश शासन वाले प्रान्त में भी नहीं सुनाई पड़ी [क्योंकि सभी भारतीयों को शिक्षित बनाना अंग्रेज सरकार की नीति ही नहीं थी]। यही नहीं, इस शाही घोषणा या अनुदेश को एक पन्द्रहवर्षीय लड़की ने जारी किया था जो उस समय राज्य की शासिका थी।

19वीं शताब्दी के पूर्वार्द्ध में शाही अनुदेश क़े बावजूद त्रावणकोर में आधुनिक शिक्षा के क्षेत्र में सरकारी गतिविधियाँ कुछ अंग्रेजी माध्यम स्कूलों की स्थापना और मिशन स्कूलों को सहायता से आगे नही बढ़ पाईं। पर शताब्दी के उत्तरार्द्ध में त्रावणकोर में प्राथमिक शिक्षा का खूब प्रसार हुआ तथा यह वास्तव में आधुनिक शिक्षा व्यवस्था का रूप धारण कर गई। इस अवधि में टी. माधवराव के दीवान पद पर कार्यकाल [1862-74] में सरकार ने अनेक नए स्कूल स्थापित किए (लड़कियों के लिए भी) और निजी संस्थाओं एवं व्यक्तियों को भी स्कूल आरम्भ करने के लिए उदारतापूर्ण अनुदान आदि भी दिए। स्कूलों में मुख्यतः मलयालम या तमिल माध्यम से शिक्षा दी जाती थी–प्राथमिक शिक्षा तो पूरी तरह से मातृभाषा में ही थी। 1834 में पहला अंग्रेजी माध्यम स्कूल तिरुवनन्तपुरम में स्थापित किया गया था। 1863-64 तक यह निःशुल्क रहा, पर बाद में कुछ फीस लगा दी गई। शिक्षा रोजगार से जुड़ी थी, सरकारी नौकरी के लिए स्कूली शिक्षा अनिवार्य थी–1844 के बाद से तो अंग्रेजी पढ़े लोगों को सरकारी नौकरी में वरीयता देने की विधिवत् घोषणा कर दी गई। सरकार ने एक पाठ्य पुस्तक समिति का गठन किया, उसने अनुवाद आदि की व्यवस्था की तथा नई पाठ्य पुस्तकों की रचना करने के अनुबन्ध भी दिए। 1881 में महाराजा ने घोषणा की :

"कोई सभ्य सरकार जन शिक्षा के महान लाभों की ओर से आँख मूँदे नहीं रह सकती–क्योंकि एक ऐसी सरकार जिसका शिक्षित लोगों से वास्ता पड़ता हो, वह अज्ञानों और असंगठितों पर नियन्त्रण रखने वाली सरकार से कहीं अधिक शक्तिशाली होगी। इस प्रकार शिक्षा एक दोहरा वरदान है–जो शिक्षा दे उसके लिए भी और जो ग्रहण करे उसके लिए भी।"

18वीं-19वीं शताब्दियों में परम्परागत शिक्षण व्यवस्था भंग हो गई और अन्ततः उसे उखाड़ दिया गया। 18वीं सदी के अन्त तथा 19वीं सदी के आरम्भ में लड़ाईयों आदि ने इस व्यवस्था को भंग या क्षीण बना दिया था पर बाद के घटनाक्रम ने तो इसके स्थान पर एक नई व्यवस्था को ही प्रतिष्ठित कर दिया। परम्परागत विद्यालयों के एझुटुपल्ली, कल्लारी (लड़ना-भिड़ना सिखाने वाले स्कूल) तथा वैदिक पाठशालाएँ प्रमुख थीं। कहीं-कहीं मदरसे भी थे। ये सभी पाठशालाएँ पूर्व-आधुनिक तथा अपने पाठ्यक्रमों के आधार पर गैर धर्मनिरपेक्ष ही थीं। इनमें समाज के वर्गों के बीच

भेदभाव भी किया जाता था। पाठ को कंठस्थ करने पर बल दिया जाता था। 19वीं शताब्दी के अन्त में भी इन स्कूलों में कागज और पुस्तकों का प्रयोग नहीं होता था—बच्चे मिट्टी पर या चावल के दानों के बीच अँगुली फिराकर ही लिखते थे। जिनकी लिखाई बहुत अच्छी होती थी, केवल उन्हें ही ताड़ के पत्तों पर लिखने की अनुमति मिलती थी। यद्यपि इनमें जातीयता बहुत अधिक थी, फिर भी सारे प्रदेश के गाँव-गाँव में ये जाति-आधारित परम्परागत पाठशालाएँ चल रही थीं। ये स्कूल पूरी तरह से लुप्त नहीं हुए, इन्होंने बहुत ही नम्यता या लचीलापन प्रदर्शित कर अपना अस्तित्व बनाए रखा—उन्नीसवीं, यहाँ तक कि बीसवीं शताब्दी में भी ये प्राथमिक पूर्वविद्यालयों का रूप धारण कर गए जहाँ शिक्षा की दृष्टि से अधिक सम्पन्न परिवारों के बच्चे औपचारिक स्कूलों में प्रविष्ट होने से पूर्व विद्यालाभ अर्जित कर लेते थे। राज्य के अन्य क्षेत्रों की अपेक्षा त्रावणकोर में इन्होंने अपना अस्तित्व अधिक देर तक बनाए रखने में सफलता पाई।

19वीं शताब्दी की शिक्षा नीति की सारी प्रगति के बाद भी इसके अन्त तक व्यापक जन साक्षरता जैसा कोई क्रान्तिकारी परिवर्तन नहीं आ पाया। त्रावणकोर जहाँ ईसाई मिशनरी सबसे अधिक सक्रिय थे और सरकार भी बहुत अच्छे ढंग से शिक्षा प्रसार के लिए कार्य कर रही थी, में भी पुरुषों में एक चौथाई एवं केवल पाँच प्रतिशत महिलाएँ ही साक्षरता लाभ प्राप्ति में सफल रह पाईं। देश के अन्य भागों की तुलना में केरल की उपलब्धियाँ बहुत गौरवमयी रही हैं पर यह गौरव त्रावणकोर, की रानी के अनुदेश के पौने दो सौ वर्ष बाद ही स्थापित हो पाया है। अब जाकर कहीं जन-जन की साक्षरता का स्वप्न पूरा हुआ है।

सामाजिक विभाजनों की खाई पाटना

जब तक भारतीय समाज मे व्याप्त लिंग एवं जाति पर आधारित शिक्षा सम्बन्धी बाधाओं को दूर नहीं किया जाता, जन-जन की शिक्षा का लक्ष्य प्राप्त करना सम्भव नहीं हो पाता। यद्यपि त्रावणकोर एवं कोचीन में 'शिक्षा में शासकीय सहयोग का वातावरण' तो बन गया था पर नारी शिक्षा, पिछड़े एवं दलित वर्गों के आन्दोलनों तथा अन्त में वामपन्थी सक्रियता ने ही व्यापक स्कूल व्यवस्था एवं पूर्ण साक्षरता के मार्ग पर केरल के समाज को अग्रसर किया।

आइए, सबसे पहले जाति के प्रश्न पर चर्चा करें। केरल में अस्पृश्यता तथा दूर से ही अशुद्धि की भीषणतम एवं निकृष्ट परम्परा का पालन हो रहा था। मालाबार की अपेक्षा त्रावणकोर के अधिक तेजी से विद्या पथ पर अग्रसर होने का एक प्रमुख कारण अस्पृश्य वर्ग के उच्चतर स्तर पर अवस्थित एझवा जाति का शिक्षित होना भी रहा है [केरल में छुआछूत की दो स्तरीय व्यवस्था रही है]। सामाजिक स्तर पर साक्षरता में उत्थान 20वीं शताब्दी के चौथे दशक में दिखाई देने लगा। उस समय

तक एझवा वर्ग में शिक्षा का प्रसार होने लगा था, उनका समाज-सुधार आन्दोलन श्री नारायण गुरु के जन अभियान के प्रारम्भ किए जाने के 40 वर्ष बाद बहुत ही सशक्त रूप धारण कर गया था। तीसरे एवं चौथे दशकों में स्कूलों में प्रवेश, शिक्षा संस्थाओं में निवेश तथा छात्रवृत्तियों, सहाय्यों और अनिर्बन्ध प्रवेश आदि के माध्यम से सक्रिय सकारात्मक राजकीय योगदान में बहुत तेज़ी आई। इसी से जनशिक्षण का आधार सुदृढ़ हुआ।

केरल को शिक्षित वहाँ की महिलाओं ने बनाया है--यह कथन साक्षरता प्रसार में नारी के महती योगदान को बहुत ही सशक्त ढंग से अभिव्यक्त कर देता है। नारी साक्षरता से ही जन शिक्षण का मार्ग प्रशस्त होता है। एक पुरानी कहावत है कि साक्षर पुरुष के पुत्र शिक्षित हो सकते हैं पर साक्षर नारी की सभी सन्तानें शिक्षित हो जाती हैं। इस कथन की पुष्टि के लिए जोस जाफ़री ने बड़ोदा के साथ केरल की तुलना की है। 20वीं शताब्दी के आरम्भ में बड़ोदा रियासत का पुरुष साक्षरता स्तर भी केरल जितना ही था। यहाँ की सरकार ने भी सभी को प्राथमिक शिक्षा के लक्ष्य की घोषणा की थी। किन्तु केरल आगे निकल गया--क्योंकि यहाँ की संस्कृति ने नारी साक्षरता को भी बढ़ावा दिया था। केरल की जनसंख्या के बहुत बड़े वर्ग में मातृकुलानुगामिता का प्रचलन रहा है--यहाँ सामान्यतः नारी-पुरुष को अलग-अलग रखने का रिवाज़ भी नहीं था। केवल नम्बूदरी ब्राह्मण और मुस्लिम समाज में यह अलगावपूर्ण व्यवहार होता था, पर इनमें भी नम्बूदरी महिलाएँ अन्य सभी की अपेक्षा अधिक शिक्षित रही हैं। केरल में नारी साक्षरता का कभी भी संगठित रूप से विरोध नहीं हुआ।

सभी सामाजिक दशाएँ अनुकूल होते हुए भी केरल में नारी की सम्पूर्ण साक्षरता की दिशा में व्यापक प्रगति एक अपेक्षाकृत ताजा घटना ही है। 1960 के बाद से ही यहाँ महिलाओं का बहुमत लिखने-पढ़ने में समर्थ हो पाया है। यही वह समय भी रहा जब शिक्षा का प्रसार पिछड़े हुए जनपदों एवं ग्रामीण क्षेत्रों तक भी हो गया। मालाबार में अंग्रेजी शासन के दौरान यह क्षेत्र शिक्षा-साक्षरता की दृष्टि से त्रावणकोर और कोचीन से काफ़ी पिछड़ गया था। यहाँ आम आदमी के लिए स्कूली व्यवस्था केरल प्रान्त के गठन के बाद ही स्थापित हो पाई है। ग्रामीण गरीबों तक, विशेषकर मालाबार में, साक्षरता की पहुँच 1960 के बाद के वर्षों में ही सम्भव हुई है।

पूर्ण साक्षरता की ओर

अक्षर ज्ञान का अभिजात वर्गों एवं कुछ कुशल कर्मियों तक सीमित रह जाने (विशेष कर जन सामान्य एवं ग्रामीण श्रमिकों, महिलाओं आदि तक साक्षरता के प्रकाश की पहुँच नहीं हो पाने) वाली व्यवस्था से जन-जन का साक्षर होना एक अद्भुत सामाजिक परिवर्तन है। ऐतिहासिक दृष्टि से यह साक्षरता एवं पाठशाला

प्रवेश के निमित्त चले जन आन्दोलन की सफलता के उत्कर्ष से कम नहीं है। इस प्रकार की संक्राति केवल समय बीतने भर से सम्भव नहीं हो पाती—समाजव्यापी साक्षरता के लिए सार्वजनिक स्तर पर बड़े भारी प्रयास की आवश्यकता रहती है। केरल ऐसा प्रथम एवं एकमात्र प्रदेश है जिसके प्रत्येक जनपद को राष्ट्रीय साक्षरता मिशन ने 'पूर्णतः साक्षर' घोषित कर दिया है। यह घोषणा राज्यव्यापी सम्पूर्ण साक्षरता अभियान (1989-1991) की समाप्ति के अवसर पर की गई थी। 18 अप्रैल 1991 को एक 55 वर्षीय नवसाक्षरा मुस्लिम प्रौढ़ा आयशा चेलाक्कोडा ने कोज़ीकोड में हुए एक समारोह में दीप प्रज्ज्वलित कर केरल के सम्पूर्ण साक्षरता अभियान के प्रथम चरण का समापन किया। उस अवसर पर उसने इस प्रकार अपने उद्‌गार व्यक्त किए, "मैं प्रार्थना कर रही हूँ कि आज प्रज्ज्वलित यह दीप विश्व के कोने-कोने में अक्षर ज्ञान के प्रकाश को पहुँचा पाए। (ईश्वर करे कि) यह विश्व से बुराई एवं अज्ञान का अन्धकार दूर भगा पाए।"

एर्नाकुलम् जनपद सम्पूर्ण साक्षरता अभियान केरल ही नहीं वरन् सम्पूर्ण देश में अपनी तरह का अनूठा प्रयास था। इसने राज्य के सभी जिलों में साक्षरता अभियानों के लिए एक विशेष विधि या प्रतिमान की 'रचना' भी की। यद्यपि प्रत्येक सम्पूर्ण साक्षरता अभियान जनपद में इसी प्रतिमान की अक्षरशः पुनरावृत्ति तो सम्भव नहीं हो पाई, फिर भी सारे ही देश में साक्षरता अभियानों की रूपरेखा के निर्धारण पर इसका बहुत गहरा प्रभाव रहा है। इस अभियान के प्रेरक एवं आयोजक का मुख्य दायित्व केरल शास्त्र साहित्य परिषद ने वहन किया। इस परिषद के सदस्य देश के अनेक भागों में सम्पूर्ण साक्षरता अभियान के प्रमुख आयोजकों में सम्मिलित रहे हैं।

एर्नाकुलम् अभियान का संचालन एक साक्षरता सोसाइटी ने किया, इसमें जिला प्रशासन, अन्यान्य जन संगठन और अन्य गैर-सरकारी संस्थाएँ तथा जागरूक गण्यमान्य नागरिक शामिल थे। इस अभियान ने 6 से 60 वर्ष के सभी निरक्षरों को साक्षर बनाने का बीड़ा उठाया था—ध्यान देने योग्य बात यह है कि यह जनसमूह राष्ट्रीय साक्षरता मिशन द्वारा सुझाए गए जन समूह—15 से 35 वर्ष के वय वर्ग की तुलना में—बहुत ही विशाल है। अभियान ने एक सतत् प्रयास द्वारा ही अपने ध्येय की प्राप्ति का निश्चय किया—और यह कार्य अवैतनिक स्वयंसेवकों के माध्यम से पूरा किया जाना था। कुल मिलाकर 350,000 स्वयंसेवी कार्यकर्ता इस अभियान में जुटे हुए थे। आयोजकों ने पूरे जनपद का सर्वेक्षण किया, बड़े ध्यान से प्रत्येक निरक्षर रह गए व्यक्ति के विषय में जानकारी एकत्र की और उन क्षेत्रों की पहचान की जहाँ अक्षर ज्ञान का अभाव अपेक्षया अधिक था। अभियान ने जिस प्राथमिक पुस्तिका 'अक्षरम्' का प्रयोग किया, उसमें भावना, काम, श्रम के गौरव, रोग-प्रतिरोधन, पेयजल, चिकित्सा, भारत का स्वतन्त्रता आन्दोलन-पंचायत, डाक घर, स्त्री-पुरुष समानता, उचित दर दुकानों तथा टीकाकरण पर पाठ सम्मिलित किए गए थे। साक्षरता अभियान

के साथ ही व्यापक टीकाकरण कार्यक्रम तथा अनेक प्रकार की सांस्कृतिक गतिविधियों को भी जोड़ दिया गया था।

विश्व के सभी प्रबुद्ध विकसित-अविकसित देशों में अनिवार्य स्कूल शिक्षा के कानून पारित/घोषित हुए हैं—पर भारत में ऐसा कुछ नहीं किया गया। यद्यपि केरल में सम्पूर्ण साक्षरता की प्राप्ति हो चुकी है पर वहाँ भी अनिवार्य साक्षरता कानून की रचना नहीं हो पाई है। बार-बार यह बताया गया है कि ऐसा कानून बनना चाहिए—यह अभी भी प्रासंगिक होगा। एक तो ऐसा कानून इस बात का वैधानिक अधिकार बन जाएगा कि केरल में कोई बच्चा, चाहे वह घुमन्तु श्रमिकों की सन्तान ही क्यों न हो, स्कूल जाने से वंचित नहीं रह पाएगा। दूसरे, ऐसा कानून ही इस बात को सुनिश्चित कर पाएगा कि (सतत् प्रयास के बाद सम्भव हो पाई) जन साक्षरता—शिक्षित की होने यह उपलब्धि चिरस्थाई हो जाए। तीसरे, यह अन्य सभी राज्यों के लिए एक प्रेरणास्पद उदाहरण भी होगा।

केरल में जातिगत एवं स्त्री-पुरुष सम्बन्धों के स्वरूप

भारत के अन्य भागों की भाँति केरल में भी जाति-प्रथा सामाजिक प्रगति की एक 'शत्रु' थी। यहाँ की परम्परागत जातिवादी व्यवस्था का विवाह, उत्तराधिकार आदि की व्यवस्थाओं की तरह ही अपना विशेष स्वरूप था।

अस्पृश्यता का जघन्यतम स्वरूप केरल में ही दिखाई देता था—यहाँ दलित जातियों का दमन भी बहुत निकृष्टता एवं निर्ममतापूर्ण विधियों से होता था। जाति व्यवस्था के नियम बहुत ही जटिल थे—कुछ जातियों से सम्पर्क को अशुद्धिकारी माना जाता था तो कुछ के विषय में तो उन्हें देखने का भी निषेध था। दास जातियाँ—पुलयार, परयार और चेरुमार, केरल की मूल जनजातियाँ और एझवा जाति को सार्वजनिक स्थानों, मन्दिरों, स्नान के तालाबों, सार्वजनिक मार्गों तथा शिक्षा संस्थाओं आदि में आने-जाने की मनाही थी। इन जातियों में जन्मे लोग अपने परम्परागत कार्यों से हटकर किसी अन्य कार्य में नियुक्त नहीं किए जा सकते थे। दलित जातियों के लोग साफ या महीन कपड़ा नहीं पहन सकते थे, उनके कमर से ऊपर कपड़ा पहनने पर भी कड़ा प्रतिबन्ध था, वे दुधारू पशु नहीं रख सकते थे, कोल्हू से तेल नहीं निकलवा सकते थे, उनके घरों में धातुओं के बने बर्तनों का प्रयोग वर्जित था, वे न छाता ले सकते थे और न ही पैरों में चप्पल पहनने को स्वतन्त्र थे। उनके नाम संस्कृत के शब्दों में नहीं हो सकते थे, यही नहीं, उच्चवर्णीय लोगों के समक्ष वे प्रथम पुरुषवाची एकवचन शब्दों (जैसे मैं) का प्रयोग करने को भी स्वतन्त्र नहीं थे। उन्हें अपने आप के लिए—'यह दास' या 'यह नीच' आदि शब्दों का प्रयोग करना पड़ता था—यहाँ तक कि वे अपने धन को 'मेरा धन' नहीं कह सकते थे—इसके लिए भी 'ये ताँबा' जैसे घटिया धातु परक शब्दों का प्रयोग करने को बाध्य थे।

जाति व्यवस्था के शिखर पर मलयालम-भाषी नम्बूदरी ब्राह्मण जाति अवस्थित थी। ये वेदपाठी थे एवं इनमें पितृवंशानुगामिता प्रचलित थी। केथलीन गोह ने केरल की मातृवंशी बन्धुता का विश्लेषण करते हुए कहा है : "जाति जितनी उच्च हो उतना ही व्यापक उसका सामाजिक सम्बन्धों का दायरा भी होता है।" परम्परागत वर्णक्रम में नम्बूदरियों के स्थान की चर्चा करते हुए उन्होंने कहा कि "नम्बूदरियों के सामाजिक सम्बन्ध पूरे केरल में फैले थे। सभी जातियों में से केवल यही लोग ऐसे थे जो शत्रु राज्यों में भी निरापद रूप से आ-जा सकते थे।" उच्च वर्णों में सबसे निम्न स्थान पर नायर थे–ये अपने परम्परागत जातीय दायित्वों के कारण वेद अध्ययन नहीं कर सकते थे और इनमें मातृवंश की परम्परा का निर्वहण होता था। इनसे नीचे जाति अनुक्रम में एझवा जाति आती थी। एझवा तथा इनके समतुल्य जातियों को उच्चवर्णीय हिन्दू 'जाति-बाहर' मानते थे। वे इनके प्रति अस्पृश्यता का व्यवहार भी करते थे। पर एझवा जाति का स्थान एक प्रकार से दास जातियों तथा केरल के मूल आदिवासियो से ऊपर तथा उच्च वर्णों से नीचे था। अतः ये एक प्रकार से 'मध्यम जाति' के वर्ग में रखे जा सकते हैं। एझवा आदि जातियाँ भी अपने से निम्न दासों एवं आदिवासियों को 'अशुद्ध' मानते थे। एझवाओं का मुख्य पेशा कृषि या श्रम था। इनमें से कुछ मुजारे, अधिकांश छोटे भूस्वामी किसान थे। कुछ लोग ताड़ी खींचने या नारियल के उत्पाद बनाने आदि का काम भी करते थे। इस जाति की एक 'शानदार' विशेषता यह रही है कि इसी में संस्कृत के विद्वान, आयुर्वेद के ज्ञाता एवं ज्योतिषाचार्य भी पैदा हुए हैं। जाति के 'परम्परागत' कार्यों में इन्हीं विविधता एवं बहुलताओं का एझवा समाज सुधार आन्दोलन पर बहुत गहन प्रभाव पड़ा है। केरल में महिलाओं को अलग-थलग रखने के नियम शेष भारत की अपेक्षा कुछ 'उदार' थे। (केवल नम्बूदरी और मुस्लिम समाज ही इस प्रकार के पृथकतावाद का अनुसरण करते थे। अन्य जातियों में इसका व्यवहार नहीं होता था–उनमें स्त्रियों को अलग रखने से सामाजिक प्रतिष्ठा या गौरव भी नहीं जुड़ा था।

परम्परावादी केरल के समाज के एक महत्त्वपूर्ण वर्ग में मातृकुलानुगामिता की व्यवस्था प्रचलित थी। नायरों में यह मातृवंशिता तो थी ही, उनमें विवाह के बाद 'दामाद' घर में आता था–बेटी विवाह कर बहू होकर नहीं जाती थी। इनके परिवारों में 'मारुमक्कट्टयम' नाम उत्तराधिकार व्यवस्था प्रचलित थी। ये संयुक्त परिवार में रहते थे तथा परिवार की सम्पत्ति उसकी उत्तराधिकारिणी पुत्रियों में विभक्त होती थी। परिवार के पुरुषों को पारिवारिक सम्पत्ति पर अपने जीवनकाल में ही अधिकार रहता था। उनकी मृत्यु के बाद उनकी सम्पत्ति उनकी बहनों एवं बहनों के बच्चों एव अन्य नारी उत्तराधिकारियों के अधिकार में चली जाती थी। यह परम्परा केवल नायरों में ही नहीं। अम्बलवासी (मन्दिरों में सेवा करनेवाले) जातियों एवं एझवाओं के कुछ वर्गों में भी प्रचलित थी। वैसे कुछ एझवा पितृवंशी तो कुछ मातृवंशी मिली-जुली

परम्परा का अनुसरण भी करते थे। मालाबार के मुस्लिम समुदाय का भी एक महत्त्वपूर्ण हिस्सा मातृवंशानुगामी था।

फिर भी, मातृवंशानुगामिता का अर्थ यह नहीं था कि इन परिवारों के मुखिया का दायित्व भी महिलाओं का रहता था—यह कार्य अभी भी पुरुषों का ही अधिकार था ! नायरों में परिवार (तारवाड) के सबसे बड़े पुरुष को परिवार का मुखिया (करनावर) माना जाता था। केरल की सामाजिक व्यवस्था के इसी स्वरूप का अनुसरण क्षत्रिय शासक वर्ण भी कर रहा था। त्रावणकोर एवं कोचीन के शासक भी इसी वर्ण के थे, पर इनकी उत्तराधिकार परम्परा पूरी तरह से मातृवंशी नहीं थी। त्रावणकोर एवं कोचीन के महाराजाओं का चयन इस प्रकार होता था : एक महाराजा की मृत्यु पर उसका छोटा भाई उसकी गद्दी पर बैठाया जाता था—यदि उसका कोई भाई नहीं होता तो उसकी बहन का बड़ा पुत्र उस गद्दी का अधिकारी हो जाता था। यदि मृत महाराजा का छोटा भाई उसके भानजे से भी आयु में छोटा होता तो (उस अवस्था में भी) भानजे को ही राजा बनाया जाता था। यदि वंश की रक्त परम्परा में उत्तराधिकारी दे सकनेवाली कोई स्त्री नहीं होती तो राज-परिवार में ऐसी किसी महिला को गोद लेने का रिवाज भी था। सवर्ण हिन्दुओं में विवाह व्यवस्था ऐसी थी कि नायर स्त्रियाँ अपने समकक्ष या उच्च वर्ण के किसी भी परिवार में विवाह कर सकती थीं। इस प्रकार के विवाह को 'सम्बन्धम्' कहा जाता था। 'सम्बन्धम्' का सामान्य स्वरूप कुछ इस प्रकार था : यदि यह नाता किसी नायर पुरुष से होता तो वह पुरुष महिला के घर आता और उससे सम्भोग करता था। पर वह अपने ही 'तारवाड' या परिवार का सदस्य बना रहता था। इस प्रकार पैदा हुए बच्चे उस महिला के परिवार में जुड़ जाते थे। उच्चवर्णीय नम्बूदरी एवं क्षत्रिय पुरुष भी नायर महिलाओं के पास जाते और उनसे यौन सम्बन्ध रखते थे। इस प्रकार के सम्बन्धों को अवैध नहीं माना जाता था—इसे सामाजिक मान्यता प्राप्त थी। केरल भारत का एकमात्र ऐसा प्रदेश रहा है जहाँ एक ब्राह्मण पुरुष एवं शूद्र महिला के बीच शारीरिक सम्बन्ध को कानूनी रूप से उचित माना जाता था। परम्परागत या विधिवत् विवाह तथा इस सम्बन्धम् के बीच अन्तर यही रहा है कि सम्बन्धम् के परिणामस्वरूप उत्पन्न सन्तान अपने पिता के वंश में सम्मिलित नहीं होती थी। नायर महिलाओं के लिए इसे ही विवाह माना जाता था, उनके बच्चे उनके मातृकुल में ही जुड़ते चले जाते थे। सम्बन्धम् को बहुपति व्यवस्था का रूप नहीं कहा जा सकता—क्योंकि इसमें एक स्त्री अनेक पुरुषों के साथ उनके घर में नहीं रहती थी। किन्तु उन्हें अनेक पुरुषों के साथ सम्बन्धम् रखना सामाजिक परम्परानुसार मान्य होता था। बहुत बाद में जाकर सम्भ्रान्त नायर परिवारों की स्त्रियों ने 'एक-पति' व्यवस्था को अपनाया है [फिर भी वे मातृवंशानुगामिता का ही पालन करती रही हैं]। सम्बन्धम् के नाते को पुरुष कभी भी तोड़ सकते थे—यही नहीं, महिलाओं को भी इस सम्बन्ध का विच्छेद करने का अधिकार था।

नम्बूदरी ब्राह्मणों में केवल सबसे बड़ा पुत्र अपनी जाति में विवाह करता था—दक्षिण भारत में यह एकमात्र वर्ण है जिसमें 'कुल पुरुष' या 'कुलाग्रज' के सिद्धान्त का अनुपालन होता था। शेष सभी (छोटे) भाई मातृवंशी स्त्रियों से 'सम्बन्धम्' स्थापित कर सन्तानोत्पत्ति करते थे। नम्बूदरियों की यह व्यवस्था 'स्वीकार्य रखैल' व्यवस्था थी। इन रखैलों से सम्बन्ध किसी प्रकार की वैदिक रीति द्वारा स्थापित नहीं होता था, इनकी सन्तानें भी 'ब्राह्मण' नहीं मानी जाती थीं और उन्हें पिता के कुल की 'बन्धुत्व' परम्परा में भी कोई स्थान नहीं मिल पाता था। इसके विपरीत मातृवंशी परिवार इसे ही विवाह मान लेते थे—यही नायर विवाह के नियमों की पूर्ति मान ली जाती थी और इससे उत्पन्न सन्तानें भी वैध सन्तान कही जाती थीं।

इस वैवाहिक व्यवस्था की एक विशेषता यह थी कि नायरों, विशेषकर बड़े भूस्वामी सामन्तों में शास्त्रीय एवं साभाजिक-सांस्कृतिक प्रतिष्ठा या रुतबे के बीच कई प्रकार की वियुक्तियाँ घर कर गईं थी। गोह का कहना है कि इस प्रकार एक स्त्री का अनेक पुरुषों के साथ सन्तानोत्पत्ति करना धार्मिक एवं धर्मनिरपेक्ष क्रमिकताओं को बहुत विचित्र से बन्धनों में जकड़ देता था। इसी के आधार पर अधिकारपूर्ण वर्गों के लोग सामाजिक क्रमिकता में उनके अपने स्थान या क्रम से जुड़े प्रश्नों से कन्नी काट जाने में सफल हो जाते थे। इसी का चित्रण नम्बूदरीपाद ने अपनी आत्मकथा में कुछ इस प्रकार किया है :

''वल्लुवनाड के नायर शासक परिवार एवं नम्बूदरियों के बीच घनिष्ठतम सम्बन्ध थे। राजपरिवार की स्त्रियों का केवल नम्बूदरियों से ही विवाह (सम्बन्धम्) किया जाता था—एक प्रकार से उस परिवार को अर्द्धनम्बूदरी कहा जा सकता था। एक वेदाध्ययन एवं वेदाभ्यास को छोड़कर सामाजिक सांस्कृतिक दृष्टि से उन दोनों परिवारों (नायरों एवं नम्बूदरियों) में कोई अन्तर नहीं दिखाई पड़ता था। पर फिर भी सभी यह मानते थे कि राजपरिवार निम्नवर्णीय है।''

ई.एम.एस. नम्बूदरीपाद ने एक महत्त्वपूर्ण चर्चा में पितृवंशी एवं मातृवंशी संयुक्त परिवार व्यवस्थाओं का बने रहना ही केरलीय समाज व्यवस्था का शेष भारत से पृथक विशेष लक्षण बताया है। इसी व्यवस्था की सत्वरता का एक आयाम मातृवंशी स्त्रियों का पितृवंशीय पुरुषों से सम्भोग एवं सन्तानोत्पत्ति हेतु सम्बन्धम् रहा है। केरल के जातिवाद की कठोरता एवं दृढ़ता के बारे में तो बहुत कुछ कहा और लिखा गया है। एक ओर तो यह जातिवाद इतना रूढ़ एवं जटिल था एवं अस्पृश्यता का अपराध इतना जघन्य कि दूर से छाया पड़ने पर, यहाँ तक कि किसी निम्नवर्णीय व्यक्ति के दृष्टि पथ में आ जाने पर भी उच्चवर्णीय लोगों के अशुद्ध हो जाने का खतरा रहता था (दंड का भागी बेचारा शूद्र ही होता था), दूसरी ओर नायर स्त्रियों एवं अनेक (उच्च) वर्णीय पुरुषों के बीच यौन सम्बन्धों की प्रायः 'उन्मुक्तता' को मिली सामाजिक स्वीकृति केरल के हिन्दू समाज में प्रचलित जाति प्रथा की एक विलक्षण

विशेषता रही है।

नायर परिवारों में भी नियन्त्रण के अन्तिम (सर्वोच्च) सूत्र पुरुषों के हाथों में ही सीमित थे। बीसवीं शताब्दी के आरम्भ में भी नायर महिलाओं की साक्षरता दर पुरुष साक्षरता दर का एक अंशमात्र ही थी। पर विवाह एवं यौन सम्बन्धों के विषय नायर स्त्रियाँ अधिकांश अन्य महिलाओं की अपेक्षा कहीं अधिक स्वतन्त्र होती थीं। परिवार की निर्णय प्रक्रिया में भी इनका बहुत महत्त्वपूर्ण स्थान रहता था–इस निर्णय प्रक्रिया में भागीदारी इसलिए भी बहुत महत्त्वपूर्ण थी कि अन्ततः उन्हीं (महिलाओं) के माध्यम से उत्तराधिकार के प्रश्न का निपटारा होता था। परिवार का नाम भी इन्हीं से चलता था। नायर परिवारों में लड़की के जन्म का सदैव स्वागत होता था–जबकि देश के अन्य भागों में इसे किसी विपत्ति से कम नहीं माना जाता था।

केरल से सामाजिक-आर्थिक विकास पर मातृवंशी व्यवस्था की छाप बहुत गहरी रही है। इसे सामाजिक दृष्टिकोणों को बदल कर ऐसी सामाजिक परिस्थितियों का निर्माण करने में बहुत सहयोग मिला है जिनसे स्वास्थ्य एवं शिक्षा के क्षेत्रों में महिलाएँ बहुत महत्त्वपूर्ण एवं वास्तविक प्रगति कर पाई हैं। यहाँ यह 'सीख' नहीं दी जा रही कि जिस प्रकार की सामाजिक प्रगति केरल में हो पाई है उसके लिए मातृवंशी इतिहास का होना अनिवार्य है। ऐसा कहना या सोचना भी बहुत ही विद्रूप होगा। हाँ, हम यह अवश्य कहेंगे कि नारी अनुजीवन एवं शिक्षा के प्रति एक उदार प्रगतिशील दृष्टिकोण स्वास्थ्य एवं जनांकिकीय परावर्तन की एक आवश्यक पूर्व-शर्त अवश्य बन जाता है। केरल में विवाह एवं मातृवंशी उत्तराधिकार व्यवस्था आदि ने ऐतिहासिक एवं समाजशास्त्रीय परिस्थितियों के एक ऐसे समुच्चय की रचना कर दी थी जिसने उपर्युक्त प्रगतिशील दृष्टिकोण के निर्माण में बहुत योगदान दिया है।

कृषि के क्षेत्र में परिवर्तन

कृषि सम्बन्ध

कृषि सम्बन्धों में निरन्तर परिवर्तन एवं सुधार अपने आपमें ही बहुत महत्त्वपूर्ण होता। इस परिवर्तन से ही ग्रामीण क्षेत्रों में व्याप्त पूर्व-पूँजीवादी स्वातन्त्र्यविहीन सम्बन्ध संरचना जीर्णशीर्ण हो पाती है। इस परिवर्तन का एक सहायक स्वरूप भी बहुत महत्त्वशील है : पूर्व-पूँजीवादी भूस्वामित्व व्यवस्था से ग्रस्त समाज में उत्पादक शक्तियों का निरन्तर दमन होता है और इस व्यवस्था की ग्रामीण जनता के स्वास्थ्य एवं शिक्षा आदि के स्तरों को सुधारने में कोई रुचि नहीं होती। हाल ही में इन्टर-अमेरिकन डेवलपमैंट बैंक द्वारा एक विशेषज्ञ दल के अध्ययनों को प्रकाशित किया गया है–ये अध्ययन दो प्रकार के देशों के बीच तुलना से जुड़े हैं। इन्होंने ऐसे छोटे देशों को एक वर्ग में रखा जो 19वीं शताब्दी के मध्य तक संसाधनपूर्ण किन्तु निश्चित रूप

से अल्पविकसित थे, किन्तु आज जिन्हें विकसित देशों के समूह में अग्रणी माना जाता है। ये देश हैं डेनमार्क, नॉर्वे, स्वीडन और फिनलैंड। इनकी चार मध्यम आकार के दक्षिण अमेरिकी देशों (कोलंबिया, एक्वाडोर, चिली, तथा युरुग्वे) से तुलना की गई है। एक समीक्षक ने लिखा है कि : "इसमें कोई आश्चर्य नहीं कि इस तुलना से भी वैसे ही परिणाम स्पष्ट हो रहे हैं जैसे पूर्वी एशिया की तुलनाओं से मिलते हैं–यहाँ भी शीघ्र ही सम्पन्न हो गए कृषि /सुधारों एवं शिक्षा के प्रसार का महत्त्व बहुत ही स्पष्ट रूप से उभरकर सामने आ रहा है। शिक्षा के प्रसार एवं दकियानूसी कृषि सम्बन्धों से मुक्ति के महत्त्व की प्रतिस्थापना केरल के विकास अनुभव भी बहुत सशक्त रूप से कर रहे हैं। इस प्रदेश के सामाजिक-आर्थिक एवं सामान्य विकास अनुभवों की भी एक आधारभूत विशेषता राज्य में कृषि सम्बन्धों के बदलाव रहे हैं। स्वतन्त्रता के बाद से केरल की जनता ने कृषि सम्बन्धों में देश के अन्य सभी भागों की अपेक्षा कहीं अधिक क्रान्तिकारी परिवर्तन किए हैं। इन परिवर्तनों का इतिहास सार्वजनिक प्रयासों एवं सक्रियता का इतिहास है। इसका स्वरूप जनसंघर्ष एवं उसके परिणामस्वरूप हुए विधायी यत्न रहा है। इन्हीं के कारण देश की सबसे अधिक जटिल शोषण एवं दमनकारी ग्रामीण समाज संरचनाओं को बदल पाना सम्भव हुआ है।

सारे ही केरल प्रान्त में भू-धारिता सामाजिक एवं आर्थिक व्यवस्थाओं पर अपना वर्चस्व बनाए थी–हाँ, विभिन्न क्षेत्रों में कृषि सम्बन्धों, कृषक-भूस्वामी सम्बन्धों आदि में महत्त्वपूर्ण अन्तर भी थे। ये अन्तर प्रशासन, प्रशासकीय नीतियों, सरकार की प्रकृति के साथ-साथ उत्पादक शक्तियों के विकास के अन्तरों यथा : कृषि की विधियों, सिंचाई भूप्रयोग एवं भूमि पर बस्तियों का प्रसार और कृषि क्षेत्र में उद्यम के प्रसार आदि पर आधारित थे। आइए, केरल प्रान्त के विभिन्न क्षेत्रों में प्रचलित रही व्यवस्था का अवलोकन करें :

मालाबार

मालाबार क्षेत्र में कृषक जनसमुदाय के चार प्रमुख वर्ग थे। पहला वर्ग 'जन्मी' भूस्वामी थे–इन्हें जन्म से ही भूमि पर अधिकार प्राप्त था। मालाबार की सारी कृषि भूमि, सारे वन प्रदेश एवं कृषियोग्य बन सकनेवाली बंजर भूमि आदि इन 'जन्मी' (पैदाइशी) भूस्वामियों की सम्पत्ति थी। दूसरा वर्ग 'कनक्करन' कहलाता था–इन्हें 'कनम्' अधिकार प्राप्त था। इस वर्ग में आन्तरिक समरूपता तो अधिक नहीं थी, किन्तु इनका भू-प्रयोग अधिकार एक श्रेष्ठतर अधिकार माना जाता था। पर ये एक प्रकार के बिचौलिए ही थे। तीसरा वर्ग भी आन्तरिक विविधता से भरा हुआ है। इसे 'वेरुम-पट्टाक्करन' या मुज़ारे कहा जाता था। यह वर्ग बहुत ही महत्त्वपूर्ण रहा है। चौथे मुख्य वर्ग में अस्वतन्त्र कृषि श्रमिक, दासों की सन्तानें सम्मिलित थे। इन लोगों को अस्पृश्यता और दमन का वीभत्सतम स्वरूप भुगतना पड़ता था।

टीपू सुल्तान से 1792 में मालाबार छीनकर ईस्ट इंडिया कम्पनी ने उसे अपने शासनाधिकार में ले लिया और वहाँ पुरानी भूधारण प्रणाली के स्थान पर एक नई प्रणाली की नींव डाली। इस व्यवस्था का उद्देश्य लोगों से ज्यादा से ज्यादा राजस्व उगाहना तथा 'जन्मी' समुदाय को अंग्रेजी शासन की आधारशिला में परिवर्तित करना था। इस दृष्टि से अंग्रेज प्रशासकों ने अंग्रेजी एवं रोमन कानूनी व्यवस्था में स्थानीय कृषि सम्बन्धों को ठूँसना आरम्भ किया। 'जनमम्' अधिकारों को रोमन कानून के 'प्लेनम डोमिनियम' या 'अधिकार परिसर' का पर्याय मान लिया गया। बयनाड ताल्लुक को छोड़ मालाबार की सारी भूमि 'जन्मम्' आधार पर निजी सम्पत्ति मान ली गई। जन्मम् अधिकारों को सम्पत्ति का परमतम अधिकार मान लिया गया—भूस्वामी अपनी भूमि का इच्छानुसार प्रयोग कर सकता था—उसे बेच सकता था और उस पर रह या काम कर रहे किसी भी व्यक्ति को अपनी मर्जी से जब चाहे बेदखल कर सकता था। 'जन्मी' आमतौर पर तो नम्बूदरी ब्राह्मण परिवार का प्रमुख होता था या मातृवंशी नायर परिवार का मुखिया। कहीं-कहीं किसी अन्य सवर्ण हिन्दू वर्ग का मुखिया भी 'जन्मी' होता था। विधान, सरकारी नीति, तथा कम्पनी एवं अंग्रेजी ताज की अधीनस्थ नागरिक न्याय व्यवस्था ने भी 'जन्मी' के प्रतिष्ठा एवं पद की पुष्टि की थी। 'कनक्करन' का परम्परागत दायित्व किसी क्षेत्र विशेष के निवासियों की 'रक्षा' एवं देखभाल होता था—(और ये स्वयं नायर या फिर किसी अन्य सवर्ण वर्ग के सदस्य ही होते थे) पर इन्हें भी कानूनी दृष्टि से बंधक अधिग्राही मान लिया गया। कनम् अधिकार को भोगाधिकारी बंधक माना गया तथा इसकी सामान्य अवधि 12 वर्ष निश्चित की गई—अनुबन्ध द्वारा यह अवधि बदली भी जा सकती थी। वेरुपट्टाक्करन वर्ग को नितान्त असुरक्षित इच्छा पर आधारित कृषक (मुजारा) माना गया।

'जन्मी' भूस्वामित्व का यह विधायी स्वरूप उत्पादन एवं जनसामान्य दोनों ही के लिए बहुत विनाशकारी सिद्ध हुआ। यह बहुत बड़े पैमाने के स्वामित्व किन्तु बहुत ही छोटे-छोटे खेतों में अति पुरातन विधियों से खेती करने की बर्बादी भरी व्यवस्था थी—इसमें भूस्वामी एवं किसान के बीच बिचोलियों की एक एक शृंखला जैसी पाई जाती थी। यद्यपि मद्रास प्रेजीडेन्सी के सभी गैर जमींदारी क्षेत्रों में रैयतवाड़ी व्यवस्था कायम कर दी गई थी पर यह 'जन्मम्' व्यवस्था रैयतवाड़ी नहीं थी—यह तो बहुत ही अधिक दमनपूर्ण व्यवस्था थी।

भूमि का स्वामित्व जन्मियों का था पर व्यवहार में उनमें से सबसे सशक्त व्यक्ति के हाथों में सिमट जाता था। इस अधिकार संकेंद्रण का स्तर अभूतपूर्व था। एक आकलन के अनुसार 1920-21 में 1,229,217 एकड़ कृषि भूमि में से 51 प्रतिशत अर्थात 628,921 एकड़ पर केवल 32 जन्मी भूस्वामियों का अधिकार था। उनकी भूमि पूरे तालुके में फैली हुई थी। उदाहरण के लिए, कोजीकोड के समुतिरी की जमीनें 6 ताल्लुकों और 520 गाँवों में फैली थीं। प्रकाश करत ने कर्षक संघम्

ग्रामों में सबसे पहले आए बीस गाँवों के भूमि सम्बन्धी दस्तावेज़ों का अध्ययन किया है। जिन अधिकार पत्रों पर 100 रुपये से अधिक की फीस चुकाई गई थी, वे सभी अधिकार पत्रों के तीन प्रतिशत ही थे—पर उन्हीं के अन्तर्गत 53 प्रतिशत कृषि भूमि आती थी। दस गाँवों में तो केवल 5 भूस्वामी और मन्दिर ही 43 प्रतिशत कृषि भूमि पर नियन्त्रण किए हुए थे। जन्मी व्यवस्था के अन्तर्गत किसानों से कमरतोड़ लगान वसूला जाता था। 1880 के दशक में तराई वाली भूमि पर शुद्ध उत्पादन का 86 प्रतिशत और बागान भूमि का 63 प्रतिशत उत्पादन लगान के रूप में वसूल किया जा रहा था। 1917 में मालाबार के जिलाधिकारियों ने यह बात रिकार्ड की थी कि शुद्ध उत्पादन का 75 से 85 प्रतिशत तक लगान के रूप में वसूला जा रहा था। उससे पहले जिलाधिकारी 1916 में ही यह बता चुके थे कि वास्तविक लगान तो मूल्यांकित कर राशि से 10 से 12 गुना तक होता था। यह रकम लगभग सारे ही कृषि उत्पादन को लील जाती थी—किसान के पास अधिकतर केवल भूसा बच पाता था।

कर मूल्यांकन की दरें अपने आपमें बहुत ऊँची ही नहीं थीं वरन् उनकी प्रकृति भी प्रतिगामी थी। भूराजस्व का अपेक्षाकृत अधिक भाग छोटे छोटे किसानों पर डाल दिया जाता था—कृषक वर्ग के अपेक्षया सम्पन्न सदस्यों पर यह भार उनकी कर दाय क्षमता के अनुपात से भी कम होता था। 19वीं शताब्दी के प्रारम्भिक वर्षों में ही आम जनता से कम से कम 50 प्रकार के कर उगाहे जा रहे थे। इनमें घरों, दुकानों, मवेशियों, करघों, किश्तियों, मछली पकड़ने के जालों, ताड़ी निकालने के चाकुओं तथा देसी शराब आदि सभी पर कर शामिल थे। सरकार के दोहन तन्त्र से कुछ भी नहीं बच पाता था। इनके अलावा भी किसानों, मुजारों व भूमिहीन श्रमिकों से किसी न किसी बहाने और वसूलियाँ कर ली जाती थीं। ये वस्तुओं के रूप में हो सकती थीं या बेगार के माध्यम से। अक्सर त्योहारों या ऋतुचक्र से जुड़े अवसरों और भूस्वामी के घर के उत्सवों का ऐसी वसूली के मौके के रूप में प्रयोग होता था।

जहाँ किसान व भूस्वामियों के बीच कनक्करन भी विद्यमान होता था, वहाँ तो किसान के लगान ही नहीं, उसकी अधिकांश उपज को ही यह बिचौलिया हज्म कर जाता था। यह ठीक है कि कनक्करन अधिकांश माल हड़प लेता था—पर प्रत्येक 12 वर्ष बाद अपने ठेके के नवीकरण के लिए उसे भी बहुत भारी फीस जन्मी को चुकानी पड़ती थी। वैसे जन्मी स्वयं भी बहुत से किसानों से लगान वसूल कर लेता था। यही नहीं वेरुमपट्टाक्करनों से भी पट्टा नवीकरण की भारी फीस वसूली जाती थी। इस तरह से बहुत भारी लगान एवं तरह-तरह की वसूलियों के दौर में प्रायः सभी किसान ऋणग्रस्त हो चले थे।

1819 में कम्पनी के राजस्व अधिकारियों ने अनुमान किया था कि मालाबार

में दासों की संख्या सारी मद्रास प्रेजीडेन्सी के अन्य जिलों से कहीं अधिक थी। ये दास जातिक्रम में सबसे निम्न वर्णों के सदस्य थे (चेरुमार, पलयार, पुवेत्तुवन आदि जातियाँ)। इन्हें जमीन के साथ ही हस्तान्तरित कर दिया जाता था। राजस्व अधिकारी भी उन्हें स्थाई सम्पत्ति का अंश मानते थे। इनकी संख्या जिलाधिकारी को पेश सम्पत्ति की विवरणी में दर्ज रहती थी। केवल मालाबार ही ऐसा क्षेत्र था जहाँ भूराजस्व की बकाया राशि के भुगतान के लिए दासों की बिक्री की घटनाएँ भी रिकार्ड में दर्ज पाई गई हैं। यद्यपि मद्रास प्रेजीडेन्सी में 1843 में दास प्रथा की समाप्ति की घोषणा कर दी गई थी पर अस्वतन्त्र तथा बन्धुआ मजदूरों की स्थिति पर इस घोषणा का कोई प्रभाव नहीं पड़ा। सबसे प्रमुख बात तो यह रही कि भूस्वामी उस घोषणा के बाद 'संरक्षक' के रूप में अपने दायित्वों से तो मुक्त हो गए किन्तु वे अभी भी निम्नतर स्तर के किसानों से (पहले की भाँति ही) सेवाएँ और सामग्री उसी तरह वसूल करते रहे जैसे कि वे अभी भी उनके आश्रित आसामी हों।

भूस्वामी इच्छा-आधारित पट्टेदारों से बहुत अधिक लगान वसूलते थे—इसके लिए जन्मी किसानों एवं बिचौलियों पर अपने बेदखली के अधिकार का हथियार की भाँति प्रयोग करते थे। तराई की जमीनों से तो पट्टेदारों को बिना किसी क्षतिपूर्ति देकर बेदखल कर दिया जाता था। सम्पन्न बिचौलिए अपनी बेदखली के विरुद्ध न्यायालय भी चले जाते थे। 1916-26 की अवधि में मालाबार की कचहरियों में प्रतिवर्ष 4,700 बेदखली के मामले आए। 1940-46 में तो यह संख्या बढ़कर 5,300 पहुँच गई थी (वैसे 1930 में मालाबार भू-पट्टेदारी कानून पारित हो चुका था)। किसानों को उस जमीन से भी बेदखल कर दिया जाता था जहाँ उन्होंने घर बनाए होते थे। कनक्करनों की बेदखली के लिए तो भूस्वामियों ने एक नए हथकंडे का प्रयोग आरम्भ कर दिया : उन्होंने नए लोगों को भूमि ऊपरी ठेके पर देनी शुरू कर दी। ऐसे ऊपरी स्तर के ठेकों की संख्या बहुत विशाल रही है। 1916 से 1926 की अवधि में 40,000 से अधिक ऐसे ठेके दिए जाने का अनुमान उपलब्ध दस्तावेजों के आधार पर लगाया गया है।

त्रावणकोर

केरल के तीन घटकों में सबसे बड़ा त्रावणकोर ही था। इसके सारे भूक्षेत्र को कम्पनी की सहायता से इसके सबसे महत्त्वपूर्ण शासक मार्त्तंड वर्मा (1729-58) ने सुगठित किया था। कम्पनी के साथ सन्धि को औपचारिक रूप 1788 में प्रदान किया गया। मार्त्तंड वर्मा की सेनाओं ने इधर-उधर बिखरे नायर सरदारों को पराजित कर दिया—उसके बाद ही इस रियासत में नए कृषि सम्बन्धों का सूत्रपात हुआ। इन सरदारों की भूमि त्रावणकोर राज्य के अधिकार में आ गई। इस प्रकार अधिगृहीत समस्त भूक्षेत्र का त्रावणकोर परिवार के कुलदेवता के समर्पित कर दिया गया। ब्राह्मणों,

मुख्य देवस्थानों, त्रावणकोर राजपरिवार के सदस्यों एवं भृत्यों की भूमि उन्हीं के अधिकार में रही।

19वीं शताब्दी के मध्य में त्रावणकोर रियासत की सारी भूमि के तीन वर्ग थे। पहला वर्ग 'सरकार' या सरकारी भूमि कहलाता था। इसके दो उपवर्ग थे। प्रथम उपवर्ग में वह भूमि थी जिसके प्रयोगकर्ता राज्य के मुज़ारे माने जाते थे। ये राज्य सरकार को राजस्व चुकाते थे। इस भूमि को मलयालम भाषा में 'पांडारावका' भूमि कहा जाता था। दूसरे उपवर्ग में राजपरिवार एवं उसके सहयोगियों की भूमि 'कण्डुकृषि' और तिरुवनन्तपुरम-स्थित श्री पद्मनाभ मन्दिर की 'श्रीपांडारावका' भूमि आती थी। साथ ही शाही परिवार की नारियों की भूमि 'श्रीपद्म' भी इसी उपवर्ग में सम्मिलित थी। दूसरे मुख्य वर्ग में गैर-सरकारी एवं जन्मम् भूमि, जिस पर मुख्यतः नम्बूदरियों एवं श्रेष्ठ पदासीन नायर तथा अन्य सरदार परिवारों और सम्पन्न मन्दिरों का अधिकार था, सम्मिलित थी। तीसरे वर्ग में कुछ परिवारों को बिना लगान या नाममात्र शुल्क पर दी गई अनुग्रह/अनुदान भूमि थी—यह इनामदारी भूमि की तरह मानी जा सकती है।

19वीं शताब्दी में राज्य की कृषि अर्थव्यवस्था का सबसे अधिक परिवर्तनशील अंग पांडारावका भूधारिता ही थी। 1850 के दशक में कृषित भूमि का 60 से 70 प्रतिशत इसी व्यवस्था के आधीन था। सारी ही अकृषित भूमि का भूधारण स्वरूप भी 'पांडवरावका' ही माना जाता था। 1865 में जारी शाही उद्घोषणा ने त्रावणकोर के भूमि सम्बन्धों में एक क्रान्तिकारी परिवर्तन ला दिया। इस उद्घोषणा ने पांडारावका भूमि पर उत्पादक शक्तियों की बेड़ियों को काटने की एक ऐसी प्रक्रिया प्रारम्भ कर दी जो त्रावणकोर, कोचीन तथा मालाबार में कहीं और नहीं हो पाई थी। त्रावणकोर सरकार ने पांडारावका भूमि के मुज़ारों/पट्टेदारों को उस भूमि के सम्पूर्ण स्वामित्वाधिकार प्रदान कर दिए। ये सभी नए स्वामी अपनी भूमि को बेचने तक के लिए स्वतन्त्र थे। बंजरों पर खेती करने के लिए और नए बागान लगाने के लिए राजस्व में छूट दी गई (1834 से ही राज्य के पर्वतीय क्षेत्रों में बागान लगाने का काम होने लगा था)।

1891 के कृषि ऋण कानून ने ग्रामीण क्षेत्रों में निवेश के नए अवसरों का सूत्रपात किया। शताब्दी के अन्त तक फसलों एवं बागानों के अन्तर्गत भू क्षेत्रफल में अच्छी ख़ासी वृद्धि दिखाई देने लगी थी। कुट्टनाड् क्षेत्र में दलदलों (सागर-जल-आप्लावन क्षेत्रीय भूमि या 'कयाल') के क्षेत्रों को कृषियोग्य बनाने में भारी निवेश भी हो रहा था। उन्नीसवीं शताब्दी में समृद्धि के शिखर की ओर अग्रसर सीरियन ईसाई कृषक सम्भ्रान्त वर्ग की अधिकांश भूमि पांडारावका एवं कयाल क्षेत्रों में ही थी। इसी शताब्दी में कृषि एवं बागान उत्पादनों के दामों में वृद्धि हुई, शताब्दी के अन्तिम वर्षों में नारियल और इसके रेशे के दामों में भी उछाल आया। इन सभी

ने कृषि के संवर्धन के लिए प्रेरणा का कार्य किया। किन्तु मालाबार क्षेत्र में यही प्रेरणाएँ उत्पादन वृद्धि में सहायक नहीं हो पाईं क्योंकि वहाँ कृषि सम्बन्धों की जकड़न इतनी सशक्त थी कि प्रगति की ओर कोई कदम नहीं उठ पाया।

कोचीन

कोचीन क्षेत्र के कृषि सम्बन्ध मालाबार और त्रावणकोर के सम्बन्धों के सम्मिश्रण जैसे थे—पर इनमें मालाबार से अधिक निकटता दिखाई पड़ती थी। 1850 के आसपास यहाँ 60 प्रतिशत भूमि 'जन्मी' व्यवस्था के अन्तर्गत थी और 40 प्रतिशत 'सरकारी' थी। 'जन्मी' भूमि के स्वामी नम्बूदरी, नायर एवं अन्य प्रतिष्ठित परिवार, राज परिवार के निकट रहनेवाले व्यक्ति और मन्दिर थे। सरकारी भूमि पर लगान की दरें बहुत ऊँची थी—वैसे कोचीन का राज परिवार पहले कम्पनी एवं बाद में अंग्रेजी ताज को भी बहुत ही ऊँची रकम नज़राने के रूप में देने को बाध्य था। कोचीन के भूनिर्धारण (1905-09) के बाद भी वहाँ लगान की दरें पूर्ववत ऊँची बनी रहीं। फिर भी कृषि के प्रसार की दृष्टि से परिस्थितियाँ मालाबार जितनी ख़राब नहीं थीं। कोचीन में बंजर आदि पर 'जन्मी' भूस्वामियों का कब्ज़ा नहीं था, इसी कारण खेती के अन्तर्गत भूक्षेत्र के विस्तार की सम्भावनाएँ बनी रहती थीं।

केरल के कृषि सम्बन्धों का समष्टिकारी स्वरूप

उपर्युक्त विवरण से भू-धारण व्यवस्था एवं जाति व्यवस्था के सम्बन्ध बहुत ही स्पष्ट स्वरूप में उभरकर आए हैं। अतः कृषि सम्बन्धों एवं विवाह तथा पारिवारिक व्यवस्था के बीच भी घनिष्ठ सम्बन्ध के स्पष्ट स्वरूप का चित्रण हो जाता है। भूस्वामित्व एवं कर्मकांडीय शुद्धता की क्रमिकताएँ प्रायः एक जैसी ही बन जाती हैं। इस व्यवस्था में सबसे हीन वही व्यक्ति रह गए जो कर्मकांडीय दृष्टि से निम्नवर्णीय मान लिए गए थे। उन्हें जातीय एवं वर्गीय दोनों ही प्रकार के दमन चक्रों को बर्दाश्त करना पड़ रहा था। अछूत जातियों के निम्न स्तर की जनता का दमन बहुत ही गम्भीर था—ये तो दास प्रथा की औपचारिक समाप्ति के बाद भी दास एवं अन्यान्य प्रकार के बन्धनों तथा अस्वातन्त्र्यों में जकड़े रह गए थे।

बहुत बड़े संयुक्त परिवार धनसंचयन और सामाजिक आर्थिक परिवर्तन का सक्षम या कुशल माध्यम नहीं थे। पितृवंशी नम्बूदरियों और नायरों एवं अन्य प्रमुख परिवारों की संयुक्त परिवारीय सम्पत्ति का विभाजन सम्भव नहीं था—उसे किसी अन्य को दिया भी नहीं जा सकता था। 19वीं सदी के अन्त एवं 20वीं के आरम्भ में जाकर कहीं संयुक्त परिवार की सम्पत्ति के विभाजन सम्बन्धी कानून बन पाए। पहले परिवार की प्रशाखाओं को मुख्य परिवार से पृथक होने का कानूनी अधिकार मिला फिर संयुक्त सम्पत्ति का इन प्रशाखाओं में विभाजन करने की व्यवस्था की

गई। त्रावणकोर में पारिवारिक सम्पत्ति का विभाजन कोचीन की अपेक्षा तेजी से हुआ (मालाबार से तीव्र तो था ही)। उत्तरी और मध्य केरल की सामन्ती नायर प्रशाखाएँ काफ़ी अधिक समय तक अपनी सम्पत्ति को अविभाजित ही रखे रहीं।

त्रावणकोर में तो 1865 के बाद ही पांडारावका भूमि के स्वतन्त्र बाजार की रचना के उपयुक्त परिस्थितियाँ निर्मित हो गईं थी। नई कृषि एवं बागान भूमि को भी इसी पांडारावका श्रेणी में रखा गया और यह भी भू-बाजार का हिस्सा बन गई। इस नई बाजार व्यवस्था का लाभ उठाने में सबसे अधिक सक्रियता सम्भ्रान्त सीरियाई ईसाईयों ने दिखाई—वैसे एझवा जाति के सम्पन्न परिवारों का भी इस दृष्टि से सामाजिक महत्त्व या प्रभाव कम नहीं था। पर सीरियाई ईसाई उद्यमी बड़े संयुक्त परिवार के बन्धन से भी मुक्त थे—उन्हें अविभाज्य सम्पत्ति की परम्परा का निर्वहन भी नहीं करना होता था। इसी कारण वे 19वीं शताब्दी में कृषि एवं वाणिज्य से बड़ी तेज़ी से लाभ कमा पाने में सफल रहे। जब संयुक्त हिन्दू परिवारों की भूमि का विभाजन हो उसका विक्रय प्रारम्भ हुआ तो उसका लाभ उठाने के लिए सीरियाई ईसाई एकदम तैयार बैठे थे। पुरानी व्यवस्था में भूधारी परिवारों की भूशक्ति की क्षरणकारी प्रवृत्तियाँ तथा उनके रिक्त स्थान की पूर्ति करने के लिए नई जातियों के उदय को बल देने वाली शक्तियाँ त्रावणकोर में ही सबसे अधिक प्रबल थीं। कोचीन में ये शक्तियाँ अपेक्षतया क्षीण थीं और मालाबार में तो इनका विशेष विकास ही नहीं हो पाया था।

यह बात भी गौर करने योग्य है कि त्रावणकोर और मालाबार के अन्तर भूस्वामियों के आर्थिक वर्चस्व एवं कृषक भूधारियों के क्षेत्रों के अन्तर नहीं थे (यद्यपि अनेक लेखकों ने यही चित्र रचने के प्रयास किए हैं)। त्रावणकोर किसी भी तरह से भूधारी कृषकों की प्रबलता का क्षेत्र नहीं था। एक तो जन्मम्, सरकार, इनाम तथा शाही परिवार इसके भृत्यों एवं मन्दिरों के अधीन भूमि का बहुत बड़ा भाग था। दूसरे, पांडारावका भूमि पर भी भूधारियों का प्रभावशाली वर्ग स्वयं कृषि नहीं करता था—ये तो न हल को छूते थे और न ही शारीरिक श्रमवाले किसी बड़े कृषि कार्य में भाग लेते थे। ये पूँजीपति भूस्वामी थे—इनका मद्रास प्रेजीडेन्सी के रैयतवाड़ी भूस्वामियों से बहुत अधिक सादृश्य रहा है। ये पुराने भूधारियों की तुलना में बहुत ही उद्यमशील थे, पर थे तो भूस्वामी ही। अतः जहाँ मालाबार पूरी तरह से जन्मी दुष्चक्र में फँसा था वहीं त्रावणकोर में एक सीमित जन्मी व्यवस्था के साथ-साथ एक वृद्धिशील एवं गतिशील क्षेत्रक भी अस्तित्व में आ चुका था जिसमें पूँजीवादी भूस्वामित्व के नए रूप प्रबलता धारण कर रहे थे।

कृषि आन्दोलन

19वीं शताब्दी से लेकर 1921 तक मालाबार में कृषक विद्रोह बहुत उग्र रहा—यहीं से केरल के किसानों और कृषि मजदूरों के संगठन बने और उनके आन्दोलनों का सूत्रपात भी हुआ। 19वीं-20वीं शताब्दियों के मप्पिला विद्रोह के सबसे अग्रणी इतिहासकार के.एम. पणिक्कर का कहना है : 19वीं से लेकर 20वीं शताब्दी के प्रारम्भिक वर्षों तक मालाबार के ग्रामीण समाज में निरन्तर उफान सा उठता रहा। विद्रोह, डकैती, चोरी एवं लूटपाट—ये सभी निश्चिंत रूप से दमन एवं शोषण के विरुद्ध ग्रामीण जनसमाज के विरोध की अभिव्यक्ति ही थे।

विभिन्न पुस्तकों में मालाबार में कृषि सम्बन्धों में बदलाव के लिए चले आन्दोलनों की तीन धाराओं का स्पष्टीकरण किया गया है। पहली धारा में मप्पिला मुज़ारों एवं खेत मजदूरों का भूस्वामियों और सरकार के विरुद्ध विद्रोह था। अंग्रेजों ने इसे 'मोपला अनाचार' का नाम दिया था—इसका पहला विस्फोट 1836 में हुआ पर 1921 के विद्रोह की चर्चा विशेष रूप से होती रही है जो आठ महीने चलता रहा और जिसमें कई हजार लोगों के मारे जाने का अनुमान रहा है। मालाबार के मप्पिला मुसलमान हिन्दू धर्म से धर्मान्तरण करके मुस्लिम बने थे—ये अधिकांशतः दलित एवं दास तथा मछुआरे थे। इन्हीं में अरब व्यापारियों की सन्तानें भी शामिल थीं। 16वीं-19वीं शताब्दियों में यही वर्ग मालाबार के ग्राम प्रान्त में सबसे बड़ा वर्ग बन गया था। दक्षिण मालाबार के एर्नाड, वल्लुवनाड और पोन्नानी तालुकों में तो इनका विशेष जोर था। ये मुख्यतः पट्टेदार, खेत मजदूर, छोटे दुकानदारों के मजदूर और मछुआरे थे। इनके पास शायद ही कहीं अपनी भूमि होती थी—इनका साक्षरता का स्तर भी बहुत ही न्यून था। 1834 से जन्मी व्यवस्था तथा औपनिवेशिकता की शक्तियों के दमन एवं शोषण ने इनमें एक वर्ग चेतना जागृत कर दी थी। एक ही धर्म के अनुयायी होने के कारण भी इनकी विशिष्ट पहचान बन रही थी। इन्होंने भूस्वामियों तथा सरकार के विरुद्ध उग्र एवं निर्दयतापूर्ण संघर्ष आरम्भ कर दिया। इन विद्रोहियों की सामाजिक पृष्ठभूमि मजदूर और किसान की थी—इनका निशाना भूस्वामियों एवं उनके सहयोगी तथा सरकारी अधिकारी ही थे।

उपनिवेशी शासकों ने इस संघर्ष को जुनूनी, बर्बर लोगों की ज्यादतियों का नाम दिया और सरकार की प्रथम प्रशासनिक प्रतिक्रिया दमनचक्र को तेज करना ही रही। कहीं 19वीं शताब्दी के अन्त में जाकर विलियम लोगन जैसे प्रशासकों ने मप्पिला विद्रोह के कृषि आधारसूत्रों का विश्लेषण आरम्भ किया पर सारी 19वीं एवं 20वीं शताब्दी के आरम्भिक वर्षों तक ब्रिटिश सरकार की नीति यही रही कि जन्मी भूस्वामियों की शक्ति एवं सत्ता बनी रहे। हाँ, जहाँ तहाँ अपेक्षतया शक्तिशाली हिन्दू कनक्करन बिचौलियों को कुछ रियायतें दे दी गईं थीं [यह ध्यान देने योग्य

बात है कि जन्मी ही ब्रिटिश शासन की आधारशिला थे]। उनकी नीति में मालाबार के गरीब ग्रामीणों की माँगों को स्वीकार करने का कोई प्रावधान नहीं था।

मालाबार के कृषि परिवर्तन आन्दोलनों की दूसरी धारा 'कणम' अधिकारी कनक्करनों का अपने भूक्षेत्रों में संगठित रूप से स्वामित्व अधिकार प्राप्ति का प्रयास थी किन्तु अधिकांश कनक्करन कभी हल को छूते भी नहीं थे। उनके कब्जे की भूमि पर उप-पट्टेदार काम करते थे—अक्सर कई स्तरों की पट्टेदारी आम बात थी। अतः उनके तथा वास्तविक कर्षणकर्ता के बीच भी अनेक बिचौलिए रहते थे।

सबसे अधिक सशक्त कनक्करन बिचौलिए नायर और उनसे सम्बन्धित जातियों से ही थे। इन परिवारों को कणम पट्टेदारी पर भूमि की प्राप्ति नम्बूदरी ब्राह्मणों से अनेकों सम्बन्धों के माध्यम से हुई थी। अन्य जातियों की अपेक्षा यही लोग अंग्रेजी शिक्षण के अवसर का लाभ उठाकर वकालत, पत्रकारिता, राजनीति और नौकरशाही जैसे पेशों में भी बड़ी संख्या में घुस गए थे। 19वीं शताब्दी के अन्त के आसपास नायरों ने नम्बूदरियों के वर्चस्व तथा नम्बूदरी पुरुषों से नायर महिलाओं के सम्बन्धम् के विरुद्ध आवाज उठाना और लिखना आरम्भ कर दिया था। इसी समय सम्पन्न बिचौलियों ने—ये भी अधिकांश नायर ही थे—भूमि पर पक्के कब्जे, पट्टेदारी की सुरक्षा, लगान तथा पट्टानवीकरण शुल्क की नियन्त्रित दरों के लिए और ऊपर से किसी को पट्टे देने की व्यवस्था तथा जन्मी मालिकों द्वारा तरह-तरह की उगाहियों के विरुद्ध आन्दोलन छेड़ दिया। यद्यपि इस संघर्ष में उन्होंने कुछ क्षेत्रों के किसान पट्टेदारों को भी फाँस लिया था—पर मुख्यतः यह सम्पन्न बिचौलियों का ही आन्दोलन था। 1930 में मालाबार पट्टेदारी कानून पारित होने तक चला यह आन्दोलन वस्तुतः दो गैर श्रमजीवी वर्गों के बीच श्रमिकों से विदोहित अतिरेक के अधिक हिस्से को हड़पने की लड़ाई थी। एक वर्ग कुछ अधिक विशेषाधिकार सम्पन्न था तो दूसरा कुछ कम।

कनक्करनों की माँगों पर अदालतों के दरवाजे खटखटाए गए, सीमित मताधिकारी विधानमंडलों में चर्चा हुई, कालीकट, मद्रास, नई दिल्ली और शिमला के सरकारी दफ्तरों में इनकी अनुगूँज सुनाई दी। इस संघर्ष के अन्य मोर्चों में अखबारों के कालम और जनसभाएँ थीं पर खेतों या गलियों में जन्मियों एवं सरकार के सशस्त्र बलों में सीधी मुठभेड़ नहीं हुई। 1912-29 तक पट्टेदारी कानूनों के अनेक स्वरूपों पर चर्चाएँ चलीं, पर जन्मी भूस्वामियों एवं सरकार के भीतर भी उनके पिट्ठुओं के जोड़तोड़ के बावजूद बिचौलियों की मुख्य माँगों को 1930 के मालाबर पट्टेदारी कानून में स्थान मिल ही गया।

अतः 1930 से पहले की अवधि में मालाबार में पट्टेदारों एवं भूस्वामियों के बीच इस विधायी संघर्ष का भी बड़ा लम्बा इतिहास रहा है। इसका स्वरूप भी अपने आपमें विलक्षण रहा। ये संघर्ष दमनकारी जन्मी भूस्वामियों और उन पट्टेदारों के बीच में था जो स्वयं कभी खेती नहीं करते थे, जो मुख्यतः लगान वसूली के सहारे

भूस्वामियों जैसा ही जीवनयापन करते थे, पूँजीवादी भूस्वामी थे या किसान वर्ग के उच्च स्तर के ही प्रतिनिधि थे। यह संघर्ष सामन्ती भूस्वामियों (जन्मी) तथा मेहनतकश खेत मजदूरों का संघर्ष नहीं था। वास्तविक खेतिहर पट्टेदारों के समाजार्थिक हितों की अधिकारिक पटल पर पहली स्पष्ट अभिव्यक्ति तो 1939 की मालाबार पट्टेदारी सुधार विषयक रिपोर्ट में ई. एम. एस. नम्बूदरीपाद की असहमति टिप्पणी ही थी। यही नहीं, पहला पट्टेदारी सुधार, जिसने पसीने से धरती को सींचनेवाले वास्तविक किसान पट्टेदार के परिवार को भूमि का अधिकार सुनिश्चित कराया, वह केरल कृषि सम्बन्ध विधेयक 1959 ही था।

विश्वव्यापी मन्दी के दौरान तो ग्रामीण गरीबों की जीवन दशा और भी दूभर हो गई थी। मालाबार में तो बहुत ऊँचे लगान, पट्टेदारी नवीकरण शुल्क तथा सरकार द्वारा 1929 के नियमन के बाद से राजस्व की बहुत ऊँची दरों के साथ-साथ ऋणग्रस्तता का बोझा किसानों की सहनसीमा को पार कर गया था। साथ ही, बहुत भारी संख्या में किसानों की बेदख़ली भी चल रही थी। इन्हीं परिस्थितियों में मालाबार में कृषि बदलाव की तीसरी धारा ने जोर पकड़ा। यह किसानों और किसान-पट्टेदारों का सबसे अधिक क्रान्तिकारी आन्दोलन था। इसी की परिणति अन्ततः आधुनिक केरल प्रान्त के भूमि सुधारों में हुई है। इस आन्दोलन की बागडोर उन्हीं के हाथों में थी जो 1930 के दशक में कांग्रेस में थे, स्वतन्त्रता आन्दोलन में भागीदार थे, जिन्होंने (इसी दशक के अन्त में) मालाबार में कांग्रेस समाजवादी पार्टी का गठन किया था—और वही लोग अन्ततः मालाबार की साम्यवादी पार्टी के भी कर्णधार रहे।

1930-50 के दशकों में मालाबार की राजनीति की अनेक विशेषताएँ रहीं। राजनीतिक आन्दोलन अंग्रेजी शासन तथा भूस्वामियों के विरुद्ध आन्दोलनों को एक साथ खड़ा करने में सफल रहा। इस राजनीतिक आन्दोलन के मुख्य नेता भी साम्यवादी ही थे। साम्यवादी आन्दोलन अति विशाल पटल पर सामाजिक एवं राजनीतिक गतिविधियों पर छा गया। इस क्षेत्र में चल रहे राष्ट्रवादी आन्दोलन के सबसे सशक्त घटकों में साम्यवादी पार्टी एवं इस पार्टी से जुड़े किसान और मजदूर आन्दोलन ही थे। प्रगतिशील सामाजिक सुधारों के लिए, अस्पृश्यता के विरुद्ध और मन्दिर प्रवेश के पक्ष में आन्दोलन कर रहे सभी प्रकार के लोग अन्ततः साम्यवादी दल से जुड़ गए। साम्यवादी संगठनकर्ताओं और अध्यापकों ने गाँवों में स्कूल खोले, अध्ययन-शालाएँ चलाईं तथा 'ग्रन्थशाला' आन्दोलनों का भी सूत्रपात किया। इन्हीं नें 1942-43 में खाद्य संघर्ष चलाया—इसी दल के स्वयंसेवक उस समय की महामारियों के काल में भी सहायता कार्यों में सबसे अधिक सक्रिय दिखाई पड़े। साम्यवादियों की आन्दोलनकारी नाट्य एवं पत्रकारिता विधाएँ भी बहुत लोकप्रिय हो चली थीं। मालाबार पर गम्भीरतापूर्वक किए गए प्रथम आधुनिक समाजशास्त्रीय अध्ययन का श्रेय भी साम्यवादी समाजशास्त्री एवं राजनेता ई.एम.एस. नम्बूदरीपाद को ही जाता है।

ख़िलाफत आन्दोलन के समय से ही मालाबार में ग्रामस्तरीय संगठनों को राजनीतिक संगठन का आधार बनाया जा रहा था। नागरिक अवज्ञा आन्दोलन के बाद जब कांग्रेस कार्यकर्ता जेलों से छूटे और ई.एम.एस. नम्बूदरीपाद जिला कांग्रेस कमेटी के सचिव बने तो उन्होंने प्रत्येक गाँव में ग्राम कांग्रेस समिति, एक वाचनालय और एक रात्रि स्कूल की स्थापना के माध्यम से अपने संगठन को सुदृढ़ बनाने के प्रयास आरम्भ किए। मालाबार की इसी ग्रामस्तरीय संगठन विद्या को साम्यवादियों ने 1930-50 की अवधि में अधिग्रहीत कर लिया और इसका और आगे संवर्धन भी किया।

1933 में 'केरल कर्षक संघम्' की स्थापना हुई। 1937 तक यह मालाबार-व्यापी संगठन बन गया—प्रत्येक ग्राम एवं तालुके के स्तर पर इसकी समितियों का गठन हो गया। अगले कुछ ही वर्षों में यह इस जिले का एक बहुत बड़ा संगठन बन गया। इसकी माँगों में शामिल ये बातें थीं : जन्मी व्यवस्था का अन्त, दलित वर्गों की सामाजिक बाधाओं एवं बाध्यताओं की समाप्ति, मालाबार पट्टेदारी कानून में संशोधन और उसे दक्षिण कन्नड़ के होसदुर्ग तालुक में भी लागू करना। 1936 में भूखों के जुलूसों का आयोजन किया गया—इन्हीं में ए. के. गोपालन की प्रख्यात कन्नूर से मद्रास पदयात्रा भी शामिल थी। कर्षक संघम ने 1942-43 के खाद्य संकट के समय अनाज के ज़खीरों का पता लगाकर उन्हें खोलने के साथ-साथ अनाज इकट्ठा कर उसकी उचित दर दुकानों के माध्यम से बिक्री की व्यवस्था भी गठित की।

20वीं शताब्दी के आरम्भ में ही मालाबार व कोचीन की अपेक्षा त्रावणकोर में ग्रामीण मजदूरों में कृषि मजदूर ही सबसे विशाल वर्ग बन चुके थे। इस रियासत में स्वतन्त्र रूप से खेत मज़दूरों का एक बहुत सशक्त संगठन विकसित हो रहा था। यहीं, कुट्टनाड क्षेत्र के कैनाकिरी गाँव में 1939 में 'थिरुविथांकुर कर्षक थोज़ीलाली यूनियन' नाम के संगठन की नींव डाली गई थी। अध्येताओं का मत है कि कुट्टनाड में ही इस संगठन की स्थापना कोई अनायास ही घटित होने वाली घटना नहीं थी। यहाँ खेती योग्य बनाई गई 'कयाल' भूमि के सैकड़ों एकड़ बड़े-बड़े भूखंडों पर हजारों मजदूरों से चावल की खेती कराई जा रही थी। कुट्टनाड में शेष केरल के किसी भी अन्य क्षेत्र की अपेक्षा बड़े भूस्वामियों का सबसे अधिक दबदबा था—यहीं पर खेत मजदूरी करने वाला वर्ग भी सबसे अधिक विशाल था। साम्यवादियों द्वारा संचालित खेत मजदूर आन्दोलन पर दलित वर्गों के समाजसुधार, स्वतन्त्रता तथा त्रावणकोर में लोकतांन्त्रिक व्यवस्था के लिए चल रहे आन्दोलनों का गहरा प्रभाव रहा है। कालान्तर में इन आन्दोलनों पर भी साम्यवादी विचारों की छाप पड़ी हैं। साथ ही साक्षरता, स्कूली शिक्षा आदि के आन्दोलन भी इनसे अछूते नहीं रहे। कुट्टनाड क्षेत्र में खेत मजदूर आन्दोलन तथा नारियल-रेशा मजदूर आन्दोलनों के भी आपस में गहरे सम्बन्ध थे।

कृषि मजदूरों की स्वतन्त्र रूप से की गई माँगें ये थीं : संगठन का अधिकार, सामाजिक दमन के विरुद्ध माँग, ऊँची मजदूरी दर, मानकीकृत मापों के आधार पर भुगतान और भूस्वामी द्वारा मनमानी कटौती से छुटकारा। बाद में, पचास के दशक से काम के घंटों को लेकर भी संघर्ष चला है। 60 एवं 70 के दशकों में कृषि मजदूरों ने घर बनाने के लिए गृहखंडों की माँग को लेकर भी लड़ाई लड़ी है। इन्हीं खेत मजदूर संगठनों ने 40 के दशक से ही सार्वजनिक अन्न वितरण व्यवस्था की स्थापना को लेकर चले आन्दोलनों में भी बढ़-चढ़कर भाग लिया है।

भूमि सुधार

भूमि सुधारों अर्थात पुरानी पट्टेदारी व्यवस्था के स्थान पर नई व्यवस्था की रचना ने केरल में कृषि सम्बन्धों का स्वरूप बदलने-निखारने में बहुत बड़ा योगदान दिया है। इस परावर्तन की दृष्टि से 1957 में बनी पहली साम्यवादी सरकार का गठन एक बहुत ही युग प्रवर्तनकारी घटना रही–उसने शपथ ग्रहण करने के कुछ ही दिन बाद भूमि सुधारों की विधायी प्रक्रिया का शुभारम्भ कर दिया।

केरल में भूमि सुधारों के तीन घटक रहे हैं। पहला घटक तो केरल की अत्यन्त बोझिल, दुरूह तथा व्यापक बीमारी, पट्टेदारी से ही जुड़ा है। पट्टेदारी विधेयक में चार प्रमुख व्यवस्थाएँ रखी गईं : एक तो पट्टेदारों की पट्टेदारी सुरक्षित कर दी गई। यह कार्य नम्बूदरीपाद सरकार ने शपथ ग्रहण करने के पहले सप्ताह में ही सम्पन्न कर दिया–5 अप्रैल 1957 को शपथ के बाद 11 अप्रैल को ही एक अध्यादेश के माध्यम से बेदख़ली पर पूरी तरह से रोक लगा दी गई। यही नहीं, केरल राज्य के गठन के बाद से जिन पट्टेदारों की जमीनें छीन ली गई थीं, उन्हें भी बहाल कर दिया गया। दूसरे, लगान की बकाया राशियों को माफ़ कर दिया गया। तीसरे, जन्मी एवं अन्य बिचौलियों के सारे भूमि सम्बन्धी अधिकारों का सरकार ने अधिग्रहण कर लिया। जहाँ भूमि का स्वामित्व पहले से ही सरकार के पास था वहाँ लगान का भुगतान पूरी तरह रोक दिया गया। पट्टेदारी विधेयक की चौथी मुख्य बात थी वास्तविक कर्षणकर्ता को भूमि का स्वामित्व प्रदान करना। साम्यवादी पार्टी तो वास्तव में भूस्वामियों की भूमि बिना क्षतिपूर्ति दिए जब्त करने के पक्ष में थी पर संविधान में सम्पत्ति के अधिकार के कारण कुछ क्षतिपूर्ति देना एक प्रकार की कानूनी बाध्यता थी। अतः भूमि का क्रय मूल्य लगान का एक गुणक बनाया गया, वैधानिक रूप से लगान का निर्धारण करने की व्यवस्था की गई तथा उस लगान का स्तर बहुत ही अल्प निश्चित किया गया [यह कुल उत्पादन का एक चौथाई से लेकर मात्र बारहवाँ हिस्सा तक तय किया गया]। भुगतान की शर्तें भी पट्टेदारों के ही पक्ष में रखी गई–यही नहीं, यह क्रयमूल्य सरकार के प्रति ऋण माना गया–इसके भुगतान नहीं हो पाने पर भूमि के अधिकार की जब्ती की कोई व्यवस्था नहीं थी।

भू-सुधारों का दूसरा मुख्य घटक उन गृहखंडों (कुडीकिडप्पु) से जुड़ा था जिन पर ग्रामीण गरीब बसे हुए थे। इन भूखंडों पर बसे लोगों को भी स्वामित्वाधिकार दिए जाने की व्यवस्था की गई। ऐसे भूखंड का आकार शहरों आदि में 0.03 तथा गाँवों में 0.10 एकड़ नियत किया गया। इसके लिए बाजार भाव से केवल एक चौथाई कीमत देना ही आवश्यक था। यदि उस भूखंड के मालिक के पास निर्धारित भूसीमा से अधिक जमीन हो तो उस दशा में बाजार भाव का केवल आठवाँ हिस्सा देना ही पर्याप्त होता। आधी कीमत (जो चुकाई गई) सरकार से सहाय्य के रूप में मिल रही थी, शेष आधी का भुगतान किश्तों में किया जाना था। कुड़ीकिड़प्पु भूमि से जुड़े कुछ अन्य प्रावधान भी थे पर भूपट्टेदारी स्थाई थी। इस पर रहने का अधिकार विरासत में भी दिया जा सकता था, पुराने लगान या भाड़े की बकाया राशि से मुक्ति दे दी जानी थी और आगे लगान की दरों का नियमन भी तय किया गया।

भूमि सुधारों का तीसरा घटक भूधारण सीमा का निर्धारण तथा सीमा से अधिक भूमि का भूविहीनों में वितरण था। भूधारण की इकाई परिवार को माना गया—इसमें परिवार के आकार के अनुसार फेरबदल की गुंजाइश तो रखी गई थी किन्तु किसी भी दशा में यह सीमा 25 मानक एकड़ से अधिक नहीं हो सकती थी।

यह क्रान्तिकारी भूमि सुधार विधेयक ई.एम.एम. नम्बूदरीपाद की सरकारों (1957-69 तथा 1967-69) की मन्त्रिपरिषदों ने तैयार किए थे। 1959 में तो केरल भू-सम्बन्ध विधेयक के पारित होने के तुरन्त बाद कांग्रेस के साथ मिलकर दक्षिणपन्थी विपक्षियों में प्रतिक्रियावादी भूस्वामी, उच्च शिक्षा के क्षेत्र में जुटे निजी हित, चर्च, मन्नत पद्मनाभम् के नेतृत्ववाली नायर सर्विस सोसाइटी तथा अन्य साम्यवाद विरोधी व्यक्ति शामिल थे। उस समय कांग्रेस की अखिल भारतीय अध्यक्षा श्रीमती इन्दिरा गांधी थीं—इसी दल की सरकार केन्द्र में सत्तारूढ़ थी। इन्होंने अन्ततः केरल सरकार को राष्ट्रपति द्वारा बर्खास्त करा ही दिया।

इसके बाद बनी कांग्रेस सरकार नए भू-सुधार विधेयक लाई—ये साम्यवादियों द्वारा प्रस्तुत विधेयक को पूरी तरह से निरस्त तो नहीं कर पाई, हाँ, कुछ मामलों में भूमि के हस्तान्तरण की छूट देकर इसने मूल विधेयक को कमजोर बनाने के प्रयास अवश्य किए। एक नया विधेयक केरल भू-सम्बन्ध विधेयक 1960 पारित हुआ पर न्यायपालिका ने इसे भी संविधान-विरोधी घोषित कर दिया। अन्ततः केरल भू-सुधार कानून 1964 पारित कर उसे संविधान की 9वीं सूची में रख दिया गया। इस प्रकार अब यह कानून न्यायालयों की समीक्षा से परे हो गया। 1967 में केरल में नम्बूदरीपाद दुबारा मुख्यमन्त्री बने। इन्होंने जो केरल भू-सुधार विधेयक पारित कराया उसी के आधार पर 70 के दशक में व्यापक भू-सुधारों को लागू कर पाना सम्भव हुआ है।

भू-सुधार निरन्तर एक संघर्ष ही बने रहे हैं। 1 जनवरी 1970 से सत्ता से बाहर किए गए मार्क्सवादी साम्यवादी दल के मुखौटा जन संगठनों एवं किसान

संघों ने भू-सुधार लागू कराने के लिए राज्यव्यापी गहन आन्दोलन शुरू किया। मुख्यमन्त्री सी. अच्युत मेनन ने अर्द्धसैनिक बल, केन्द्रीय रिजर्व पुलिस को राज्य में चल रहे जन आन्दोलन को कुचलने के लिए बुला लिया। दशक से आरम्भिक वर्षों में प्रदर्शनों, जमीन पर कब्जा जमाने की मुहिमों और आन्दोलनकारियों पर पुलिस के हमलों का दौर चला। इन हमलों में अर्द्धसैनिक बल तथा भूस्वामियों के पिट्ठू भी शामिल हो जाते थे। दमन चक्र में लाठी चार्ज, आँसू गैस, गिरफ्तारी, यहाँ तक कि प्रदर्शनकारियों पर गोलीबारी भी शामिल थी। किसानों मजदूरों के झोपड़ों को आग लगा देना भी इसी दमनचक्र का एक हिस्सा था। जून-अगस्त 1972 में ही 1,60,000 प्रदर्शनकर्ता गिरफ्तार हुए, इनमें से 10,000 को जेल की सज़ाएँ भी सुनाई गईं। किन्तु सरकार तथा भूस्वामियों द्वारा वामपन्थियों पर हो रहे इन अत्याचारों के बाद भी सरकार भू सुधारों के कुछ आयामों का दमन नहीं कर पाई—ये तो नियति का लेख बन चुके थे।

संक्षेप में यही कहना पर्याप्त होगा कि भू-सुधारों के पहले दो घटकों, पट्टेदारी तथा गृहखंड अधिकार, का क्रियान्वयन तो अपेक्षाकृत सफल रहा किन्तु तीसरे घटक, जिसमें सीमा से अधिक भूमि की पहचान कर उसे भूहीनों में बाँटा जाना था, का क्रियान्वयन ठीक से नहीं हो पाया। सरकारी आँकड़ों के अनुसार पहले घटक ने 12,70,000 परिवारों को 19,70,000 एकड़ भूमि उपलब्ध कराई तो गृह-खंड आवंटन ने 20000 एकड़ भूमि का 27,000 परिवारों में विभाजन किया। पर तीसरे चरण में केवल 50,000 एकड़ जमीन मिल पाई। उसका 90,000 परिवारों में बँटवारा कर दिया गया।

भू-सुधारों के तीसरे घटक के निराशाजनक निष्पादन के कई कारण रहे हैं। भूस्वामियों ने भूसीमा से बचने के लिए पहले ही अपनी भूमि का बड़े पैमाने पर हस्तान्तरण कर दिया था। 1964 एवं 1969 के कानूनों द्वारा वैध घोषित हस्तान्तरणों के अतिरिक्त अनेक प्रकार के फर्जी हस्तान्तरण भी हुए। उन सबका सम्मिलित प्रभाव यह रहा कि 'अतिरिक्त' भूमि का प्रायः पूर्ण रूप से विलोप हो गया। 1979 में भूस्वामियों द्वारा उपहार के माध्यम से किए गए हस्तान्तरणों को वैध ठहराने के लिए केरल भू-सुधार संशोधन विधेयक (उपहार पत्र) पारित किया गया। यद्यपि ये दल चुनाव हार गया था, फिर भी भूमि सुधारों की आत्मा का हनन करने वाले इस विधेयक को अक्तूबर 1979 में राष्ट्रपति ने अनुमति प्रदान कर कानून का स्वरूप दे दिया।

ग्राम स्तर पर भू-सुधार क्रियान्वयन के अध्ययन बहुत महत्त्वपूर्ण रहे हैं। पी. राधाकृष्णन ने उत्तर मालाबार के कोडाक्कड गाँव के विषय में लिखा है : अब भू(धारण) व्यवस्था सुधार पूर्व की तुलना में अत्यन्त ही अलग दिखाई पड़ती है—अब भूधारण में किसी एक समूह के पास ही भूमि का अतिशय संकेन्द्रण नहीं दिखाई पड़ता—अब गाँव में भूस्वामित्व में जाति एवं वर्ग की प्रीति के दर्शन भी नहीं होते। नाडुर गाँव

के विषय में रिचर्ड फ्रैंक की रिपोर्ट कुछ इस प्रकार रही है : "भू-सुधारों ने बड़े भूस्वामियों से लेकर छोटे और भूहीन किसानों में काफी बड़ी मात्रा में जमीन बाँटी है। भू-सुधारों के कारण भूमि और आय की विषमताएँ कम हुई हैं। भू-सुधारों ने जातीय एवं वर्गीय विषमता के भौतिक आधार को जीर्ण बना दिया है।"

केरल कृषि श्रमिक अधिनियम 2 अक्तूबर 1975 से लागू किया गया। देश भर में यह अपनी प्रकार का पहला कानून है–इसे कृषि मजदूरों के लिए श्रमिक संघ (ट्रेड यूनियन) कानून की संज्ञा भी दी गई है। इस कानून के अन्तर्गत न्यूनतम मजदूरी, स्थाई रोजगार तथा भविष्य निधि कोष के माध्यम से सेवानिवृत्ति लाभ की व्यवस्था की गई है। इस भविष्य निधि कोष में मजदूरों तथा भूस्वामियों को योगदान जमा कराना पड़ता है। इसने काम के दैनिक घंटों का नियमन किया है तथा मालिकों एवं श्रमिकों के बीच के विवाद निपटाने के लिए पंचाट भी स्थापित किए हैं। इसमें स्थानीय स्वशासी संस्थाओं को कृषि मजदूरों की सूचियाँ बनाने के निर्देश दिए गए हैं। यह दावा किया गया है कि 60 के दशक मध्य के बाद खेतिहर मजदूर की दिहाड़ी में सबसे बड़ी वृद्धि इस कानून के लागू होने के तुरन्त बाद ही दिखाई पड़ी है। 1980-81 में कृषि मजदूरों के लिए बेरोजगारी बीमा कानून पारित हुआ और अगले ही वर्ष (1982) में उनके लिए पेन्शन व्यवस्था भी लागू की गई। वैसे यह अनुमान लगाए गए हैं कि 1986 की कीमतों पर वह पेन्शन एक व्यक्ति को महीने में केवल दस दिन तक उपयोग के लिए चावल उपलब्ध करा सकती थी।

केरल सरकार के आँकड़ों के अनुसार प्रदेश के आधे परिवारों को कृषक परिवार कहा जा सकता है [वर्ष 1983-84]। ग्रामीण श्रमिकों के परिवारों में से कम से कम 93 प्रतिशत के पास भूमि थी एवं इतने ही प्रतिशत परिवार अपने घरों में रह रहे थे। एक निजी अध्ययन के आकलन के अनुसार 1970-71 से 1988-89 के बीच केरल के खेतिहर पुरुष मजदूरों की दिहाड़ी में 63 प्रतिशत वृद्धि हुई–यह सारे देश में सबसे शानदार वृद्धि थी। महिला श्रमिकों की दिहाड़ी में भी इसी प्रकार की प्रवृत्ति पाई गई। 1988-89 में खेतिहर मजदूर की सबसे अधिक दिहाड़ी पंजाब में (रु. 28-90), फिर केरल में (रु. 27.70) तथा तीसरे क्रम पर हरयाणा में (रु.26.40) थी। विश्लेषक का कहना है कि केरल में सामाजिक नीति और पुनः वितरणकारी हस्तांतरण श्रम बाजार में किए गए हस्तक्षेपों का साथ दे रहे हैं। इनके कारण यहाँ मजदूरी-रोजगार की दशाओं में बहुत सुधार आया है। किन्तु इन सुधारों के बावजूद केरल में कृषि उत्पादन स्थिरप्राय है, साथ ही कृषि में उपलब्ध रोजगार की दिहाड़ियों की संख्या में भी कोई वृद्धि नहीं हो रही। इन्हीं कारणों के फलस्वरूप हाल ही की अवधि में वहाँ के खेत मजदूरों की आय आदि में किसी बड़े सुधार का कोई प्रमाण नहीं मिल रहा।

भू-सुधारों के लाभों को बहुत बढ़ा-चढ़ा कर प्रस्तुत करना ठीक नहीं होगा।

किसी भी क्षेत्र में भू-सुधारों की सीमाओं का निर्धारण उस राज्य, भारतीय सरकार तथा केन्द्र में आरूढ़ सरकार के वर्ग चरित्र द्वारा ही होता है। केरल के भू-सुधार न तो कृषि शक्ति खेतिहर मजदूरों और गरीब किसानों को सौंप पाए और न ही कृषि पूँजीपतियों का सफाया कर पाए। ये उत्पादक सहकारिता या सामुदायिकता जैसे किसी पूंजीवादी काल के बाद की कृषि उत्पादन संघटना की रचना भी नहीं कर पाए। यही नहीं, केरल में तो पश्चिम बंगाल की भाँति लोकतान्त्रिक पंचायत व्यवस्था भी नहीं बन पायी। केरल में भू-सुधारों के बाद कृषि उत्पादन में बंगाल की तरह न तो कृषि उत्पादन में भारी वृद्धि हो पाई है और न ही ग्रामीण क्षेत्रों में रोजगार का स्तर ऊपर उठ सका है।

इन सीमाओं के बावजूद भू सुधार कर पाने में तो अच्छी ख़ासी सफलता अर्जित हुई ही है। भू-सुधारों ने वैधानिक भू स्वामित्व तथा जन्मी व्यवस्थाओं का अन्त कर दिया। भूधारण में अतिशय संकेद्रण भी समाप्त हो गया। इन्होंने पट्टेदारों/मुजारों के हितो की रक्षा, कमरतोड़ लगान वसूली तथा बेगार आदि के माध्यम से गरीब किसानों के शोषण पर भी पाबंदी लगा दी। हजारों गरीब परिवारों को गृहखंड मिल पाए। कृषि मजदूरों के अधिक दिहाड़ी के लिए संघर्षों तथा उन्हें गृह खंड मिल जाने से उनकी दैनिक प्राप्तियों में काफी सुधार आया है। इन्हीं के फलस्वरूप कृषि मजदूरो के लिए सामाजिक सुरक्षा व्यवस्था आदि की रचना सम्भव हो पाई है। भू-सुधारों की भूमिका राज्य में केवल कृषि सम्बन्धों के स्वरूप को बदलने तक सीमित नहीं रह गई–यह केरल में सामाजिक बदलाव का माध्यम भी बनते हैं। यह भी स्पष्ट

तालिका 4.28

पारिवारिक स्वामित्व की जोतों का वितरण : केरल 1961-62 और 1982

(प्रतिशत)

स्वामित्व जोत आकार (एकड़)	1961-62 परिवारों की संख्या	1961-62 क्षेत्रफल	1982 परिवार संख्या	1982 क्षेत्रफल
भूमिहीन	30.9	0.0	12.8	0.0
0.01-0.99	41.5	12.3	63.5	21.0
1.00-2.49	14.8	18.1	14.4	24.8
2.50-4.99	7.4	20.2	6.1	23.5
5.00-14.99	4.6	27.5	3.0	25.8
≥ 15.00	0.8	21.9	0.2	4.9

स्रोत : रा.सं.सर्वे., 17वें एवं 37वें दौर की तालिकाओं से

ही है कि ये भू-सुधार तथा कृषि संबंधों में व्यापक परिवर्तन की सफलता 'ऊपर वालों की अनुकंपा'' पर ही आधारित नहीं रही है। ये सफलताएँ तो दशकों तक सशक्त ग्रामस्तरीय संगठनों द्वारा साम्यवादी दल के नेतृत्व में चलाये गए कड़े संघर्षों का परिणाम हैं। इन संघर्षों ने ग्रामीण दरिद्र जनसामान्य के जीवन को अनेक प्रकार से प्रभावित और परिमार्जित किया है। कृषि आन्दोलनों ने लोगों को अपने अधिकारों के प्रति सजग किया है, ग्रामीण जीवन का स्वरूप लोकतान्त्रिक बनाया है और जन साक्षरता एवं शिक्षा के प्रसार तथा बेहतर जन स्वास्थ्य सुविधाओं के लिए उपयुक्त वातावरण की रचना की है।

परिवर्तन के एजेन्ट

त्रावणकोर और कोचीन

18वीं शताब्दी में त्रावणकोर रियासत की स्थापना के बाद से राज्य के शक्ति का संकेद्रित स्वरूप विकसित होने लगा। इस शक्ति संकेन्द्रण की प्रमुख विशेषता मार्त्तण्ड वर्मा एवं उसके उत्तराधिकारियों द्वारा छोटे-छोटे सामन्तों एवं सामन्ती सत्ता के स्वतंत्र केन्द्रों का विनाश थी। भूमि पर राज्य का नियंत्रण स्थापित हुआ। बड़े उत्साह एवं उत्सव के साथ सारा त्रावणकोर राज्य अनंतपद्मनाभ को 'देवार्पित' कर दिया गया। त्रावणकोर के शासक परिवार के ये अधिदेव ही राज्य के एकीकरण तथा बिखरी हुई सैन्य-सामन्ती शक्ति पर विजय के प्रतीक भी थे।

19वीं शताब्दी के प्रारम्भ से ही ब्रिटिश आधिपत्य भी स्थापित हो चला। त्रावणकोर में वेलू थंपी तथा कोचीन में पेलियथ अचन के विद्रोह कुचल दिए गए थे। इन दोनों ही क्षेत्रों की सरकारें ब्रिटिश सत्ता द्वारा निर्धारित सीमाओं में रहकर काम कर रही थी—त्रावणकोर स्थित ब्रिटिश रेजीडेन्ट ही इस सत्ता का सबसे प्रकट प्रतिनिधि था। 1810-19 तक सर जेम्ज मुनरो रेजिडेन्ट रहा। यह लन्दन मिशनरी सोसाइटी के कार्यों (विशेषकर दक्षिण त्रावणकोर में) तथा इसकी शिक्षा एवं स्वास्थ्य विषयक गतिविधियों से बहुत प्रभावित था। साथ ही यह सोसायटी द्वारा दास प्रथा की समाप्ति एवं अन्य सामाजिक दमनकारी प्रवृत्तियों का भी विरोध कर रही थी। यद्यपि त्रावणकोर के शासक स्वयं भी छुआछूत में विश्वास करते थे फिर भी उन्होंने लन्दन मिशनरी सोसायटी के क्रिया कलापों को स्वीकार कर लिया और उनकी मिशनरी गतिविधियों तथा अनेक कार्यक्रमों को राजकीय नीति का अंग बना लिया।

हाल ही में एक साक्षात्कार में ई.एम.एस. नंबूदरीपाद ने कहा है कि लगता है। त्रावणकोर-कोचीन के शाही प्रशासन स्थानीय बुर्जुआओं एवं सवर्ण अभिजात्यों के हितों के प्रति तो संवेदनशील थे ही, पर वे भारत की अन्य रियासतों के शासकों की अपेक्षा जन सामान्य के भी अधिक निकट थे। हमने भी देखा कि दोनों ही

राजपरिवारों के पुरुष क्षत्रिय थे पर वे सामान्यतः नायर स्त्रियों से ही विवाह करते थे—कोचीन के राजपरिवार में तो बहुत बड़ी पुरुष संख्या होने के कारण उनसे वैवाहिक सम्बन्ध में नायरों के बहुत से परिवार बँध गए थे। नम्बूदरीपाद इन राजपरिवारों के जिन लक्षणों एवं इनकी जिस मध्यवर्गीयता की बात कर रहे हैं, सम्भवतः वह इन शाही परिवारों के विस्तृत आधार पर हुए विवाहों के आधार पर जिस बृहद परिवार का गठन हो गया था, उसी से जुड़ी है। इन राजपरिवारों के उत्तराधिकार नियम भी व्यापकता को बढ़ावा देते थे—संकीर्णता को नहीं (यदि उत्तराधिकारी नहीं मिलता तो किसी सामान्य परिवार की पुत्रवती महिला को ये राजपरिवार पुत्री या बहन के रूप में गोद लेकर उसकी सन्तान को ही उत्तराधिकार में राज्य सम्पदा सौंप देते थे)।

19वीं शताब्दी का त्रावणकोर का प्रशासनिक इतिहास राज्य द्वारा प्रणीत सुधारों एवं सदाशय घोषणाओं से ओतप्रोत है। निःशुल्क एवं सर्वसुलभ शिक्षा को राजकीय नीति का अंग बनाया गया। स्कूल खोले गए और उनमें मलयालम के माध्यम से शिक्षण आरम्भ किया गया। भारत का सर्वप्रथम सार्वजनिक पुस्तकालय तिरुवन्तपुरम में स्थापित किया गया और राज्य ने अनुवाद करने का एक अनूठा कार्यक्रम आरम्भ किया। धर्मस्थानों से गुलामी की प्रथा के विरुद्ध कानून पारित किया गया। नागरिक एवं अपराधिक मामलों से जुड़े कानूनों को सनियमित किया गया। जनस्वास्थ्य कार्यक्रम का आरम्भ किया गया तथा अस्पताल आदि खोले गए। भू-पट्टेदारी कानून त्रावणकोर को रैयतवाड़ी व्यवस्था के बहुत निकट ले गए। ऐसे नए लोग जो स्वयं खेती करते थे, उन्हें भूमि पर स्वामित्व अधिकार प्रदान किए गए। कृषि कार्य क्षेत्र के प्रसार का भी एक महत्त्वपूर्ण कार्यक्रम चलाया गया। सार्वजनिक निर्माण कार्य सरकार की गतिविधियों का एक महत्त्वपूर्ण अंग बन गए। त्रावणकोर में सड़क परिवहन में भी प्रगति हुई। यही पहली रियासत थी जहाँ विधायी कार्यों के लिए एक विधायी परिषद जैसी समिति का गठन किया गया था। यहाँ जापान की निजी शासन व्यवस्था से तुलना बहुत सटीक लगती है—जिसने विदेशी हस्तक्षेपों की पृष्ठभूमि में जापान के बिखरे सैन्य-सामन्त बल को एक छत्र के नीचे लाकर व्यापक सामाजिक, शैक्षिक एवं आर्थिक सुधार सम्भव बनाए थे।

इन सबके बाद भी यह तो सत्य ही है कि राजशाही और सवर्ण अभिजात वर्ग गैर लोकतान्त्रिक निरंकुश शासक वर्ग ही थे। इसके सदस्य स्वयं भी अस्पृश्यता का व्यवहार करते थे तथा समाज के दलित एवं शोषित तथा जातिच्युत वर्गों की माँगों एवं आकांक्षाओं के प्रति उनमें विद्वेष भाव ही भरा था। दीवान सी.पी. रामास्वामी अय्यर के कार्यकाल में तो राजशक्ति स्पष्टतः त्रावणकोर की ईसाई जनसंख्या का विरोध कर रही थी। यही नहीं, इस सत्ता ने अनेक बार जनता, किसानों एवं खेत मजदूरों एवं नारियल रेशा मजदूरों के आन्दोलनों पर आक्रामक प्रहार भी किए थे।

क्या आज की केरल की उपलब्धियाँ सुदूर पूर्वकाल में राजशाही व्यवस्था द्वारा

अपनाई गई नीतियों का परिणाम कही जा सकती हैं ? निश्चित रूप से नहीं। रियासत की नीतियों ने प्राथमिक शिक्षा के प्रति अधिकारिक समर्थन का वातावरण भले ही बनाया हो, चाहे त्रावणकोर-कोचीन देश की अन्य रियासतों तथा मालाबार क्षेत्र से सामाजिक सेवाओं के सार्वजनिक प्रशासन में आगे रहे हों, किन्तु फिर भी केरल की वर्तमान उपलब्धियों के लिए तो प्रदेश के दलितों के जीवन स्तर में क्रान्तिकारी बदलाव तभा भू-सुधारों की आवश्यकता थी, उन नीतियों की आवश्यकता थी जिनसे प्रदेश के विभिन्न क्षेत्रों में विकास की खाई को पाटा जा सकता। ये परिवर्तन त्रावणकोर-कोचीन के शासक परिवारों एवं उनके सहयोगी सवर्ण अभिजात वर्गों की जातीय एवं वर्गीय मानसिकता से कहीं दूर की बातें थीं।

मिशनरियों की गतिविधियाँ

एक आकलन के अनुसार मध्य 19वीं शती में त्रावणकोर में भारत के किसी भी अन्य भाग की अपेक्षा प्रोटेस्टेंट ईसाई मिशनरियों का कहीं अधिक जमाव हो चुका था। इस प्रकार इनके धर्मान्तरण प्रयासों का गढ़ इस राज्य में बनने का एक महत्त्वपूर्ण कारण यहाँ दलित वर्णों की अत्यधिक अस्वतन्त्रता भी थी। यहाँ ये धर्मान्तरण का प्रयास करने वाले औपनिवेशिक सत्ता के प्रतिनिधि बनकर आए थे। 18वीं शती के अन्त तथा 19वीं के आरम्भ में ये प्रोटेस्टेंट मिशनरी ही पहला आधुनिक एवं संगठित समूह थे जो कि त्रावणकोर में फैली अस्पृश्यता तथा जातीय भेदभाव का विरोध कर रहे थे। इन्होंने अपने सामाजिक कार्यों को व्यावहारिक रूप देने के कई मार्ग अपनाए : इन्होंने ही राज्य में पहले आधुनिक स्कूल खोले। इन स्कूलों के द्वार जातिच्युत वर्णों के बच्चों-बच्चियों के लिए भी खुले हुए थे। इन्हीं ने ग्रामीण क्षेत्रों में अस्पताल और दवाखाने भी स्थापित किए। इस दिशा में 1838 में मिशनरी आर्किबाल्ड रामसे द्वारा नैयूर में दक्षिण त्रावणकोर मेडिकल मिशन की स्थापना को केरल में स्वास्थ्य सेवाओं के एक नए युग का सूत्रपात माना जाता है। इन मिशनरियों ने समूचे दक्षिण भारत में स्वास्थ्य शिक्षा के प्रसार में बहुत भारी योग दिया है। इन्होंने स्वच्छता एवं जन स्वास्थ्य के सिद्धान्तों का प्रचार किया। इन्होंने जातीय बाधाओं को तोड़ने को प्रोत्साहन दिया और यही उन लोगों का मुख्य आश्रय थे जो दलित महिलाओं के कटि से ऊपरी भाग को वस्त्रों से ढंकने के अधिकार को लेकर संघर्ष कर रहे थे। इन्होंने साक्षरता तथा द. त्रावणकोर के शनार एवं पुलयार वर्ग में दास प्रथा के विरुद्ध अभियान चलाए। इन्होंने दासत्व एवं उत्पीड़न के अनेक स्वरूपों के विरुद्ध कानून बनाए जाने पर आग्रह किया। एक ऐसा समाज जहाँ कर्मकांडीय दृष्टि से अशुद्ध मानी जाने वाली जातियों के प्रति सामाजिक उत्पीड़न त्रावणकोर जितना गहन रहा हो, वहाँ ऐसे पीड़ित वर्गों में शिक्षा का व्यवस्थित प्रसार तो सहज ही अस्थिरताकारी समझा जाना था।

पर औपनिवेशिक शक्तियों के प्रतिनिधि होने के नाते प्रोटेस्टेंट मिशनरी

राजकीय नीतियों को प्रभावित कर पाने में सफल रहे। दो रेजिडेन्ट अधिकारी, जेम्ज मुनरो तथा फ्रांसिस माल्टवाई तो सीधे ही प्रोटेस्टेंट मिशनों से जुड़े हुए थे। जैसा हमने पहले भी लिख़ा है, गौरी पार्वतीबाई की शिक्षा सम्बन्धी उद्घोषणा निश्चय ही दीवान एवं रेजीडेन्ट जेम्ज मुनरो के विचारों से प्रभावित रही थी। यह भी दावा किया जाता है कि वास्तव में उस घोषणा का लेखक स्वयं मुनरो ही था। मुनरो को एक ऐसा श्रद्धालु ईसाई बताया जाता है जोकि धर्मान्तरण के उन्माद से ओतप्रोत था—वह सभी गैर ईसाईयों को ईसाई तथा सभी ईसाईयों को (अपने) प्रोटेस्टेंट मत में धर्मान्तरित करना चाहता था।

इस विषय में निश्चय ही कोई सन्देह नहीं है कि मिशनरियों की गतिविधियों एवं प्रभाव ने 19वीं शती के उत्तरार्द्ध एवं 20वीं के प्रारम्भ में चले अनेक सामाजिक आन्दोलनों के लिए उपयुक्त धरातल का निर्माण किया था।

जाति-आधारित सुधार आन्दोलन

केरल की अनेक जातियों में आन्तरिक समाज सुधार आन्दोलन चलते रहे हैं। इनमें सबसे अधिक चर्चित आन्दोलन वे रहे हैं जो कि एझवा, पुलया जातियों, नायरों एवं नम्बूदरियों के बीच चले थे। दक्षिण त्रावणकोर विशेषकर कन्याकुमारी तथा तिरुनेलवली के नाडार भी एक जाति आधारित आन्दोलन में बद्ध हो गए थे। पर नाडारों के इस संगठन एवं आन्दोलन के केन्द्र पड़ोसी राज्य तमिलनाडु में अवस्थित थे। जाति-आधारित सुधार आन्दोलनों की विविधता का अनुमान तो इसी से लग जाता है कि ये आन्दोलन दमित एवं दमनकर्त्ता, दोनों ही जातियों में चलाए जा रहे थे। जातीय आन्दोलन समाजिक सुधारों एवं व्यवहारिक सुधारों पर बल दे रहे थे। अस्पृश्यता-निवारण पर इनका विशेष आग्रह था। इन्होंने जातियों के आन्तरिक नियम आदि में भी सुधार करना चाहा—इसके लिए ये सरकारी हस्तक्षेप (नए कानूनों की रचना) द्वारा उत्तराधिकार एवं पारिवारिक संगठना के नियमों को बदलना चाहते थे।

एझवा आन्दोलन

19वीं-20वीं शताब्दियों का एझवा समाज सुधार आन्दोलन भारत के आधुनिक युग का सबसे महत्त्वपूर्ण जाति-आधारित आन्दोलन रहा है। एक विद्वान अध्येता ने तो यहाँ तक कहा है कि त्रावणकोर में पूँजीवाद उत्थान के साथ ही साथ सामाजिक जागृति की लहर का सबसे अधिक क्रान्तिकारी आयाम एझवा समाज का सुधार आन्दोलन था। यह सबसे अधिक प्रभावशाली एवं व्यापक भी था। इसके प्रारम्भिक नेता श्री नारायण गुरु, कुमारन असन, डा. पल्पु जैसे व्यक्तियों एवं एझवा जाति की मुख्य संस्था, श्री नारायण धर्म परिपालन योगम् को केरल के भूमिहीन किसानों के जनतान्त्रिक आन्दोलन का प्रथम संगठनकर्ता एवं प्रेरक माना गया है। यद्यपि

एझवा सामाजिक सुधार आन्दोलन कोचीन तथा मालाबार में खूब फला-फूला पर इसका उद्‌गम त्रावणकोर से हुआ था—वहीं इसके संगठन की वास्तविक शक्ति भी बसी हुई थी।

केरल की जातिप्रथा की क्रमबद्धता में एझवा जाति द्विस्तरीय अस्पृश्यता के उच्च स्तर पर विराजमान रही है। इन्हें सवर्ण हिन्दू जातिच्युत एवं अस्पृश्य मानते थे, पर इन्हें पुलाया तथा अन्य दास वर्णों से श्रेष्ठतर भी माना जाता था। एझवा समाज में परिवर्तनों की एक बड़ी विशेषता 19वीं-20वीं शताब्दियों में इनके कर्मकांडीय स्तर एवं आर्थिक सुयोगों के बीच आया विरोधाभास रहा है। इस अवधि में त्रावणकोर में कृषि का व्यावसायीकरण हुआ—इसमें पूंजीवादी विकास का दौर भी चला। कृषि के भूक्षेत्र का प्रसार हुआ और पर्वतीय क्षेत्रों में बागान विकसित हुए। इसी काल में कर्षक को स्वामित्व की दिशा में विधेयन भी हुआ और पुरानी नायर-नंबूदरी संपत्तियों का विखंडन भी आरम्भ हुआ। इसी समय त्रावणकोर को नारियल व्यापार के उछाल का लाभ भी मिला—इंगलेंड और अमेरिका में नारियल और इसके रेशे से बनी चटाइयों की माँग में बहुत तेजी आई थी। यही इस प्रदेश में नारियल उगाने और चटाई बनाने के उद्योग के लिए बहुत बड़ा आर्थिक प्रोत्साहन था।

एझवा जन समुदाय के परम्परागत कार्यों में खेती, खेतों में काम करना, नारियल उगाना व इसके पेड़ के सभी उत्पादनों का संशोधन करना, टॉडी और अरक (देसी शराबें) बनाना शामिल रहे हैं। एझवा समुदाय परम्परागत शिक्षा से पूरी तरह वंचित भी नहीं था। इस समुदाय में आयुर्वेद और ज्योतिष के विद्वान एवं संस्कृत के पंडित भी विद्यमान थे। इस जाति के परम्परागत व्यवसाय ही त्रावणकोर की अर्थव्यवस्था में प्रगति के युग में इस समाज के कुछ समुदायों के लिए तीव्र विकास एवं संवृद्धि के आधार बन गए। उन्होंने शराब बनाने के ठेके लेने तथा नारियल एवं उसके रेशे के उत्पादन और व्यापार शुरू कर दिए। एक प्रकार से इनके पेशे और सामाजिक स्तर की हीनता के सूचक कार्य ही इस युग में एझवा सम्भ्रान्त परिवारों के लिए आर्थिक प्रगति का आधार बन गए। 1875 तक तो स्थिति यह हो गयी थी कि किसी भी अन्य मलयालीभाषी हिन्दू जाति की अपेक्षा एझवा जाति में व्यापारियों का अनुपात अधिक बढ़ा-चढ़ा हो गया था। अन्य लोगों की अपेक्षा एझवा श्रमिक अधिक आसानी से दूसरी जगह जाकर रोजगार करने लगते थे। गैर कृषिकार्यों में एक नए एझवा श्रमिक वर्ग का उदय हो रहा था। 1930 के दशक में तो नारियल रेशा उद्योग में लगे 80 प्रतिशत श्रमिक एझवा जाति के ही थे। ये बागानों, सार्वजनिक निर्माणों (यह कार्य त्रावणकोर राज्य की गतिविधियों का एक प्रमुख अंग बन चुका था), भूमि को पुनः कृषियोग्य बनाने तथा खेती करने में भी जुटे हुए थे। इन्हें सरकारी नौकरियाँ नहीं दी जाती थीं, इसी कारण इस जाति के सुयोग्य सदस्यों ने रोजगार के अन्य अवसरों की खोज कर उन्हें अपनाने की ओर विशेष ध्यान दिया।

सामाजिक बदलाव ने एझवाओं को विवाह तथा उत्तराधिकार के मामले में अधिक लचीलापन भी सुलभ करा दिया। इसमें संयुक्त के विपरीत संक्षिप्त (माता-पिता एवं उनकी सन्तान) परिवार प्रचलन नायरों और नंबूदरियों की तुलना में अधिक हो गया था। शिक्षा तथा जाति विभेद के क्षेत्रों में मिशनरियों की गतिविधियों का भी इनकी सामाजिक चेतना पर प्रभाव पड़ा था।

इस सब प्रगति के बावजूद एझवा समुदाय को जातीय भेदभाव के अन्यान्य कष्टों और दुविधाओं को भुगतना पड़ रहा था। जाति एवं आर्थिक स्थिति के बीच की खाई के उदाहरण के रूप में अक्सर अलमूत्तिल चन्नार का उदाहरण दिया जाता है। यह 1920 में त्रावणकोर रियासत में निजी मोटर वाहनों के दो स्वामियों में से एक था। जब वह किसी ऐसी सड़क पर (अपनी कार में) पहुँच जाता जहाँ उसकी जाति के लोगों का आना-जाना मना होता, तो वह गाड़ी से उतर कर दूसरे रास्ते दौड़ता हुआ किसी दूसरे स्थान (जहाँ मनाही नहीं हो) तक पहुँचता था। उसका नायर चालक गाड़ी चलाकर उस बिन्दु तक पहुँच जाता था—फिर वह दुबारा अपनी कार से यात्रा पुनः आरम्भ कर देता था। उसने अपनी निजी सम्पत्ति से भी सड़कों का निर्माण करा लिया था ताकि गाड़ी चलाने में कठिनाई नहीं हो। सरकारी रोजगार में एझवा प्रतिनिधित्व बहुत ही सीमित था। 1991 में जनसंख्या में 16 प्रतिशत एझवा थे, पर सरकारी सेवा में उनका अनुपात एक प्रतिशत से भी कम था। उनके विरुद्ध सरकार के भेदभाव का सबसे बड़ा प्रमाण तो डाक्टर पुलय का मामला ही था ! वे मेडिकल कालेज की प्रवेश परीक्षा में द्वितीय स्थान पर आए थे पर एझवा जाति का होने के कारण प्रवेश से वंचित कर दिए गए। उन्होंने मद्रास जाकर डाक्टरी की पढ़ाई की पर वापस आने पर त्रावणकोर राज्य में नौकरी नहीं पा सके। उन्हें मैसूर की रियासत में नौकरी करनी पड़ी। 1932 में जनसंख्या में 17 प्रतिशत जनबल के बावजूद सरकारी नौकरियों में चार प्रतिशत से भी कम एझवा दिखाई पड़ते थे। इसके विपरीत नायर भी जनसंख्या में तो 17 प्रतिशत ही थे पर उनका 58 प्रतिशत पदों पर कब्जा था। यही नहीं, मात्र 0.8 प्रतिशत ब्राह्मण भी 18 प्रतिशत सरकारी पदों पर अधिकार जमाए बैठे थे।

नव विकासमान एझवा सम्भ्रान्त वर्ग ने 19वीं शती से आरम्भ आधुनिकीकरण में पूर्ण भागीदारी की माँग उठाई। श्री नारायण धर्म परिपालन योगम् की स्थापना 1903 में हुई थी। एझवा समाज सुधार आन्दोलन की मुख्य माँगें अस्पृश्यता का अन्त तथा सवर्णों द्वारा इस जाति के लिए सड़क प्रयोग पर लगाए प्रतिबन्ध को हटाने की थीं। साथ ही इन्होंने स्नानघाटों, पेयजल स्रोतों, मन्दिरों में प्रवेश, साक्षरता तथा शिक्षा का अधिकार, सरकारी नौकरियों में स्थान और सीमित मताधिकार आश्रित त्रावणकोर राज्य की विधायिका में भी प्रतिनिधित्व माँगा। इस माँग में एझवा आन्दोलन ने त्रावणकोर के मुस्लिम एवं ईसाईयों के साथ ही सहयोग किया।

इन्होंने शिक्षा पर बहुत अधिक बल दिया। योगम् की पहली ही बैठक में डाक्टर पल्पू ने घोषणा की थी कि हम केरल की सबसे बड़ी जाति हैं—किन्तु शिक्षा के अभाव में कोई भी जाति स्थायी एवं सभ्यतापूर्ण समृद्धि को प्राप्त नहीं कर पाती। हमारे समाज में कोई भी नर-नारी अशिक्षित नहीं रहना चाहिए। एझवा समाज सुधार आन्दोलन के प्रारम्भिक इतिहास की सबसे बड़ी खूबी सभी लड़के-लड़कियों के लिए प्राथमिक शिक्षा सुलभ कराना तथा उच्च-शिक्षा की ओर भी ध्यान देना रही। उच्चवर्णीय हिन्दू नायरों ने एझवाओं की इस व्यापक शिक्षा क्रान्ति का जमकर विरोध किया। इन्होंने एझवाओं पर क्वीलोन क्षेत्र में तो हमले तक करने शुरू कर दिए थे।

इस आन्दोलन ने हिन्दू धर्म की दकियानूसी एवं आदिम प्रथाओं के विरुद्ध भी जन संगठन आरम्भ किया। उत्तराधिकार सुधार की इसकी माँग के फलस्वरूप ही एझवा सन्नियम-1925 की घोषणा हुई। मन्दिर-प्रवेश की माँग को तो बहुत व्यापक जनसमर्थन मिला। वैसे 1924-25 में त्रावणकोर का प्रसिद्ध वैक्कम सत्याग्रह मन्दिर प्रवेश नहीं वरन् मन्दिरों के आसपास की सड़कों पर दलित जातियों के आवागमन पर लगे प्रतिबन्ध के विरोध में हुआ था। 1925 में महात्मा गांधी के अनुरोध पर आन्दोलन वापस ले लिया गया—और प्रशासन भी एक पूर्वी मार्ग को छोड़ सभी लड़कों को सभी के लिए खोलने को सहमत हो गया। किन्तु फिर भी वैक्कम सत्याग्रह सामाजिक आन्दोलनों की कड़ी में एक मील का पत्थर सिद्ध हुआ और मन्दिर प्रवेश की माँग बल पकड़ती गई। अन्ततः 1936 में सरकार ने मन्दिरों में सभी के प्रवेश की उद्‌घोषणा कर ही दी।

1880 के अन्तिम तथा 1890 के प्रारम्भिक वर्षों को आधुनिक केरल के निर्माण की दृष्टि से बहुत ही महत्त्वपूर्ण समय माना जाता है। इनसे पिछले दो दशकों में समाचार पत्रों का प्रकाशन शुरू हो चुका था—वह भी जनभाषा मलयालम में अनूदित करना भी आन्दोलन जैसा हो गया। 1889 में पहला सम्पूर्ण मलयालम उपन्यास प्रकाशित हुआ। 'इन्दुलेखा' नामक इस रचना में सामाजिक सुधारों को ही मुख्य विचार के रूप में प्रयुक्त किया गया था। मलयालम भाषा में पहली साहित्यिक टीका का प्रकाशन भी 1889 में ही हुआ। 1888 में एक मध्यवर्गीय मातृवंशी एझवा परिवार में जन्मे और वेदान्त तथा सामाजिक समानता के विचारों से प्रभावित श्री नारायण गुरु ने अपना सामाजिक एवं धार्मिक सुधार आन्दोलन आरम्भ किया। यह उनका सार्वजनिक मिशन था। उन्होंने अपने व्यक्तिगत दर्शन की पहचान बन गई शिक्षा या सीख की घोषणा की। यह सीख थी : "मानव मात्र के लिए एक जाति, एक धर्म, एक ही ईश्वर।" 1891 में त्रावणकोर दरबार को 'मलयाली स्मारिका' (या प्रतिवेदन) पेश की गई। इसमें नायरों की गैर-मलयालीभाषी ब्राह्मणों के विरुद्ध माँगें भी शामिल थीं, पर इसके तीसरे हस्ताक्षरकर्ता थे डाक्टर पल्पू। इस प्रतिवेदन में इस बात की ओर भी ध्यान आकर्षित किया गया था कि 5 रुपया प्रतिमाह से अधिक वेतन के

किसी भी सरकारी पद पर कोई भी एझवा काम नहीं कर रहा था।

19वीं-20वीं शताब्दियों के मलयाली पुनःजागरण की सबसे बड़ी एवं विलक्षण खूबी यही रही कि इस पुनःजागृति के कर्णधार का कार्य एक ऐसे समुदाय ने सँभाला जिसे सवर्ण हिन्दू जातिच्युत एवं अस्पृश्य मानते थे। ऐसी एझवा जाति ने ही मलयाली समाज में पुनःजागरण का शंख फूँका। कलकत्ता में शिक्षित कुमारनू असन श्रीनारायण धर्म परिपालन योगम् के पहले महासचिव थे—यही आधुनिक मलयालम के पहले गीतकार कवि भी रहे।

अनेक अध्येताओं ने एझवा समाज सुधार आन्दोलन की राजनीतिक-वैचारिक धाराओं तथा इसके श्रमिक आन्दोलनों से सम्बन्धों की विस्तृत विवेचना की है। 1930-40 के दशकों में इस समुदाय के आन्तरिक सामाजिक एवं आर्थिक अन्तरों के कारण सुधार आन्दोलन में भी कुछ 'पुरातनवादी' एवं 'क्रान्तिकारी' धाराएँ बनने लगीं। एझवा सम्भ्रान्त परिवारों की बढ़ती हुई समृद्धि को देख कुछ पुरातनवादी तत्व राष्ट्रीय आन्दोलन, राजशाही के विरोध तथा त्रावणकोर के नारियल रेशा श्रमिकों के आन्दोलनों से भी विमुख हो गए। एक अन्य समूह श्री नारायण गुरु की शिक्षा : 'मानव मात्र के लिए एक जाति, एक धर्म और एक ईश्वर' से ही दूर हटकर धर्मविरोधी (वामपन्थी) विचारधारा से जा जुड़े और उनका नया घोष था 'मानव मात्र के लिए 'न जाति, न धर्म और न ही कोई ईश्वर'। ये वर्ग खेत मजदूरों, नारियल रेशा मजदूरों, निरंकुश शासन व्यवस्था और बाद में वामपन्थी आन्दोलनों के साथ भी जुड़े रहे। एक मत के अनुसार यह निर्णायक विभाजन 1938 में एल्लेप्पी में श्रमिकों की आम हड़ताल के समय आया जब सरकार के पुरातनवादी पक्षधरों ने एझवा श्रमिकों को इस हड़ताल से तोड़ने का काम करने में बड़ी सरगर्मी दिखाई। बाद के वर्षों में एझवा जाति के किसान, खेत मजदूर और नारियल रेशा मजदूर भी साम्यवादी दल में तथा इसके अन्य संगठनों में भारी संख्या में शामिल होने लगे।

अन्य जाति-आधारित समाज सुधार आन्दोलन

पुलाया समाज के सुधार आन्दोलन को तो एझवाओं से कहीं अधिक बाधाओं एवं कठिनाइयों से दो-चार होना पड़ा। एक इतिहासकार के मतानुसार इनके प्रति तो उच्चवर्णीय विरोध बर्बरता की सीमा का भी उल्लंघन कर गया था। इस आन्दोलन में तो जाति के सम्पन्न वर्ग के लिए भी अवसरों के झरोखे नहीं खुल पाए। 1890 के दशक से ही त्रावणकोर के अय्यनकाली (1863-1941) उस क्षेत्र के पुलया समाज के एक महान नेता बन चुके थे। इन्हीं ने तिरुवनन्तपुरम के दक्षिण में स्थित अपने गाँव के आसपास सार्वजनिक मार्गों के प्रयोग पर प्रतिबन्ध के विरुद्ध जन संगठन किया। इनके आन्दोलन के मुख्य मुद्दों में शिक्षा, जातीय भेदभाव का अन्त तथा अन्य नागरिक अपंगताओं का निवारण सम्मिलित थे। अय्यनकाली ने ही 1914

में कृषि मजदूरों की (सम्भवतः) प्रथम हड़ताल का आयोजन किया था। अय्यनकाली ने ही तिरुवनन्तपुरम के निकट नेय्यातिंकरा तालुक के अरुत्तमबलम गाँव के सरकारी स्कूल में एक पुलया लड़की को प्रविष्ट कराने का प्रयास किया। उस क्षेत्र के नायरों ने इस अपराध के कारण पुलया समुदाय के विरुद्ध हिंसात्मक अभियान प्रारम्भ कर दिया—यहाँ तक कि उस स्कूल को भी जलाकर राख कर दिया। इसी के बाद अय्यनकाली ने उच्चवर्णीय लोगों के खेतों में सफलतापूर्वक मज़दूर हड़ताल का आयोजन किया—अन्ततः सरकार को हस्तक्षेप करना पड़ा और न्यायिक जाँच के बाद श्रमिकों की जीत हुई।

19वीं शताब्दी में ही नायर यह समझ चुके थे कि उनकी बृहद संयुक्त परिवार प्रथा आधुनिक समाज के उपयुक्त नहीं रह गई थी। तब तक त्रावणकोर के राजवंश ने नायरों के सशस्त्र गिरोहों को भी छिन्न-भिन्न कर दिया था। अतः इनके पुरुष 'तारवाड़' के आसपास ही निठल्ले मँडराते रहते थे। इन हालात में वे 'करनावार' (संयुक्त नायर परिवार के पुरुष मुखिया) की तानाशाही सहन करने को मजबूर रहते थे। कृषि सम्बन्धों में भी नए विकास हो रहे थे—यहाँ पूँजीवादी कृषि सम्बन्ध, नए कृषि विधेयक और भूमि के लिए बाजार का विकास प्रमुख रहे, अतः नायर परिवारों में विभाजन एवं 'तारवाड़' की सम्पत्ति का विक्रय आरम्भ हो गया।

नई परिस्थितियाँ नारी वर्ग के लिए तो बहुत ही उत्पीड़न-भरी थीं। पिताओं ने तो बच्चों के लालन-पालन की कोई जिम्मेवारी कभी उठाई ही नहीं, पुरुष तारवाड़ में पड़े रहते और पारिवारिक सम्पत्ति में बिना कोई योगदान किए उसी के सहारे अपना जीवनयापन करते थे। महिलाएँ भी तारवाड़ से बाहर जाकर काम नहीं कर पाती थीं, उनमें साक्षरता भी बहुत कम थी—बेशक इसका स्तर जाति बाहर (अछूतों) से अधिक रहा हो, फिर भी इनका साक्षरता स्तर पुरुषों की अपेक्षा बहुत ही न्यून था। अतः इसमें कोई आश्चर्य नहीं होना चाहिए कि मातृवंशी संयुक्त परिवार को एक पत्नी-एक पति वाले तथा संक्षिप्त परिवार की दिशा में बदलने के लिए पहले प्रयास संयुक्त परिवारों की महिलाओं ने ही आरम्भ किए।

19वीं-20वीं शती के नायर समाज सुधार आन्दोलनों ने इस वर्ण को अधिक शिक्षा या अन्य नए पेशों एवं नौकरशाही में प्रविष्ट कराने पर बहुत अधिक आग्रह रखा। नायरों की राजदरबार में बहुत पहुँच थी, इसी के सहारे शीघ्र ही ये सरकारी पदों पर कब्जा करने लग गए और सारी नौकरशाही पर इनकी 'प्रबलता' भारी पड़ने लगी। यह बताने की आवश्यकता नहीं है कि नायरों की सफलता न तो पूँजी निवेशन की सफलता थी और न ही इसका आधार भौतिक उत्पादन था।

नायर सुधारों की दो प्रमुख विशेषताएँ इनके विवाह एवं सम्पत्ति विषयक कानूनों में परिवर्तन रहीं। पहला सुधार 'सम्बन्धम्' व्यवस्था के विरुद्ध था। नायरों की दूसरी माँग तारवाड़ सम्पत्ति की अनुमति देने वाले विधेयन की थी। मालाबार-कोचीन एवं

त्रावणकोर में पारित मरुमक्काटयम् कानूनों ने पुरानी मातृकुलानुगामी एवं मातृगृह केन्द्रित नायर संयुक्त परिवार के विघटन में बहुत बड़ा योगदान दिया।

नम्बूदरी समुदाय में भी सुधारों का सबसे बड़ा लक्ष्य समाज की प्रतिक्रियावादी विवाह प्रथा ही थी। साथ ही इन्होंने भी आधुनिक शिक्षा के अधिकार की माँग की। इनका मालाबार क्षेत्र के सामाजिक आन्दोलन एवं स्वतन्त्रता आन्दोलन में बहुत घनिष्ठ सम्बन्ध था। केरल के ईसाई समुदायों में भी सुधारवादी लहरें उठीं। यहाँ ईसाई मिशनरियों एवं सीरियाई ईसाई समाज के बीच भेद रखना आवश्यक होगा। मिशनरी तो औपनिवेशीय शक्तियों के प्रश्रय में ही केरल क्षेत्र में आए थे। इन्होंने शिक्षा, स्वास्थ्य के विस्तार-प्रसार तथा पुरातन दास प्रथा की समाप्ति में बहुत बड़ा योगदान किया। पर सीरियाई ईसाई समाज में जातीय भेदभाव तो व्याप्त था, ये धर्मान्तरण कराने के उन्माद से पीड़ित नहीं थे, इनके चर्च की संरचना मिशनरीवादी नहीं थी। इनके अतिरिक्त द. त्रावणकोर का नाडार समाज भी सुधारवाद से अछूता नहीं रह सका।

उपर्युक्त विवरण से यह तो स्पष्ट ही है कि चाहे वह दलितों या नायरों का जाति-आधारित संगठन हो या धर्मआधारित ईसाई संगठन, दोनों का ही मुख्य आधार मालाबार नहीं वरन् त्रावणकोर में ही रहा। उदाहरण के लिए, 1929 में श्री नारायण धर्म परिपालन योगम् के 63,674 सदस्यों में से मालाबारवासी सदस्यों की संख्या मात्र 121 थी। मालाबार में तो जातीय उत्पीड़न विरोधी आन्दोलन स्वतन्त्रता आन्दोलन एवं वामपन्थी धारा के अंग के रूप में ही चला। 1920-30 के दशकों की त्रावणकोर राजनीति को "ऊपर दरबारी जोड़तोड़ और नीचे जाति एवं धर्म की राजनीति" का नाम दिया गया है। राज्य जन कांग्रेस की स्थापना एवं साम्यवादी राजनैतिक संगठन कर्ताओं के प्रादुर्भाव के बाद ही त्रावणकोर के राजनीतिक परिदृश्य की रचना में परिवर्तन आरम्भ हुए और तभी दलित समुदाय को स्वतन्त्रता आन्दोलन एवं वर्ग संघर्ष के साथ जोड़ पाना सम्भव हुआ। साम्यवादी आन्दोलन के एक प्रमुख अध्येता का विचार है कि केरल में साम्यवादियों का सबसे बड़ा योगदान सम्भवतः जातीय सुधार आन्दोलनों के प्रति उनका दृष्टिकोण ही रहा है। उन्हीं के शब्दों में :

साम्यवादियों ने विभिन्न जातियों के समाज सुधार आन्दोलनों (विशेषकर दलितों के सवर्ण विरोधी आन्दोलनों) का समर्थन एवं उनमें खुलकर भाग लेते हुए भी इस बात का ध्यान रखा कि साथ ही साथ वर्ग आधारित जनसंगठनों की रचना का प्रयास भी चलता रहे। इन संगठनों में जाति को आधार नहीं बनाया गया था पर ये भी सामन्तशाही विरोधी संघर्ष के अंग के रूप में जाति सुधार के नारे लगाते रहे। साम्यवादी इन सुधार आन्दोलनों की मूल परिवर्तनवादी थाती को और आगे बढ़ाते चले गए तथा अन्ततः इन (आन्दोलनों से जुड़े) जन सामान्य को अपने साथ मिलाने में सफल रहे [इन जातियों के सम्भ्रान्त एवं नवसमृद्ध वर्ग तो पुरानी जातीय माँगों से ही बँधे रह गए और अपने जातिवादी संगठन के 'सुरक्षा' खोल में ही सिमटते चले गए]।

वामपन्थियों का योगदान

साम्यवादी पार्टी एवं मजदूरों, किसानों, खेत मजदूरों, छात्रों, अध्यापकों, युवाओं और महिलाओं के बीच कार्य कर रहे इनके संगठन 1930 से दशक से ही केरल प्रान्त में राजनीतिक जन-आन्दोलनों के मुख्य संगठनकर्ता और नेता बने रहे हैं। इन्हीं को केरल के जनसामान्य के राजनीतिकरण का श्रेय भी दिया जा सकता है। केरल भारत का वह प्रान्त है जहाँ साम्यवादी दल विविधतापूर्ण सामाजिक-राजनीतिक आन्दोलनों के प्रगतिशील सूत्रों को आत्मसात् कर उन्हें एक नया दर्शन और राजनीतिक दिशा दे पाने में सफल रहा है। केरल के इन विविध आन्दोलनों में शामिल रहे हैं : स्वतन्त्रता आन्दोलन, समाज-सुधार आन्दोलन की आमूल परिवर्तनवादी एवं जातिविरोधी धाराएँ, भूस्वामीवाद के विरोधी सामन्तवाद एवं निरंकुशता/राजशाही विरोधी आन्दोलन, क्षेत्र के भाषाई पुनर्गठन एवं केरल राज्य की स्थापना के लिए हुए आन्दोलन तथा श्रमिकों, किसानों एवं परिवर्तनवादी बुद्धिजीवियों के आधुनिक आन्दोलन। राज्य में महिलाओं के व्यापक राजनीतिक संगठनों के संगठनकर्ता भी साम्यवादी ही थे। केरल में साहित्य एवं कलाओं (नाट्य कला सहित) के आन्दोलन में भी इन्हीं का योगदान अग्रणी रहा। स्कूल शिक्षक ही राष्ट्रीय स्वतन्त्रता आन्दोलन तथा साम्यवादी दल के मुख्य जन संगठनकर्ता थे। इन्हीं ने ग्रन्थशाला आन्दोलन की संरचना की पहल की और मालाबार में साक्षरता अभियान भी इन्हीं शिक्षकों की देन था। 1970 के दशक में केरल शास्त्र-साहित्य परिषद के विज्ञान प्रसार अभियान तथा 1989-91 के सम्पूर्ण साक्षरता अभियान के प्रमुख कार्यकर्ता भी इसी साम्यवादी धारा के सदस्य रहे हैं।

आधुनिक केरल राज्य की स्थापना 1956 में हुई और पहला महानिर्वाचन 1957 में। राज्य में विद्यमान विभिन्न राजनैतिक दलों में केवल साम्यवादी दल के पास प्रदेश के भविष्य को लेकर एक समन्वित रूपरेखा थी, वे जानते थे कि वे क्या करने वाले हैं और कैसे करने वाले हैं। जून 1956 में केरल के साम्यवादी दल ने त्रिश्शूर में अपनी बैठक में दल की गतिविधियों की समीक्षा की। इसी समीक्षा की उत्पत्ति 'लोकतान्त्रिक एवं समृद्ध केरल के निर्माण के लिए साम्यवादी सुझाव'' नामक पत्रक के रूप में सामने आई। यही 1957 के साम्यवादी दल के चुनाव घोषणा पत्र का आधार बना, यही अन्ततः राज्य की भावी सरकारी नीतियों का आधार भी बन गया। केरल की पहली निर्वाचित सरकार साम्यवादी थी। इसकी और बाद में बनी सभी साम्यवादी सरकारों की कार्यसूची में अन्य बातों के साथ साथ भू-सुधार, स्वास्थ्य, शिक्षा तथा खाद्यान्न एवं अन्य आवश्यक वस्तुओं की सार्वजनिक वितरण व्यवस्था को सुदृढ़ करने को प्रमुखता दी गई है। यह बात भी अध्येताओं से छुपी नहीं रही कि यद्यपि प्रत्येक साम्यवादी सरकार के कार्यकाल तो संक्षिप्त ही रहे हैं, पर प्रत्येक बार उन्होंने केरल के व्यापक बदलाव के अपने मूल कार्यक्रम को लागू करने में

बड़े निर्णायक योगदान भी दिए हैं। प्रान्त के भूमि सुधारों और सार्वजनिक वितरण व्यवस्था को तो निर्विवाद रूप से साम्यवादी प्रकल्प माना जाता है। इन्हीं की सरकारों ने वह प्रक्रिया आरम्भ की जिसके द्वारा प्रदेश के विभिन्न घटक क्षेत्रों की विषमता की खाईयाँ पाट पाना सम्भव हुआ। इन्हीं ने स्थानीय स्वशासन व्यवस्था की प्रथम रूपरेखा भी गढ़ी थी। 1987-91 की साम्यवादी सरकार ने ही संपूर्ण साक्षरता आभियान के निमित्त समर्थन भी जुटाया था। फिर जहाँ एक ओर केरल के मतदाता इनकी नकेल को कसकर साधे रहते हैं (हर चुनाव में सरकार बदलना केरल की परम्परा बन चुकी है) वहीं साम्यवादी दल ने अपनी कार्यसूची के अनेक मुद्दों पर राज्य में व्यापक जन सहमति के वातावरण का निर्माण भी सफलतापूर्वक किया है। दूसरे शब्दों में, चुनाव में पराजय का अर्थ यह नहीं होता कि मतदाताओं ने वामपन्थी सामाजार्थिक कार्यक्रमों को पूरी तरह नकार दिया है। यह वामविरोधी मत न तो साक्षरताविरोधी होता है, न कृषि सुधारों का विरोधी और न ही इसमें सार्वजनिक वितरण व्यवस्था के विरुद्ध कोई तत्त्व होते हैं।

यद्यपि त्रावणकोर के आमूल परिवर्तनवादी व्यक्तियों ने केरल के बौद्धिक जीवन पर 20वीं शती के आरम्भ से ही अपनी छाप छोड़नी शुरू कर दी थी, पर साम्यवादी आन्दोलन की सही शुरुआत मालाबार क्षेत्र से ही हुई। 1930-40 के दशकों में मालाबार के साम्यवादी आन्दोलन से जुड़े कार्यकर्ताओं के संस्मरणों एवं उस समय के घटनाक्रम से जुड़े और उसके लिए अपने प्राणों की आहुति दे गए लोगों के विषय में बहुत ही समृद्ध एवं प्रेरणास्पद साहित्य उपलब्ध है। मालाबार तो अपने अद्वितीय जनसंगठन-सामर्थ्य-संपन्न कार्यकर्ताओं की संख्या एवं उनकी योग्यताओं के लिए विख्यात ही रहा है–इनमें से आज ई.एम.एस. नम्बूदरीपाद, ए.के. गोपालन तथा पी. कृष्ण पिल्लई आदि के नाम तो दूर-दूर तक प्रख्यात हैं। मालाबार के साम्यवादी संगठक बहुत ही निःस्स्वार्थ, प्रबुद्ध तथा अन्याय के प्रति संवेदनशील थे–उन्होंने केरल एवं समस्त भारत के निवासियों के लिए एक बेहतर जीवन एवं भविष्य सुनिश्चित कराने के ध्येय को लेकर शासक वर्ग के दमन एवं उत्पीड़न चक्र की अपार वेदना झेली है। नम्बूदरीपाद तो केरल के लब्धप्रतिष्ठ समाजशास्त्री माने ही जाते हैं। बीसवीं शती में किसी अन्य व्यक्ति ने इतने दीर्घ काल तक भारत के किसी भी क्षेत्र में सामाजिक-आर्थिक एवं राजनीतिक जीवन में इतना योगदान नहीं दिया है जितना कि ई.एम.एस. नम्बूदरीपाद ने केरल में दिया है।

केरल के विकास से जुड़ी रचनाओं में अक्सर त्रावणकोर की गतिशीलता तथा मालाबार की शिथिलता की तुलना होती है। यह मान लिया जाता है कि परिवर्तन की सागर लहरियाँ कोचीन एवं त्रावणकोर के तट प्रान्त से तो टकराती हैं पर पिछवाड़े में पड़ा मालाबार उनसे अछूता ही रह जाता है। या फिर कहा जाता है कि केरल के विकास प्रतिमान का अर्थ है कोचीन-त्रावणकोर के अनुभवों की मालाबार में

पुनरावृत्ति। किन्तु मालाबार को सतत् पिछड़ेपन से ग्रस्त, परिवर्तनहीन क्षेत्र के रूप में प्रस्तुत करनेवाला विश्लेषण-आकलन वस्तुतः उन अध्येताओं के विभ्रम एवं उनके दृष्टिकोण की एकपक्षीयता का ही प्रमाण है। ऐतिहासिक परिप्रेक्ष्य में देखें तो पता चलता है कि केरल के विकास में मालाबार ने बहुत ही अनूठा एवं निर्णायक योगदान दिया है। मालाबार की जनता ने ही सबसे अधिक प्रतिगामी एवं दकियानूसी कृषि सम्बन्धों को भुगता है, इन्हीं ने ब्रिटिश उपनिवेशी शक्तियों से सीधी टक्कर ली। मालाबार में ही सबसे पहले वर्ग-आधारित जन आन्दोलन खड़ा हुआ, जिसका नेतृत्व आरम्भ में कांग्रेस वाम विचारधारा वाले लोगों ने किया—और बाद में वे साम्यवादी दल में चले गए। यह आन्दोलन भूस्वामियों के दमनचक्र एवं ब्रिटिश शासन के विरुद्ध था।

एक साम्राज्यवाद-विरोधी, सामन्तवाद-विरोधी आन्दोलन जो मजदूरों, किसानों, खेतिहर मजदूरों, शिक्षकों एवं युवाओं के जनसंगठनों पर आधारित था, जिसका नेतृत्व स्वतन्त्रता आन्दोलन का वामपन्थी घटक (बाद में साम्यवादी) कर रहा था—यही आन्दोलन केरल के विकास में मालाबार का विशेष एवं अनूठा योगदान रहा है। त्रावणकोर एवं कोचीन की रियासतों में भी स्वतन्त्रता आन्दोलन को गठित करने की उत्प्रेरणा उत्तर की ओर से ही आई थी। मालाबार में इस आन्दोलन की एक विशेषता हिन्दू मन्दिरों में सभी जातियों के बिना भेदभाव प्रवेश करने की माँग भी थी। इस सन्दर्भ में अक्सर यह बात नज़रअन्दाज कर दी जाती है कि वामपन्थी दलों ने दलित जातियों के आन्दोलन में कुछ नए मुद्दों को भी जोड़ दिया था। दास वर्णों एवं एझवा जातीय आन्दोलन के साथ तो विशेषकर यही हुआ। इस प्रकार इन जातियों ही नहीं वरन् सारे केरल को ही एक नई दिशा मिल सकी। अप्रैल 1982 के एक साक्षात्कार में ई.एम.एस. नम्बूदरीपाद ने इस बारे में अपने विचार कुछ इस प्रकार रखे हैं : "वास्तव में साम्राज्यवाद विरोधी स्वतन्त्रता आन्दोलन एवं उसका वाम घटक तो मालाबार से ही रियासती हिस्सों में घुसा था—पर शिक्षा एवं सामाजिक-सांस्कृतिक आन्दोलन का प्रवाह रियासतों से मालाबार की ओर बहा।"

संक्षेप में बस इतना ही : मालाबार केरल के वाम आन्दोलन की जन्मभूमि है और इसने केरल के विकास में निर्णायक भूमिका निभाई है।

महिलाओं की बृहत्तर भूमिका

यद्यपि इसमें कुछ न कुछ पुनरोक्ति दोष अवश्य आ रहा है, पर केरल की विकास सफलताओं में महिलाओं के स्थान एवं भूमिका के विषय में दो बातों पर बल देना आवश्यक है। एक तो केरली महिलाओं ने शिक्षा एवं स्वास्थ्य के क्षेत्रों में शानदार सफलताएँ अर्जित की हैं तथा ये इन मामलों में पुरुषों के कन्धों से कन्धा मिलाकर आगे बढ़ रही हैं। यह अभी तक भारत के किसी अन्य प्रान्त में सम्भव नहीं हो पाया है। केरल एकमात्र ऐसा राज्य है जहाँ पुरुष एवं महिला—दोनों

वर्गों में व्यापक साक्षरता प्रसार हो पाया है। 1986-97 में ही इस राज्य की सभी किशोरियाँ साक्षर थीं। महिला साक्षरता को समाज एवं सरकार, दोनों का समर्थन प्राप्त है और इस राज्य में नारी साक्षरता का संगठित विरोध कभी नहीं हुआ। केरल में जन्म के समय नारी की जीवाशा 74 वर्ष है—यह देशव्यापी औसत से पूरे 15 वर्ष अधिक बनती है। यह केरल के ही पुरुषों से भी 6 वर्ष अधिक है। लड़कियों एवं महिलाओं को स्वास्थ्य सेवाएँ सुलभ हैं और प्राथमिक आँकड़ों पर आधारित अध्ययन भी इस बात की पुष्टि करते हैं कि टीकाकरण की सुविधा का प्रयोग बालक-बालिकाओं के लिए समान रूप से किया जा रहा है। केरल में लड़कियों एवं नारियों के अनुजीवन के प्रति सकारात्मक एवं प्रगतिशील दृष्टिकोण के कारण ही इस प्रान्त में प्रति एक हजार पुरुषों के पीछे 1,040 महिलाएँ हैं (वर्ष 1991), जबकि देश भर की औसत केवल 927 है।

दूसरी विलक्षण बात यह है कि केरल का अनुभव सामाजिक एवं आर्थिक विकास के संवर्धन में नारी की बृहत्तर भूमिका के योगदान का एक नाटकीय उदाहरण भी है। बाल अनुजीवन, सामान्य स्वास्थ्य तथा स्वच्छता के निर्णायक निर्धारक तत्व नारी साक्षरता एवं शिक्षा ही हैं। इन्हीं से अन्य जनांकिकीय एवं स्वास्थ्य सूचकों के स्तर का निर्धारण होता है तथा शिशुमृत्यु दूर, सामान्य मृत्यु दर तथा रोगाक्रान्ति का निर्धारण भी इन्हीं से होता है। बालिकाओं एवं महिलाओं के अनुजीवन के प्रति एक प्रगतिशील एवं प्रबुद्ध सामाजिक दृष्टिकोण के अभाव में केरल की ये स्वास्थ्य विषयक सफलताएँ सम्भव नहीं हो पातीं। नारी साक्षरता अगली पीढ़ी की साक्षरता को सुनिश्चित कर देती है, साक्षर माँ अपने बच्चों को भी साक्षर बना देती है। ऐतिहासिक रूप से केरली महिलाएँ श्रमिक संघों की गतिविधियों में भी सक्रिय रही हैं—नारियल के रेशे और काजू उद्योगों तथा बागानों में तो ये विशेष रूप से सक्रिय रही हैं। यही नहीं, किसान एवं खेतिहर मजदूर आन्दोलनों, भूमि सुधार आन्दोलनों और खाद्य आन्दोलनों में भी महिलाओं की भागीदारी बहुत महत्त्वपूर्ण रही है।

केरली महिलाओं की उपलब्धियाँ ऐतिहासिक दृष्टि से अभूतपूर्व कही जा सकती हैं—इन्हें किसी भी तरह से 'सतही' कह देना उचित नहीं होगा। फिर भी ऐसे अनेक महत्त्वपूर्ण क्षेत्र हैं जहाँ अभी भी नारी बराबरी का अधिकार नहीं पा सकी है—कुछ न कुछ विषमताएँ बनी ही हुई हैं। केरल में नारीवादी आन्दोलनों के प्रतिनिधि एवं समर्थकों का मानना है कि हाल के वर्षों में नारी की सामाजिक-राजनीतिक एवं आर्थिक प्रगति शिक्षा एवं स्वास्थ्य के क्षेत्रों में उसकी ऐतिहासिक उपलब्धियों के अनुरूप नहीं रही हैं। अभी भी श्रम शक्ति में नारी की भागीदारी कम है, उनकी बेरोजगारी दर भी अति उच्च है, तथा सभी जाति, आय एवं शिक्षा स्तरों पर श्रम बाजार में अभी भी नर एवं नारी के बीच भेदभाव जारी है। नारी श्रम शक्ति का बहुत बड़ा भाग कुछ परम्परागत धन्धों में ही लगा है—ये हैं नारियल के रेशे का काम, काजू उद्योग तथा

बाँस का सामान बनाना आदि। इस प्रकार के परम्परागत कार्यों में शिथिलता या फिर निरन्तर ह्रास ही चल रहा है। संसद हो, राज्य विधान मंडल या स्थानीय निकाय, सभी में नारी प्रतिनिधित्व अति अल्प ही है। श्रमिक संगठनों की कार्यकारिणियों में विशेषकर उन उद्योगों में भी जहाँ अधिकांश श्रमिक महिलाएँ ही हों यहीं स्थिति (नारी का अत्यल्प प्रतिनिधित्व) बहुत ही विचित्र लगती है। केरल का नारी आन्दोलन अब प्रान्त में हो रही दहेज हत्याओं एवं यौन उत्पीड़न तथा नारी के प्रति अन्य अपराधों की ओर भी समाज का ध्यान आकर्षित कर रहा है।

राज्य सरकारें

आइए, अब केरल की राज्य सरकारों के कुछ क्रियाकलापों की विशेषताओं की भी समीक्षा कर लें। जनसामान्य के लिए केरल में सरकारी हस्तक्षेप इन क्षेत्रों में बहुत ही महत्त्वपूर्ण रहा है : भूमि सुधार, स्वास्थ्य, शिक्षा तथा सार्वजनिक वितरण व्यवस्था में। राज्य सरकार ने संगठित क्षेत्र से बाहर रह गए व्यक्तियों को भी सामाजिक सुरक्षा सुविधाएँ सुलभ कराने के लिए कई प्रकार के उपाय किए हैं (सामान्यतः इन लोगों को ये सुविधाएँ नहीं मिल पाती थीं)। सरकारी नीतियों ने प्रदेश के उत्तरी एवं दक्षिणी भागों के विकास की खाई को पाटने की दिशा में भी काम किया है। इन क्षेत्रों में सरकार के कार्य वस्तुतः राजनीतिक दलों और जनता के जन-संगठनों की राजनीतिक कारगुजारी के प्रतिक्रियास्वरूप ही हुए हैं। केरल प्रान्त में भू-सुधार भी नई सरकार के गठन के कुछ ही दिन बाद शुरू हो पाए थे (इस विषय में आय विस्तार से पढ़ ही चुके हैं)।

इस विषय में कोई प्रश्न उठा पाने की गुंजाइश नहीं है कि केरल राज्य के गठन के बाद से सरकार की नीतियों ने स्वास्थ्य स्तर को सुधारने एवं जनांकिकीय परिवर्तन आरम्भ करने की दिशा में बहुत अच्छा योगदान किया है। स्वतन्त्रता के बाद से केरल के राजकीय व्यय में स्वास्थ्य सेवाओं पर व्यय का अनुपात अन्य सभी राज्यों से अधिक बना रहा है। यद्यपि अभी केरल की स्वास्थ्य सेवाओं का आर्थिक इतिहास नहीं लिखा गया है किन्तु उपलब्ध साक्ष्यों से यही संकेत मिल रहे हैं कि कम से कम 1920 से तो त्रावणकोर एवं कोचीन की रियासतों में भी स्वास्थ्य एवं शिक्षा पर व्यय के स्तर काफी ऊँचे रहे हैं—जैसे शिक्षा पर व्यय स्वास्थ्य व्यय से भी अधिक था [देखें ता. 4.29]। अस्पतालों, औषधालयों की संख्या के आधार पर केरल में स्वास्थ्य संरचना भारत के शेष भागों से बहुत अधिक विकसित प्रतीत होती है। 1989 में केरल में प्रति 1,000 वर्ग किलोमीटर क्षेत्रफल में 101 अस्पताल-औषधालय, विद्यमान थे जब देश भर की औसत मात्र 12 थी। केरल में प्रति एक लाख जनसंख्या अस्पताल औषधालय संख्या 254 रही जबकि देश भर में (इस आधार पर केवल 77 संस्थाएँ कार्य कर रही थीं। 1980 के दशक के अन्त में अन्य राज्यों की तुलना में केरल में प्रति व्यक्ति

तालिका 4.29
सकल राजकीय व्यय में शिक्षा और स्वास्थ्य का अंश, त्रावणकोर एवं कोचीन

(प्रतिशत)

वर्ष	शिक्षा का अंश		स्वास्थ्य का अंश	
	त्रावणकोर	कोचीन	त्रावणकोर	कोचीन
1867-68 से 1869-70	1.9	0.9	n/a	n/a
1870-79	2.7	1.5	1.8	n/a
1880-89	3.4	2.8	1.5	1.7
1890-99	4.6	4.2	3.2	2.6
1900-99	6.3	4.2	4.1	3.4
1910-19	11.1	10.9	4.0	7.9
1920-29	18.3	16.5	4.5	5.4
1930-39	19.8	18.1	5.3	6.3
1940-41 से 1942-43	16.1	17.3	4.6	6.9

स्रोत : त्रावणकोर एवं कोचीन सरकारों की प्रशासकीय रिपोर्टों से संकलित

तालिका 4.30
केरल में प्रति व्यक्ति स्वास्थ्य व्यय की संवृद्धि दर

(प्रतिशत)

वर्ष	सरकार	निजी	योग
1961-62 से 1973-74	1.4	1.9	1.9
1973-74 से 1986-87	2.5	4.9	4.1

स्रोत : कृष्णन (1991) की तालिका 8 से

स्वास्थ्य व्यय मामूली-सा ही अधिक था किन्तु इस राज्य के स्वास्थ्य व्यय में माँ और बच्चों की देखभाल तथा टीकाकरण और चिकित्सा पर विशेष बल दिया गया है।

आइए, अब केरल की स्वास्थ्य-चिकित्सा व्यवस्था पर एक विहंगम दृष्टि डालें। प्रत्येक जिले में एक उच्चस्तरीय अस्पताल की स्थापना की गई है जहाँ विशेषज्ञ स्तर पर चिकित्सा सुविधाएँ सुलभ रहती हैं। ग्रामीण क्षेत्रों में प्राथमिक स्वास्थ्य केन्द्र आधारभूत चिकित्सीय संस्थान हैं। इनकी स्थापना 1952 में सामुदायिक विकास कार्यक्रम के अन्तर्गत की गई थी। इनसे 30,000 ग्रामीणों (पर्वतीय एवं जनजातीय

क्षेत्रों में 20,000) की देखरेख की अपेक्षा की जाती है। प्रत्येक प्राथमिक स्वास्थ्य केन्द्र में 2 से 3 चिकित्सक, एक स्त्री एक पुरुष स्वास्थ्य सहायक, तथा आवश्यक तकनीकी और प्रशासकीय कर्मचारी होते हैं। स्त्री स्वास्थ्य सहायक मातृ एवं शिशु स्वास्थ्य–प्रसव पूर्व एवं पश्चात्–तथा परिवार कल्याण के कार्यों की देखरेख करती है। पुरुष सहायक को महत्त्वपूर्ण स्वास्थ्य घटनाओं का लेखा रखने, टीकाकरण, घर-घर जाकर मलेरिया पर नजर रखने आदि के कार्य सौंपे गए हैं। यद्यपि केरल में सार्वजनिक स्वास्थ्य सेवाओं की आधारभूत रचना अन्य राज्यों से बहुत अलग नहीं है, किन्तु यहाँ स्वास्थ्य कार्यक्रमों का क्रियान्वयन बहुत बेहतर ढंग से हुआ है। इसका श्रेय शिक्षित एवं राजनीतिक रूप से सचेत जन सामान्य की जागरूकता को जाता है।

आपने इससे पहले देखा ही है कि शिक्षा के प्रति भी राज्य सरकार बहुत पहले ही सचेत एवं क्रियाशील हो गई थी। भारत के सभी राज्यों की तुलना में केरल में शिक्षा व्यय का अनुपात भी बहुत अधिक रहा है [देखें ता. 4.31]। यह बात और भी महत्त्वपूर्ण है कि स्वतन्त्रता से बहुत पहले ही, 1920 के दशक में, त्रावणकोर एवं कोचीन की रियासतें समग्र व्यय का 15 प्रतिशत से अधिक शिक्षा व्यवस्था पर ही खर्च कर रही थीं [ता. 4.29]। अधिकांश प्राथमिक शिक्षा आयु वर्ग के बच्चे सरकारी या सरकारी सहायता प्राप्त स्कूलों में ही पढ़ते हैं। अस्सी के दशक के अन्त में भी केरल का गैरयोजना प्रति व्यक्ति प्राथमिक शिक्षा व्यय चौदह राज्यों के समूह में सबसे अधिक रहा है [ता. 4.32]।

तालिका 4.31

विकास एवं गैर विकास के अनुपात रूप में शिक्षा पर व्यय (राजस्व खाता) : सभी राज्य तथा केरल

(प्रतिशत)

वर्ष	केरल	सभी राज्य
1959-60	37.0	19.6
1960-61	35.1	19.5
1962-63	32.1	19.9
1964-65	33.8	20.2
1965-66	35.4	19.7
1971-72	36.4	21.9
1981-82	32.2	21.4
1990-91	27.8	18.4
1991-92	25.3	17.4
1992-93	26.9	17.4

स्रोत : रिजर्व बैंक ऑफ इंडिया के बुलेटिनों से संकलित

तालिका 4.32

चौदह राज्यों में शिक्षा पर गैर-योजना सरकारी व्यय, 1986-87

(रुपये प्रति व्यक्ति)

राज्य	गैर-योजना व्यय		
	प्राथमिक शिक्षा	माध्यमिक शिक्षा	उच्च शिक्षा
आन्ध्र प्रदेश	39	26	21
बिहार	43	13	12
गुजरात	61	38	15
हरयाणा	38	42	17
कर्नाटक	54	23	20
केरल	83	48	27
मध्य प्रदेश	43	27	10
महाराष्ट्र	58	49	18
उड़ीसा	33	29	11
पंजाब	44	62	21
राजस्थान	42	28	11
तमिलनाडु	51	29	21
उत्तर प्रदेश	33	23	7
प. बंगाल	34	43	14
औसत (चौदह राज्य)	45	31	15

स्रोत : नवें वित्त आयोग की रिपोर्ट से संकलित

केरल में द्विस्तरीय सार्वजनिक वितरण व्यवस्था की स्थापना एवं इसको और सुदृढ़ करने का मुख्य कार्य सत्तर एवं अस्सी के दशकों में हुआ। वैसे एक व्यापक सार्वजनिक वितरण प्रणाली की रचना के प्रयास तो केरल की प्रथम निर्वाचित सरकार के कार्यकाल में 1957 में ही आरम्भ हो चुके थे। भू-सुधारों की भाँति ही राशन की दुकानों तथा खाद्य एवं अन्य आवश्यक वस्तुओं के संभरण के लिए राजकीय भंडारों की स्थापना को भी साम्यवादी प्रकल्प ही माना जाता है।

केरल में ऐसी सामाजिक सुरक्षा सम्बन्धी व्यवस्थाएँ की गई हैं जिनमें राज्य की लगभग सारी जनसंख्या लाभान्वित हो रही है। ये मुख्यतः सरकार, कर्मचारियों एवं रोजगारदाताओं के त्रिपक्षीय योगदान पर आधारित कल्याण कोषों के रूप में गठित हैं। ऐसे कम से कम 25 कार्यक्रम चल रहे हैं, इनमें शामिल हैं : खेतिहर मजदूरों का कल्याण कोष, टॉडी मजदूर कोष, सिर पर बोझा ढोने वालों, कारीगरों,

मछुआरों, काजू श्रमिकों, नारियल रेशा मजदूरों, हथकरघा एवं खादी श्रमिकों तथा निर्माण कार्यों में लगे मजदूरों के लिए कल्याण कोष। अतिविपन्न वर्ग, शारीरिक दृष्टि से अपंगों और बेरोजगारों की सहायता के लिए भी पेन्शन योजना जैसे कार्यक्रम चल रहे हैं। यह भी ध्यान देने योग्य बात है कि इन कल्याण कोषों से केवल कर्मचारियों के पेन्शन, अनुग्रह, भविष्य निधि तथा सेवानिवृत्ति लाभों की व्यवस्था नहीं होती वरन् चिकित्सा, शिक्षा, विवाह तथा गृह निर्माण आदि के लिए भी सहायता की व्यवस्था की जाती रही है। पर अब आकर ये अधिकांश योजनाएँ पेन्शन योजनाएँ बन कर रह गई हैं।

इन 25 में से 17 योजनाएँ तो अस्सी के दशक में ही आरम्भ हुई थीं। कृषि मजदूर पेन्शन योजना के आकलन से पता चला है कि यद्यपि प्रति व्यक्ति पेन्शन राशि बहुत कम लगती है, पर इस राशि द्वारा सृजित अधिकारिता का स्तर इतना महत्त्वहीन नहीं है। इससे एक वयस्क की महीने भर की आधी खाद्यान्न की जरूरतों का इन्तजाम हो जाता है। ऐसी पेन्शन अधिकारिता के कारण पेन्शनधारी बुजुर्ग का अपना रुतबा बदल जाता है और परिवार में उसकी स्वीकार्यता में भी वृद्धि होती है। अभी केरल की इस प्रकार की सामाजिक सुरक्षा व्यवस्थाओं की संरचना पर शोध चल रहे हैं, इनकी प्रभावोत्पादकता का विवेचन अभी नहीं हुआ है—हाँ, इनके प्रसार की सबसे बड़ी विशेषता यही है कि इनमें अधिकांश ग्रामीण जनता को स्थान मिल रहा है। 1970 के दशक में तो श्रमिकों के लिए 75,000 निम्न लागत घरों का निर्माण भी एक आवास योजना के अन्तर्गत किया गया था।

केरल के विकास अनुभवों की एक विशेषता यह रही है कि 1957 के बाद से जन सक्रियता ने दक्षिण केरल के जनपदों एवं मालाबार के बीच की खाई को कम करने में बहुत सहायता दी है। त्रावणकोर और मालाबार में शिक्षा एवं स्वास्थ्य में रही विषमताओं की अन्यत्र भी चर्चा होती रही है। यह बात भी सर्व विख्यात है कि जिस समय मालाबार अंग्रेजी शासन के अधीन था, उस अवधि में यह क्षेत्र शिक्षा एवं साक्षरता की दृष्टि से रियासती क्षेत्र से बहुत पिछड़ गया था—किन्तु स्वतन्त्रता के बाद, विशेषकर 1957 से जनशिक्षण स्कूलों की स्थापना के बाद से, यह अन्तर काफी कम हुआ है। दक्षिण एवं उत्तर के बीच साक्षरता, चिकित्सा सुविधाओं, शिशु-मृत्यु दर, टीकाकरण, जनन दर तथा मृत्यु दर और ऊपरी पूँजीगत सुविधाओं एवं सामान्य सांस्कृतिक विकास की खाइयों को पाट पाना पिछले कुछ दशकों में केरल की जनता एवं सरकारों की एक अद्वितीय सफलता एवं उपलब्धि रही है।

निष्कर्ष

इस अध्ययन में केरल की जनता की सबसे महत्त्वपूर्ण सामाजिक एवं आर्थिक विकास सफलताओं का विश्लेषण एवं मूल्यांकन करने का प्रयास किया गया है।

केरल के जन सामान्य की ये उपलब्धियाँ एक बड़े सामाजिक, आर्थिक एवं राजनीतिक बदलाव का परिणाम रही हैं। इन परिवर्तनों के मूल-सूत्र तो केरल के इतिहास में जमे हैं–किन्तु एक दृष्टि से इन्हें 1957 के बाद की जन सक्रियता की महत्त्वपूर्ण उपलब्धि भी माना जा सकता है। ये परिवर्तन इसलिए आ पाए कि यहाँ व्यापक जन साक्षरता थी, क्योंकि सम्बन्धों में बड़ा बदलाव आ चुका था, क्योंकि दलित जनता के अस्वातन्त्र्यों की दशा भी बहुत सुधर चुकी थी, महिलाओं एवं लड़कियों के अनुजीवन एवं शिक्षण के प्रति प्रबुद्ध सामाजिक दृष्टिकोण विद्यमान थे और इन क्षेत्रों में केरल सरकार के सकारात्मक नीतिगत हस्तक्षेप भी हुए थे। यह सभी ऐसी बातें हैं जिन्हें अन्य प्रदेशों में दोहराया जा सकता है।

केरल में स्वास्थ्य तथा जनांकिकीय दशाओं में अल्पविकसित समाज के सामान्य चरित्र से बहुत भारी बदलाव आ चुका है तथा यह राज्य भारत में अन्य प्रान्तों से इन मामलों में बहुत ही आगे निकल चुका है। 1990-92 में इस राज्य में सामान्य जीवाशा का स्तर 68.8 वर्ष तथा जबकि भारत की औसत 59 वर्ष ही थी। केरल की नारी जीवाशा (74.4 वर्ष) तो देश की नारी जीवाशा (59.4 वर्ष) से पूरे 14 वर्ष अधिक थी। केरल में जन्म दर 18.5 प्रति हजार थी जबकि देश भर में यह 29.5 प्रति हजार पर टिकी हुई थी।[1] इस प्रदेश की शिशुमृत्यु दर (17 प्रति हजार) तो देश की दर (79 प्रति हजार) के चौथाई से भी बहुत कम थी। केरल की जनसंख्या में प्रति एक हजार पुरुष 1,044 महिलाएँ हैं जबकि भारत में यह आँकड़ा भी 927 ही है।

केरल भारत का एकमात्र ऐसा प्रान्त रहा है जिसमें पिछले तीन दशकों में महामारी नियन्त्रण और चिकित्सा-स्वास्थ्य के क्षेत्रों में अन्तर्राष्ट्रीय पटल पर हो रही प्रगति को अपनाने के लिए उपयुक्त संरचना पहले से ही विद्यमान थी। शेष भारत की तुलना में इस प्रान्त में चिकित्सीय संस्थानों का अनुपात भी बहुत ऊँचा है। जन साक्षरता एवं अधिक सामाजिक एवं राजनीतिक जागरूकता वाले क्षेत्र में लोग अधिक एवं अच्छी चिकित्सा सुविधाओं की माँग करते हैं, साथ ही उसका अधिक और बेहतर प्रयोग भी करते हैं। हाल ही के आँकड़े बताते हैं कि लड़के-लड़कियों के टीकाकरण की दर भी अन्य प्रान्तों से अधिक है तथा परिवार की इस टीकाकरण की आय पर निर्भरता समाप्त हो चुकी है। अब रोगाक्रान्ति के स्वरूप में भी निरन्तर बदलाव आ रहे हैं तथा उसके प्रतिकार के लिए अच्छी सुविधाएँ उपलब्ध हो रही हैं किन्तु फिर भी चिकित्सीय साक्ष्य इस ओर इंगित कर रहे हैं कि अभी जल तथा वायु के माध्यम से संक्रमित होने वाले रोगों की रोकथाम के लिए केरल प्रान्त में बहुत कुछ किया जाना बाकी है।

1. केरल में मृत्यु दर भी भारतव्यापी 9.8 प्रति हजार की तुलना में केवल 6.1 प्रतिशत ही थीं।

1970 के बाद से केरल में पोषण-स्तर में सुधार हुए हैं। सरकारी आँकड़ों के अनुसार यहाँ परिवार के उपभोग स्तर अस्सी के दशक के अन्त तक देशव्यापी औसत से अधिक हो चुके थे। देश की सबसे सुगठित सार्वजनिक खाद्य वितरण व्यवस्था यहाँ भी जनता को पोषण सहायता प्रदान कर रही है। आवश्यक वस्तुओं की एक द्विस्तरीय सार्वजनिक व्यवस्था चल रही है। इस व्यवस्था का सत्तर के दशक में पुनर्गठन, विस्तार एवं सुदृढ़ीकरण हुआ है। राज्य की 90 प्रतिशत जनसंख्या के पास राशनकार्ड हैं जिनके आधार पर सस्ती दरों पर चावल, गेहूँ, चीनी, खाना पकाने का तेल और मिट्टी का तेल लेने का अधिकार प्राप्त होता है। 1991 में राशन की दुकान से प्रति व्यक्ति औसत अनाज की खरीदारी 69.6 किलोग्राम थी जबकि 1989 में उत्तर प्रदेश और बिहार में यह औसत मात्र 6 तथा 8 किलोग्राम रही है।

केरल में कृषि सम्बन्धों का स्वरूप बहुत ही जटिल, बोझिल और शोषणपूर्ण था, किन्तु यहाँ की जनता उसमें आमूल परिवर्तन कर पाने में सफल रही है। यही नहीं, इसने जातिवादी दमन के दानव पर भी भारी जीत अर्जित की है। पिछले कुछ दशकों से चल रहे सार्वजनिक प्रयासों के फलस्वरूप उत्तर और दक्षिण केरल के जनपदों में शिक्षा एवं स्वास्थ्य सुविधाओं के स्तर के अन्तर बहुत कम हुए हैं। उपनिवेशी शासन ने इन अन्तरों को बहुत विकराल स्वरूप दे दिया था। आधुनिक केरल सरकार ने सामाजिक सुरक्षा के क्षेत्र में बहुत ही शानदार प्रयोग किए हैं। अब इन सुविधाओं के सुरक्षा कवच (पेन्शन तथा अन्य भुगतान) अनौपचारिक क्षेत्रों में काम करने वालों, निराश्रितों एवं शारीरिक दृष्टि से अक्षम लोगों को भी दिए जा रहे हैं। भारत भर में केरल ही ऐसा राज्य है जहाँ जनसाक्षरता का स्वप्न साकार हुआ है—किशोर एवं युवा वर्ग में तो लगभग शत प्रतिशत साक्षरता आ चुकी है। इसी राज्य में बाल श्रम की कुप्रथा का प्रभाव भी सबसे कम है।

सामाजिक-आर्थिक प्रगति में शिक्षा के महत्त्व का प्रतिपादन करने के लिए केरल का उदाहरण बहुत ही उपयोगी है। इस प्रदेश की स्वास्थ्य एवं जनांकिकीय उपलब्धियों के लिए व्यापक साक्षरता एक पूर्व शर्त की भाँति रही है। केरल की जन साक्षरता के लिए जन-जन को स्कूलों की सुलभता आवश्यक रही है—सारे देश में भी यही आवश्यकता होने वाली है (इसका कोई अन्य विकल्प नहीं हो सकता)। केरल में व्यापक साक्षरता तब तक सम्भव नहीं हो पाई जब तक इसके प्रति जाति, जन्म एवं वर्ग पर आधारित बाधाओं को दूर नहीं किया गया, अर्थात् जब तक दलित दमित जातियों, महिलाओं, मजदूरों तथा शहरी और ग्रामीण गरीबों को शिक्षा सुलभ नहीं थी, जन साक्षरता सम्भव ही नहीं हो सकती थी। केरल का उदाहरण महिलाओं की स्वास्थ्य एवं शिक्षा सम्बन्धी सफलताओं एवं उनके समाजव्यापी वृहत्तर प्रभावों का भी ज्वलन्त उदाहरण है।

यह भी ध्यान देने योग्य है कि अभी भी केरल के समाज में अनेक ऐसे वर्ग

हैं जिनकी शिक्षा एवं स्वास्थ्य की दशाएँ बहुत ही बुरी हैं। ये शेष समाज से बहुत पिछड़ गए हैं। इनमें शामिल हैं अनुसूचित जनजातियाँ (विशेषकर उत्तर मालाबार में), मछुआरे और अनुसूचित जातियाँ। इन्हीं जैसी दशा में तमिलनाडु से आए नवप्रवासी श्रमिक भी हैं—ये आधुनिक केरल में अनेक प्रकार से शरीर से किए जाने वाले काम-धन्धों में जुटे हैं।

जहाँ तक आधुनिक इतिहास का प्रश्न है, 19वीं शती में (त्रावणकोर में विशेषतः) रियासतों में मिशनरियों एवं सरकार की सहयोगकारी नीतियों ने शिक्षा तथा स्वास्थ्य की सेवाओं को सरकारी समर्थन (और पृष्ठपोषण) के लिए उपयुक्त वातावरण का निर्माण कर दिया था। महिलाओं के अनुजीवन, शिक्षा और स्वास्थ्य के प्रति सामाजिक रवैये की रचना में व्यापक रूप से प्रचलित मातृवंशानुगामिता का भी सकारात्मक योग रहा है। 19वीं शती के अन्त तथा 20वीं के आरम्भ में दमित जातियों में सामाजिक सुधार संगठनों का उदय हुआ। इन्होंने जाति प्रथा के विरुद्ध संघर्ष के माध्यम से ग्रामीण मेहनतकशों के पहले लोकतान्त्रिक सामाजिक राजनीतिक आन्दोलनों के संगठनकर्ता होने का गौरव भी अर्जित किया है। 1930 के दशक से साम्यवादियों के नेतृत्व वाले राजनीतिक जन आन्दोलन और 1957, '67, '80 तथा '87 में बनी साम्यवादी सरकारें भी सामाजिक राजनीतिक परिवर्तन की निर्णायक अभिकर्ता रही हैं। 1956 में केरल के गठन के समय इस राज्य में एकमात्र ऐसा संगठन जिसके पास भविष्य की नई सामाजिक-आर्थिक संरचना के लिए कोई रूपरेखा तैयार थी, केवल साम्यवादी दल ही रहा। यद्यपि साम्यवादी सरकारें दीर्घजीवी तो नहीं हो पाईं पर केरल की जनता की मूलभूत विधायी कार्यसूची पर उनका बहुत गहरा प्रभाव रहा है।

आज केरल के समक्ष सबसे बड़ी आर्थिक चुनौती रोजगार एवं भौतिक उत्पादन की समस्याएँ हैं। निम्न अथवा शून्य संवृद्धि की वर्तमान स्थिति न तो वाँछनीय है और न ही राजनीतिक दृष्टि से व्यवहार्य है [कोई आश्चर्य नहीं कि आज केरल की राजनीति के वामपन्थी नेतागण राज्य की अर्थव्यवस्था में उत्पादन की परिस्थितियों के बदलाव को सबसे आवश्यक काम बता रहे हैं]। केरल के विकास अनुभव और इस स्रोत का भावी विकास दोनों ही वामपन्थियों की दृष्टि से राष्ट्रीय एवं अन्तराष्ट्रीय महत्त्व के मुद्दे हैं। भारतीय संविधान की व्यवस्थाओं तथा विपक्षीय केन्द्रीय सरकार के अस्तित्व की सीमाओं में बँधे हुए भी केरल के वामपन्थी दल जनता को जिस प्रकार के सामाजिक बदलाव के लिए संगठित कर पाए हैं, उसकी देश भर में कोई और मिसाल नहीं मिलती। अब यह भी स्पष्ट है कि रोजगार और उत्पादन बढ़ाने (तथा उत्पादन की दशाओं को बदलने) का काम केरल के विकास के भावी सोपान का एक परिहार्य घटक होगा। पर यह बदलाव पिछली उपलब्धियों पर आधारित उनका पोषणकारी एवं सवर्धनकारी होना चाहिए—इसमें सार्वजनिक सक्रियता के लम्बे इतिहास

की उपलब्धियों को नकार कर पूँजीवादी बाजार-प्रेरित और केवल आय संवृद्धिकारी विकास युक्ति को जनता पर थोपने का प्रयास नहीं होना चाहिए। ऐसे नव विकास सोपान के लिए केरल में पर्याप्त विशेष संसाधन विद्यमान हैं। यह प्रदेश प्राकृतिक सम्पदाओं से परिपूर्ण, भू-सुधारों से लैस, शिक्षित, प्रशिक्षित एवं राजनीतिक जागृतिपूर्ण श्रमशक्ति से सम्पन्न तथा स्वास्थ्य एवं शिक्षा के क्षेत्रों में अभूतपूर्व सफलताओं से समृद्ध भी है। यहाँ विकास एवं संवृद्धि के मुद्दों के प्रति अति संवेदनशील सशक्त वामपन्थी राजनीतिक आन्दोलन भी विद्यमान है जिसने आर्थिक विकास और सामाजिक-राजनीतिक परिवर्तन के लिए नई सामाजिक एकजुटता की रचना करने का बीड़ा उठाया है। यह धारा राज्य में नई स्थानीय स्वशासन संरचना के निर्माण के लिए भी सक्रिय रूप से आन्दोलन में जुटी है।

अन्त में एक बार फिर हम इस अध्ययन के मुख्य निष्कर्षों को दोहरा रहे हैं। केरल की सफलताएँ व्यापक जन साक्षरता तथा परम्परागत लिंग, जाति एवं वर्ग प्रबलता के स्वरूप में आमूल बदलाव के कारण सम्भव हो पाई हैं। आज के भारत के सन्दर्भ में केवल इतना कहना पर्याप्त होगा कि केरल की प्रगति रथ के वहन का कार्य विश्वीकरण और उदारीकरण नहीं बल्कि सतत सार्वजनिक सक्रियता ने ही किया है।

आय एवं व्यय के आँकड़ों पर एक टिप्पणी

आय : इस पत्रक में प्रयुक्त प्रति व्यक्ति घरेलू उत्पाद के आँकड़े (विशेष रूप से चित्र 4.1) केन्द्रीय सांख्यिकी संगठन के प्रकाशनों पर आधारित हैं। चित्र 4.1 में दो पृथक शृंखलाएँ प्रस्तुत की गई हैं, एक में प्रति व्यक्ति घरेलू उत्पाद 1970-71 की स्थिर कीमतों पर दिखाया गया है—इसकी अवधि 1970-71 से 1986-87 है। दूसरी शृंखला में 1981-82 से 1991-92 की अवधि के आँकड़े दिखाए गए हैं—पर इनकी स्थिर कीमतों का आधार वर्ष 1980-81 है। अधिक जानकारी के अभाव में हम दोनों शृंखलाओं को एकीकृत नहीं कर पाए हैं।

कुछ वर्षों से राज्य घरेलू उत्पाद के आँकड़ों की प्राप्ति में अधिक कठिनाइयाँ आ रही हैं। विभिन्न राज्यों के राज्य सांख्यिकी ब्यूरो द्वारा संकलित आँकड़ों में तुलनीयता का अभाव होने के कारण अब केन्द्रीय सांख्यिकी संगठन इन आँकड़ों का प्रकाशन नहीं कर पा रहा है। अब तो यह संगठन राज्य घरेलू उत्पाद के आँकड़ों का सत्यापन भी नहीं करता—इसे राज्यों के अपने ब्यूरो का दायित्व माना जा रहा है।

उपभोक्ता व्यय : इस शोध पत्र में स्थिर कीमतों पर प्रति व्यक्ति पारिवारिक उपभोग व्यय के आँकड़ों की भी दो शृंखलाओं का प्रयोग हुआ है (देखें ता. 4.5 तथा चित्र 4.2 से 4.5 तक)।

दोनों ही शृंखलाओं के लिए चालू कीमतों पर प्रति व्यक्ति पारिवारिक उपभोक्ता व्यय के आँकड़े तो राष्ट्रीय संदर्भ सर्वेक्षण के विभिन्न दौरों से लिये गए हैं। पंचवर्षीय रा.सं.सर्वे. से मिले आँकड़े तो सबसे अधिक विस्तृत होते हैं। ऐसा अन्तिम उपलब्ध सर्वेक्षण (इस पत्रक की रचना के समय तक) जिनके आँकड़े प्रकाशित हो चुके हैं, 1986-87 के 43वें दौर से जुड़े हैं। 1992-93 के पंचवर्षीय सर्वेक्षण के आँकड़े अभी सुलभ नहीं हैं—हाँ, 45वें, 46वें और 48वें दौरों के वार्षिक आँकड़ों का प्रकाशन हो चुका है तथा हमने उनका प्रयोग भी किया है। पंचवर्षीय सर्वेक्षण की तुलना में वार्षिक दौर में बहुत छोटे से संदर्श का प्रयोग होता है, इसकी जानकारी में वस्तुओं की उपयुक्त मात्राओं का समावेश भी नहीं होता। अतः नवीनतम उपलब्ध विस्तृत सर्वेक्षण 1986-87 का 43वाँ दौर ही रह जाता है।

हमने उपभोक्ता व्यय के चालू कीमतों के आँकड़े रा.सं.सर्वे. की रिपोर्टों, सर्वेक्षण नामक प्रकाशन तथा उमादत्त रायचौधरी के 1993 में, जर्नल ऑफ इंडियन स्कूल ऑफ पॉलिटिकल इकोनोमी में प्रकाशित लेख से लिए हैं। रायचौधरी के आँकड़े

360 दिन के उपभोग पर आधारित हैं—पर हमने 365 दिन के आँकड़े ही अपनी तालिकाओं में दिखाए हैं।

हमारी पहली शृंखला जिन कीमत-सूचकों का प्रयोग कर स्थिर कीमतों पर व्यय ज्ञात किया गया है, वे, जैन एवं मिन्हास तथा तेन्दुलकर एवं जैन की रचनाओं पर आधारित हैं। ये कीमत-सूचक रा.सं.सर्वे. के 43वें दौर तक के लिए मान्य हैं। उल्लिखित रचनाओं में जिन राज्यों के विषय में यह जानकारी उपलब्ध थी, वह हमने इस लेख में सम्मिलित कर ली है।

कीमतों में राज्यस्तरीय उतार-चढ़ावों की व्याख्या के लिए राज्यवार उपभोक्ता कीमत सूचकों का 1970-71 के अखिल भारतीय आधार के साथ समंजन किया गया है—यह जैन, मिन्हास तथा तेन्दुलकर और जैन की रचनाओं में प्रयुक्त सभी वस्तुओं के लिए किया गया है।

हमारी दूसरी शृंखला में कृषि श्रमिकों के उपभोक्ता कीमत सूचक का प्रयोग केरल एवं शेष देश के ग्रामीण क्षेत्रों के लिए, और अलुवा तथा भारत के शहरी श्रमिकों के लिए औद्योगिक श्रमिकों के उपभोक्ता कीमत-सूचकों का प्रयोग किया गया है। इन सूचकों की जानकारी भारतीय श्रम सांख्यिकी, भारतीय श्रम वार्षिकी, भारतीय रिवर्ज बैंक बुलेटिन तथा सेन्टर फॉर मॉनिटरिंग इंडियन इकोनोमी के थोक एवं खुदरा कीमत-सूचकों से संकलित की गई है।

उपयुक्त कीमत अपस्फीयन के लिए रा.सं.सर्वे. के विभिन्न दौरों के उपयुक्त महीनों में कीमत सूचकों का प्रयोग हुआ है। 27वें दौर से जुड़े (1972-73) के उपयुक्त मासिक सूचक किन्हीं कारणों से सुलभ नहीं हो पाए। इसीलिए हमने अपनी तालिका में इस वर्ष को शामिल नहीं किया। सभी कीमत-सूचकों का आधार 1970-71 (जुलाई 1970 से जून 1971) पर परिवर्तित कर दिया गया है।

केरल और शेष देश की कीमतों के अन्तरों का समंजन भी प्रथम शृंखला वाली विधि के अनुसार ही किया गया है—अर्थात् जैन, मिन्हास तथा तेन्दुलकर, जैन की दी गई वस्तुओं के लिए केरल के उपभोक्ता कीमत-सूचकों का 1970-71 के अखिल भारतीय आधार से समंजन कर दिया गया है।

कृषि एवं औद्योगिक श्रमिकों के कीमत-सूचकों से नवीनतम आँकड़े सुलभ हैं। इसीलिए दूसरी शृंखला में 45वें (1989-90) 46वें (1990-91) तथा 48वें (1992) दौरों के आँकड़े भी शामिल कर लिए गए हैं। इन आँकड़ों के साथ यह चेतावनी भी जोड़ दी गई है कि 45, 46 तथा 48वें दौर के आँकड़े पाँचवर्षीय सर्वेक्षणों की अपेक्षा सीमित जानकारी पर ही आधारित है।

5.

भारत में मृत्यु दर, जनन दर तथा स्त्री-पुरुष भेदभाव : एक जनपदस्तरीय विश्लेषण

विषय प्रवेश

भारत एक जनांकिकीय विविधताओं से पूर्ण देश है। विभिन्न राज्यों के बीच मोटे तौर पर की गई तुलनाएँ भी मूल जनांकिकीय सूचकों में बहुत भारी अन्तरों से पूर्ण परिदृश्य को स्पष्ट कर देती हैं। इस परिदृश्य के एक छोर पर केरल है, जिसकी जनांकिकीय संरचना आज किसी विकासशील देश से मेल नहीं खाती, वरन् मध्यम आय स्तर वाले देशों से सादृश्यपूर्ण दिखती है–यहाँ जन्म के समय जीवाशा 72 वर्ष, शिशु मृत्यु दर 17 प्रति 1,000 तथा सकल जनन दर तो प्रतिस्थापन दर से भी नीचे (1.8 मात्र) रह गई है। इस प्रदेश की जनसंख्या में स्त्री-पुरुष अनुपात भी 1.04 है। दूसरे दौर पर उत्तर भारत के विशाल राज्य अवस्थित हैं जिनके सभी जनांकिकीय लक्षण (उपर्युक्त सूचक) विश्व के न्यूनतम विकास वाले देशों से ही स्पर्धा करते दिखाई पड़ते हैं। उदाहरण के लिए, उत्तर प्रदेश की शिशुमृत्यु दर केरल से 6 गुना है तो यहाँ जनन दर भी 5.1 है (केरल में 1.8)। यही नहीं, उत्तर प्रदेश में स्त्री-पुरुष अनुपात मात्र 0.88 है–इससे कम तो इस अनुपात का स्तर विश्व में कहीं भी नहीं पाया गया है। इन सभी आँकड़ों का सन्दर्भ वर्ष 1991 है।

भारत में जनांकिकीय परिवर्तन भी बहुत तीव्र गति से हो रहे हैं। अनेक अन्य विकासशील देशों की भाँति भारत में भी पिछले कुछ दशकों में मृत्यु दर में काफ़ी गिरावट आई है। उदाहरण के रूप में, 1961-91 की अवधि में ही शिशुमृत्यु दर का स्तर घट कर आधा रह गया है। इसी अवधि में जनन दर में भी निरन्तर कमी आई है। दक्षिण भारतीय राज्यों में तो यह गिरावट की प्रवृत्ति बहुत ही महत्त्वपूर्ण रही

चित्र 5.1

भारतीय राज्यों में गरीबी और बाल मरणशीलता

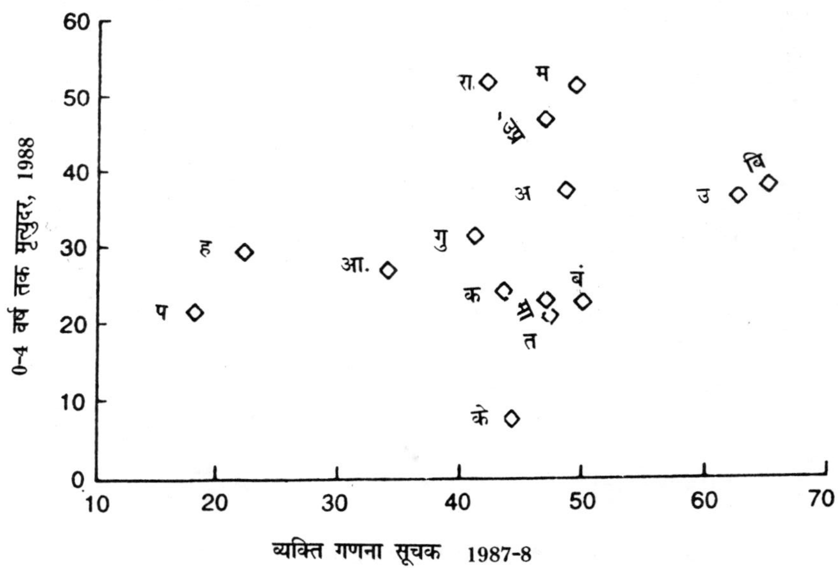

अ = असम
आ. = आंध्रप्रदेश
बि = बिहार
त = तमिलनाडु
गु = गुजरात
ह = हरयाणा
क = कर्नाटक
उप्र = उत्तर प्रदेश
के = केरल
म = मध्य प्रदेश
मा = महाराष्ट्र
बं = पं. बंगाल
उ = उड़ीसा
प = पंजाब
रा = राजस्थान

स्रोत : मिन्हास, जैन, तेन्दुलकर, 1991, तथा भारत सरकार के प्रकाशन

है–तमिलनाडु में 80 के दशक में ही यह दर 3.5 से घटकर 2.2 रह गई है। इसी तरह से पुरुषों एवं महिलाओं के सापेक्ष अनुजीवन में भी महत्त्वपूर्ण परिवर्तन हुए हैं।

ये अन्तर्क्षेत्रीय एवं अन्तर्कालिक विविधताएँ अपने आप में तो अध्ययन का विषय हैं ही, इनसे भारत के जनांकिकीय भविष्य के परिदृश्य का पूर्वाकलन करने मे भी बहुत सहायता मिल सकती है। इस लेख में भारत की 1981 की जनसंख्या के आँकड़ों के आधार पर समकालिक विश्लेषण विधि अपनाकर कुछ महत्त्वपूर्ण जनांकिकीय अन्तर्सम्बन्धों की व्याख्या करने का प्रयास किया जा रहा है।

हमारे इस अध्ययन के निमित्त प्रयुक्त सन्दर्श में 296 जनपदों के उपलब्ध विस्तृत आँकड़ों को सम्मिलित किया गया है। जिन जनांकिकीय सूचकों या प्रवृत्तियों का विश्लेषण हुआ है वे इस प्रकार हैं : मृत्यु दर, सकल जनन दर तथा बालक एवं बालिकाओं के जीवित रह पाने की सापेक्ष सम्भावनाएँ। निर्धारक समंकों या चरों का चयन किसी सीमा तक आजकल जनांकिकीय अध्ययन में सामान्यतः प्रयोग हो रहे व्यवहार द्वारा प्रभावित रहा है–किन्तु सांख्यिकीय जानकारी के स्रोतों का अभाव भी उस चयन पर अपनी छाप अवश्य छोड़ रहा है। प्रति-व्यक्ति आय, पुरुष एवं नारी साक्षरता, श्रम शक्ति में नारी की भागीदारी की दर, शहरीकरण के स्तर, स्वास्थ्य-चिकित्सा सुविधाओं की सुलभता तथा अन्य सम्बद्ध सामाजार्थिक कारकों पर विशेष रूप से ध्यान दिया गया है। अपने निष्कर्षों की प्रस्तुति एवं व्याख्या से पूर्व हम विभिन्न निर्धारक कारकों की सम्भावित उपादेयता के विषय में कुछ चर्चा कर रहे हैं।

मुद्दे एवं पूर्व-धारणाएँ

इस भाग में हम मूलभूत वैयक्तिक एवं सामाजिक विशेषताओं तथा जनांकिकीय परिणतियों के बीच सम्भावित अन्तर्सम्बन्धों पर चर्चा कर रहे हैं। स्त्री-पुरुष भेदभाव की ओर ध्यान देने से पूर्व हम मृत्युदर तथा जनन दरों पर ही अपना ध्यान केन्द्रित रख रहे हैं।

आर्थिक विकास तथा जनांकिकीय बदलाव

जनांकिकीय परिवर्तन (विशेषकर मृत्यु एवं जनन दरों के उच्च से निम्न स्तरों की ओर जाने की प्रवृत्ति) को कई बार आर्थिक संवृद्धि एवं आय में वृद्धि का परिणाम मान लिया जाता है। यह सही भी है कि अन्तर्राष्ट्रीय स्तर पर प्रति व्यक्ति सकल राष्ट्रीय उत्पाद के स्तरों तथा मृत्यु एवं जनन दरों के बीच विपरीत सम्बन्ध ही प्रायः देखा गया है। आय की वृद्धि के मृत्यु दर एवं जनन दर को कम करने वाले 'प्रभाव के पक्ष में काफ़ी साक्ष्य उपलब्ध हो जाते हैं किन्तु अभी कुछ समय से आ रहे शोध परिणाम यह संकेत दे रहे हैं कि आय के जनन एवं मृत्यु दरों पर प्रभाव बहुत क्षीण

तथा धीमे रहते हैं—यही नहीं, अनेक वैयक्तिक एवं सामाजिक लक्षणों या विशेषताओं के (जैसे नारी साक्षरता) जनांकिकीय प्रभाव कहीं अधिक सबल रहते हैं।

भारत के विभिन्न राज्यों में बालमृत्यु दर तथा (व्यक्तिगत गणना विधि से) गरीबी के मान के आँकड़े प्रति व्यक्ति आय एवं उससे जुड़े चरों की व्याख्या-क्षमता की सीमाओं का सहज ही निरूपण कर देते हैं। इस सन्दर्भ में उपयुक्त जानकारी चित्र 5.1 में प्रस्तुत है। दोनों चरों का सह सम्बन्ध स्पष्टतः क्षीण ही है। इस क्षीणता के कुछ आयाम तो बहुत ही विलक्षण हैं। केरल और उत्तर प्रदेश में गरीबी का अनुपात आपस में तथा देशव्यापी औसत से मिलता-जुलता ही है किन्तु उत्तर प्रदेश में बाल-मृत्यु दर केरल से 6 गुनी है। इसका अर्थ यह लगाना आवश्यक नहीं है कि आय या व्यय का बालमृत्यु दर और उससे जुड़े जनांकिकीय कारकों पर कोई प्रभाव नहीं होता। भारत तथा दूसरे देशों से इस बात के अनेक प्रमाण भी सुलभ हैं कि आमदनी बढ़ने के साथ-साथ मृत्यु दर में कमी आती है। यही बात हमारे ही आगे के आँकड़ों के विश्लेषण से भी स्पष्ट हो रही है। यहाँ तो हम सिर्फ इतना ही आग्रह कर रहे हैं कि अनेक अन्य ऐसे महत्त्वपूर्ण कारक भी—जिनका आपके साथ कोई बहुत सहसम्बन्ध नहीं है—जनांकिकीय परिणतियों पर बहुत गहरा प्रभाव डालते हैं।

साक्षरता की भूमिका एवं महत्त्व

निजी आय के अतिरिक्त उन कारकों में, जिनका जनन एवं मृत्यु दरों पर गहरा प्रभाव देखा गया है, बुनियादी शिक्षा, विशेषकर नारी शिक्षा, को अब सबसे अधिक सशक्त माना जाने लगा है। हाल ही के अनेक सांख्यिकीय अध्ययनों ने शिक्षा एवं जनांकिकीय प्रवृत्तियों की बीच अन्तरंग सम्बन्ध का स्पष्ट निरूपण किया है। अनेक शास्त्रों की दृष्टि से किए गए सैद्धान्तिक विश्लेषण भी इसी दिशा में संकेत कर रहे हैं।

जनन दर की बात ही लें, आर्थिक, जनांकिकीय एवं मानविकी गत अध्ययनों से यह स्पष्ट संकेत मिल रहे हैं कि नारी शिक्षा किस प्रकार से जनन दर कम करने में सहायक हो रही है। एक सामान्य स्तर पर नारी शिक्षा के इन बातों पर प्रभावों को ठीक से समझ लेना उपयोगी रहेगा : (1) परिवार का वांछित आकार, (2) परिवार का वांछित आकार तथा उसके लिए प्रायोजित जन्मों की संख्या में सम्बन्ध तथा (3) प्रायोजित जन्म संख्या पा सकने की क्षमता।

नारी साक्षरता कई कारणों से परिवार के वांछित आकार को कम कर सकती है। एक तो शिक्षित नारियाँ बार-बार गर्भ धारण के विरुद्ध अपनी नाराज़गी जताते हुए उसे कम करने के कदम उठा सकती हैं। यहाँ यह बात बहुत महत्त्वपूर्ण है कि वे बच्चों की तादाद की अपेक्षा अन्य बातों से भी श्रेय और सम्मान की अधिकारिणी हो सकती हैं, उनका परिवार के संसाधनों तथा वैयक्तिक व्यवहार पर अधिक नियन्त्रण

हो सकता है और जनन सम्बन्धी निर्णय प्रक्रिया में उनकी भागीदारी अधिक हो सकती हैं। दूसरे, शिक्षित महिला अपने पुत्रों पर सामाजिक प्रतिष्ठा एवं वृद्धावस्था में सहारे के लिए कम निर्भर हो सकती है। इसके कारण भी परिवार के वांछित आकार में कमी आ सकती है। तीसरे, शिक्षित महिलाओं की अपनी सन्तान के लिए महत्त्वाकांक्षाएँ अधिक किन्तु उनसे अपने लिए अपेक्षाएँ कम हो सकती हैं। इसके कारण भी परिवार के वांछित आकार में कमी आ सकती है, यदि यह बात स्पष्ट हो जाए कि या तो ज्यादा बच्चे पैदा कर लो या उन्हें किसी काबिल बना लो। चौथे, शिक्षित महिलाओं के समय की अवसर-लागत अपेक्षाकृत अधिक होती है और वे सहज ही बच्चे पैदा करने तथा उनका लालन-पालन करने में अधिक समय लगाने को बहुत महँगा सौदा मानने लगती हैं। इसी तरह के और अनेक सम्बन्ध सूत्र भी हैं जिनसे नारी शिक्षा और वांछित परिवार आकार के बीच ऋणात्मक सम्बन्ध के संकेतों की सांख्यिकीय साक्ष्यों के आधार पर पुष्टि हो रही है।

नारी शिक्षा का परिवार के वांछित आकार तथा प्रायोजित जन्मों की संख्या के बीच सम्बन्ध पर भी प्रभाव पड़ता है, विशेष रूप से तब जब माँ का शिक्षित होना शिशु एवं बाल मरणशीलता को घटा देता हो। फिर तो शिक्षित महिलाएँ कम बच्चे पैदा करके भी अपना वांछित परिवार का आकार प्राप्त कर लेती हैं। आधुनिक गर्भनिरोधक विधियों के ज्ञान एवं प्रयोग द्वारा शिक्षित नारियाँ जन्म प्रायोजन में भी अधिक सफल हो सकती हैं। इस प्रकार अवांछित गर्भधारण से बचना भी नारी शिक्षा तथा जनन दर के बीच ऋणात्मक सम्बन्ध का आधार बन जाता है।

पिछली पंक्तियों में बताए गए प्रभाव, जैसे कि निम्न बाल मरणशीलता के माध्यम से जनन दर में कमी आदि पितृशिक्षा तथा जनन दर के बीच भी ऋणात्मक सम्बन्ध का संकेत करते हैं। पर फिर भी यह स्पष्ट है कि पिता की शिक्षा के इस प्रकार के प्रभाव मातृशिक्षा के प्रभावों की तुलना में काफ़ी क्षीण रहते हैं। हम अपने सांख्यिकीय विश्लेषण में पुरुष एवं स्त्री शिक्षा के पृथक्-पृथक् योगदानों का भी आकलन करेंगे।

मातृ-शिक्षा और बात मरणशीलता के बीच विपरीत सम्बन्ध के लिए तो बहुत ही कम व्याख्या करने की आवश्यकता है। शिक्षित महिला के पोषण, स्वच्छता एवं स्वास्थ्य की देखभाल के प्रति अधिक जानकारी से सम्पन्न होने की अपेक्षा रहती है। ग्रामीण भारत में बच्चों की परवरिश के प्रति जिस प्रकार का अज्ञान एवं लापरवाहीपूर्ण व्यवहार प्रायः होता रहा है, उसके सन्दर्भ में तो मातृ शिक्षा का महत्त्व और भी अधिक हो जाता है। यही नहीं, बुनियादी शिक्षा माँ को परिवार के अन्य सदस्यों से बच्चों के प्रति अधिक ध्यान देने की माँग करने में समर्थ बनाती है। उसे सार्वजनिक स्वास्थ्य सुविधाओं का लाभ उठाने योग्य बनाती है। यही नहीं, यह शिक्षा स्त्री को अपने बच्चों की और अपनी सामाजिक एवं पारिवारिक महत्त्वाकांक्षों की

सम्पूर्ति के लिए और अधिक प्रभावपूर्ण ढंग से कार्य करने का सामर्थ्य भी देती है।

शिक्षा, मृत्युदर तथा जननशीलता के बीच सम्बन्धों का आकलन करते समय यह ध्यान रखना आवश्यक है कि अन्य बातें स्थिर रहते हुए मरणशीलता का जननशीलता पर प्रत्यक्ष घनात्मक प्रभाव रहता है। उच्च जनन दर प्रायः बच्चों के बीच में कम अन्तर का पर्याय भी होती है—यह (कम अन्तर) बच्चों के स्वास्थ्य के लिए बहुत अहितकर रहता है। इसी प्रकार उच्च बाल मरणशीलता के कारण एक निश्चित वांछित परिवार आकार की प्राप्ति के लिए आवश्यक जनन दर को बढ़ा देती है। इस प्रकार भी जननशीलता में वृद्धि होती है। ये परस्पर प्रभाव जनन एवं मरणशीलता पर अन्य कारकों के प्रभावों का मूल्यांकन करने में भी सहायक रहते हैं। हम अब उन अन्य कारकों के प्रभावों के आकलन एवं विश्लेषण की ओर ध्यान दे रहे हैं।

अन्य कारक

भारत के जनपदस्तरीय आँकड़ों से (पूर्व उल्लिखित) आय तथा शिक्षा के जनांकिकीय प्रभावों के अतिरिक्त अनेक अन्य कारकों के मरणशीलता एवं जननशीलता पर पड़ रहे प्रभावों की भी व्याख्या सम्भव है।

इस सन्दर्भ में नारी की श्रम शक्ति में भागीदारी तथा बाल मरणशीलता के बीच सम्बन्ध अध्ययन की दृष्टि से आकर्षक प्रतीत होता है। इस बात का पूर्वाकलन कर पाना बहुत कठिन है कि नारी की श्रमशक्ति में भागीदारी का बाल मरणशीलता पर प्रभाव घनात्मक होगा या ऋणात्मक। [ध्यान रहे कि यहाँ श्रम शक्ति में नारी की भागीदारी की दर का अनुमान 'स्त्री मुख्य श्रमिक' अर्थात् वर्ष भर में कम से कम 183 दिन तक 'आर्थिक रूप से उत्पादक' कार्यों में लगी महिलाओं का कुल नारी संख्या से अनुपात ही है। जनगणना कार्यकर्ताओं को स्पष्टतः यह निर्देश दिए जाते हैं कि घरेलू कामकाज को वे 'आर्थिक रूप से उत्पादक कार्यों' की श्रेणी में नहीं लिखें। यद्यपि जनगणना अधिकारियों की यह व्याख्या अनेक दृष्टियों से त्रुटिपूर्ण हो सकती है, किन्तु हमारा ध्येय तो बच्चों के अनुजीवन तथा माँ के स्वतन्त्र रूप से आमदनी वाले काम करने के बीच सम्बन्ध का आकलन है। उस दृष्टि से यह त्रुटिपूर्ण वर्गीकरण भी पर्याप्त रहता है। हम नारी के समग्र आर्थिक योगदान का विश्लेषण नहीं कर रहे—उपर्युक्त वर्गीकरण समग्र योगदान के आकलन में नितान्त अक्षम सिद्ध होगा।] इस सन्दर्भ में दो परस्परविरोधी प्रभाव बहुत महत्त्वपूर्ण प्रतीत होते हैं। एक ओर तो कमाऊ रोजगार परिवार तथा समाज में नारी की बृहत्तर भूमिका को और प्रभावशाली बना देता है, इसका बच्चों की देखभाल पर भी प्रभाव पड़ता है। दूसरी ओर 'घर तथा बाहर' के दोहरे काम का बोझ उसकी अपने बच्चों की देखभाल कर सकने की क्षमता को दुष्प्रभावित भी करता है—अक्सर पुरुष घर के

कामधन्धों से जी चुराते हैं—दूसरे, बाहर काम कर रही स्त्री के पास घर में लगा पाने योग्य समय का अपेक्षाकृत अभाव तो हो ही जाता है। एक और बात भी महत्त्वपूर्ण है, यदि लड़कियों को कमाऊ रोजगार मिलने की सम्भावनाएँ अधिक हों (अर्थात स्त्रियों की श्रमशक्ति में भागीदारी दर अधिक हो) तो बालिकाओं की अनुजीवन-धारिता में सुधार होने की सम्भावना बढ़ जाती है। वैसे इन अलग-अलग प्रभावों के प्रभाव अन्ततः क्या होंगे, इस विषय में अभी और सांख्यिकीय विश्लेषण किए जाने की आवश्यकता है।

जननशीलता पर श्रमशक्ति में नारी की भागीदारी के प्रभाव अपेक्षतया अधिक सुस्पष्ट है। सामान्यतः उच्च भागीदारी दर का जननशीलता पर ऋणात्मक प्रभाव अपेक्षित रहता है क्योंकि घर और बाहर, दोनों के दायित्वों के कारण बार-बार बच्चे पैदा कर पाना बहुत ही कष्टसाध्य हो जाता है। यह भी सम्भव है कि उच्च जननशीलता के कारण महिलाएँ घर से बाहर कार्य कर पाने में असमर्थ रहती हों और इस कारण उनकी श्रमशक्ति में भागीदारी की दर कम रह जाती हो। वैसे भारत में इस प्रभाव की अपेक्षा अन्य सामाजिक-आर्थिक कारकों के भागीदारी पर अधिक सशक्त प्रभाव होने की सम्भावना लगती है। फिर भी यदि इस प्रकार का प्रभाव महत्त्वपूर्ण हो तो फिर नारी की श्रमशक्ति भागीदारी को एक स्वतन्त्र चर मान कर जननशीलता (परस्पर निर्भरता के कारण बाल मरणशीलता भी) के निर्धारक के रूप में प्रयोग करने से सांख्यिकीय आकलन में कुछ अभिनति (त्रुटि या पक्षपातपूर्ण प्रभाव) आने की शंका रहती है। अतः हम नारी की भागीदारी एक आन्तरिक रूप से निर्धारित चर मानकर भी आकलन कर रहे हैं—इसका अर्थ यह होगा कि हम न्यूनीकृत समीकरणों (reduced form equations) में नारी की श्रमशक्ति में भागीदारी को स्वतन्त्र रूप से सम्मिलित नहीं कर पाएँगे।

स्वास्थ्य एवं चिकित्सा सेवाओं की सुलभता का तो बाल मरणशीलता पर ऋणात्मक प्रभाव मानना ही उचित प्रतीत होता है। वैसे इन स्वास्थ्य-सेवाओं की सुलभता के साथ-साथ इनके कामकाज में सुचारुता का होना भी आवश्यक होगा। अनेक अध्ययनों ने भारत (विशेषकर उत्तरी राज्यों) में स्वास्थ्य सेवाओं के कामकाज में अनेक त्रुटियाँ उजागर की हैं। इस विषय में अनेक सांख्यिकीय अध्ययनों ने ग्रामीण स्वास्थ्य व्यवस्था के परिनियोजन अभियानों के 'अपहरण' की ओर ध्यान आकर्षित किया है। अतः स्वास्थ्य-सेवाओं के प्रावधान के उपर्युक्त तथा अन्य गुणात्मक पक्षों के विषय में पर्याप्त जानकारी सुलभ हो पाने तक इनके (प्रावधानों के) आधार पर इन सेवाओं की वास्तविक सुलभता (आपूर्ति) तथा उसके बाल मरणशीलता पर प्रभावों का आकलन निश्चयात्मक नहीं हो पाएगा—अर्थात त्रुटिग्रस्त ही रहेगा। यही बात जननशीलता पर भी समान रूप से लागू होगी। वैसे भारत के अनेक राज्यों की ग्रामीण स्वास्थ्य व्यवस्था के परिवार नियोजन कार्यक्रम द्वारा अपहरण के कारण इन सुविधाओं की

सुलभता का जननशीलता पर तो ऋणात्मक प्रभाव अपेक्षित हो सकता है किन्तु ऐसे किसी निष्कर्ष की वैधता भी स्वयंसिद्ध प्रतीत नहीं होती क्योंकि भारत के ग्रामीण क्षेत्रों में परिवार नियोजन के कार्यक्रम-अभियान जिस प्रकार 'ऊपरवालों' की मर्जी के अनुसार चलाए जाते हैं, उनके अक्सर निष्प्रभावी, बल्कि विपरीत प्रभावकारी होने की सम्भावनाएँ ही अधिक रहती हैं।

एक अन्य दिलचस्प बात यह हो सकती है कि क्या शहरी और ग्रामीण क्षेत्रों में जनांकिकीय एवं सामाजिक-आर्थिक कारकों के परस्पर सम्बन्धों की संरचना एक जैसी होगी ? शहरीकरण के अन्य कारकों से स्वतन्त्र रूप से भी बालमृत्यु दर एवं जननशीलता पर प्रभाव पड़ सकते हैं, क्योंकि शहरों में इन विषयों में जानकारी तथा सुविधाएँ दोनों ही अपेक्षतया अधिक आसानी से सुलभ रहती हैं। यह जानना भी उपयोगी रहेगा कि क्या इन सम्बन्धों में समाज के विभिन्न समुदायों में परस्पर समानता है भी या नहीं ? भारत में अनुसूचित एवं जनजातियों तथा शेष समाज के बीच इन सम्बन्धों-प्रभावों की भिन्नता या विविधता अपने आप में अध्ययन का एक महत्त्वपूर्ण विषय हो सकती है।

अन्त में, गरीबी के जनन एवं मरणशीलता पर प्रभावों का भी सतर्कतापूर्वक विश्लेषण होना चाहिए। हमने चित्र 5.1 में यह तो देखा ही है कि अन्तर्राज्यीय आँकड़ों में केवल गरीबी और बाल मरणशीलता का परस्पर सम्बन्ध तो बहुत क्षीण ही दिखाई पड़ताहै। पर यह प्रश्न अभी भी बन हुआ है कि क्या अन्य चर्चित कारकों के प्रभावों को नियन्त्रित करने के बाद भी गरीबी का जनन या मरणशीलता पर प्रभाव इसी तरह क्षीण रहेगा ? दूसरे, अन्य कारकों के प्रभावों के परिमाणों के आकलित स्तर की प्रभाव-क्षमता से गरीबी के प्रभाव के परिमाण की क्षमता की तुलना भी महत्त्वपूर्ण होगी। इन अनुमानों से हमें यह ज्ञात हो सकता है कि किन कारकों को मरणशीलता एवं जननशीलता में तीव्र दर से कमी लाने की उपयुक्त नीति का आधार बनाया जा सकता है। इस बारे में हम कुछ प्रारम्भिक निष्कर्षों की प्रस्तुति करने जा रहे हैं।

स्त्री-पुरुष भेदभाव

मूल मुद्दे

भारत में बाल अनुजीवन में बालकों-बालिकाओं के बीच भेदभाव के उद्‌गम के विषय में बहुत अधिक जानकारी सुलभ नहीं है। देश में इस विषय में स्त्रीवर्ग की अभावग्रस्तता बहुत ही स्पष्ट रूप से जानी-पहचानी जाती है। इसी को मानचित्र 5.1 में दर्शाया गया है। किन्तु इन तीव्र क्षेत्रीय विषमताओं के आधारभूत कारणों के विषय में कुछ अनुमान या अटकलबाज़ी ही चल रही है--किसी ठोस आधार

चित्र 5.1 वालमृत्यु दरों में लिंगभेद 1981

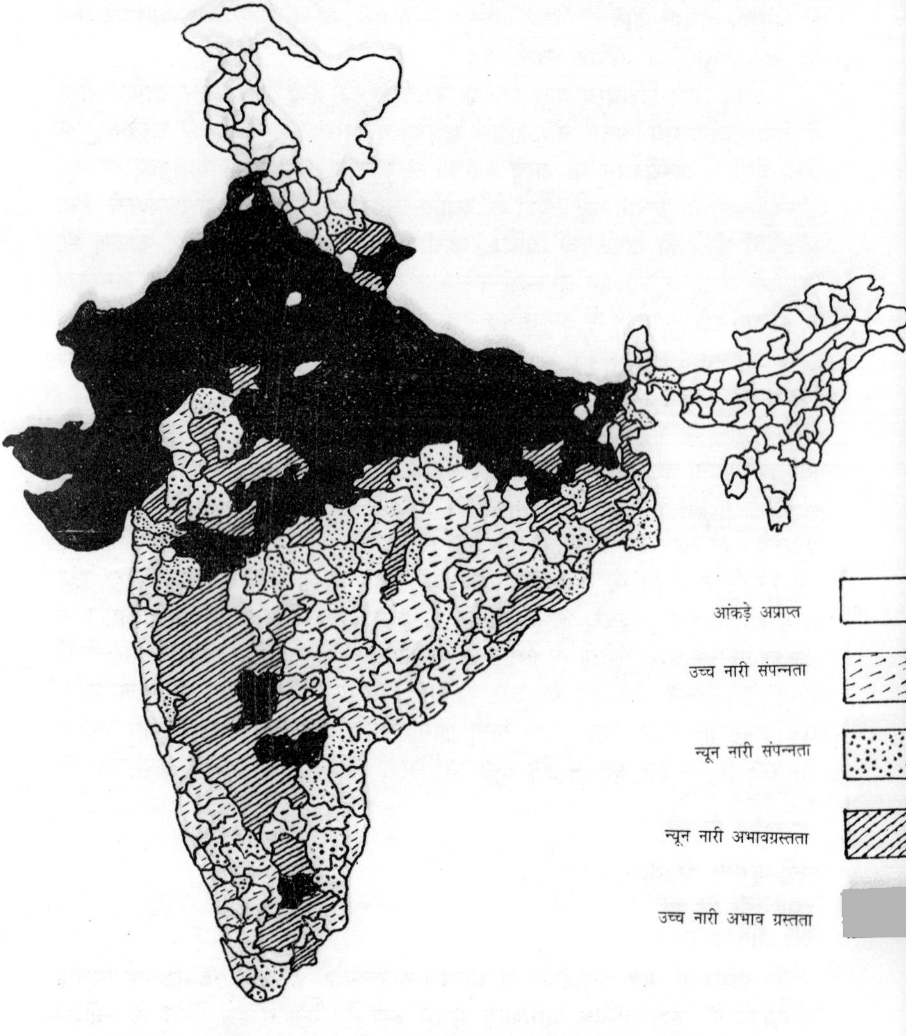

नोट : उच्च नारी अभावग्रस्तता : FD>5; उच्च नारी-संपन्नता FD<-5
निम्न नारी अभावग्रस्तता : 0<FD<5; निम्न नारी-संपन्नता -5<FD< 0 FD के लिए देखें ता. 1

का अभी तक निर्धारण नहीं हो पाया है। अभी उन सामाजिक, आर्थिक तथा सांस्कृतिक कारकों के और अध्ययन-विश्लेषण की भी आवश्यकता है जिनके कारण व्यक्ति अपनी ही सन्तानों के बीच भेदभाव करने लगता है।

उपलब्ध साहित्य में इस बारे में अनेक परस्परविरोधी दावे और निष्कर्ष मिल जाते हैं। किसी अध्येता का कहना है कि शिक्षा का स्तर बढ़ने पर स्त्री-पुरुष भेदभाव कम हो जाता है तो किसी का दावा है कि निम्न शिक्षा स्तर पर ये भेदभाव अपेक्षतया कम हैं। कुछ अध्ययनकर्ताओं का निष्कर्ष है कि अधिक गरीबी की दशा में यह भेदभाव कम पाया जाता है। पर इनके विपरीत ऐसे अध्ययन भी हैं जहाँ गरीबी के साथ-साथ भेदभाव में भी कमी का निष्कर्ष रहा है। इसी तरह की बात जननशीलता के उच्च तथा निम्न स्तरों को लेकर भी सामने आ रही है।

इस सम्भ्रान्ति के कम से कम दो कारण अवश्य हैं। पहली बात तो यही है कि सैद्धान्तिक आधार पर यह बता पाना अक्सर कठिन रहता है कि बाल अनुजीवन पर बच्चों के बीच भेदभाव का प्रभाव सकारात्मक होगा या नकारात्मक। दोनों ही प्रकार के तर्क बहुत सम्भावी प्रतीत होते हैं। आइए, इसी बात को लें कि यदि परिवार को अधिक चिकित्सा सुविधाएँ सुलभ हो जाएँ तो लड़के और लड़कियों के जीवित रह पाने की सापेक्ष दरों पर किस प्रकार के प्रभाव होंगे। अक्सर दावा किया जाता है कि समाज में लड़कों को वरीयता इतने व्यापक स्तर पर दी जाती है कि इसका सीधा परिणाम लड़कों के जीवित रह पाने की दर में लड़कियों की अपेक्षा अधिक सुधार ही होगा [क्योंकि लड़कियों के विरुद्ध भेदभाव के कारण उनके स्वास्थ्य के लिए उन सुलभ सुविधाओं के अतिरिक्त प्रयोग से बचने का 'प्रयास' किया जाएगा]। इसीलिए बाल अनुजीवन में लिंगभेद या विषमताएँ बढ़ जाएँगी। यही लेखक कई बार इस प्रकार का तर्क देते हुए भी दिखाई पड़ जाएँगे कि चिकित्सा सुविधाएँ अत्यन्त सीमित होने के कारण उनका प्रयोग केवल लड़कों के लिए होता है—इस कारण लड़के-लड़कियों के अनुजीवन के बीच भेदभाव और गहरा हो जाता है। ये दोनों ही प्रकार के तर्क सत्याभासपूर्ण हैं—किन्तु इनमें से केवल एक तर्कधारा ठीक हो सकती है, दोनों ही बातें किसी भी स्थिति में सत्य सिद्ध नहीं हो पाएँगीं। दूसरे, जब परिवार के सुयोगों की कुछ अन्य बाध्यताएँ शिथिल हो जाती हैं (अर्थात अभिभावकों की साक्षरता या आय—यो दोनों ही के स्तर में सुधार होता है) तो यह कह पाना कठिन हो जाता है कि इन अवसरों के सुधार का केवल बेटों के हित संवर्धन के लिए प्रयोग होगा और इसी कारण बेटा-बेटी के बीच की खाई और विस्तृत हो जाएगी। इसके विपरीत यह भी सम्भव लगता है कि प्रारम्भ में संसाधनों की अत्यल्पता के कारण जो भेदभाव थे, अब उनकी तीक्ष्णता में कमी आएगी—अर्थात खाई कम होनी आरम्भ हो जाएगी। अलग-अलग लेखकों ने (अपनी अपनी रुचि या पूर्वाग्रह के अनुसार) पृथक्-पृथक् सम्भावी प्रभावों को अधिक महत्त्व दिया है।

एक अन्य पक्ष यह भी है कि सांख्यिकीय विश्लेषण के निष्कर्ष बहुधा इस बात पर निर्भर करते हैं कि किन चरों या कारकों का विश्लेषण किया जा रहा है। यह देखा गया है कि गरीब परिवारों, अभावग्रस्त जातियों तथा अधिक उच्च नारी सहभागिता (श्रमशक्ति में) वाले समुदायों में अक्सर बेटा-बेटी के अनुजीवन में भेदभाव कम होता है। पर हम यह भी जानते हैं कि इन तीनों चरों के बीच परस्पररेखीय सहगामिता का स्तर बहुत ही उच्च होता है—अतः केवल बहुचरीय विश्लेषण ही यह बता पाएगा कि क्या गरीबी के स्तर का लिंग-आधारित भेदभाव पर प्रभाव जाति एवं स्त्रियों की श्रमशक्ति में भागीदारी से स्वतन्त्र रूप में भी है या नहीं। इसी प्रकार अन्य सम्बद्ध कारकों को नज़रअन्दाज़ कर केवल अभिभावकों की साक्षरता का बाल अनुजीवन में बेटी-बेटे के बीच भेदभाव पर प्रभाव का आकलन भ्रामक निष्कर्षों की सृष्टि कर सकता है। अक्सर गरीबी और निरक्षरता के बीच सीधा रिश्ता पाया जाता है। इसी कारण यदि प्रत्येक आय स्तर पर साक्षरता लिंग भेद को घटाने में सहायक भी हो, तब भी गरीब परिवारों में कम भेदभाव के कारण से ही अभिभावकीय साक्षरता एवं भेदभाव के बीच सकारात्मक द्विचरीय सहसम्बन्ध दिखाई पड़ सकता है।

अतः स्पष्ट ही है कि उपयुक्त सम्बन्धों के निरूपण एवं उनके सापेक्ष परिमाणों के निर्धारण में बहुचरीय सांख्यिकीय विश्लेषण बहुत उपयोगी हो सकता है। ऐसे दो अध्ययन हो भी चुके हैं। एक अद्वितीय अध्ययन में तो वयस्कावस्था में रोजगार की सम्भावनाओं में विविधता तथा परिवार के भीतर लड़के-लड़कियों के बीच संसाधनों के विभाजन के सम्बन्धों का आकलन किया गया है। भारत की 1961 की जनगणना के जनपद स्तरीय आँकड़ों के बहुचरीय विश्लेषण के आधार पर पाया गया है कि वयस्क महिलाओं को रोजगार मिल पाने के अवसरों में वृद्धि के फलस्वरूप लड़कियों के जीवित रह पाने की सम्भावनाओं में भी वृद्धि हो जाती है (इस अध्ययन में राष्ट्रीय व्यावहारिक आर्थिक शोध परिषद द्वारा परिवारीय सर्वेक्षणों के आँकड़ों के बहुचरीय विश्लेषण का भी उपयोग किया गया है)। यह निष्कर्ष उस अध्ययन विशेष में प्रयुक्त मानवीय पूँजी के विश्लेषण के अनुरूप ही है। इस आकलन में प्रयुक्त अन्य अधिकांश कारकों के सापेक्ष अनुजीवन पर प्रभाव सांख्यिकीय दृष्टि से महत्वपूर्ण नहीं पाए गए।

एक अन्य अध्येता ने 1981 की जनगणना के जनपदस्तरीय आँकड़ों के आधार पर बाल अनुजीवन में लिंग भेद के निर्धारकों का निराकरण करने का प्रयास किया है। इस रचनाकार ने बेटी के 'आर्थिक मूल्यमान' एवं 'सांस्कृतिक मूल्यमान' की दो अवधारणाएँ गढ़ी हैं तथा इनका बेटा की अपेक्षा बेटी के जीवित रह पाने की सम्भावनाओं के आकलन के लिए प्रयोग किया है। 'आर्थिक मूल्य' का आकलन (नारी की) श्रम शक्ति में भागीदारी के आधार पर किया गया है। 'सांस्कृतिक मूल्य' के विलोम का निर्धारण जनगणना में जन्म से अलग स्थान पर पाई गई महिलाओं का उस स्थान की सभी महिलाओं में अनुपात द्वारा किया गया है। यह एक प्रकार

से स्त्री अनुजीवन के मूल्यांकन पर बन्धुता व्यवस्था के प्रभाव की ओर ही इंगित करता है। इस अध्येता का निष्कर्ष रहा है कि लड़कियों का अनुजीवन आर्थिक एवं सांस्कृतिक, दोनों ही प्रकार के मूल्यमानों पर निर्भर करता है। दूसरे शब्दों में, जहाँ श्रम शक्ति में भागीदारी अधिक हो तथा जहाँ बेटी के लिए जन्म के घरद्वार को छोड़ कहीं अन्यत्र बसने की बाध्यता नहीं हो, वहाँ उनके जीवित रहने की सम्भावनाएँ भी अधिक रहती हैं। किन्तु आर्थिक एवं सांस्कृतिक मूल्यमानों के बीच इस प्रकार भेद कर पाने का औचित्य इतना स्पष्ट नहीं हैं—इन विचारों को श्रमशक्ति में भागीदारी तथा जन्म के घर से दूर बसने की बाध्यता से जोड़कर देखना भी इतना स्वाभाविक नहीं लगता। यह भी कहा जा सकता है कि नारी की श्रमशक्ति में भागीदारिता तथा जन्म के घरद्वार से दूर बसने की बाध्यता के भी आर्थिक और सांस्कृतिक आधार हो सकते हैं। यही नहीं, ये दोनों ही कारक कतिपय अन्य आर्थिक और सांस्कृतिक कड़ियों के माध्यम से भी सापेक्ष अनुजीवन को प्रभावित कर सकते हैं। इन सभी सम्भावनाओं के बावजूद इतना तो मानना पड़ेगा कि इस अध्ययन ने नारी अनुजीवन पर श्रम शक्ति में भागीदारी तथा बन्धुता व्यवस्था के प्रभावों की उपादेयता की प्रतिस्थापना तो कर ही दी है। इस अध्ययन ने बाल अनुजीवन में लिंगभेद के मरणशीलता तथा जननशीलता के स्तरों, विकास के सूचकों और भौगोलिक स्थिति आदि अनेक कारकों के साथ सम्बन्धों को लेकर भी बहुत उपयोगी जानकारी का भंडार हमें दिया है।

हमारे इस विश्लेषण में भी इनमें से कई सम्बन्धों का निरूपण हुआ है। उपर्युक्त अध्येता की तथा हमारी विश्लेषण विधियों में महत्त्वपूर्ण अन्तर हैं फिर भी निष्कर्षों में साम्यता ही रही है। इस आधार पर ये अध्ययन परस्पर प्रतिपूरक माने जा सकते हैं। हम जैसे-जैसे अपना विश्लेषण आगे बढ़ाएँगे, वैसे ही उपर्युक्त विश्लेषण से समानता एवं भिन्नता का भी स्पष्टीकरण करते जाएँगे।

दावे तथा प्रतिदावे

अपने निष्कर्षों की प्रस्तुति से पूर्व लिंग भेदभाव (अनुजीवन में) तथा आर्थिक-सामाजिक कारक विशेष आदि के सम्बन्धों को लेकर पूर्ववर्ती अध्ययनकर्ताओं के बीच की तनातनी पर कुछ विचार करना उपयोगी प्रतीत होता है। हमारी आगे की चर्चा केवल चार कारकों के सम्भावित प्रभावों पर ही केन्द्रित रहेगी। ये चार कारक हैं : नारी की श्रमशक्ति में भागीदारी, नारी साक्षरता, गरीबी और जननशीलता।

पुराने अध्ययनों का एकमात्र निर्विवाद निष्कर्ष सम्भवतः श्रमशक्ति में भागीदारी तथा लड़कियों की जीवित रह पाने में वंचनाओं के निम्न स्तर के बीच सम्बन्ध ही है। 1982 (1961 की जनगणना) तथा 1993 (1981 की जनगणना) पर आधारित दोनों ही अध्ययन इस निष्कर्ष की पुष्टि कर रहे हैं। किन्तु उनमें इस सम्बन्ध

के अन्तर्निहित क्रियाविधि को लेकर कोई स्पष्ट रूपरेखा नहीं उभर पाई, अर्थात् यह स्पष्ट नहीं हो पाता कि यह सम्बन्ध किस प्रकार कार्य करता है—अथवा श्रमशक्ति में अधिक भागीदारी से लड़कियों की जीवित रह पाने में सम्भावनाएँ क्यों बढ़ जाती हैं। इस विषय में कई सम्भावनाएँ रहती है। हो सकता है कि श्रम शक्ति में अधिक भागीदारी के कारण (i) लड़कियों पर (उनके लालन-पालन पर व्यय के रूप में) किए गए निवेश से प्राप्ति की आशा बढ़ जाती हो, (ii) समाज में नारी का रुतबा बढ़ जाता हो और इसी कारण युवा लड़कियों का महत्त्व या मूल्यमान भी बढ़ जाता हो, (iii) दहेज की माँग कम हो जाती हो—इससे लड़की के विवाह तक होने वाले समस्त व्यय कम रह जाते हैं, (iv) इसके कारण केवल बेटों पर ही (बुढ़ापे में) आश्रित रह जाने की भावना कम हो सकती है—लड़कियाँ भी अपने वृद्ध माँ-बाप का सहारा बन पाती हैं—इससे लड़कों के प्रति लगाव में कमी आ सकती है तथा (v) रोजगार के कारण वयस्क महिलाएँ लड़कों के प्रति पक्षपात का विरोध कर सकती हैं—उनकी सभी पारिवारिक मामलों में अपनी बात मनवा पाने की सौदा शक्ति बढ़ जाती है। पर अभी तक हमारे पास ऐसे कोई साक्ष्य/प्रमाण नहीं है जिनके आधार पर हम यह दावा कर सकें कि उपर्युक्त पाँचों संकल्पनाओं में से कौन सी अधिक प्रभावी रूप से नारी की श्रमशक्ति में भागीदारी के कन्या अनुजीवन पर सकारात्मक प्रभाव का आधार बन रही है।

वयस्क महिला साक्षरता तथा बाल अनुजीवन में लिंग भेद के बीच सम्बन्ध भी स्पष्ट नहीं हैं। पंजाब के खन्ना क्षेत्र के एक अध्ययन (1987) में मातृ शिक्षा तथा लड़कियों के विरुद्ध पक्षपात में घनात्मक सम्बद्ध पाया गया है। अध्येता का विचार है कि शिक्षित माँ अवांछित बेटियों को आवश्यक देखभाल से वंचित रख उनकी मरणशीलता का स्तर ऊँचा बनाए रखने में अधिक सक्षम होती है। पर यह बात विश्वास से परे लगती है कि बेटे-बेटी में भेदभाव करने के लिए भी अच्छी शिक्षा की आवश्यकता होगी। बाद में (1995) में इसी अध्येता ने किन्हीं अन्य व्यक्तियों के साथ मिलकर एक दूसरी व्याख्या गढ़ने का प्रयास किया है : शिक्षित माताएँ अधिक बच्चे तो पैदा कर नहीं पाती हैं इसीलिए निम्न जननशीलता का लिंगभेद से 'साथ' हो जाता है (हम इसी बारे में इसी भाग में आगे और विस्तर से चर्चा करेंगे)।

अन्य अध्ययनों से प्राप्त निष्कर्षों का प्रसार भी बहुत व्यापक है। मातृशिक्षा तथा बाल अनुजीवन में लिंगभेद को लेकर अनेक सांख्यिकीय अध्ययनों के निष्कर्ष कुछ इस प्रकार रहे हैं : (i) यह सम्बन्ध घनात्मक हो सकता है जैसाकि 1987 के खन्ना के अध्ययन में बताया गया था; (ii) सामान्य रूप से यह संबंध घनात्मक होता है पर दक्षिण भारत में ऋणात्मक भी हो सकता है; (iii) उत्तर भारत में घनात्मक और दक्षिण में ऋणात्मक होता है; (iv) पहली बेटियों के इतना विरुद्ध नहीं होता पर बाद में और बेटियाँ पैदा होने पर व्यवहार बदलने लगता है तथा (v) ऋणात्मक

ही होता है। एक अन्य अध्ययन के अनुसार इन दो बातों—मातृ शिक्षा तथा बेटियों के विरुद्ध रुझान के बीच कोई सीधा सरल सम्बन्ध स्पष्ट नहीं हो पाता। अभी यह विवाद चल रहा है।

जहाँ तक गरीबी के प्रभाव का प्रश्न है, यह विचार बहुत गहरा जमा हुआ लगता है कि अपेक्षतया गरीब परिवारों में लड़कियों के विरुद्ध पक्षपात कम ही होता है। ऐसा तर्क कई अध्येताओं ने दिया है। कुछ अन्य का मत है कि गरीबी सम्भवतः लिंग-आधारित भेदभाव का कोई बहुत बड़ा या सशक्त निर्धारक है ही नहीं। किन्तु दुर्भाग्यवश इस विषय की भी आँकड़ों के आधार पर बहुत कम समीक्षाएँ हुई हैं।

हाँ, एक प्रयास 1987 में हुआ था, जिसमें रा.सं.सर्वे. के आँकड़ों को लेकर स्त्री-पुरुष अनुपात तथा प्रति व्यक्ति व्यय के बीच सम्बन्ध का निरूपण किया गया है। इस अध्ययन में पाया गया कि निम्न प्रति व्यक्ति व्यय स्तर पर स्त्री-पुरुष अनुपात अपेक्षतया अधिक हैं—यहीं पर ऐसा संकेत मिलता है कि सम्भवतः गरीब परिवारों में स्त्री-पुरुष के बीच भेदभाव कम होगा। किन्तु इसी अध्येता ने स्वयं ही अपने निष्कर्ष पर एक टिप्पणी भी जमा दी है कि यह भी सम्भव है कि उच्च स्त्री-पुरुष अनुपात वाले परिवारों का निम्न प्रति व्यक्ति व्यय पर अधिक संकेन्द्रण इस कारण से हो कि प्रायः महिलाओं को कमाईदार रोजगार के पुरुषों जितने अवसर नहीं मिल पाते।

संक्षेप में कहा जा सकता है कि गरीब परिवारों में बेटी-बेटे के बीच जीवित रह पाने के मामलों में भेदभाव अपेक्षतया कम नज़र आता है तथा इसके विपरीत निष्कर्ष का कोई उपयुक्त आधार नहीं लगता। किन्तु, अभी तक की जानकारी एवं शोध के आधार पर इन निष्कर्षों का आधार कोई बहुत व्यापक नहीं है। हम 1995 के अध्येता के इस विचार से सहमत होने को तैयार हैं कि "अभी तक हमारे पास ऐसे निश्चित साक्ष्य उपलब्ध नहीं हो पाए हैं जिनके आधार पर यह स्वीकार किया जा सके कि गरीब परिवार निश्चिततः (बेटी-बेटे में) कम पक्षपात करते हैं।

जननशीलता एवं बाल अनुजीवन का सम्बन्ध तो और भी अधिक जटिलतापूर्ण है। इस सन्दर्भ में एक विचार तो पंजाब के पूर्व उल्लिखित अध्ययन में ही व्यक्त हुआ है कि ग्रामीण क्षेत्रों में बाद में पैदा हुई बेटियों (दूसरी, तीसरी...बेटियों) के अनुजीवन में तो और भी अधिक विपरीत रुझान होते हैं—अर्थात् उनका जीवित रहना और भी कठिन बना दिया जाता है। अतः इस 'क्रम-समता प्रभाव' के आधार पर यह निष्कर्ष बनाने की इच्छा होती है कि सम्भवतः जननशीलता में कमी से बाल अनुजीवन में लिंग भेदभाव कम कर पाने में सहायता मिले।

इसी विचार को एक अन्य तर्क से भी समर्थन मिल रहा है—उच्च जननशीलता तथा बाल्यावस्था में उच्च कन्यामृत्यु दर का एक सांझा उद्‌गम स्रोत हो सकता है : बेटा पैदा होने से जुड़े आर्थिक एवं अन्य हितलाभ। इसी प्रकार का विचार

इस तर्क में भी निहित है कि समाज में महिलाओं के निम्न स्तर या रुतबे के कारण भी उच्च जननशीलता तथा बाल अनुजीवन में लिंगभेद बना रहता है। यहाँ भी यही संकेत मिल रहा है कि जननशीलता तथा बाल अनुजीवन में लिंगभेदपूर्ण व्यवहार एक ही दिशा में व्यवहार करते हैं।

किन्तु 1995 के एक अन्य अध्ययन में दावा किया गया है कि 1981-91 की अवधि में भारत में अल्पवय स्त्री-पुरुष अनुपात में कमी द्वारा इंगित लिंगभेद की वृद्धि वस्तुतः जननशीलता में कमी का परिणाम है। इसका तर्क यह है कि 'क्रम-समता प्रभाव' की अपेक्षा 'सघनता प्रभाव' अधिक प्रबल हो गया है, इस कारण निम्न जनन स्तर पर क्रम-समता से जुड़ा लिंगभेद और गहन हो गया है। अध्येताओं का दावा है कि यह प्रवृत्ति खन्ना के ग्रामीण क्षेत्रों के अध्ययन से भी स्पष्ट हो रही है। इनका कहना है कि 'सघनता' प्रभाव का अभिप्राय है कि बेटों की संख्या की वांछनीयता में कुल बच्चों की संख्या की वांछनीयता की अपेक्षाकृत धीमी गति से कमी आ रही है।

किन्तु इस प्रकार के तर्क के सामान्यीकरण के लिए तो और सांख्यिकीय साक्ष्यों द्वारा भी इसकी पुष्टि करना अनिवार्य होगा। इस बारे भी कुछ संकेत मिल रहे हैं कि भारत भर में 'दो बेटे एक बेटी' की धारणा का स्थान 'एक बेटा एक बेटी' वाले परिवार का नया विचार सारे समाज में स्वीकार्य होता जा रहा है। इसके कारण भी जननशीलता में कमी आने लगी है। यह तो पिछले अनुच्छेद में चर्चित विचार से एकदम उलट विचार होगा—क्योंकि यहाँ लड़कों की वांछनीयता में 'समग्र परिवार' के आकार की वांछनीयता की तुलना में अधिक तेज़ी से कमी आ रही है।

इन अध्येताओं ने चीन, कोरिया तथा भारत में स्त्रियों की भ्रूण हत्या के प्रसार को 'सघनता प्रभाव' की शक्ति का ही पर्याय माना है। किन्तु इस प्रकार भ्रूणावस्था में ही बालिकावध से जननशीलता में कमी आए न आए, जनसंख्या में स्त्री-पुरुष अनुपात में तो सीधे ही गिरावट आ जाती है। हमारी इस सारी चर्चा में बार-बार समस्या आ रही है कि जननशीलता में कमी के अनेक कारण सम्भव हैं, किन्तु सभी कारणों के लिंग भेदभाव पर एक जैसे प्रभाव होने आवश्यक नहीं हैं। यह बात तो समझ आती है कि गर्भावस्था में पहले जाँच कर स्त्री-भ्रूण की समाप्ति से समाज में स्त्रियों का अनुपात तथा जननशीलता दोनों में ही साथ-साथ गिरावट आ जाती है किन्तु साक्षरता के प्रसार या बेटे-बेटियों के अधिक समतापूर्ण मूल्यांकन के कारण जननशीलता में आई कमी का स्त्री-पुरुष अनुपात पर प्रभाव कुछ दूसरा ही होगा। आपको ध्यान होगा, जैसे हमने पिछले अध्याय में देखा था, केरल में जननशीलता ह्रास से बेटी-बेटे के भेदभाव पर किसी प्रकार का 'सघनता प्रभाव' नहीं दिखाई पड़ा। दूसरे शब्दों में, बाल अनुजीवन में लिंग पर आधारित भेदभाव का विश्लेषण करते समय जननशीलता को एक 'बाह्य' या 'स्वतन्त्र' चर (कारक) मान लेने में

कुछ न कुछ जोखिम अवश्य है [अर्थात विश्लेषण की धारा में अस्पष्टता या विकृति आने की सम्भावना अधिक हो सकती है]।

अनुमानों की व्याख्या

हमने पहले भी चर्चा की है कि मरणशीलता तथा जननशीलता परस्पर प्रभाव छोड़ती हैं। इस पारस्परिकता के कारण यदि हम जननशीलता के मृत्यु दर पर प्रभाव का आकलन करना चाहें तो विश्लेषणात्मक कठिनाइयों का सामना करना पड़ सकता है। यही नहीं, यदि नारी साक्षरता के जननशीलता की कमी के माध्यम से स्वतन्त्र रूप से मृत्यु दर पर प्रभाव का आकलन भी कठिन हो जाता है। दूसरे शब्दों में, यदि हम रेखीय प्रतीपगमन (Linear Regression) विधि से आकलन करते हुए जननशीलता को एक स्वतन्त्र चर के रूप में सम्मिलित कर लें तो फिर अनुमानित गुणांक की व्याख्या कर पाना सहज नहीं होगा। हम यह तय नहीं कर पाएँगे कि क्या वह गुणांक जननशीलता में परिवर्तन के कारण मरणशीलता में आ रहे परिवर्तन की दर का परिचायक है अथवा मृत्यु दर में बदलाव के कारण जननशीलता पर पड़ रहे प्रभाव का आकलन (अनुमान) कर रहा है। यही नहीं, इस प्रकार के अन्तर्वर्ती (Endogenous) चर का एक कारक के रूप में प्रयोग करने से प्रतीतगमन समीकरण के त्रुटिपदों (Error Terms) में परस्पर सह-सम्बन्ध पैदा हो जाता है। इसके कारण भी सामान्य 'न्यूनतम वर्ग' विधि से आकलित अनुमानों की तर्कसंगतता पर दुष्प्रभाव पड़ता है—यहाँ तक कि बहुत बड़ी संख्याओं के आधार पर आकलन होने पर भी ये अनुमान अपने वास्तविक स्तर की ओर अग्रसर होने की प्रवृत्ति से सम्पन्न नहीं हो पाते[1]। सिद्धान्त रूप से यदि हम ऐसे किसी सहायक चर (Instrumental variable) की रचना कर सकें, जिसका अन्तर्वर्ती चर से तो सह सम्बन्ध भले ही हो किन्तु त्रुटि पद से सह सम्बन्ध नहीं हो तो हम अपने वांछित गुणांकों का तर्कसंगत आकलन कर पाएँगे। किन्तु वास्तविक व्यवहार में ऐसे उपयुक्त सहायक चरों को खोज पाना या तो सैद्धान्तिक आधार पर सम्भव नहीं रहता, या इसमें आँकड़ों के मिल पाने

1. यहाँ सन्दर्शों पर आधारित सांख्यिकीय विश्लेषण की एक विशेषता की ओर संकेत किया जा रहा है। छोटे सन्दर्श पर आश्रित अनुमान उस चर विशेष के वास्तविक स्तर से भिन्न हो सकते हैं—पर जैसे-जैसे हम सन्दर्श का आकार बढ़ाते जाते हैं, वैसे-वैसे वह अनुमान वास्तविक स्तर के निकट पहुँच जाता है। उदाहरण के लिए, केवल दो चार व्यक्तियों के कद की औसत पूरे शहर के औसत कद से बहुत भिन्न हो सकती है—पर यदि हम दस व्यक्तियों के औसत कद की तुलना करें तो यह नगरव्यापी औसत के अधिक निकट होगी। इसी तरह यदि हम सन्दर्श में सम्मिलित व्यक्ति संख्या को बढ़ाते जाएँ तो हमारा औसत कद का अनुमान वास्तविक नगरव्यापी औसत के और अधिक निकट होता जाएगा। किन्तु यदि उपर्युक्त विश्लेषण में इंगित त्रुटि पदों में सहसम्बन्ध हो तो यह सन्दर्श के आकार में वृद्धि से अनुमान के वास्तविक स्तर की ओर बढ़ने की प्रवृत्ति नहीं आ पाती।

में कठिनाई आ जाती है—अक्सर दोनों ही कठिनाइयों का सामना करना पड़ जाता है।

अतः हम इस विश्लेषण में सम्बद्ध निर्भर या अन्तर्वर्ती चरों के 'व्युत्पन्न स्वरूप' या न्यूनतम अथवा 'परिणत स्वरूप' के स्वतन्त्र या बाह्य चरों से सम्बन्ध की विधि का सहारा ले रहे हैं।[1]

हमारे सम्बद्ध अन्तर्वर्ती चर हैं : बाल मरणशीलता, जननशीलता तथा बाल अनुजीवन में लिंग भेदभाव। इस प्रकार अनुमानित गुणांक प्रत्येक कारक के अन्तवर्ती चर पर 'समग्र' प्रभाव का अनुमान तो लगा पाते हैं किन्तु उनके परिमाण से उन आन्तरिक घटनाक्रमों के सापेक्ष महत्त्व के विषय में कोई जानकारी नहीं मिल पाती जिनके माध्यम से यह समग्र प्रभाव क्रियान्वित होते हैं। उदाहरण के रूप में, मरणशीलता के प्रतीपगमन के अनुमानित समीकरण में नारी साक्षरता का आकलित गुणांक बाल मरणशीलता पर नारी साक्षरता के समग्र प्रभाव का अनुमान कर रहा होगा—इसमें साक्षरता के कारण जननशीलता में आई कमी के प्रभावस्वरूप बालमृत्यु दर पर पड़े प्रभावों का अंश भी शामिल होगा।

आँकड़े तथा आकलन

अगले कुछ पृष्ठों में प्रस्तुत विश्लेषण उन 296 जनपदों के सन्दर्श पर आधारित हैं जिनके बारे में पर्याप्त जानकारी उपलब्ध है। ये जनपद भारत के 15 में से 14 विशाल जनसंख्या वाले राज्यों में से हैं। इन 14 राज्यों में 1981 में कुल 326 जनपद थे और इनमें भारत की कुल संख्या का 94 प्रतिशत भाग निवास करता है। केवल असम प्रान्त के विषय में हम कोई जानकारी प्रयोग नहीं कर पाए क्योंकि वहां 1981

---

1 औपचारिक रूप से प्रतिमान का स्वरूप यह होगा : Y=AY+BX—यहाँ Yij j संख्या वाले जनपद में iवें अन्तर्वर्ती चर का मान है तथा Xkj jवें जनपद में kवें बाह्य या स्वतन्त्र चर का मान है। A एक वर्गीय आव्यूह है—इसमें स्तम्भों एवं पंक्तियों की संख्या कुल अन्तर्वर्ती चरों की संख्या के समान ही है। गणितीय दृष्टि से यदि आव्यूह [1-A] का विलोम ज्ञात कर पाना सम्भव हो तो इस प्रतिमान का व्युत्पन्न स्वरूप होगा :

$$y=[1-A]^{-1}BX.$$

ध्यान दें कि यद्यपि मूल आव्यूह समीकरण

Y=AY=BX का हल करने के लिए Y वाले सभी पदों को बांईं ओर ले जाते हैं :

अर्थात् Y–AYBX

$$=>[1-A]Y=BX$$

अगले चरण में दोनों ओर [1-A] के विलोम $[1-A]^{-1}$ से गुणा कर देते हैं। इससे बाईं ओर केवल Y बचे रहता है तथा दाहिनी ओर का पद $[1-A]^{-1}BX$ बन जाता है। हमने Y के स्थान पर y का प्रयोग केवल यह निर्दिष्ट करने के लिए किया है कि यह मूल आव्यूह समीकरण के प्रतिमान का व्युत्पन्न स्वरूप है।

की जनगणना नहीं हो पाई थी (अतः जानकारी उपलब्ध हो ही नहीं सकती)।

जननशीलता का मापन कुल जनन दर (TFR) द्वारा किया गया है। यह दर उन बच्चों की संख्या को इंगित करती है जिन्हें अपनी पूरी बच्चे पैदा कर सकनेवाली आयु तक जीवित रहने वाली महिला आयु वर्गानुसार जनन दरों के व्यवहृत होने पर जन्म दे देगी। ये आयुवर्गानुसार जनन दरें पिछले वर्ष में पैदा हुए बच्चों के विषय में जनगणनाकारों द्वारा पूछे गए प्रश्नों के उत्तरों के आधार पर आकलित की जाती हैं। हमारे अध्ययन के ध्येय की दृष्टि से यह सकल जनन दर अपरिष्कृत जन्म दर की तुलना में कहीं अधिक उपयोगी होगी, क्योंकि यह जनसंख्या की वय-रचना पर निर्भर नहीं है। बाल मरणशीलता के चर को Q5 का नाम दिया गया है—पाँच वर्ष की आयु से पूर्व ही किसी बच्चे के मर जाने की सम्भाविता को ही बाल मरणशीलता के रूप में परिभाषित किया गया है। यह जानकारी जनगणना में पूछे गए दो प्रश्नों के आधार पर आकलित होती है—पहला : कुल कितने बच्चे पैदा हुए तथा उनमें से कितनी जीवित हैं ? बाल मरणशीलता में लिंग भेद, FD, का आकलन सूत्र इस प्रकार है : FD= (Q5F - Q5M)/Q5F। यहाँ Q5F बालिकाओं की पाँच वर्ष की आयु से पूर्व मृत्यु की सम्भाविता है तथा Q5M बालकों की पाँच वर्ष आयु से पहले ही मृत्यु हो जाने की सम्भाविता को दर्शाती है। सुविधा की दृष्टि से हम लिंगाधारित भेदभाव के इस मान को 'स्त्री की अभावग्रस्तता' का नाम दे रहे हैं। इसीलिए इसके लिए <u>F</u>emale <u>D</u>isadvantage के प्रथमाक्षरों को मिलाकर FD नाम निर्धारित किया है। हमारे तीन उपयोगी अन्तर्वर्ती चर TFR, Q5 तथा FD रहेंगे।

आइए अब स्वतन्त्र या बाह्य चरों की व्याख्या करें। नारी साक्षरता का सूचक अपरिष्कृत नारी साक्षरता दर को माना गया है। इसे सारी जनसंख्या में साक्षर नारियों के अनुपात द्वारा ज्ञात किया जाता है। इसी प्रकार पुरुष साक्षरता के सूचक के रूप में जनसंख्या में साक्षर पुरुषों के अनुपात का प्रयोग किया जा रहा है। श्रमशक्ति में नारी की भागीदारी को समस्त स्त्रियों में से मुख्यतः श्रमिक के रूप में कार्य कर रही स्त्रियों के अनुपात द्वारा अभिव्यक्त किया गया है। ध्यान रहे कि भारत की जनगणना किसी भी भाषा को पढ़ तथा लिख पाने वालों को साक्षर मानती है। इसके अनुसार 'मुख्यतः श्रमिक' या 'मुख्यतः रोजगाररत' वे व्यक्ति होते हैं जो वर्ष भर में कम से कम 183 दिन आमदनी देने वाले काम करते रहे हों। शहरीकरण का माप कुल जनसंख्या के शहरी क्षेत्रों में बसे अनुपात द्वारा होता है [भारत में शहरी क्षेत्रों की परिभाषा इस प्रकार की जाती है : वे बस्तियाँ जिनमें 5000 से अधिक आबादी हो, नगरपालिका, नगर निगम या छावनी मंडल जैसी स्वशासी संस्था गठित हो, जनसंख्या घनत्व कम से कम 1000 प्रति वर्ग मील हो तथा जहाँ बसी पुरुष श्रमशक्ति का कम से कम 75 प्रतिशत भाग गैर कृषि कार्यों से आजीविका उपार्जित करता हो, उन्हें हम 'शहरी क्षेत्र' या 'शहरी बस्तियाँ' कहेंगे]। गरीबी सूचक के

रूप में आय वितरण के प्रति संवेदनशील 'सेन सूचक' का प्रयोग किया जा रहा है। वैसे यहाँ प्रति व्यक्ति व्यय के स्तर को भी आर्थिक स्थिति के मान के रूप में प्रयुक्त किया जा सकता था—पर 'सैन सूचक' व्यय के निम्नतर स्तर में हो रही घटनाओं के प्रति कहीं अधिक संवेदनशील है (इसी स्तर पर अधिकांश बाल मृत्युओं का जमाव भी दिखाई देता है)। इसी कारण से इस सूचक का प्रयोग किया जा रहा है। वैसे 'सेन सूचक' के स्थान पर औसत प्रति व्यक्ति व्यय के आँकड़ों के प्रयोग से भी प्रायः उसी प्रकार के परिणाम प्राप्त होते हैं जैसे हमारे इस विश्लेषण से निकले हैं। स्वास्थ्य सेवाओं की सुलभता का सूचक 'किसी प्रकार की चिकित्सा सुविधाओं से सम्पन्न' गाँवों का अनुपात माना गया है। इनके अतिरिक्त हम जनसंख्या की संरचना से जुड़े दो चरों का भी प्रयोग कर रहे हैं, ये हैं : जनसंख्या में अनुसूचित जातियों का अनुपात तथा अनुसूचित जनजातियों का अनुपात। इनके अतिरिक्त, तीन 'तत्प्रति' (Dummy) चरों का भी प्रयोग किया गया है। ये क्षेत्रीय स्वरूप या संरचना को दिखाते हैं। ये हैं पूर्व, EAST, अर्थात जो जनपद बिहार, उड़ीसा तथा पं. बंगाल प्रान्तों के हैं उनके लिए EAST 'तत्प्रति' चर का प्रयोग किया गया है। इसी तरह गुजरात, महाराष्ट्र के लिए पश्चिम, WEST, तथा आन्ध्रप्रदेश, कर्नाटक, केरल और तमिलनाडु के लिए दक्षिण, SOUTH, तत्प्रति चर का उपयोग हुआ है। तालिका 5.1 में सभी चरों की सूची, परिभाषाएँ तथा उनके स्रोत दिए गए हैं। यहीं हमारे विश्लेषण में प्रयुक्त सन्दर्श के सार सूचक मान भी दिए गए हैं (औसत तथा मानक विफलन)। तालिका 5.2 में इन सभी चरों के सभी 14 राज्यव्यापी तथा देशव्यापी औसतमान प्रस्तुत किए गए हैं।

इस विश्लेषण में प्रयुक्त अधिकांश जानकारी 1981 की जनगणना से जुड़ी प्रकाशित रिपोर्टों से ली गई है। अन्यत्र से ली गई जानकारी केवल सेन सूचक है। इस पर कुछ प्रकाश डालना भी उपयोगी होगा।

भारत में आय तथा व्यय के जिलास्तरीय सूचक उपलब्ध नहीं हैं। प्रति व्यक्ति व्यय के आँकड़ों का मानक स्रोत राष्ट्रीय सन्दर्श सर्वेक्षण (रा.स.सर्वे.) है किन्तु यह भी जिलास्तरीय अनुमानों की रचना नहीं कर पाता (सामान्यतः किसी भी जनपद से संग्रहीत सन्दर्श का आकार बहुत ही छोटा रहता है)। इसके स्थान पर रा.सं.सर्वे. देश को कई क्षेत्रों में बाँट लेता है—इस विभाजन के आधार के रूप में कृषि-जलवायु तथा सामाजार्थिक कसौटियों का प्रयोग होता है। इस प्रकार से औसत प्रति व्यक्ति व्यय तथा उससे सम्बन्धित अन्य क्षेत्रस्तरीय मानों का पर्याप्त रूप से विश्वसनीय अनुमान लगाना सम्भव हो पाता है। हमारे अध्ययन के अन्तर्गत आये 14 राज्यों को 51 क्षेत्रों में बाँटा गया है। इन क्षेत्रों के ग्रामीण इलाकों में प्रति व्यक्ति व्यय के आधार पर वर्ष 1972-73 के लिए व्यक्ति गणना अनुपात तथा सेन सूचक का आकलन 1988 में प्रकाशित जैन, सुन्दरम् और तेन्दुलकर की रचना में उपलब्ध

है।

तालिका 5.1
कारकों/चरों की परिभाषाएं तथा संदर्श आँकड़ा सार

कारक/चर	परिभाषा	औसत	मानक विचलन
TFR	सकल जनन दर 1981	5.0	1.0
Q5	1981 में इस बात की प्रायिकता कि कोई बच्चा 5 वर्ष का होने से पूर्व मर जाएगा (x 1000)	156.9	42.8
FD	बाल अनुजीवन में नारी की अभावग्रस्तता = FD = (Q5F-Q5M)/Q5F (%)	5.4	10.7
नारी साक्षरता दर : अपरिष्कृत नारी साक्षरता दर 1981 (%)		22.0	13.7
पुरुष साक्षरता दर : अपरिष्कृत पुरुष साक्षरता दर 1981 (%)		44.8	12.2
श्रमशक्ति में नारी की भागीदारी : नारी जनसंख्या में मुख्यतः श्रमिकों का अनुपात 1981 (%)		14.5	10.5
शहरीकरण : शहरी क्षेत्रों में बसी जनसंख्या का अनुपात 1981 (%)		19.8	12.0
गरीबी : ग्रामीण गरीबी का सेन सूचक, 1972-73, उस क्षेत्र के लिए जिसमें ये मिला है (× 100)		17.6	8.5
चिकित्सा सुविधाएं : किसी न किसी चिकित्सा सुविधा वाले गाँवों का अनुपात (%)		21.4	20.5
अनुसूचित जातियां : जनसंख्या में अनुसूचित जाति जनों का अनुपात 1981 (%)		16.0	6.9
अनु-जनजातियां : जनसंख्या में अनु. जनजातीय जनों का अनुपात 1981 (%)		8.0	13.5
दक्षिण क्षेत्र : तदर्थ चर जिसका मान आंध्र, कर्नाटक, तमिलनाडु और केरल के जिलों के लिए '1' है		0.23	0.42
पूर्वी क्षेत्र : तदर्थ चर जिसका मान बिहार, उड़ीसा, प. बंगाल के जिलों के लिए '1' है।		0.16	0.37
पश्चिम क्षेत्र : तदर्थ चर जिसका मान गुजरात, महाराष्ट्र के लिए '1' है।		0.14	0.35

स्रोत : भारत सरकार के विधि प्रकाशनों से संकलित आँकड़ों के आधार पर आकलन

तालिका 5.2
प्रतीपगमन चरों के राज्यस्तरीय अनुमान

राज्य	TFR	Q5	FD	नारी साक्षरता	पुरुष साक्षरता	नारी की श्रमशक्ति में भागीदारी	शहरीकरण	चिकित्सा सुविधाएं	गरीबी	अनु. जातियां	अनु. जनजातियां
आन्ध्र प्रदेश	4.35	138.6	-6.2	19.4	38.4	27.5	22.8	25.9	15.8	15.0	6.4
बिहार	5.24	141.1	14.4	13.4	37.6	8.6	11.6	18.1	24.8	14.9	1.8
गुजरात	4.80	126.1	6.2	30.9	53.1	10.7	28.2	28.2	15.5	7.4	11.0
हरयाणा	5.40	139.0	17.5	21.5	48.0	4.5	21.4	58.2	3.7	18.9	0.0
कर्नाटक	4.68	142.3	-3.4	27.1	48.0	19.9	24.5	13.4	14.5	14.2	5.1
केरल	3.40	81.2	-10.5	66.0	75.4	13.1	17.9	95.8	20.9	10.4	0.9
मध्य प्रदेश	5.57	202.9	4.4	14.5	38.5	20.3	19.6	5.8	19.3	14.9	21.1
महाराष्ट्र	4.34	155.7	-2.0	31.8	56.4	26.2	26.2	18.3	25.1	7.3	10.1
उड़ीसा	4.81	175.7	-4.2	18.9	44.9	11.8	11.6	10.8	37.8	14.2	24.9
पंजाब	3.26	110.6	10.6	33.4	47.4	2.4	26.7	26.8	3.8	26.7	0.0
राजस्थान	6.05	174.6	9.8	10.5	34.4	9.6	19.2	16.7	13.2	16.7	14.2
तमिलनाडु	3.92	126.8	-2.8	35.7	58.5	22.7	32.3	32.6	17.6	17.6	1.1
उत्तर प्रदेश	5.89	185.6	15.3	14.7	50.2	8.0	17.3	11.8	13.0	20.8	0.5
पश्चिम बंगाल	4.57	123.0	1.0	28.2	46.6	7.1	23.3	15.2	28.4	22.9	7.2
भारत	5.02	156.5	5.3	22.1	44.7	14.3	20.7	21.4	17.9	15.9	8.0

स्रोत : ता. 5.1 वाले ही हैं। संबद्ध जिलास्तरीय आँकड़ों के योग द्वारा राज्यस्तरीय औसतों का आकलन किया गया है।

यह गणना रा.सं.सर्वे. के 27वें दौर के आँकड़ों के आधार पर की गई थी। हम अपने इस विश्लेषण में किसी भी जिले के ग्राम्य गरीबी के मान के रूप में उस क्षेत्र के सेन सूचक का प्रयोग कर रहे हैं जिस क्षेत्र में वह जनपद अवस्थित है। शहरी तथा ग्राम्य गरीबी के मिले-जुले मान के लिए ही शहरीकरण के सूचक को भी अलग चर के रूप में शामिल कर लिया गया है।

दो बातों का विशेष ध्यान रखना आवश्यक है। एक : गरीबी के मान का सम्बन्ध 1972-73 से है जबकि अन्य सभी चरों के 1981 के मान प्रयोग किए गए हैं। 1972-73 के गरीबी के अनुमानों के प्रयोग का आधार यही है कि 1981 के मृत्यु दर आदि के अनुमान भी सत्तर के दशक के अन्तिम वर्षों के जन्म और मरण के आँकड़ों पर ही आधारित रहे हैं और उन वर्षों के गरीबी के स्तर 1972-73 के बहुत निकट रहे होंगे। (हमारे विश्लेषण में) सौभाग्यवश गरीबी स्तरों के अनुसार विभिन्न क्षेत्रों के सापेक्ष अनुक्रम में कोई उतार-चढ़ाव नहीं आए हैं। वस्तुतः 1972-73 के सेन सूचकों के स्थान पर 1987-88 (रा.सं.सर्वे. क्षेत्रानुसार उपलब्ध) सेन सूचकों के प्रयोग से भी विश्लेषण के परिणामों में कोई विशेष अन्तर नहीं आया है।

दूसरी विशेष बात यह है कि जिले के लिए क्षेत्रीय गरीबी सूचक मान के प्रयोग का अभिप्राय यह बनता है कि हम सारे क्षेत्र में ही गरीबी के प्रभाव को समान प्राय मान रहे हैं। वैसे रा.सं.सर्वे. ने इन क्षेत्रों को समान या समरूप मान कर ही इनका निर्धारण किया है (कृषि-जलवायु तथा सामाजार्थिक कसौटियों के आधार पर) फिर भी इस प्रकार की मान्यता के कारण कुछ न कुछ जानकारी का विलोप तो हो ही जाता है। अतः आगे प्रस्तुत निष्कर्षों की व्याख्या करते समय यह बात ध्यान रखनी आवश्यक हो जाएगी कि ये निष्कर्ष कतिपय 'अशुद्ध' या 'अस्पष्ट' जनपद स्तरीय गरीबी सूचकों पर भी आधारित हैं।

इस दूसरी समस्या का एक निदान सारे ही विश्लेषण को क्षेत्रीय आधार देना हो सकता था--किन्तु इससे केवल गरीबी के अनुमान ही अधिक स्पष्ट रूप से परिभाषित हो पाते--पर 296 आँकड़ों को 51 में बदलने के कारण जानकारी के विस्तार में होनेवाली क्षति भी बहुत भारी रहती। वैसे जिलास्तरीय एवं क्षेत्रस्तरीय अध्ययनों के परिणामों में बहुत समानता ही पाई गई है। हम आगे के पृष्ठों में जनपदस्तरीय परिणाम-निष्कर्ष प्रस्तुत करने पर ही अपना ध्यान केन्द्रित कर रहे हैं, वैसे क्षेत्रवार निष्कर्ष भी दिए जा रहे हैं।

समकालिक विश्लेषण की मानक मान्यता यह होती है कि त्रुटिपद स्वतन्त्र हैं तथा उनके वितरण में समानता है। किन्तु हमारे अध्ययन में त्रुटिपदों में क्षेत्रीय सहसम्बन्ध की सम्भावना हो सकती है। क्षेत्रीय सह सम्बन्ध से तात्पर्य है कि आसपास के इलाकों में एक जैसे चरों के स्तरों में परस्पर सह सम्बन्ध हो। इसके कारण, उदाहरण के लिए, यह भी हो सकते हैं कि किन्हीं क्षेत्रों में मरणशीलता या जननशीलता

किन्हीं अचिह्नित सांस्कृतिक कारकों से भी प्रभावित हो रही हो। यदि प्रतीपगमन के त्रुटिपदों में इस प्रकार के क्षेत्रीय सहसम्बन्ध विद्यमान हों तो फिर विकर्णीय त्रुटिपद सहचरता आव्यूह की मानक मान्यता वैध नहीं रहेगी। इसीलिए हम क्षेत्रीय अर्थमिति की मानक तकनीक का प्रयोग कर रहे हैं। इसमें त्रुटिपदों की क्षेत्रीय संरचना को त्रुटिपद सहचरण आव्यूह को स्थिरमान कर किसी क्षेत्रीय निर्भरता पद λ पर आश्रित मान लिया जाता है। इस प्रतिमान का प्राक्कलन 'अधिकतम सम्भाविता' विधि द्वारा किया जाता है। फिर $\lambda=0$ की मान्यता की जाँच की जाती है–अर्थात हम यह जाँचने का प्रयास करते हैं कि क्या क्षेत्रीय सह सम्बन्ध शून्यप्राय है। यदि यह शून्यप्राय हो तो फिर सामान्य न्यूनतम वर्ग विधि से प्राक्कलित गुणांकों के मानों को उनकी मानक विशेषताओं या गुणों से सम्पन्न माना जा सकता है। पर हमारे विश्लेषण में हम कहीं भी $\lambda=0$ को सिद्ध कर पाने में सफल नहीं रहे। अतः अनेक चरों के इस क्षेत्रानुसार सह सम्बन्ध की समस्या एक वास्तविक समस्या है। इस तथ्य को निष्कर्षों की व्याख्या करते समय ध्यान रखना अनिवार्य रहेगा।

मूल परिणाम

तालिका 5.3 में हमने मुख्य परिणामों का संकलन किया है। यहाँ विभिन्न गुणांकों के चिह्नों के साथ-साथ यह भी दर्शाया गया है कि वे सांख्यिकीय दृष्टि से महत्त्वपूर्ण हैं या नहीं। हमारी यह तालिका 5.3 हमें तालिका 5.1 में सन्निहित जानकारी के साथ मिलान करके यह समझ पाने में भी सहायता करती है कि जननशीलता, बाल मरणशीलता तथा बाल अनुजीवन में लिंगभेद पर अन्यान्य कारकों के 'पारिमाणिक' प्रभाव किस प्रकार के हैं।

ता. 5.3 के परिणामों तक पहुँचने के लिए हमने प्रतिमान की ऐसी सामान्य संरचना का सहारा लिया है जिसमें (अरेखीयताओं के प्रभाव को सन्निहित करने के लिए) वर्ग तथा 'प्रतिगुणन' (Cross-products) पदों का प्रयोग किया गया है। नारी की अभावग्रस्तता के अतिरिक्त अन्य किसी चर में 'अरेखीयता' का कोई सबल संकेत नहीं मिल पाया। रेखाचित्रांकन तथा गैर-स्थिरांकीय (Non-parametric) आकलन से यह संकेत मिले कि नारी की अभावग्रस्तता तथा अन्य कारकों के बीच का सम्बन्ध वृद्धि घाति स्वरूप का है। अतः हमने इस चर के वृद्धिघाती स्वरूप को ही 'अन्तवर्ती' बनाया है। इस स्थिति तक किसी 'प्रतिगुणन' पद का प्रयोग नहीं किया गया है ताकि हमारा विवेचन सीधा एवं सहज ग्राह्य रह सके, किन्तु आगे चलकर हम प्रतिगुणन पदों की समीक्षा भी करेंगे।

तालिका 5.3 के अनुमानों से नारी की श्रमशक्ति में भागीदारी को एक स्वतन्त्र चर माना गया है–किन्तु जैसा हमने पहले भी कहा है–इसके जननशीलता के साथ द्विपक्षीय सम्बन्ध रहते हैं–अतः इस चर में अन्तवर्ती होने की सम्भावनाएँ भी विद्यमान

तालिका 5.3

जननशीलता, बाल मरणशीलता तथा नारी की अभावग्रस्तता के निर्धारक कारक

(परिणत स्वरूप के अधिकतम संभाविता विधि के अनुसार अनुमान)

स्वतंत्र चर	अन्तर्वर्ती चर		
	TFR	Q5	FD[a]
स्थिरांक	6.60	205.82	0.86
	(23.10) *	(14.37) *	(3.00) *
नारी साक्षरता	-0.03	-0.87	-0.04
	(-4.28) *	(-2.45) *	(-4.46) *
पुरुष साक्षरता	-0.005	-0.49	0.01
	(-0.70)	(-1.40)	(1.97) *
श्रमशक्ति में नारी भागीदारी	-0.02	0.44	-0.02
	(-3.57) *	(1.82) **	(-3.85) *
शहरीकरण	-3.9E-04	-0.31	0.005
	(-0.15)	(-2.40) *	(1.73) **
चिकित्सा सुविधाएं	-0.002	-0.25	0.005
	(-1.04)	(-2.23) *	(1.84) **
गरीबी	0.007	0.53	-0.02
	(1.14)	(1.76) **	(-3.13) *
अनुसूचित जनजातियां	-0.01	-0.60	-0.01
	(-3.40) *	(-3.57) *	(-3.96) *
अनुसूचित जातियां	-0.007	0.55	-0.007
	(-1.23)	(1.89) **	(-1.13) *
दक्षिण क्षेत्र	-0.55	-41.50	-0.82
	(2.60) *	(-3.85) *	(-4.91) *
पूर्वी क्षेत्र	-0.25	-38.08	0.15
	(-0.99)	(-2.91) *	(0.81)
पश्चिमी क्षेत्र	-0.38	-12.24	-0.15
	(-2.06) *	(-1.32)	(-0.87)
λ	0.82	0.84	0.61
	(25.95) *	(28.07) *	(11.00) *
औसत वर्ग त्रुटि	0.31	15.15	0.39
समंजित R^2	0.89	0.87	0.81
लघुगणक संभाविता	-155.95	-1310.26	-190.80
संदर्श का आकार	296	296	296

क्रोष्ठकों में t-अनुपात हैं

* 5% स्तर पर महत्त्वपूर्ण; ** 10% स्तर पर महत्त्वपूर्ण; a यह अंतर्वर्ती FD का वृद्धिघाती परावर्तन ही है।

तालिका 5.4

नारी की श्रमशक्ति में भागीदारी छोड़कर जननशीलता, बाल मरणशीलता तथा नारी की अभावग्रस्तता के निर्धारक कारक

(परिणत स्वरूप के अधिकतम संभाविता विधि के अनुसार अनुमान)

स्वतंत्र चर	अतंर्वर्ती चर		
	TFR	Q5	FD[a]
स्थिरांक	6.38	210.72	0.66
	(21.90) *	(14.09) *	(2.21) *
नारी साक्षरता	-0.02	--1.01	-0.03
	(-3.52) *	(-2.88) *	(-3.46) *
पुरुष साक्षरता	0.01	-0.35	0.01
	(-1.49)	(-1.03) *	(1.01)
श्रमशक्ति में नारी की भागीदारी	-	-	-
शहरीकरण	1.7E-04	-0.32	0.01
	(-0.06)	(-2.46) *	(1.88) **
चिकित्सा सुविधाएं	-0.002	-0.24	0.005
	(-1.07)	(-2.21) *	(1.92) **
गरीबी	0.007	0.53	-0.02
	(1.14)	(1.73) **	(-3.05) *
अनुसूचित जन जातियां	-0.01	-0.56	-0.01
	(-3.68) *	(-3.37) *	(-4.11) *
अनुसूचित जातियां	-0.005	0.50	-0.004
	(-0.82)	(1.72) **	(-0.54)
दक्षिण क्षेत्र	-0.66	-37.91	-1.02
	(-3.01) *	(-3.58) *	(-5.77) *
पूर्वी क्षेत्र	0.11	-40.42	0.26
	(-0.42)	(-3.10) *	(1.21)
पश्चिमी क्षेत्र	0.41	-11.09	-0.23
	(-2.17) *	(-1.19)	(-1.26)
λ	0.84	0.83	0.68
	(28.43) *	(27.66) *	(14.05) *
औसत वर्ग त्रुटि	0.31	15.26	0.39
समंजित R^2	0.89	0.87	0.81
लघुगणक संभाविता	-162.05	-1311.91	-197.24
संदर्श का आकार	296	296	296

कोष्ठकों में t-अनुपात के मान; * 5% स्तर पर महत्त्वपूर्ण; ** 10% स्तर पर महत्वपूर्ण; a अंतर्वर्ती चर FD का वृद्धिघाती परावर्तन है.

हैं। इसी अन्तर्वर्तिता को स्वीकार करते हुए हम ता 5.4 के परिणामों पर नारी की श्रमशक्ति भागीदारिता को स्वतन्त्र चरों की सूची से बाहर निकाल कर पहुँचे हैं। वैसे ता. 5.4 के निष्कर्ष भी ता. 5.3 के सामान्य निष्कर्षों की पुष्टि ही कर रहे हैं।

जननशीलता की व्याख्या करने से पूर्व हम बाल मरणशीलता तथा नारी की अभावग्रस्तता पर विभिन्न कारक चरों के प्रभावों पर टिप्पणी कर रहे हैं।

बाल मरणशीलता एवं नारी की अभावग्रस्तता

बाल मरणशीलता एवं नारी की अभावग्रस्तता के विषय में ये बातें विशेष रूप से ध्यान देने योग्य हैं :

नारी साक्षरता का बाल मरणशीलता पर प्रभाव ऋणात्मक एवं सांख्यिकीय दृष्टि से महत्त्वपूर्ण है। नारी साक्षरता वैसे बेटों एवं बेटियों, दोनों की ही अकाल मृत्यु को कम करने में सहायक रही है—पर इसके कारण बेटियों के जीवित रह पाने की सम्भावना में विशेष रूप से वृद्धि होती है। इसी कारण नारी साक्षरता का नारी की अभावग्रस्तता पर भी सांख्यिकीय रूप से महत्त्वपूर्ण ऋणात्मक प्रभाव दिखाई पड़ता है। यह निष्कर्ष कुछ चौंकाने वाला है—क्योंकि अनेक शोधकर्ताओं ने तो नारी साक्षरता को बेटियों के विरुद्ध भेदभाव को बढ़ाने में सहायक होने का दोषी ठहराया है।

यह बात भी ध्यान देने योग्य है कि नारी साक्षरता के कारण बाल मरणशीलता तथा बाल अनुजीवन में बेटियों के विरुद्ध भेदभाव में कमी पुरुष साक्षरता से स्वतन्त्र रूप से आ रही हैं—अर्थात इसके स्तर पर इस बात का कोई प्रभाव नहीं पड़ रहा कि परिवार के पुरुष साक्षर हैं या नहीं। वैसे पुरुष साक्षरता भी (स्त्री साक्षरता से) स्वतन्त्र रूप से बाल मरणशीलता को घटाने में सहायक लगती है किन्तु इसका गुणांक सांख्यिकीय दृष्टि से अधिक महत्त्वसम्पन्न नहीं रहा। हाँ, पुरुष साक्षरता का बाल अनुजीवन में लड़कियों की अभावग्रस्तता को बढ़ाने में योगदान अवश्य महत्त्वपूर्ण लगता है क्योंकि इस पुरुष साक्षरता के कारण बालकों के जीवित रह पाने की सम्भावनाएँ बालिकाओं की तुलना में अधिक तीव्र दर से बढ़ती दिखाई दी हैं। एक अन्य तथ्य भी बहुत विलक्षण है—यदि हम प्रतीपगमन प्रतिमान से नारी साक्षरता नामक कारक को विलुप्त कर दें तो भी पुरुष साक्षरता से जुड़े इस निष्कर्ष की सत्यता अप्रभावित रहती है।

हमने इस पूर्व धारणा की जाँच भी की है कि नारी साक्षरता के लिंगभेद पर प्रभावों में क्षेत्रीय अन्तर हो सकते हैं। इसके लिए हमने नारी साक्षरता तथा क्षेत्रीय 'तत्प्रति' (सहायक) चरों के 'संयोजी' चरों का प्रयोग किया है। किसी भी ऐसे संयोजी चर के गुणांक सांख्यिकीय दृष्टि से महत्त्वपूर्ण सिद्ध नहीं हो पाए। इस अवधारणा के पक्ष में तो कोई भी साक्ष्य नहीं मिला कि उत्तरी भारत में नारी साक्षरता लिंगभेद-संवर्धक तथा दक्षिण भारत में लिंगभेद-निवारक है।

श्रमशक्ति में नारी की उच्च भागीदारी के कारण बाल अनुजीवन में लिंगभेद में निश्चित रूप से कमी आती है—यह कमी सांख्यिकीय दृष्टि से महत्त्वपूर्ण भी सिद्ध हुई है। हमारा यह निष्कर्ष पूर्वउल्लिखित अध्ययनों के निष्कर्ष से भी मेल खाता है।

यद्यपि श्रमशक्ति में उच्च भागीदारी से बाल अनुजीवन में लिंगभेद पर प्रभाव के साक्ष्य तो बहुत सुस्पष्ट हैं किन्तु इसके बेटों और बेटियों के अनुजीवन के स्तरों पर प्रभाव कुछ जटिलतापूर्ण लगते हैं। ता. 5.3 के निष्कर्षों से लगता है कि श्रमशक्ति में नारी की उच्च भागीदारी से बाल मरणशीलता में वृद्धि हो रही है तथा यह वृद्धि केवल बेटों के विषय में ही महत्त्वपूर्ण है। किन्तु बाल मरणशीलता पर श्रमशक्ति भागीदारिता के प्रभावों की व्याख्या करते समय उन सामाजिक एवं आर्थिक समस्याओं पर भी ध्यान देना आवश्यक रहेगा जिनके कारण से अनेक स्त्रियों को कमाई देने वाले रोजगार अपनाने पड़े होंगे। यहाँ गरीबी के प्रभावों का अनुसीमन (Controlling) तो बहुत ही आवश्यक है (क्योंकि यदि निर्वाह कर पाने की मजबूरी में स्त्रियों को काम करने को बाध्य होना पड़ा हो तो वे निश्चित रूप से अपने बच्चों की उचित देखभाल कर पाने में समर्थ नहीं हो पाएँगी—उस विवशता का बाल अनुजीवन पर विपरीत प्रभाव सम्भव है)। किन्तु गरीबी के माप विषयक हमारी जानकारी त्रुटिपूर्ण ही है। अतः हम यह स्वीकार करते हैं कि नारी की श्रमशक्ति भागीदारी के बाल मरणशीलता के स्तरों पर प्रभावों का और आगे अध्ययन किए जाने की आवश्यकता है। कुछ ठहर कर हम इस विषय में और चर्चा करेंगे।

शहरीकरण का बाल मरणशीलता पर महत्त्वपूर्ण लक्षणात्मक प्रभाव दिखाई पड़ रहा है। यहाँ भी बेटों की मरणशीलता बेटियों की अपेक्षा अधिक तेज़ी से घटने के संकेत मिल रहे हैं—अर्थात शहरीकरण भी बेटियों के विरुद्ध भेदभाव बढ़ाने में सहायक हो रहा है। यह प्रभाव सांख्यिकीय दृष्टि से 10 प्रतिशत स्तर पर तो महत्त्वपूर्ण है किन्तु 5 प्रतिशत स्तर पर नहीं। चिकित्सा सुविधाओं के प्रभाव भी शहरीकरण के सदृश ही हैं—इनसे भी बाल अनुजीवन में तो वृद्धि हो रही है किन्तु इनका स्वरूप भी नारी की अभावग्रस्तता को संवर्धित ही कर रहा है। यह अभावग्रस्तता वृद्धि का विचार भी 10 प्रतिशत स्तर पर ही महत्त्वपूर्ण है—5 प्रतिशत पर नहीं।

जैसी अपेक्षा सैद्धान्तिक आधार पर व्यक्त की गई थी, गरीबी के उच्च स्तर बाल मरणशीलता के उच्च स्तर से सीधे रूप से जुड़े हैं। किन्तु यह सम्बन्ध भी 5 प्रतिशत नहीं वरन् 10 प्रतिशत स्तर पर ही सांख्यिकीय महत्त्व से पूर्ण पाया गया है। (कुछ मामलों में) गरीबी तथा नारी की अभावग्रस्तता (FD) के बीच ऋणात्मक एवं महत्त्वपूर्ण सम्बन्ध भी दिखाई पड़ा है—अर्थात् अधिक गरीब परिवारों में बाल अनुजीवन में नारी की अभावग्रस्तता का स्तर अपेक्षतया कम दिखाई पड़ा है। यह निष्कर्ष हमारी उस पूर्वचर्चित पूर्व धारणा से मेल खाता है कि स्त्रियों के विरुद्ध भेदभाव विशेषाधिकार-सम्पन्न वर्गों में ही अधिक गहन होता है।

जनसंख्या के अनुसूचित जनजातियों का अधिक अनुपात बाल अनुजीवन में नारी की अभावग्रस्तता को कम करता है। यह प्रभाव सांख्यिकीय दृष्टि से महत्त्वपूर्ण भी है। यह भी ध्यान देने योग्य बात है कि इस निष्कर्ष पर नारी की श्रमशक्ति में भागीदारी का अनुसीमन करने पर भी कोई कमी नहीं आती—यही नहीं, जनजातियों में तो नारी की यह भागीदारी और भी अधिक होती है। इससे ऐसे संकेत मिलते हैं कि जनजातियों की सामाजिक रचना में ही ऐसे कुछ विशेष गुण होंगे जिनके कारण लड़कियों के अनुजीवन में सुधार होता है। इस प्रक्रिया को समझ पाने में उनकी बन्धुता तथा सम्पत्ति अधिकार की व्यवस्थाएँ सम्भवतः महत्त्वपूर्ण योगदान दे सकती हैं।

यह भी ध्यान देने योग्य बात है कि लड़कों और विशेषकर लड़कियों की मरणशीलता उन जनपदों में खास तौर पर कम पाई गई है जहाँ अनुसूचित जनजातियों की बहुतायत है। इस निष्कर्ष की प्राप्ति से पूर्व उनमें व्याप्त गरीबी तथा साक्षरता का अनुसीमन कर लिया गया था। यह निष्कर्ष जनजातीय जीवन शैली कुछ स्वस्थ विशेषताओं से जुड़ी धारणाओं के अनुरूप ही है [जनजातीय जीवन शैली में अधिक भीड़भाड़ तथा प्रदूषण नहीं होते]। फिर भी इस सांख्यिकीय सहगामिता के निश्चित आधार को समझने के लिए और गहन अध्ययन की आवश्यकता होगी।

जनसंख्या में अनुसूचित जातियों की बहुतायत तथा बाल अनुजीवन में नारी की अभावग्रस्तता के बीच कोई महत्त्वपूर्ण सहगामिता नहीं दिखाई पड़ती। यह तथ्य हाल ही में इन जातियों में स्त्री-पुरुष विषमताओं तथा स्त्री-पुरुष अनुपात आदि के विषय में हुए अध्ययनों से भी मिलता-जुलता है। कुछ दशकों पूर्व तक आज अनुसूचित कही जाने वाली जातियों सहित सभी अभावग्रस्त समुदायों में स्त्री-पुरुष अनुपात औसत से अधिक रहता था। अनेक अध्येताओं ने इसे इन जातियों के अधिक समतापूर्ण स्त्री-पुरुष सम्बन्धों का परिणाम ही कहा है। पर पिछले कुछ दशकों से इन जातियों में भी स्त्री-पुरुष अनुपात में बहुत महत्त्वपूर्ण गिरावट देखी गई है। अब तो हालत यह है कि 1991 में अनुसूचित जातियों में स्त्री-पुरुष अनुपात 922 रह गया है। यह स्तर सारे देश के औसत स्तर 927 के निकट ही नहीं बल्कि उससे कम भी है। दूसरे शब्दों में, अब अनुसूचित जातियों के स्त्री-पुरुषों से सम्बन्ध अन्य जातियों जैसे ही हो चले हैं—स्त्री-पुरुष अनुपात से तो इनके बीच के अन्तरों की पूर्ण समाप्ति के ही संकेत मिल रहे हैं [ध्यान रहे कि स्त्री-पुरुष अनुपात को स्त्री-पुरुष विषमता का एक आधारभूत सूचक माना जाता है]। बालिका अनुजीवन के सन्दर्भ में भी अनुसूचित जातियों तथा शेष जातियों में अब कोई अन्तर नहीं रहा है—यह तथ्य भी उपर्युक्त स्त्री-पुरुष अनुपात विषयक प्रवृत्तियों के अनुरूप ही है। यह भी कहा जा रहा है कि सम्भवतः इसका कारण अनुसूचित जातियों के संस्कृतिकरण में निहित है—ये जातियाँ भी 'उच्च' वर्णों के लक्षणों को अपना कर अपने सामाजिक स्तर को 'सुधार' रही हैं। इस प्रक्रिया में जीवन शैली तथा विशेषकर स्त्रियों की स्वतन्त्रता

का ह्रास 'अपरिहार्य' रहता है। किन्तु इसके अतिरिक्त अन्य व्याख्याएँ भी सम्भव हैं। एक तो यही कि अनुसूचित जातियों में स्त्री-पुरुष अनुपात की तीव्र गिरावट के कारण (i) उनके आर्थिक स्तर का उन्नयन तथा (ii) आर्थिक सम्पन्नता और स्त्री-पुरुष विषमता के जातीय नहीं आर्थिक आधार भी हो सकते हैं। इस प्रकार की व्याख्या में 'संस्कृतिकरण' के प्रभाव का महत्त्व कम हो जाता है।

और अन्त में क्षेत्रीय तत्प्रति कारकों के विषय में कुछ बातें। अन्य सभी कारकों के अनुसीमन के बाद भी दक्षिणी राज्यों में बाल मरणशीलता का स्तर काफ़ी कम पाया गया है। लड़कियों के विषय में तो यह बात्न ख़ास तौर पर लागू होती है। तालिका 5.2 इस बात को भी स्पष्ट कर रही है कि भारत के दक्षिणी राज्यों में लड़कियाँ अनुजीवन की दृष्टि से लड़कों की अपेक्षा कहीं बेहतर स्थिति में हैं। बाल अनुजीवन तथा लिंगभेद दोनों ही कसौटियों पर दक्षिण भारत का शेष देश से अन्तर सांख्यिकीय दृष्टि से महत्त्वपूर्ण है।

अनेक लेखकों ने दक्षिण भारत की जनांकिकीय—विशेषकर बालिका अनुजीवन विषयक विशेषताओं पर बहुत कुछ लिखा है। हमारी तालिका 5.3 में प्रस्तुत निष्कर्ष यही बता रहे हैं कि दक्षिण एवं शेष भारत के जनांकिकीय अन्तरों की सम्पूर्ण व्याख्या नारी सक्षरता, श्रमशक्ति में भागीदारी तथा इन प्रतीपगमनों में सम्मिलित कारकों के आधार पर नहीं हो पाई। इसका कारण यह भी है कि हमारा यह विश्लेषण बन्धुता तथा सम्पत्ति अधिकार व्यवस्थाओं तथा उनसे जुड़ी अन्य सामाजिक-आर्थिक विशिष्टताओं का आकलन कर पाने में सफल नहीं रहा [आँकड़ों का अभाव ही इस विफलता का प्रमुख कारण रहा है]।

जननशीलता

तालिकाओं 5.3 तथा 5.4 में सकल जनन दर के निर्धारकों से जुड़े और परिणाम दिए गए हैं। नारी साक्षरता एवं श्रमशक्ति में भागीदारी का TFR पर ऋणात्मक एवं सांख्यिकीय दृष्टि से महत्त्वपूर्ण प्रभाव आकलित हुआ है। जननशीलता भारत के दक्षिणी एवं पश्चिमी क्षेत्रों में काफ़ी कम आँकी गई है। इसी प्रकार जिन क्षेत्रों में जनजातीय वर्गों की बहुतायत है, वहाँ भी ज़ननशीलता कम पाई ई है। किसी भी अन्य कारक का प्रभाव सांख्यिकीय दृष्टि से महत्त्वपूर्ण नहीं सिद्ध हुआ।

कुछ और परिणाम तथा प्रवर्धन

गरीबी तथा नारी की श्रमशक्ति में भागीदारिता

कुछ पहले हमने गरीबी के मापकों की अपर्याप्तता या त्रुटियों के बारे में बात उठाई थी। वहाँ गरीबी का मान वर्ष 1981 के स्थान पर 1972-73 लिए जाने

की बात आई थी। हमने यह भी कहा था कि आँकड़ों की उपलब्धिता ही ऐसी है कि हमें रा.सं.सर्वे. के क्षेत्रों से जुड़े गरीबी सूचकों का प्रयोग करना पड़ रहा है–जनपद स्तर के आँकड़े सुलभ नहीं हैं। इन त्रुटियों के कारण जनांकिकीय प्रवृत्तियों पर गरीबी के प्रभाव का आकलन अशुद्धिपूर्ण हो सकता है। यही नहीं, गरीबी से अधिक सम्बन्धवाले चरों के गुणांकों के अनुमानों में इसके कारण 'विशेष रुझान' भी आ सकते हैं। इसका एक उदाहरण तो श्रमशक्ति में नारी की भागीदारी तथा बाल अनुजीवन के बीच का सम्बन्ध ही है। हमने पहले भी कहा है कि बाल अनुजीवन तथा अन्य जनांकिकीय चरों के श्रमशक्ति में भागीदारी के साथ सम्बन्धों के प्राक्कलन में गरीबी के स्तर का अनुसीमन आवश्यक होगा। भारत जैसे देशों में स्त्रियों का रोजगार की ओर उन्मुख होना अक्सर आर्थिक कठिनाइयों का परिणाम ही रहा है। ऐसी दशा में तो नारी की श्रमशक्ति में भागीदारी तथा बाल मरणशीलता के बीच भ्रामक रूप से प्रत्यक्ष घनात्मक सम्बन्ध का प्राक्कलन हो जाता है। वस्तुतः यह घनात्मक सम्बन्ध गरीबी के स्तर तथा मरणशीलता के बीच होता है, किन्तु सांख्यिकीय विधियों के कारण ऐसा आभास मिलने लगता है कि जैसे नारी की श्रमशक्ति में भागीदारी से बालमृत्यु दर में वृद्धि हो रही हो।

इन सभी बातों को ध्यान में रखते हुए हमने गरीबी के स्तर से जुड़े चर के वैकल्पिक प्रयोग की सम्भावनाओं का आकलन किया है। एक तो 1972-73 के गरीबी के स्थान पर 1987-88 के गरीबी सूचक का प्रयोग करके देखा गया है। हमारा निष्कर्ष यही रहा है कि इस परिवर्तन का कोई प्रभाव नहीं हुआ–अर्थात् यह विवाद अर्थविहीन है कि गरीबी-सूचक किस वर्ष से सम्बन्धित है।

गरीबी के क्षेत्रस्तरीय अनुमानों के कारण तो कहीं हमारे अनुमानित/प्राक्कलित प्रतीपगमन समीकरणों में कोई रुझान विशेष नहीं आ रहा ? इस प्रश्न का निदान करने की एक विधि तो यही हो सकती है कि सभी कारकों के क्षेत्रस्तरीय समुच्चयों के बीच प्रतीपगमन सम्बन्धों का आकलन करके देखा जाए। यह कार्य विशेष कठिन भी नहीं है। जिला स्तर के आंकड़ों के भारित औसतों का प्रयोग कर क्षेत्रस्तरीय आँकड़े सहज ही तैयार किए जा सकते हैं। इसके कारण हमारे चर संयोजनों की संख्या तो बहुत ही कम रह जाती है–यह 296 से घटकर 51 हो जाती है–पर इनमें से वे सभी रुझान विलुप्त हो जाते हैं जिनका स्रोत गरीबी के क्षेत्रीय पर अन्य सभी चरों के अपेक्षतया छोटी भौगोलिक इकाइयों (जनपद) की प्रयुक्ति में रहा होगा। इस पुनः प्राक्कलन के परिणाम तालिका 5.5 में संकलित हैं।

आप स्वयं ही देख सकते हैं कि ता. 5.5 के निष्कर्ष ता. 5.3 से मिलते-जुलते ही हैं। हाँ, एक अन्तर यह है कि क्षेत्रीय स्तर पर t–अनुपात जनपद स्तरीय t–अनुपात से कम रह गया है। अतः कुछ कारक यद्यपि जनपद स्तर पर तो सांख्यिकीय दृष्टि से महत्त्वपूर्ण थे किन्तु क्षेत्रीय स्तर पर उनका महत्त्व कम रह जाता है। एक तो

तालिका 5.5
रा. सं. सर्वे क्षेत्रानुसार जननशीलता, बाल मरणशीलता तथा नारी अभावग्रस्तता के निर्धारक कारक

(परिणत स्वरूपों के अधिकतम संभाविता विधि के अनुसार अनुमान)

स्वतंत्र चर	अन्तर्वर्ती चर		
	TFR	Q5	FD
स्थिरांक	6.67	136.99	13.08
	(9.62) *	(4.32) *	(1.95) **
नारी साक्षरता	-0.04	-1.84	-0.69
	(-2.47) *	(-2.41) *	(-4..57) *
पुरुष साक्षरता	0.020	1.17	0.38
	(1.09)	(1.41)	(2.24) *
नारी की श्रमशक्ति में भागीदारी	-0.03	-0.34	-0.31
	(-2.82) *	(-0.65)	(-3.56) *
शहरीकरण	-0.005	-0.39	0.03
	(-0.080)	(-1.27)	(0.47)
चिकित्सा सुविधाएं	0.002	-0.29	0.08
	(0.46)	(-.29)	(1.84) **
गरीबी	5.6E-04	0.74	-0.16
	(0.06)	(1.73) **	(-1.61)
अनुसूचित जनजातियां	-0.01	0.09	-0.29
	(-1.54)	(0.24)	(-3.95) *
अनुसूचित जातियां	0.02	1.04	-0.01
	(-1.78) **	(1.63)	(-0.41)
दक्षिणी क्षेत्र	-0.25	-12.29	-8.34
	(-0.77)	(-0.72)	(-4.19) *
पूर्वी क्षेत्र	-0.29	-30.04	-2.96
	(-0.92)	(-1.82) **	(-1.44)
पश्चिमी क्षेत्र	-0.44	2.94	0.50
	(-1.65) **	(0.22)	(0.24)
λ	0.59	0.66	-0.41
	(4.45) *	(5.42) *	(-1.98) *
औसत वर्ग त्रुटि	0.36	18.14	3.71
समंजित R^2	0.74	0.68	0.79
लघुगणक संभाविता	-23.45	-223.23	-140.17
संदर्श का आकार	51	51	51

कोष्ठकों में t-अनुपात के अनुमान हैं; * 5% स्तर पर महत्त्वपूर्ण; ** 10% स्तर पर महत्त्वपूर्ण

उदाहरण यही है कि दक्षिण भारत के लिए प्रयुक्त 'तत्प्रति' कारक जनपद स्तर पर मरणशीलता तथा जननशीलता के प्रतीपगमन में तो महत्त्वपूर्ण था, किन्तु क्षेत्रीय स्तर पर महत्त्व से हीन हो जाता है। यह कोई आश्चर्यजनक बात नहीं है। इसका कारण यही है कि क्षेत्रीय आकलन में चर संयोजनों की संख्या बहुत घट जाने (296 से कम होकर 51 रह जाने) का सीधा अर्थ यही है कि अब हमारा विश्लेषण बहुत कम जानकारी पर आधारित रह गया है।

इसके अतिरिक्त क्षेत्रीय एवं जनपदीय निष्कर्षों में एक अन्य महत्त्वपूर्ण अन्तर है : क्षेत्रीय स्तर पर श्रमशक्ति में अधिक भागीदारी का सहसम्बन्ध निम्न बाल मरणशीलता के साथ पाया गया है। यद्यपि यह सम्बन्ध सांख्यिकीय दृष्टि से महत्त्वपूर्ण नहीं रहा है फिर भी इससे यह संशय तो पैदा हो ही जाता है कि सम्भवतः जनपद-स्तरीय प्राक्कलन में गरीबी का पर्याप्त अनुसीमन नहीं हो पाया था।

बाल मरणशीलता में लिंगभेद तथा जननशीलता

जैसे हमने पहले भी कहा है कि जननशीलता और बाल अनुजीवन में लिंग भेद के सम्बन्ध का स्वरूप बहुत स्पष्ट नहीं है। कुछ विश्लेषणकर्ताओं का दावा है कि उच्च जननशीलता तथा अनुजीवन में उच्च स्त्री-अभावग्रस्तता के बीच गहरा (घनात्मक) सम्बन्ध है तो कुछ का मत इसके एकदम विपरीत रहा है।

इस मुद्दे पर कुछ और जानकारी प्राप्त करने के उद्देश्य से ही हमने अपने स्त्री अभावग्रस्तता (FD) के प्रतीपगमन समीकरण में सकल जनन दर (TFR) को एक अतिरिक्त स्वतन्त्र चर बनाया है। हमारा प्राक्कलन दर्शा रहा है कि उच्च नारी अभावग्रस्तता FD के स्तर उच्च जनन दर के साथ जुड़े हैं। इसका गुणांक भी सांख्यिकीय रूप से महत्त्वपूर्ण पाया गया है। अतः लगता है कि अन्य कारकों के प्रभावों का अनुसीमन करने के बाद जिन क्षेत्रों में जननशीलता अधिक होती है वहाँ एक बालिकाओं के जीवित रह पाने की सम्भावनाएँ सापेक्षतः कम रह जाती हैं। इन निष्कर्षों से इस आशंका के निराकरण में सहायता मिल सकेगी कि भारत में जनन दर में तीव्र कमी के कारण बाल अनुजीवन में लड़कियों के अनुजीवन पर विपरीत प्रभाव पड़ सकता है।

नारी साक्षरता और चिकित्सा सुविधाओं के बीच परस्पर सम्बन्ध

नारी साक्षरता से बाल मरणशीलता कम होने का एक तरीका यह भी हो सकता है कि साक्षर महिलाएँ चिकित्सा सुविधाओं का अधिक अच्छी तरह उपयोग कर पाने में समर्थ हो जाती हैं। यदि यह धारणा ठीक हो तो फिर हम यह मान सकते हैं कि नारी साक्षरता तथा चिकित्सा सुविधाओं के बाल अनुजीवन पर बहुत समन्वित तथा सकारात्मक प्रभाव होंगे—क्योंकि जब इनमें से एक कारक सशक्त होता है

तो दूसरा भी अधिक सबल हो जाता है। इस धारणा की जाँच के लिए हम बाल मरणशीलता का प्रतीपगमन में एक अतिरिक्त कारक के रूप में इन दो चरों के गुणन को 'अन्तर्सम्बन्ध' के रूप में स्थान दे रहे हैं। इस प्रकार चिकित्सा सुविधाओं और नारी साक्षरता के स्तरों में बदलाव बहुत अच्छी तरह से विश्लेषण में शामिल हो जाएँगे। हमारे प्राक्कलन ने दिखाया है कि यह इस कारक का गुणांक ऋणात्मक और सांख्यिकीय दृष्टि से महत्त्वपूर्ण है। इसका अभिप्राय हुआ कि चिकित्सा सुविधाओं तथा नारी साक्षरता के बाल मरणशीलता को घटाने में समन्वित प्रभाव रहता है।

संरचनात्मक बदलाव

एक अन्य महत्त्वपूर्ण मुद्दा यह है कि क्या प्राक्कलित सम्बन्धों में समय बीतने पर भी स्थायित्व रहता है–अर्थात् कहीं जो भी समकालिक (Cross-section) सम्बन्ध आकलित किए जा रहे हैं उनके निष्कर्ष उस वर्ष विशेष में ही तो महत्त्वपूर्ण नहीं रह जाएँगे ? उनका अन्य वर्षों के लिए भी महत्त्व होगा या नहीं ? जब 1991 की जनगणना के विस्तृत आँकड़े मिल जाएँगे तभी उनके आधार पर 1981 की भाँति प्राक्कलन हो पाएगा और उसी समय हमारे वर्तमान निष्कर्षों से तुलना भी सम्भव होगी। फिर भी हम संरचनात्मक बदलाव की एक प्रारम्भिक व्याख्या करने का प्रयास कुछ इस प्रकार कर रहे हैं :

हमने 1981 के जनपदस्तरीय आँकड़ों से एक अतिरिक्त प्रतीपगमन समीकरण का प्राक्कलन किया है। इसमें अपरिष्कृत जन्म दर (CBR—Crude Birth Rate) को निर्भर या अन्तर्वर्ती चर बनाया गया है। चिकित्सा सुविधाओं को छोड़कर तालिका 5.3 वाले ही स्वतन्त्र चरों का यहाँ भी प्रयोग किया गया है। इन चरों के 1991 के मानों का प्रयोग कर अपरिष्कृत जन्म दर के 1991 के स्तर का पूर्वाकलन किया गया है। पर 1991 के जनपदस्तरीय आँकड़े अभी सुलभ नहीं होने के कारण यह पूर्वाकलन केवल राज्य स्तर पर हो पाया है। इन पूर्वाकलित अपरिष्कृत जन्म दरों की तुलना 1991 की जनगणना के वास्तविक आँकड़ों से की गई है।

इस तुलना से पता चलता है कि हमारा प्रतीपगमन 1981-91 के बीच अपरिष्कृत जन्म दर की गिरावट का न्यून अनुमान करता है अर्थात् सभी 14 राज्यों के पूर्वानुमान CBR वास्तविक CBR से अधिक रहे हैं। वास्तविक एवं अनुमानित के बीच का अन्तर (वास्तविक के अनुपात के रूप में) मध्य प्रदेश में बहुत ही कम रहा है (मात्र 1.1 प्रतिशत)। हरियाणा, राजस्थान तथा उत्तर प्रदेश में भी यह अन्तर कम ही रहा है (10 प्रतिशत से कम) किन्तु, पश्चिम बंगाल (21 प्रतिशत), पंजाब (24 प्रतिशत), आन्ध्र प्रदेश (25 प्रतिशत), केरल (41 प्रतिशत) और तमिलनाडु में (46 प्रतिशत) का भारी अन्तर पाया गया है। अतः सारे ही राज्यों में अपरिष्कृत जन्म दर का न्यूनानुमान होना इस बात का प्रमाण होगा कि 1981-91 का संरचनात्मक बदलाव

हमारे अध्ययन में निश्चित किए गए समकालिक कारकों के प्रभावों को और सम्पुष्ट कर रहा है। साथ ही जहाँ राज्यस्तरीय प्रतिरूप भी हाल ही में मिले दक्षिण भारत में आए त्वरित जनांकिकीय परावर्तन के साक्ष्यों से मेल खाता है, वहीं वह उत्तर भारत के बड़े राज्यों की गतिहीनता की भी पुष्टि कर रहा है।

स्त्री-पुरुष अनुपात तथा बाल मरणशीलता

अन्त में हम इस पूर्व धारणा की व्याख्या कर रहे हैं कि इस विश्लेषण में प्रयुक्त चरों के निश्चित मानों के आधार पर यह ज्ञात होता है कि जिन भौगोलिक क्षेत्रों में स्त्री-पुरुष वैषम्य अधिक है वहीं पर बाल मरणशीलता भी उच्चतर रहती है। इस अवधारणा का निहितार्थ यही है कि स्त्री-पुरुष के बीच अधिक विषमता के कारण नारी की बृहत्तर भूमिका का शमन होता है। इसी दमन का एक परिणाम होता है उच्च बाल मरणशीलता [वैसे भी भारत में तो बच्चों का स्वास्थ्य मुख्यतः माँ के प्रयासों एवं चेष्टाओं पर ही निर्भर रहता है]।

इस पूर्व धारणा के सत्यापन के लिए हमने अल्पायु स्त्री-पुरुष अनुपात—अर्थात् 0-10 वर्ष आयु वर्ग के प्रति 1000 लड़कों के पीछे लड़कियों की संख्या को बाल मरणशीलता के समीकरण में एक अतिरिक्त व्याख्याकारी चर के रूप में सम्मिलित किया है। हम यह मान रहे हैं कि इस अतिरिक्त चर पर अन्तर्वर्ती चर (बाल मरणशीलता) का कोई प्रभाव नहीं पड़ता। यह अल्पायु स्त्री-पुरुष अनुपात मूलभूत स्त्री-पुरुष विषमता का एक कामचलाऊ सूचक मानकर प्रयोग में लाया जा रहा है। अन्य सभी कारकों का स्तर स्थिर रहने पर जिन जनपदों में अल्पायु स्त्री-पुरुष अनुपात कम है वहाँ बाल मरणशीलता का स्तर अधिक पाया गया है। इसका गुणांक सांख्यिकीय दृष्टि से महत्त्वपूर्ण भी है। अतः हमने जिस पूर्व धारणा के सत्यापन का प्रयास किया है, वह निष्फल नहीं सिद्ध होती।

विवेचन

नारी की बृहत्तर भूमिका और जनांकिकीय परिणाम

इस अध्ययन के निष्कर्ष मरणशीलता, जननशीलता तथा स्त्री-पुरुष बिषमताओं को घटाने में नारी की बृहत्तर भूमिका के योगदान को बहुत स्पष्ट रूप से उद्भासित कर रहे हैं।

उदाहरण के लिए, बाल अनुजीवन में लिंग भेद के निर्धारक कारकों पर विचार को ही लीजिए। यह बहुत ही ध्यान देने योग्य बात है कि यहाँ नारी की भूमिका को बृहत्तर बनाने वाले कारकों (नारी साक्षरता एवं उसकी श्रमशक्ति में भागीदारी) का नारी की अभावग्रस्तता पर सशक्त ऋणात्मक प्रभाव पाया गया है। इसके विपरीत किसी समाज में आर्थिक विकास एवं आधुनिकीकरण से जुड़े अन्य कारकों (गरीबी,

शहरीकरण, पुरुष साक्षरता और चिकित्सा सुविधाओं की सुलभता) का लड़कों की तुलना में लड़कियों के जीवित रह पाने की सम्भावनाओं पर कोई सकारात्मक प्रभाव नहीं दिखाई देता। जहाँ तक इन कारकों में नारी की अनुजीवन सम्बन्धी अभावग्रस्तता से सम्बन्ध का प्रश्न है—प्रत्येक मामले में, जहाँ भी इनका प्रभाव सांख्यिकीय रूप से महत्त्वपूर्ण रहा है, वहाँ इसकी दिशा विपरीत ही रही है—अर्थात् इसके कारण इन अभावग्रस्तताओं में कमी नहीं वरन् वृद्धि ही होती रही है। आपने ता. 5.3 में देखा ही था कि पुरुष साक्षरता एवं शहरीकरण के उच्च स्तरों, चिकित्सा सुविधाओं की अधिक सुलभता तथा गरीबी में कमी इन सभी के कारण अनुजीवन में नारी की अभावग्रस्तता में वृद्धि ही होती रही है। इसका कारण यही है कि इन सभी कारकों से लड़कों की मृत्यु दर में (लड़कियों की अपेक्षा) अधिक कमी आ रही है। जहाँ भारत में विकास के स्तर तथा अनुजीवन में लिंगभेद में कमी का सम्बन्ध दिखाई पड़ा है, वहाँ इसका माध्यम प्रत्यक्षतः वे ही कारक बने हैं जिनसे नारी की बृहत्तर भूमिका का प्रसार-विस्तार होता है [जैसे कि नारी साक्षरता, तथा नारी की श्रमशक्ति में भागीदारी]।

इसी प्रकार पुरुष साक्षरता, गरीबी में कमी, शहरीकरण तथा चिकित्सा सुविधाओं की सुलभता में सुधार आदि विकास सूचक बाल अनुजीवन के सामान्य स्तर को सुधारने में सफल रहते हैं—पर इनके सकारात्मक प्रभाव नारी साक्षरता के प्रभाव के समक्ष बहुत ही क्षीण प्रतीत होते हैं। यही बात ता. 5.6 में संकलित परिणामों द्वारा स्पष्ट हो रही है। अन्य कारकों का स्तर उनके औसत पर सीमित रखने पर Q5 तथा FD की नारी साक्षरता के प्रति संवेदनशीलता को यहाँ दिखाया गया है। इसी तालिका में पुरुष साक्षरता तथा गरीबी के प्रति संवेदनशीलता भी दिखाई गई है। हम स्पष्टतः देख सकते हैं कि पुरुष साक्षरता और गरीबी की अपेक्षा नारी साक्षरता के बाल मरणशीलता व लिंग भेद प्रभाव बहुत अधिक सशक्त हैं। इस तालिका में गरीबी के सूचक के रूप में सेन सूचक की जगह व्यक्तिगणना-अनुपात विधि का ही प्रयोग किया गया है। इसका कारण यह है कि इस अनुपात में प्रतिशत परिवर्तन की व्याख्या बहुत सीधी और सहज ही समझ आने योग्य होती है—पर सेन सूचक की ऐसी व्याख्या नहीं हो पाती। वैसे भी अनुमानों पर इस सूचक परिवर्तन का कोई बहुत बड़ा प्रभाव नहीं पड़ रहा है।

जननशीलता के निर्धारकों के विषय में भी यही बात स्पष्ट हो रही है। यहाँ सामान्य विकास एवं आधुनिकीकरण से जुड़ा कोई भी कारक सांख्यिकीय रूप से महत्त्वपूर्ण नहीं निकला। इसके विपरीत सकल जनन दर के निर्णायक कारकों के रूप में नारी साक्षरता तथा उसकी श्रमशक्ति में भागीदारी ही उभर कर आई हैं। ता. 5.6 से यह बात स्पष्ट हो रही है कि जननशीलता घटाने में नारी साक्षरता अपने आप में ही बहुत सक्षम है। अतः यहाँ भी यही निचोड़ निकला है कि सामान्य

विकासकारी कारकों की अपेक्षा नारी की वृहत्तर भूमिका के संवर्धनकारी कारक (यहाँ नारी साक्षरता) जनांकिकीय परिणामों की रचना में कहीं अधिक महत्त्वपूर्ण एवं सशक्त योगदान करते हैं।

समकालिक एवं कालसारणी विश्लेषण

हमने पिछले भाग में यह चर्चा की थी कि हमारे परिणामों से इस विचार को कोई सम्बल नहीं मिल पाता कि आर्थिक विकास के साथ-साथ स्वयमेव ही भारत में लिंगभेद भी कम हो जाएगा। हाँ, जहाँ विकास में नारी की बृहत्तर भूमिका का संवर्धन करने वाले प्रभाव हों, वहाँ बात कुछ और हो जाती है। अतः बेशक कुछ हैरानी हो, पर हमारा यह निष्कर्ष सारी बीसवीं शताब्दी में ही भारत में स्त्री-पुरुष अनुपात में आई निरन्तर गिरावट के अनुरूप ही है।

1901 में भारत में स्त्री-पुरुष अनुपात 972 था—यह निरन्तर घट कर 1991 में 927 रह गया—यह अभी तक का न्यूनतम स्तर रहा है। इस गिरावट के कारणों पर विवाद हो सकता है—इस सन्दर्भ में हमारे निष्कर्ष निश्चित ही कुछ उपयोगी सिद्ध होंगे। ता. 5.3 के प्रतीपगमन दर्शा रहे हैं कि इस अवधि में लिंगभेद को घटाने में सहायक एकमात्र कारक नारी साक्षरता का प्रसार रहा है। अन्य सभी विकास कारक यथा—प्रति व्यक्ति आय की वृद्धि, शहरीकरण, पुरुष साक्षरता आदि तो विपरीत दिशा में ही काम करते रहे हैं—हमारे समकालिक आँकड़े तो यही दर्शाते हैं।

हमारी उपर्युक्त प्रतिस्थापना का यह अर्थ लगाना उचित नहीं होगा कि भारत में आर्थिक विकास हर तरह से समाज में नारी के स्थान पर आघात करता रहा है। ऐसे किसी कथन पर कम से कम तीन अंकुश तो लगाने ही पड़ेंगे। एक, हमारे परिणाम बता रहे हैं कि नारी साक्षरता प्रसार से लिंग भेद कम होता है तथा यह नारी साक्षरता प्रसार भी आर्थिक विकास प्रक्रिया का एक अंग है। यही नहीं, भविष्य में नारी की श्रमशक्ति भागीदारी में भी वृद्धि की आशा की जाती है—इससे भी लिंगभेद में कमी ही आएगी।

दूसरे, लिंगभेद तथा आर्थिक विकास का सम्बन्ध गैररेखीय भी हो सकता है—उस दशा में सम्भव है कि प्रति व्यक्ति आय बढ़ने पर शुरू में नारी की स्थिति में कुछ ह्रास हो पर बाद में सुधार आरम्भ हो जाए। कुछ अध्येताओं ने इस मत पर जोर भी दिया है पर हमारे अध्ययन में इस प्रकार के कोई संकेत नहीं मिल पाए। इसका कारण यह भी रहा हो सकता है कि भारत अभी तक विकास के प्रारम्भिक चरण पर ही है। भविष्य में आर्थिक कारकों तथा लिंगभेद के बीच के सम्बन्ध में बदलाव भी सम्भव है।

तीसरी बात यह है कि हमारा विश्लेषण लिंगभेद के केवल एक आयाम लड़के-लड़कियों की मृत्यु दरों में अन्तर पर ही केन्द्रित रहा है। यह आवश्यक नहीं

तालिका 5.6

बाल मरणशीलता (Q5), नारी की अभावग्रस्तता (FD) और जननशीलता (TFR) पर चुने हुए स्वतंत्र चरों (नारी साक्षरता, पुरुष साक्षरता और गरीबी) के प्रभाव

गणना के लिए स्वतंत्र चर का मान लिया गया स्तर (प्रतिशत)	नारी साक्षरता का स्तर प्रथम स्तंभ के तुल्य होने पर Q5, FD तथा TFR के अनुमानित मान			पुरुष साक्षरता स्तर प्रथम स्तंभ के तुल्य होने पर Q5, FD तथा TFR के अनुमानित मान			गरीबी रेखा से नीचे जनसंख्या के अनुपात प्रथम स्तंभ के तुल्य होने पर Q5, FD तथा TFR के अनुमानित मान		
	Q5	FD	TFR	Q5	FD	TFR	Q5	FD	TFR
10	166.4	10.7	5.38	172.9	-2.0	5.18	151.5	9.8	4.79
20	157.7	5.9	5.07	168.8	-0.1	5.13	152.7	8.5	4.85
30	149.0	1.1	4.76	163.1	1.8	5.08	153.8	7.1	4.91
40	140.2	-3.3	4.45	158.2	3.9	5.03	154.9	5.8	4.97
50	131.5	-7.1	4.15	153.3	5.9	4.98	156.0	4.4	5.03
60	122.8	-10.3	3.84	148.4	8.0	4.93	157.2	3.1	5.09
70	114.0	-12.8	3.53	143.5	10.1	4.88	158.3	1.8	5.15
80	105.3	-14.8	3.22	138.7	12.2	4.83	159.5	0.5	5.21

नोट : व्याख्या की सुविधा के लिए यहाँ सेन सूचक के स्थान पर व्यक्तिगणना अनुपात का गरीबी के मापक के रूप में प्रयोग किया गया है।

कि लिंग-विषमता के सभी आयाम एक दिशा का अनुसरण करें। इस बात से मना कर पाना भी कठिन होगा कि अनेक अर्थों में पिछले कुछ वर्षों में भारतीय नारी की स्थिति में बहुत सुधार हुआ है।

जनांकिकीय बदलाव

भारत में जनसंख्या वृद्धि बहुत गहन चिन्ता का विषय रही है। यहाँ इस बात को दोहराना उपयोगी होगा कि हमारे अध्ययन ने तो केवल दो ऐसे कारकों की पहचान की है जिनसे जननशीलता में भारी कमी आती है—ये हैं नारी साक्षरता तथा श्रमशक्ति में भागीदारी का प्रसार। साथ ही यह भी सम्भव है कि मरणशीलता एवं जननशीलता के बीच भी कारण-प्रभाव जैसा सम्बन्ध हो—इस अवस्था में बालमृत्यु दर में कमी आने पर जनन दर भी कम होने लगेगी। बाल स्वास्थ्य का प्रत्यक्ष संवर्धन, नारी साक्षरता तथा श्रमशक्ति में भागीदारिता जनन दरों को घटाने में अधिक प्रभावशाली सिद्ध होगी। सामान्य आर्थिक विकास को बढ़ानेवाले कारकों के अप्रत्यक्ष प्रभाव इतने सशक्त और उपयोगी नहीं रह पाएँगे।

हाँ, इस बात को हम स्वीकार करते हैं कि जननशीलता तथा बालमृत्यु दर के बीच और अधिक सटीक सम्बन्धों का अध्ययन भी उपयोगी होगा। पर समस्या यही आती है कि इनके बीच दुतरफा कारण-प्रभाव जैसे सम्बन्ध हैं जो एक साथ ही कार्य करते दिखाई पड़ते हैं। इनके कारण इन सम्बन्धों का प्राक्कलन बहुत कठिन हो जाता है। हमने द्विस्तरीय न्यूनतम वर्गविधि द्वारा जननशीलता समीकरण का एक प्राक्कलन करने का प्रयास किया है। इसमें बाल मरणशीलता को अतिरिक्त निर्धारक चर की भाँति शामिल किया गया है। बाल मरणशीलता के प्रभाव के स्पष्टीकरण के लिए प्रतिमान में कम से कम एक ऐसा बाह्य कारक अवश्य होना चाहिए जिसका बाल मरणशीलता पर तो प्रभाव हो किन्तु जननशीलता पर नहीं। यहाँ पेय जल की उपलब्धिता को एक सम्भावित कारक माना गया है। किन्तु इसे बालमृत्यु दर के एक 'सहयोगी' कारक के रूप में प्रयोग करने पर हमें कोई उपयोगी परिणाम नहीं मिल पाया। इस विषय में अभी और आगे शोध की आवश्यकता है।

□□